Band 106 „Der Traum eines Genies"

ONE PIECE

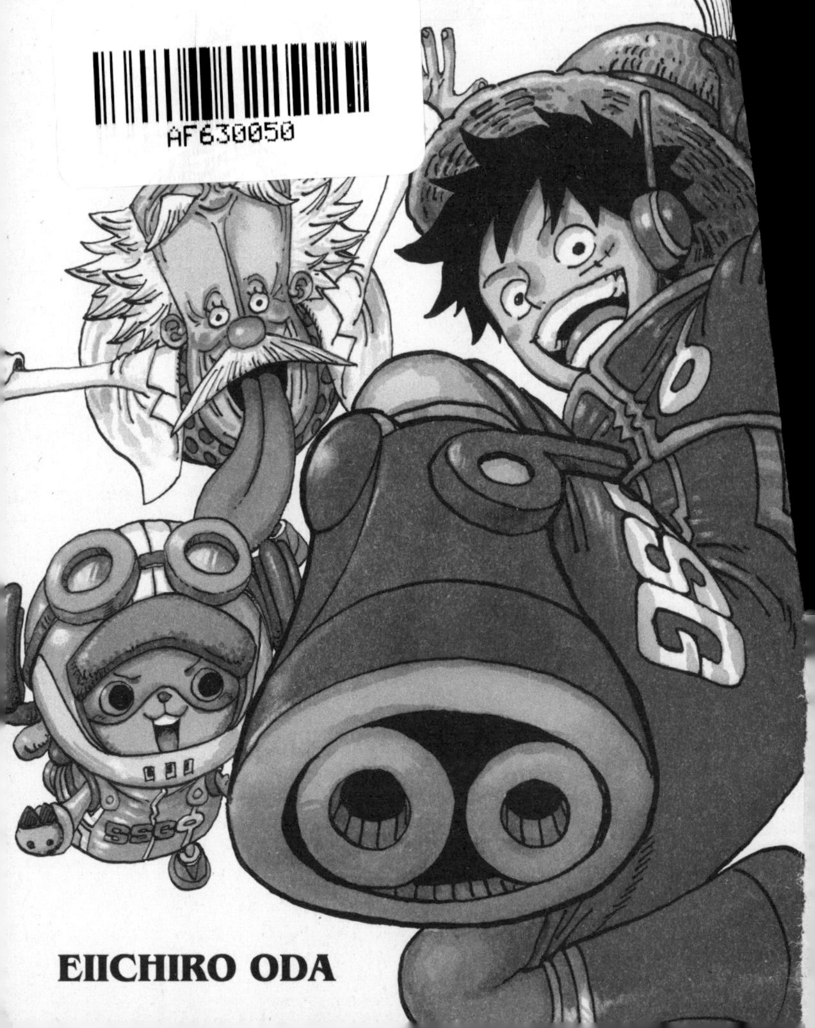

EIICHIRO ODA

Die Strohhut-Bande

…pper

…ld:
…erry

…ino intensive
…Medikamenten-
…nach wieder mit
…üten zusammen-

…ffsarzt

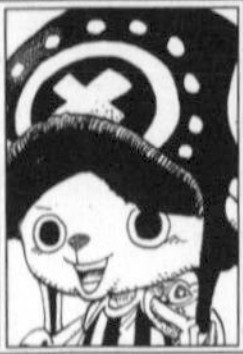

Lorenor Zorro

Kopfgeld:
1 Milliarde 111 Millionen Berry

Warf seinen Stolz beiseite und bat Mihawk auf Kuraigana um Unterweisung im Schwertkampf. Stieß danach ebenfalls wieder zu seinen Gefährten.

Mitstreiter

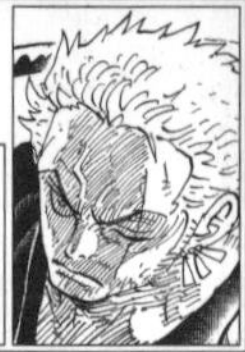

…o Robin

Kopfgeld:
… Millionen Berry

…nem Aufenthalt in Bartigo,
…n Dragon, dem Anführer
…onäre und Ruffys Vater,
…Strohhut-Crew.

Archäologin

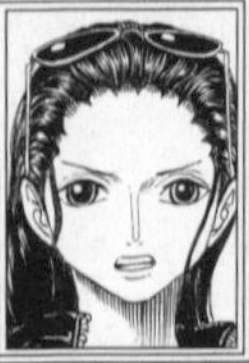

Nami

Kopfgeld:
366 Millionen Berry

Studierte auf der kleinen Himmelsinsel »Weatheria«, wo Wetterforschungen betrieben werden, die klimatischen Bedingungen der Neuen Welt. Auch wieder mit den Gefährten vereint.

Navigatorin

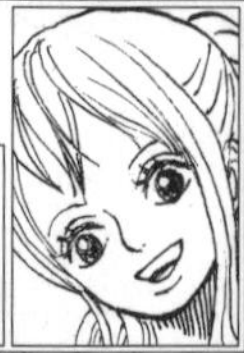

Frankie

Kopfgeld:
394 Millionen Berry

…rte im Land der Zukunft Balsimoa
…bst Umbauten an seinem Körper aus,
…rch die er zum »Armored Frankie«
…urde, und stieß dann zu den anderen.

Schiffszimmermann

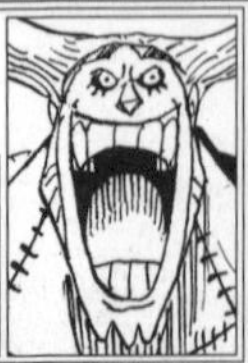

Lysop

Kopfgeld:
500 Millionen Berry

Hat sich auf den Bowin-Inseln von Heraklesn unterweisen lassen, um »König der Scharfschützen« zu werden, und kam anschließend ebenfalls zurück zu den anderen Strohhüten.

Scharfschütze

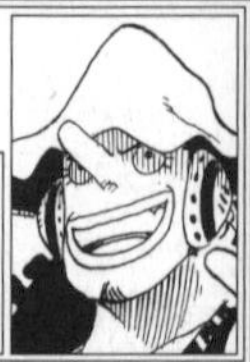

Brook

Kopfgeld:
383 Millionen Berry

Wurde zunächst von Langarm-Menschen gefangen und als Sensation zur Schau gestellt, kehrte dann aber als Superstar »Soul King« zu seinen Gefährten zurück.

Musiker

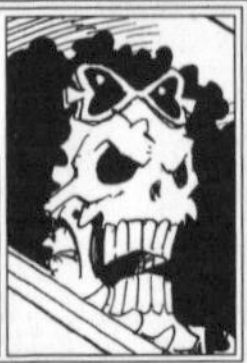

Sanji

Kopfgeld:
1 Milliarde 32 Millionen Berry

Hat sich im Königreich der Transen durch die Kämpfe gegen Meister der Transen-Kampfkunst noch weiter verbessert und ist danach auch wieder bei den anderen eingetroffen.

Koch

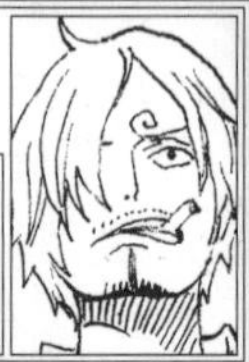

Jinbei, der Ritter der Meere

(ehemaliger Samurai der Meere)
Kopfgeld:
1 Milliarde 100 Millionen Berry

Durch und durch ehrenwerter Mann. Um Ruffy bei dem heftigen Kampf gegen Mom zur Flucht zu verhelfen, nahm er seine Aufgabe als Feudalherr wahr und stieß vor dem Überfall wieder zu den Strohhüten.

Steuermann

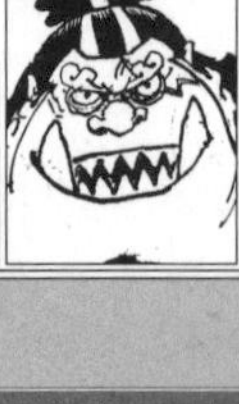

Die Yonko

Monkey D. Ruffy

Kopfgeld: 3 Milliarden Berry

Junger Mann, der davon träumt, Piratenkönig zu werden. Nach zweijährigem Training trifft er wieder mit seinen Gefährten zusammen. Ihr Ziel: die Neue Welt!

Käpt'n

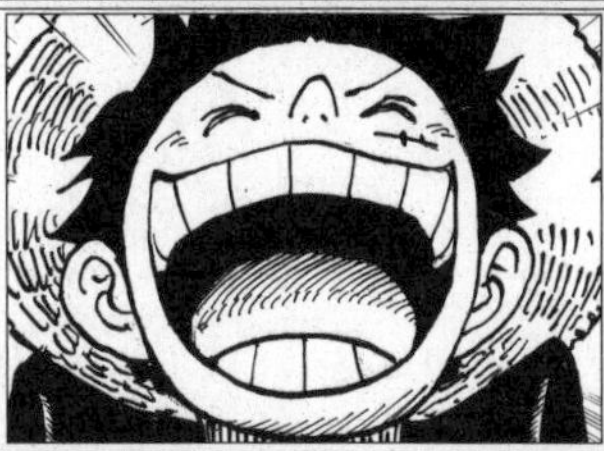

Shanks

Kopfgeld:
4 Milliarden 48 Millionen
900.000 Berry

Einer der Vier Kaiser. Wartet in der zweiten Hälfte der Grandline, der Neuen Welt, auf Ruffy.

Käpt'n der Rothaar-Piratenbande

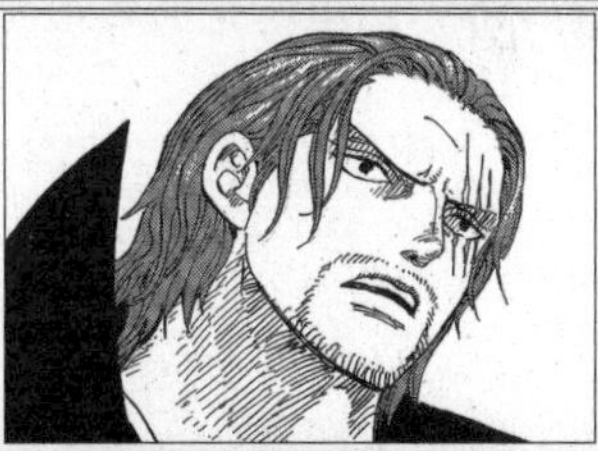

Marshall D. Teach

Kopfgeld:
3 Milliarden 996 Millionen Berry

Ehemaliges Mitglied der Whitebeard-Piratenbande. Tötete einen Kameraden und floh. Stieg vom Samurai der Meere zum Yonko auf.

Admiral der Blackbeard-Piratenbande

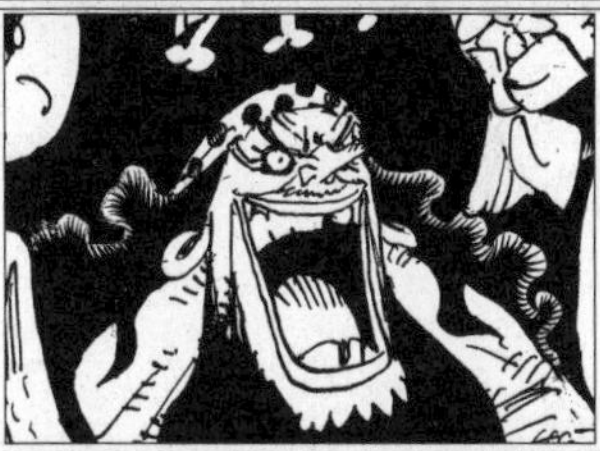

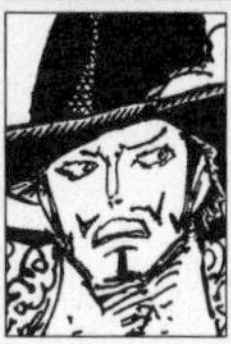

Mihawk Dulacre

Ehemaliger Samurai der Meere

Buggy der 1000-Münzen-Clown

3 Milliarden 189 Millionen Berry

Lernte zusammen mit Shanks auf dem Schiff von Rogers Piratenbande. Hat es zum Yonko gebracht!!

Cross Guild

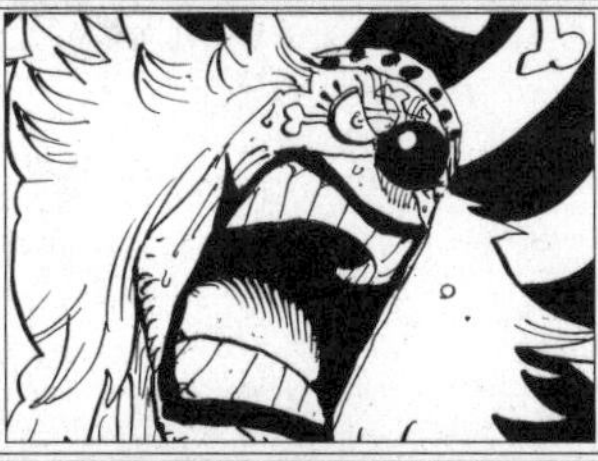

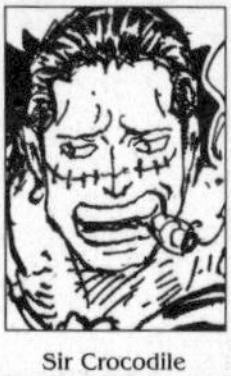

Sir Crocodile

Ehemaliger Samurai der Meere

Cross Guild

Zukunftsinsel Egghead

Satelliten

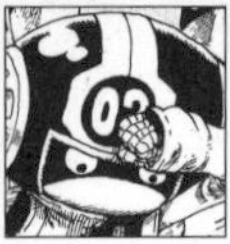
03 Denken (Edison)

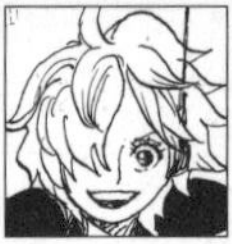
02 Bosheit (Lilith)

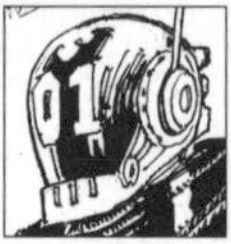
01 Gerechtigkeit (Shaka)

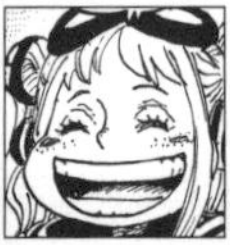
06 Begierde (York)

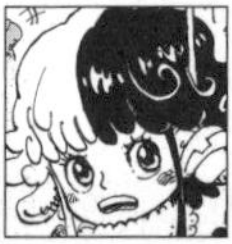
05 Tyrannei (Atlas)

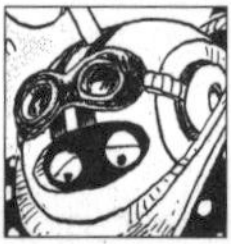
04 Weisheit (Pythagoras)

Dr. Vegapunk
(Genialer Wissenschaftler)

Cipherpol „Aigis“ Zero

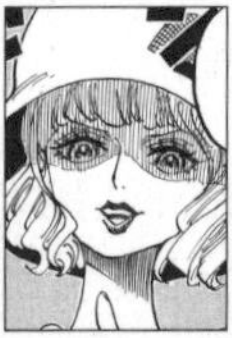
Stussi
CPO Agentin

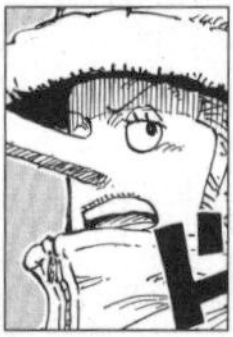
Ecki
CPO Agent

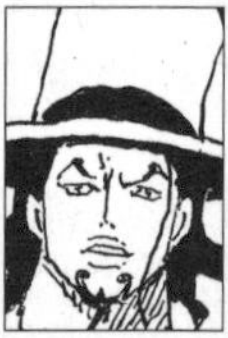
Rob Lucci
CPO Agent

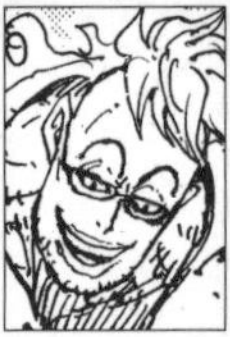
Marco, der Phönix
Ehemaliger 1. Kommandant der Whitebeard-Piratenbande

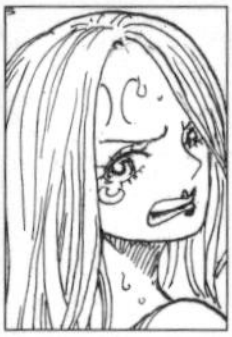
Jewelry Bonney
Schlimmste Generation

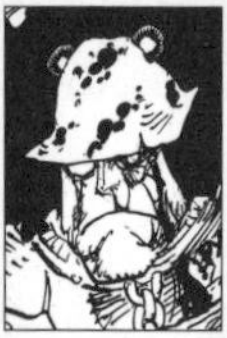
Bartholomäus Bär
Ex-König von Sorbet

fort. Unterwegs retten sie Jewelry Bonney und landen schließlich im Schlepptau einer Person, die sich Dr. Vegapunk nennt, auf der Zukunftsinsel „Egghead“. Die Strohhüte begreifen zwar nicht so recht, in was für eine Welt es sie verschlagen hat, doch von der futuristischen Szenerie vor ihren Augen sind sie fasziniert. Und dann erfahren sie, dass bereits vor 900 Jahren eine hochentwickelte Zivilisation existiert hat... Währenddessen tritt die CPO im Geheimen in Aktion. Ihr Ziel ist Vegapunk...

The story of ONE PIECE

Marine

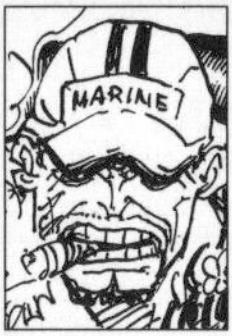

Akainu (Sakazuki)

Großadmiral, Marinehauptquartier

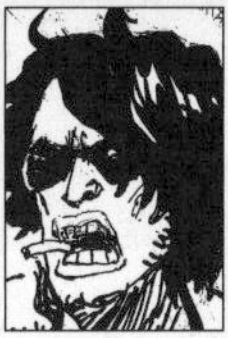

Ryokugyu (Aramaki)

Admiral, Marinehauptquartier

Revolutionsarmee

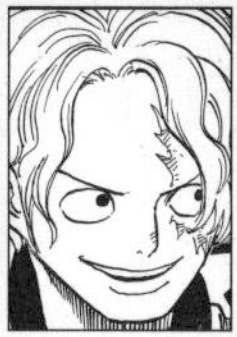

Sabo

Generalstabschef der Revolutionsarmee

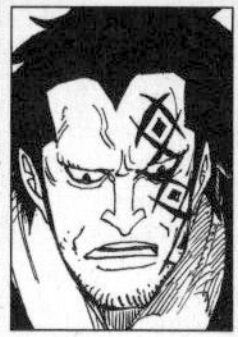

Monkey D. Dragon

Oberbefehlshaber der Revolutionsarmee

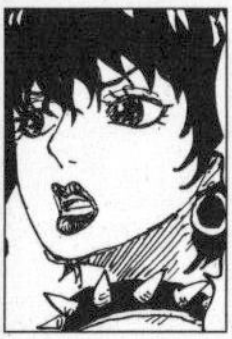

Doll

Vizeadmiralin, Marinehauptquartier

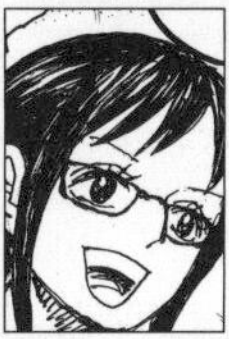

Tashigi

Kapitänin, Marinehauptquartier

Sword

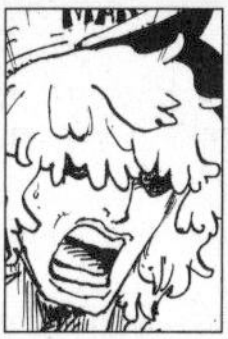

Prince Grus

Konteradmiral, Marinehauptquartier

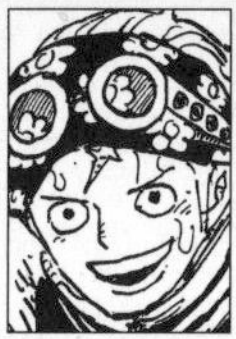

Corby

Kapitän, Marinehauptquartier

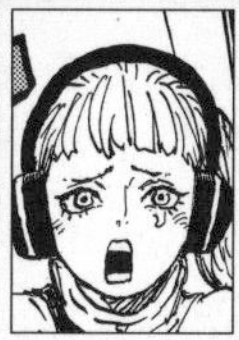

Hibari

Fregattenkapitänin, Marinehauptquartier

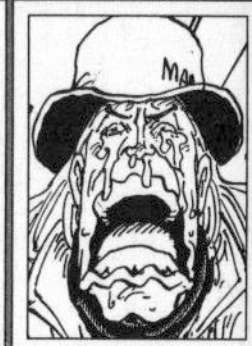

Helmeppo

Korvettenkapitän, Marinehauptquartier

Heart-Piratenbande

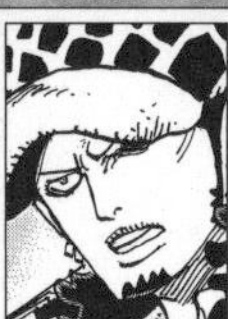

Trafalgar Law

Käpt'n der Heart-Piratenbande

Kid-Piratenbande

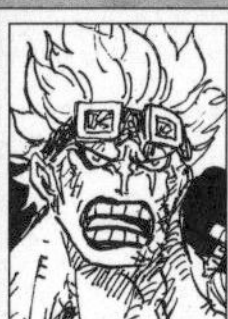

Eustass Kid

Käpt'n der Kid-Piratenbande

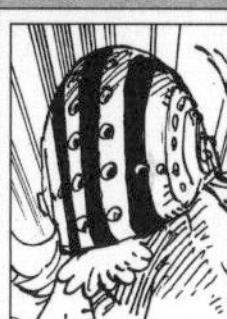

Killer

Kid-Piratenbande, kämpfendes Mitglied

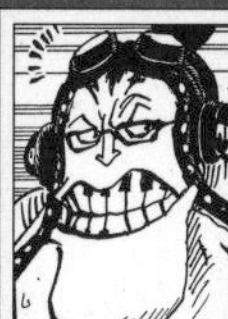

Scratchmen Apoo

Käpt'n der On-Air-Piratenbande

Was bisher geschah

Nach zwei Jahren intensiven Trainings treffen die Strohhüte auf dem Sabaody Archipel wieder zusammen. Nach einem Zwischenstopp auf der Fischmenscheninsel gelangen sie endlich zum letzten Meer, der Neuen Welt!! Nachdem Ruffy und seine Freunde die Yonkos Kaido und Mom besiegt und Wa no Kuni befreit haben, brechen sie zu neuen Abenteuern auf! Ihre Kopfgelder sind enorm angestiegen und Ruffy ist nun ein Yonko. Doch die Ereignisse beeinflussen die Weltlage, da das Gleichgewicht zerstört wurde, sodass es überall auf der Welt zu Konflikten kommt. Ruffy und seine Freunde folgen dem Log-Port und setzen ihre Reise

Eiichiro Oda

One Piece 106

„Der Traum eines Genies"

Inhaltsverzeichnis

1066. Kapitel:
Oharas Wille

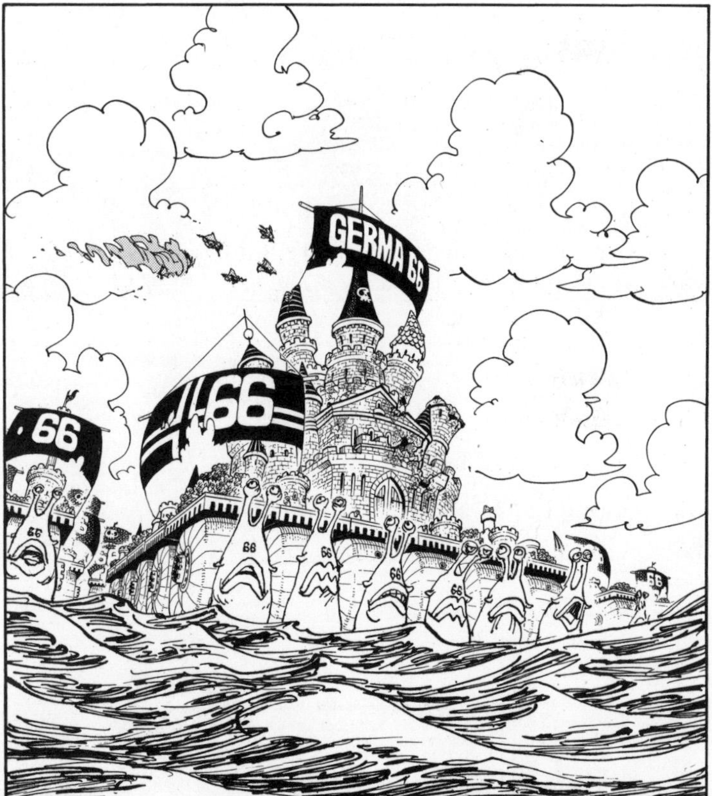

Dieser ausdruckslose Reisebericht der Germa 66, Teil 23
„Rückkehr nach Germa, mit Bonus"

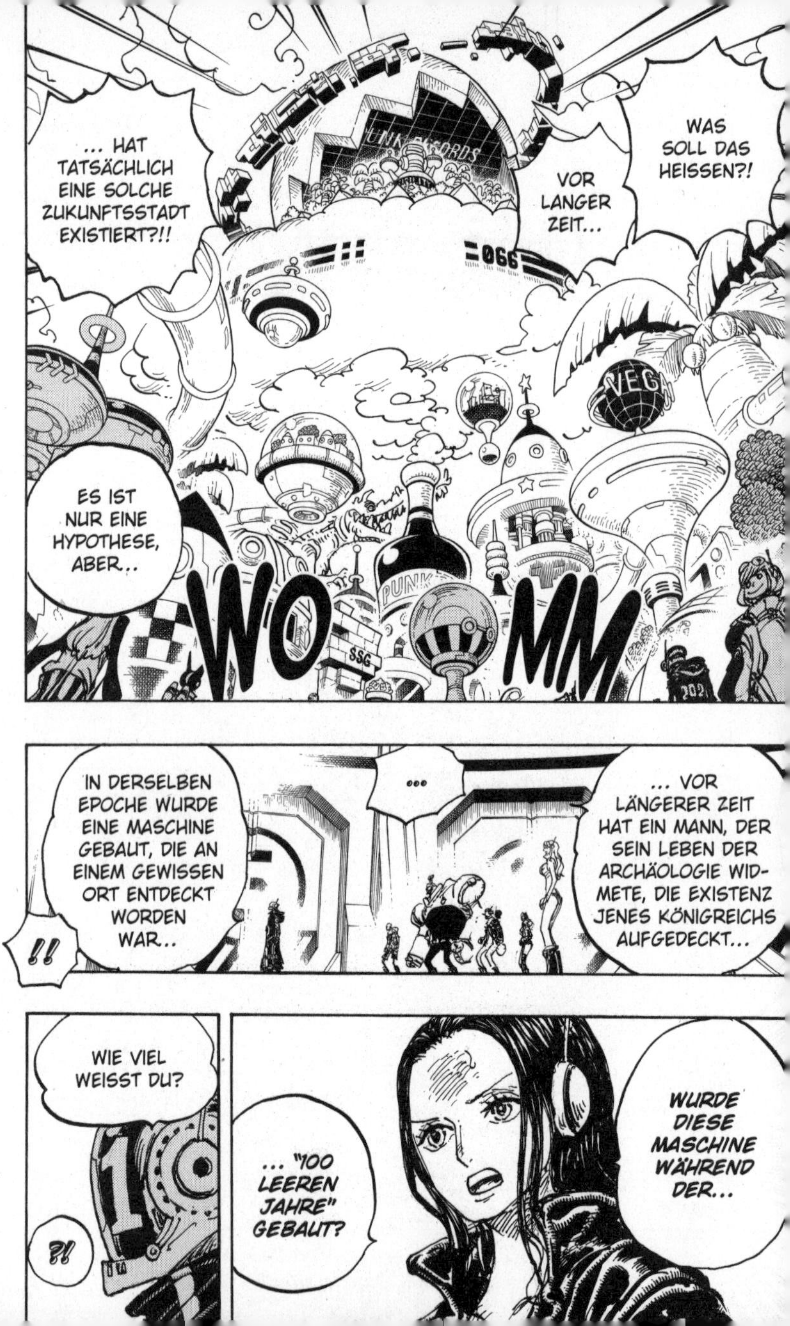
WAS SOLL DAS HEISSEN?!
VOR LANGER ZEIT...
... HAT TATSÄCHLICH EINE SOLCHE ZUKUNFTSSTADT EXISTIERT?!!
ES IST NUR EINE HYPOTHESE, ABER...
VEG
PUNK
SSG
WOMM
... VOR LÄNGERER ZEIT HAT EIN MANN, DER SEIN LEBEN DER ARCHÄOLOGIE WIDMETE, DIE EXISTENZ JENES KÖNIGREICHS AUFGEDECKT...
...
IN DERSELBEN EPOCHE WURDE EINE MASCHINE GEBAUT, DIE AN EINEM GEWISSEN ORT ENTDECKT WORDEN WAR...
!!
WURDE DIESE MASCHINE WÄHREND DER...
... "100 LEEREN JAHRE" GEBAUT?
WIE VIEL WEISST DU?
?!

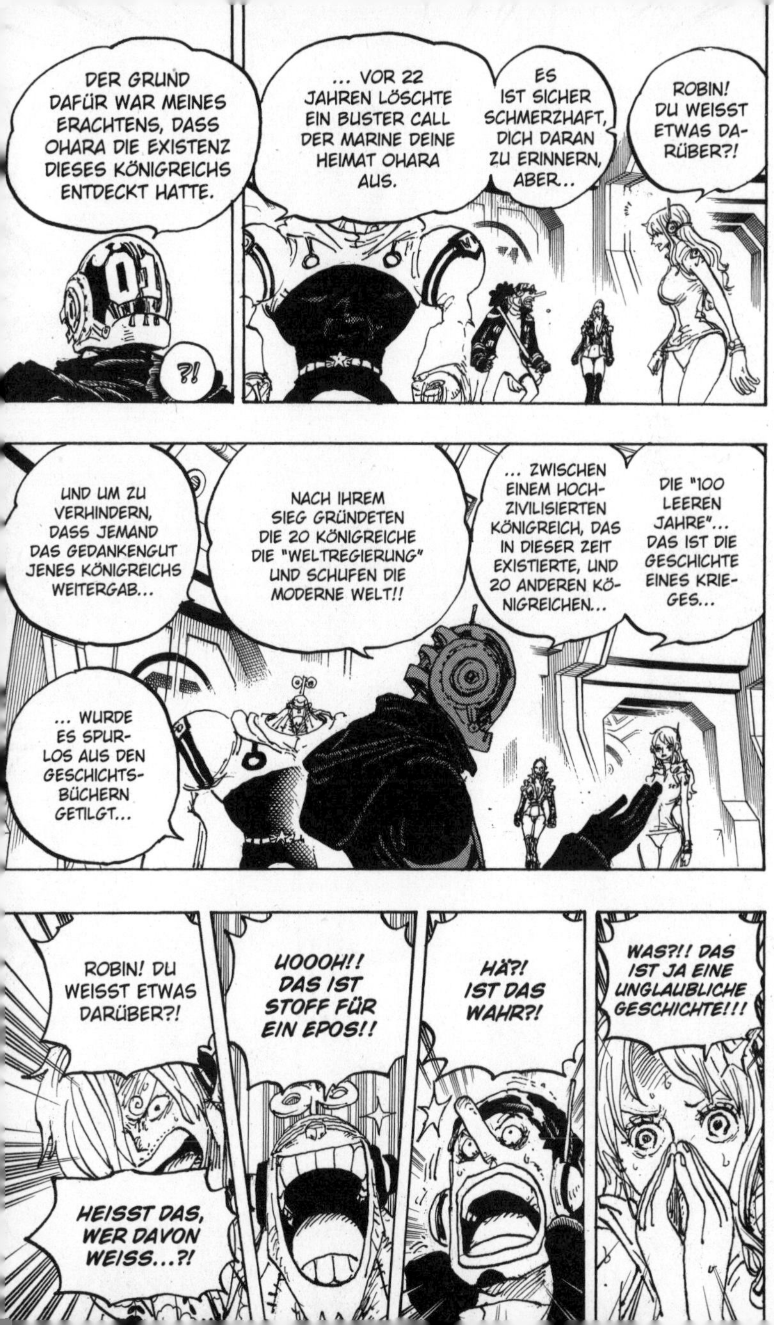
ROBIN! DU WEISST ETWAS DARÜBER?!
ES IST SICHER SCHMERZHAFT, DICH DARAN ZU ERINNERN, ABER...
... VOR 22 JAHREN LÖSCHTE EIN BUSTER CALL DER MARINE DEINE HEIMAT OHARA AUS.
DER GRUND DAFÜR WAR MEINES ERACHTENS, DASS OHARA DIE EXISTENZ DIESES KÖNIGREICHS ENTDECKT HATTE.
?!
DIE "100 LEEREN JAHRE"... DAS IST DIE GESCHICHTE EINES KRIEGES...
... ZWISCHEN EINEM HOCHZIVILISIERTEN KÖNIGREICH, DAS IN DIESER ZEIT EXISTIERTE, UND 20 ANDEREN KÖNIGREICHEN...
NACH IHREM SIEG GRÜNDETEN DIE 20 KÖNIGREICHE DIE "WELTREGIERUNG" UND SCHUFEN DIE MODERNE WELT!!
UND UM ZU VERHINDERN, DASS JEMAND DAS GEDANKENGUT JENES KÖNIGREICHS WEITERGAB...
... WURDE ES SPURLOS AUS DEN GESCHICHTSBÜCHERN GETILGT...
WAS?!! DAS IST JA EINE UNGLAUBLICHE GESCHICHTE!!!
HÄ?! IST DAS WAHR?!
UOOOH!! DAS IST STOFF FÜR EIN EPOS!!
ROBIN! DU WEISST ETWAS DARÜBER?!
HEISST DAS, WER DAVON WEISS...?!

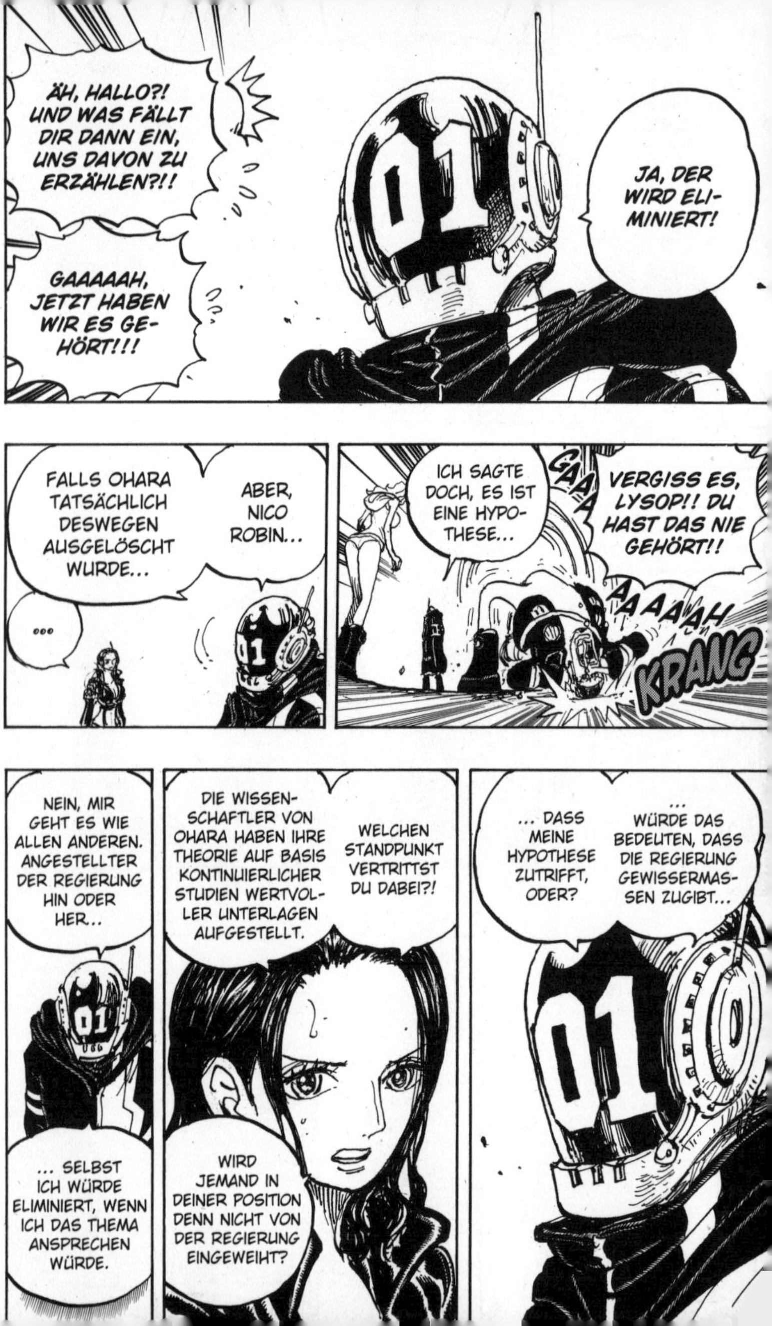
JA, DER WIRD ELI-MINIERT!
ÄH, HALLO?! UND WAS FÄLLT DIR DANN EIN, UNS DAVON ZU ERZÄHLEN?!!
GAAAAAH, JETZT HABEN WIR ES GE-HÖRT!!!
VERGISS ES, LYSOP!! DU HAST DAS NIE GEHÖRT!!
GAAA
ICH SAGTE DOCH, ES IST EINE HYPO-THESE...
AAAAAAH
KRANG
ABER, NICO ROBIN...
FALLS OHARA TATSÄCHLICH DESWEGEN AUSGELÖSCHT WURDE...
...
... WÜRDE DAS BEDEUTEN, DASS DIE REGIERUNG GEWISSERMAS-SEN ZUGIBT...
... DASS MEINE HYPOTHESE ZUTRIFFT, ODER?
WELCHEN STANDPUNKT VERTRITTST DU DABEI?!
DIE WISSEN-SCHAFTLER VON OHARA HABEN IHRE THEORIE AUF BASIS KONTINUIERLICHER STUDIEN WERTVOL-LER UNTERLAGEN AUFGESTELLT.
WIRD JEMAND IN DEINER POSITION DENN NICHT VON DER REGIERUNG EINGEWEIHT?
NEIN, MIR GEHT ES WIE ALLEN ANDEREN. ANGESTELLTER DER REGIERUNG HIN ODER HER...
... SELBST ICH WÜRDE ELIMINIERT, WENN ICH DAS THEMA ANSPRECHEN WÜRDE.

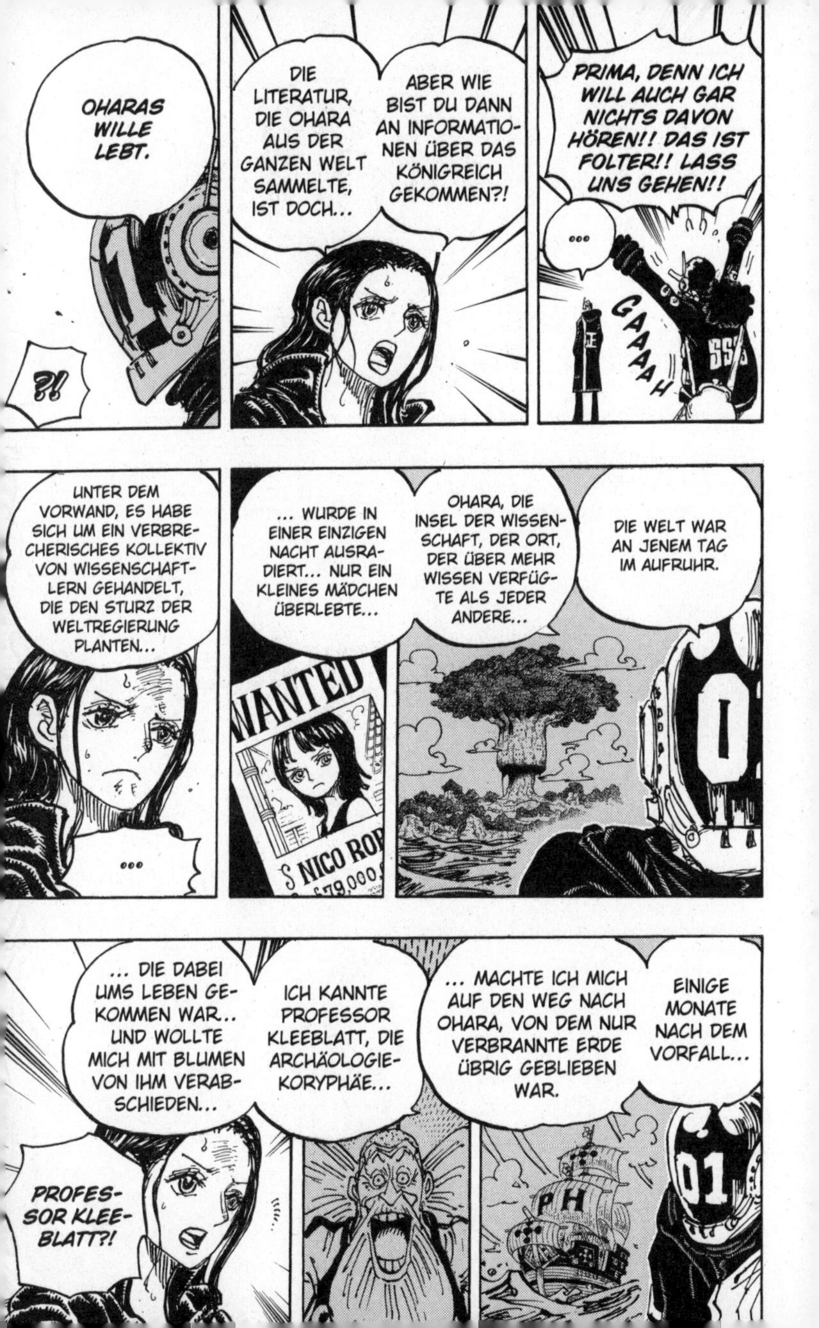
PRIMA, DENN ICH WILL AUCH GAR NICHTS DAVON HÖREN!! DAS IST FOLTER!! LASS UNS GEHEN!!
...
GAAAAAH
ABER WIE BIST DU DANN AN INFORMATIONEN ÜBER DAS KÖNIGREICH GEKOMMEN?!
DIE LITERATUR, DIE OHARA AUS DER GANZEN WELT SAMMELTE, IST DOCH...
OHARAS WILLE LEBT.
?!
DIE WELT WAR AN JENEM TAG IM AUFRUHR.
OHARA, DIE INSEL DER WISSENSCHAFT, DER ORT, DER ÜBER MEHR WISSEN VERFÜGTE ALS JEDER ANDERE...
... WURDE IN EINER EINZIGEN NACHT AUSRADIERT... NUR EIN KLEINES MÄDCHEN ÜBERLEBTE...
WANTED
UNTER DEM VORWAND, ES HABE SICH UM EIN VERBRECHERISCHES KOLLEKTIV VON WISSENSCHAFTLERN GEHANDELT, DIE DEN STURZ DER WELTREGIERUNG PLANTEN...
...
EINIGE MONATE NACH DEM VORFALL...
... MACHTE ICH MICH AUF DEN WEG NACH OHARA, VON DEM NUR VERBRANNTE ERDE ÜBRIG GEBLIEBEN WAR.
ICH KANNTE PROFESSOR KLEEBLATT, DIE ARCHÄOLOGIEKORYPHÄE...
... DIE DABEI UMS LEBEN GEKOMMEN WAR... UND WOLLTE MICH MIT BLUMEN VON IHM VERABSCHIEDEN...
PROFESSOR KLEEBLATT?!

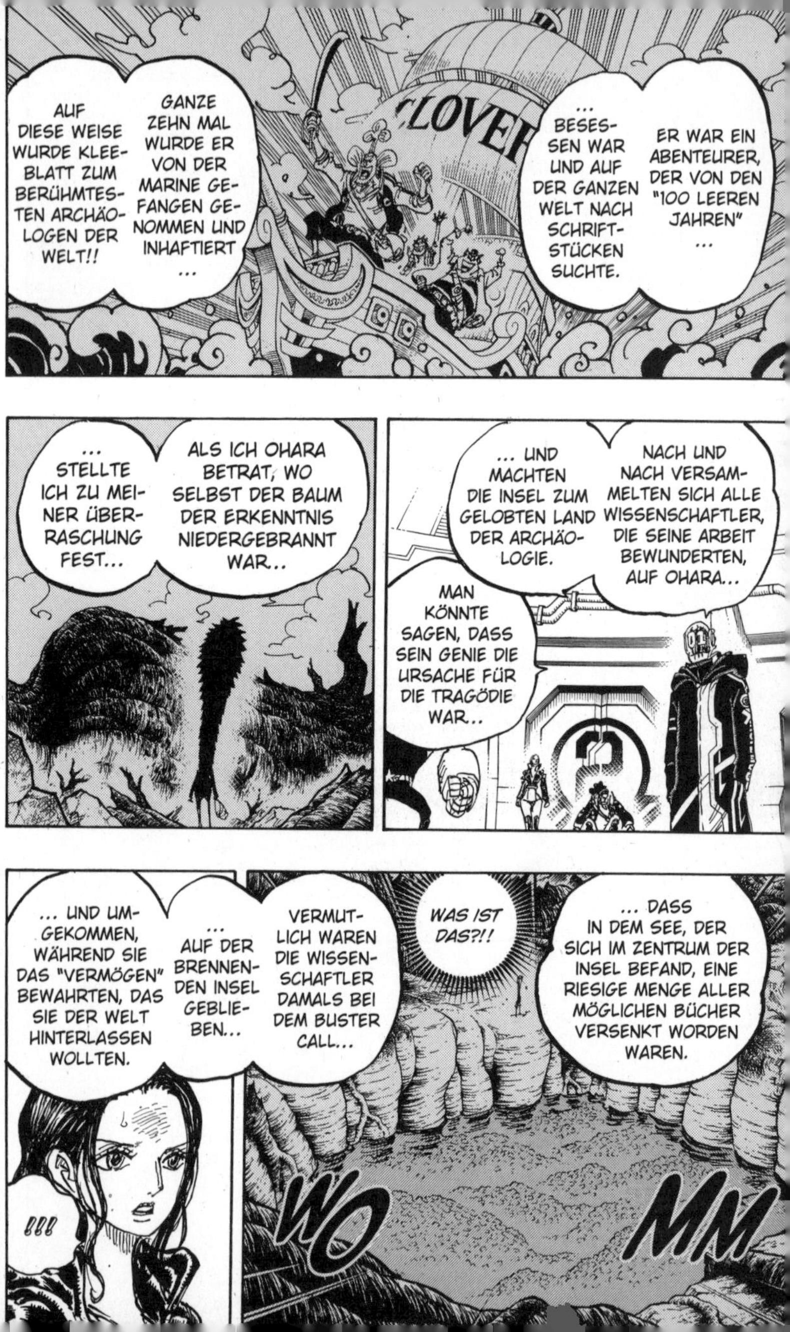
ER WAR EIN ABENTEURER, DER VON DEN "100 LEEREN JAHREN" ...
... BESESSEN WAR UND AUF DER GANZEN WELT NACH SCHRIFTSTÜCKEN SUCHTE.
CLOVER
GANZE ZEHN MAL WURDE ER VON DER MARINE GEFANGEN GENOMMEN UND INHAFTIERT ...
AUF DIESE WEISE WURDE KLEEBLATT ZUM BERÜHMTESTEN ARCHÄOLOGEN DER WELT!!
NACH UND NACH VERSAMMELTEN SICH ALLE WISSENSCHAFTLER, DIE SEINE ARBEIT BEWUNDERTEN, AUF OHARA...
... UND MACHTEN DIE INSEL ZUM GELOBTEN LAND DER ARCHÄOLOGIE.
MAN KÖNNTE SAGEN, DASS SEIN GENIE DIE URSACHE FÜR DIE TRAGÖDIE WAR...
ALS ICH OHARA BETRAT, WO SELBST DER BAUM DER ERKENNTNIS NIEDERGEBRANNT WAR...
... STELLTE ICH ZU MEINER ÜBERRASCHUNG FEST...
... DASS IN DEM SEE, DER SICH IM ZENTRUM DER INSEL BEFAND, EINE RIESIGE MENGE ALLER MÖGLICHEN BÜCHER VERSENKT WORDEN WAREN.
WAS IST DAS?!!
VERMUTLICH WAREN DIE WISSENSCHAFTLER DAMALS BEI DEM BUSTER CALL...
... AUF DER BRENNENDEN INSEL GEBLIEBEN...
... UND UMGEKOMMEN, WÄHREND SIE DAS "VERMÖGEN" BEWAHRTEN, DAS SIE DER WELT HINTERLASSEN WOLLTEN.
WOMM
!!!

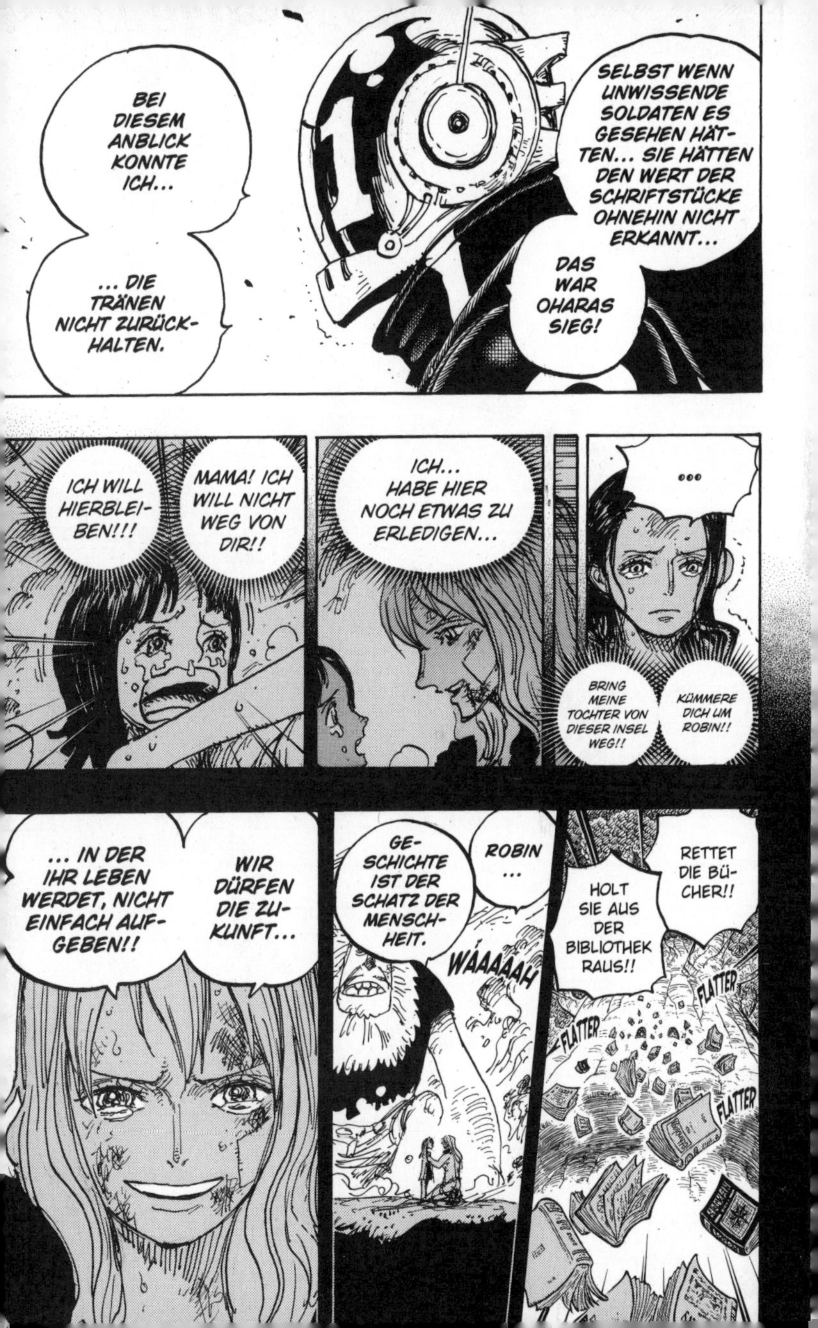
SELBST WENN UNWISSENDE SOLDATEN ES GESEHEN HÄT-TEN... SIE HÄTTEN DEN WERT DER SCHRIFTSTÜCKE OHNEHIN NICHT ERKANNT...
DAS WAR OHARAS SIEG!
BEI DIESEM ANBLICK KONNTE ICH...
... DIE TRÄNEN NICHT ZURÜCK-HALTEN.
...
BRING MEINE TOCHTER VON DIESER INSEL WEG!!
KÜMMERE DICH UM ROBIN!!
ICH... HABE HIER NOCH ETWAS ZU ERLEDIGEN...
MAMA! ICH WILL NICHT WEG VON DIR!!
ICH WILL HIERBLEI-BEN!!!
RETTET DIE BÜ-CHER!!
HOLT SIE AUS DER BIBLIOTHEK RAUS!!
FLATTER
FLATTER
FLATTER
ROBIN ...
GE-SCHICHTE IST DER SCHATZ DER MENSCH-HEIT.
WAAAAAH
WIR DÜRFEN DIE ZU-KUNFT...
... IN DER IHR LEBEN WERDET, NICHT EINFACH AUF-GEBEN!!

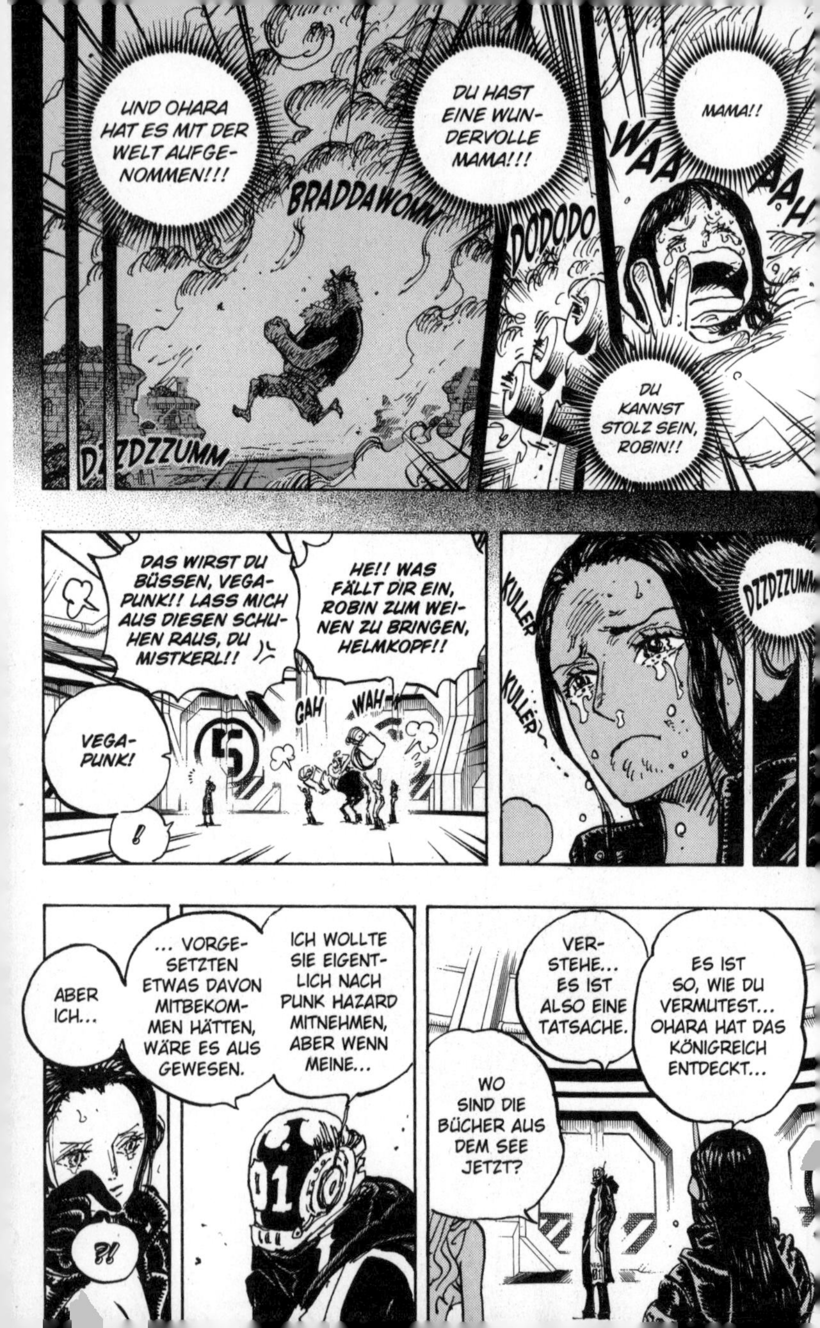
MAMA!!
WAAAAH
DODODO
DU KANNST STOLZ SEIN, ROBIN!!
DU HAST EINE WUNDERVOLLE MAMA!!!
UND OHARA HAT ES MIT DER WELT AUFGENOMMEN!!!
BRADDAWOMM
ZDZZUMM
DZZDZZUMM
KULLER
KULLER
HE!! WAS FÄLLT DIR EIN, ROBIN ZUM WEINEN ZU BRINGEN, HELMKOPF!!
DAS WIRST DU BÜSSEN, VEGAPUNK!! LASS MICH AUS DIESEN SCHUHEN RAUS, DU MISTKERL!!
GAH
WAH-
VEGAPUNK!
!
ES IST SO, WIE DU VERMUTEST... OHARA HAT DAS KÖNIGREICH ENTDECKT...
VERSTEHE... ES IST ALSO EINE TATSACHE.
WO SIND DIE BÜCHER AUS DEM SEE JETZT?
ICH WOLLTE SIE EIGENTLICH NACH PUNK HAZARD MITNEHMEN, ABER WENN MEINE...
... VORGESETZTEN ETWAS DAVON MITBEKOMMEN HÄTTEN, WÄRE ES AUS GEWESEN.
ABER ICH...
?!

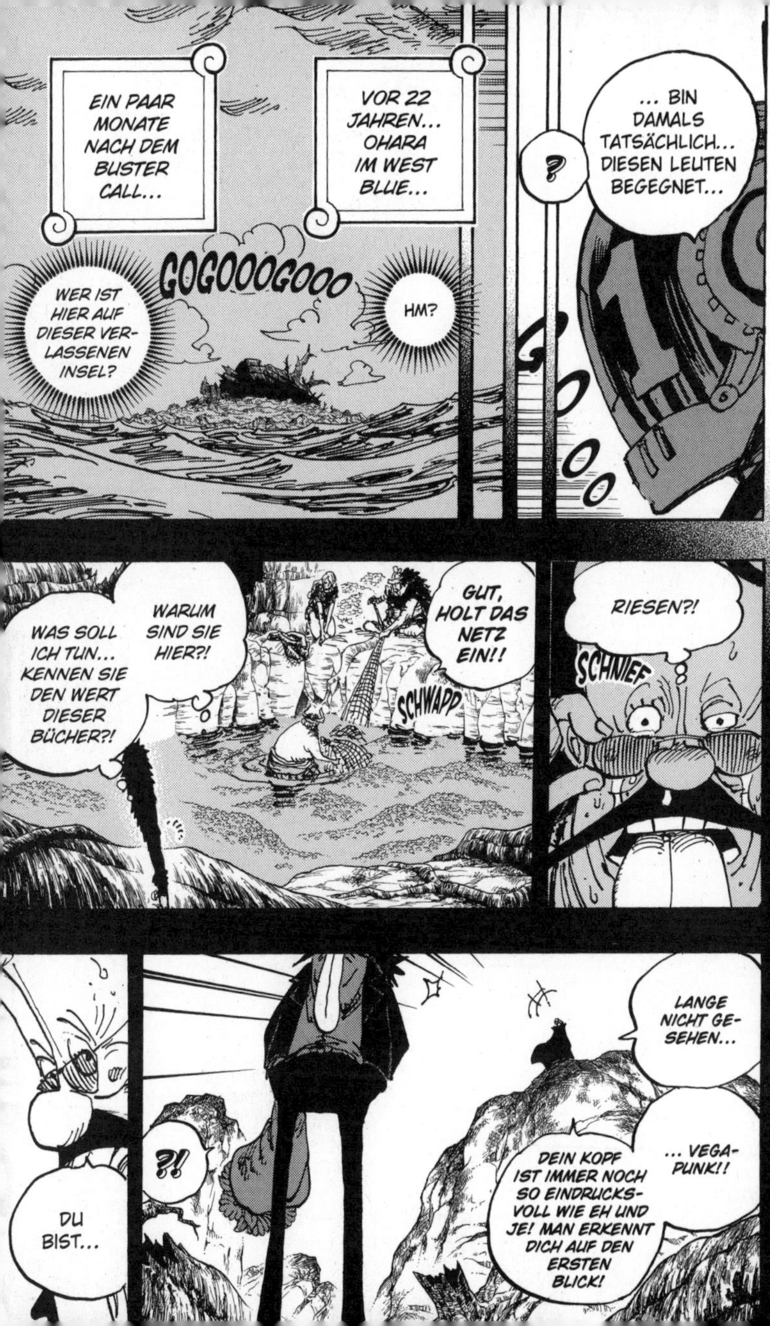
?
... BIN DAMALS TATSÄCHLICH... DIESEN LEUTEN BEGEGNET...
GOOOO
VOR 22 JAHREN... OHARA IM WEST BLUE...
HM?
EIN PAAR MONATE NACH DEM BUSTER CALL...
GOGOOOGOOO
WER IST HIER AUF DIESER VERLASSENEN INSEL?
RIESEN?!
SCHNIEF
GUT, HOLT DAS NETZ EIN!!
SCHWAPP
WARUM SIND SIE HIER?!
WAS SOLL ICH TUN... KENNEN SIE DEN WERT DIESER BÜCHER?!
LANGE NICHT GESEHEN...
... VEGAPUNK!!
DEIN KOPF IST IMMER NOCH SO EINDRUCKSVOLL WIE EH UND JE! MAN ERKENNT DICH AUF DEN ERSTEN BLICK!
?!
DU BIST...

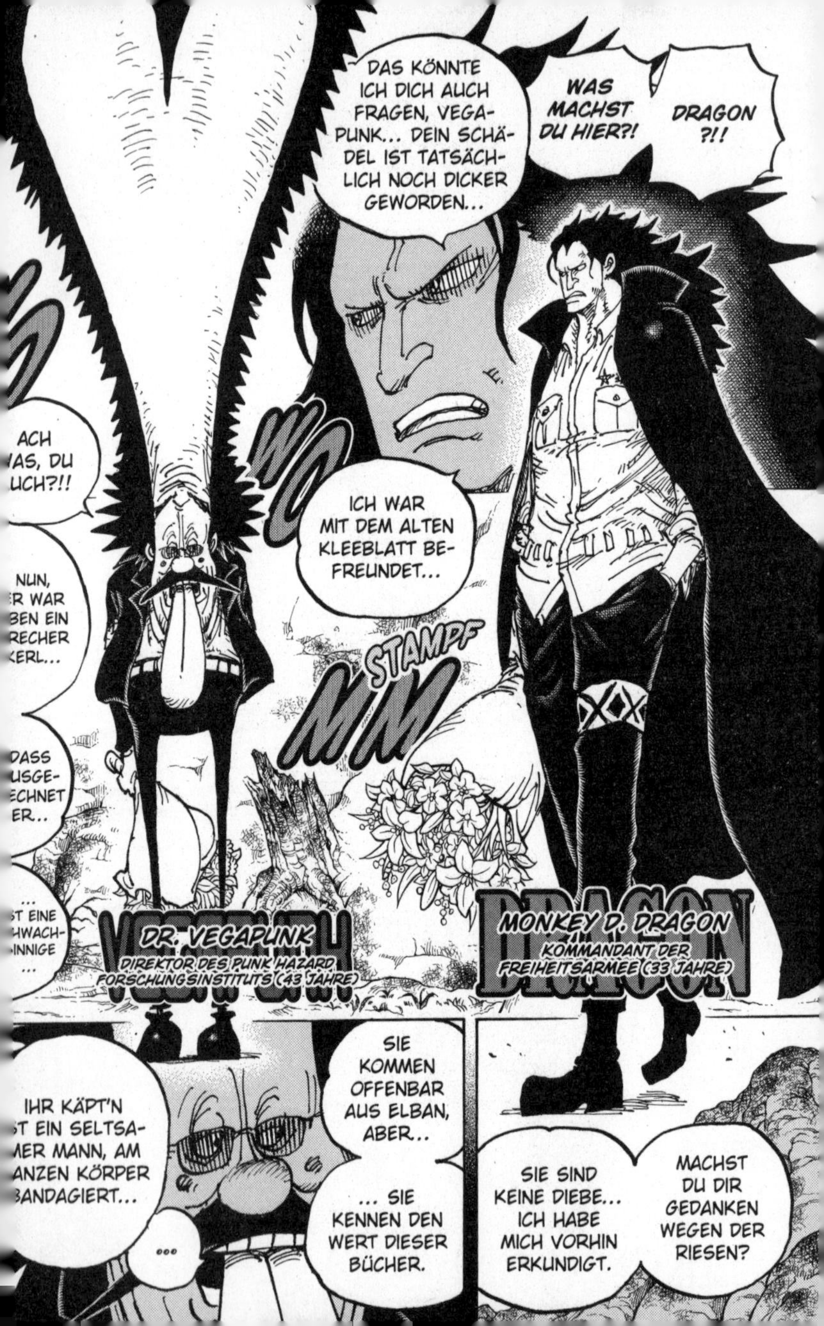
DRAGON ?!!
WAS MACHST DU HIER?!
DAS KÖNNTE ICH DICH AUCH FRAGEN, VEGA-PUNK... DEIN SCHÄDEL IST TATSÄCHLICH NOCH DICKER GEWORDEN...
ICH WAR MIT DEM ALTEN KLEEBLATT BE-FREUNDET...
STAMPF
ACH /AS, DU UCH?!!
NUN, ER WAR BEN EIN RECHER KERL...
DASS USGE-ECHNET ER...
... ST EINE HWACH-INNIGE ...
MONKEY D. DRAGON
KOMMANDANT DER FREIHEITSARMEE (33 JAHRE)
DR. VEGAPUNK
DIREKTOR DES PUNK HAZARD FORSCHUNGSINSTITUTS (43 JAHRE)
MACHST DU DIR GEDANKEN WEGEN DER RIESEN?
SIE SIND KEINE DIEBE... ICH HABE MICH VORHIN ERKUNDIGT.
SIE KOMMEN OFFENBAR AUS ELBAN, ABER...
... SIE KENNEN DEN WERT DIESER BÜCHER.
IHR KÄPT'N ST EIN SELTSA-MER MANN, AM ANZEN KÖRPER BANDAGIERT...
...

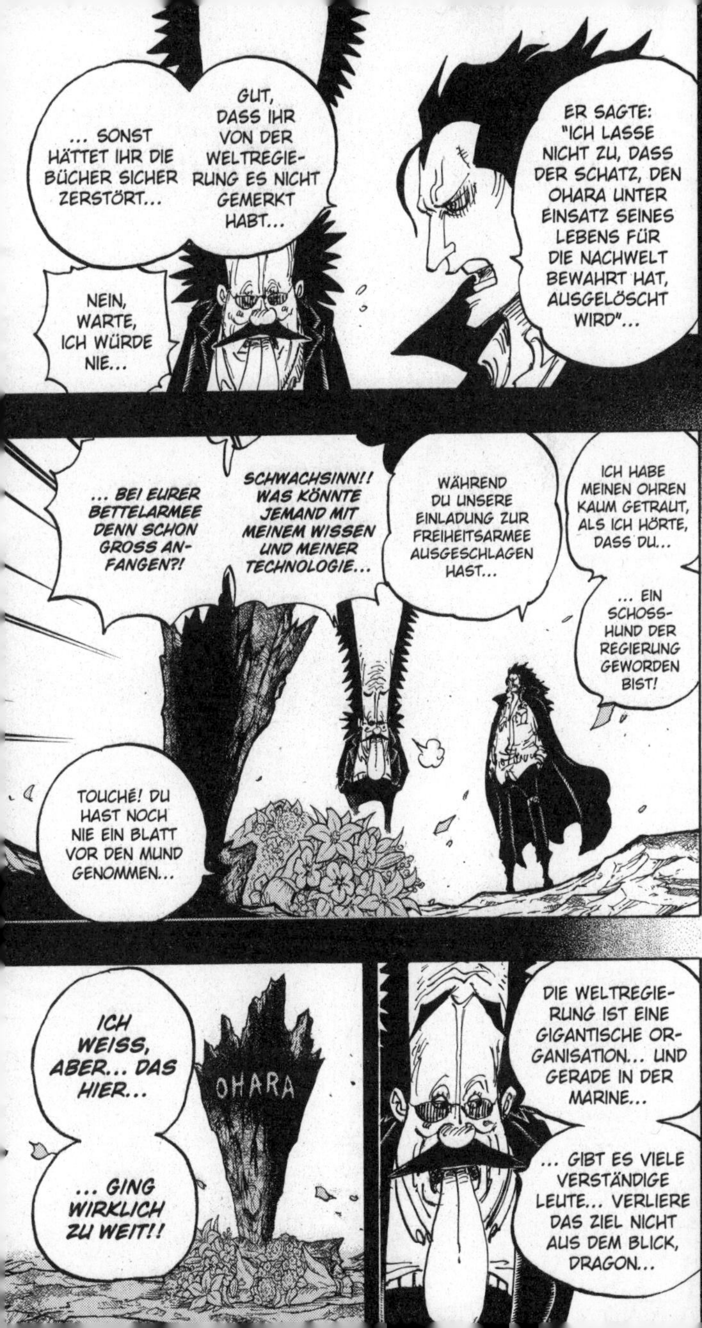
ER SAGTE: "ICH LASSE NICHT ZU, DASS DER SCHATZ, DEN OHARA UNTER EINSATZ SEINES LEBENS FÜR DIE NACHWELT BEWAHRT HAT, AUSGELÖSCHT WIRD"...
GUT, DASS IHR VON DER WELTREGIE-RUNG ES NICHT GEMERKT HABT...
... SONST HÄTTET IHR DIE BÜCHER SICHER ZERSTÖRT...
NEIN, WARTE, ICH WÜRDE NIE...
ICH HABE MEINEN OHREN KAUM GETRAUT, ALS ICH HÖRTE, DASS DU...
... EIN SCHOSS-HUND DER REGIERUNG GEWORDEN BIST!
WÄHREND DU UNSERE EINLADUNG ZUR FREIHEITSARMEE AUSGESCHLAGEN HAST...
SCHWACHSINN!! WAS KÖNNTE JEMAND MIT MEINEM WISSEN UND MEINER TECHNOLOGIE...
... BEI EURER BETTELARMEE DENN SCHON GROSS AN-FANGEN?!
TOUCHÉ! DU HAST NOCH NIE EIN BLATT VOR DEN MUND GENOMMEN...
DIE WELTREGIE-RUNG IST EINE GIGANTISCHE OR-GANISATION... UND GERADE IN DER MARINE...
... GIBT ES VIELE VERSTÄNDIGE LEUTE... VERLIERE DAS ZIEL NICHT AUS DEM BLICK, DRAGON...
OHARA
ICH WEISS, ABER... DAS HIER...
... GING WIRKLICH ZU WEIT!!

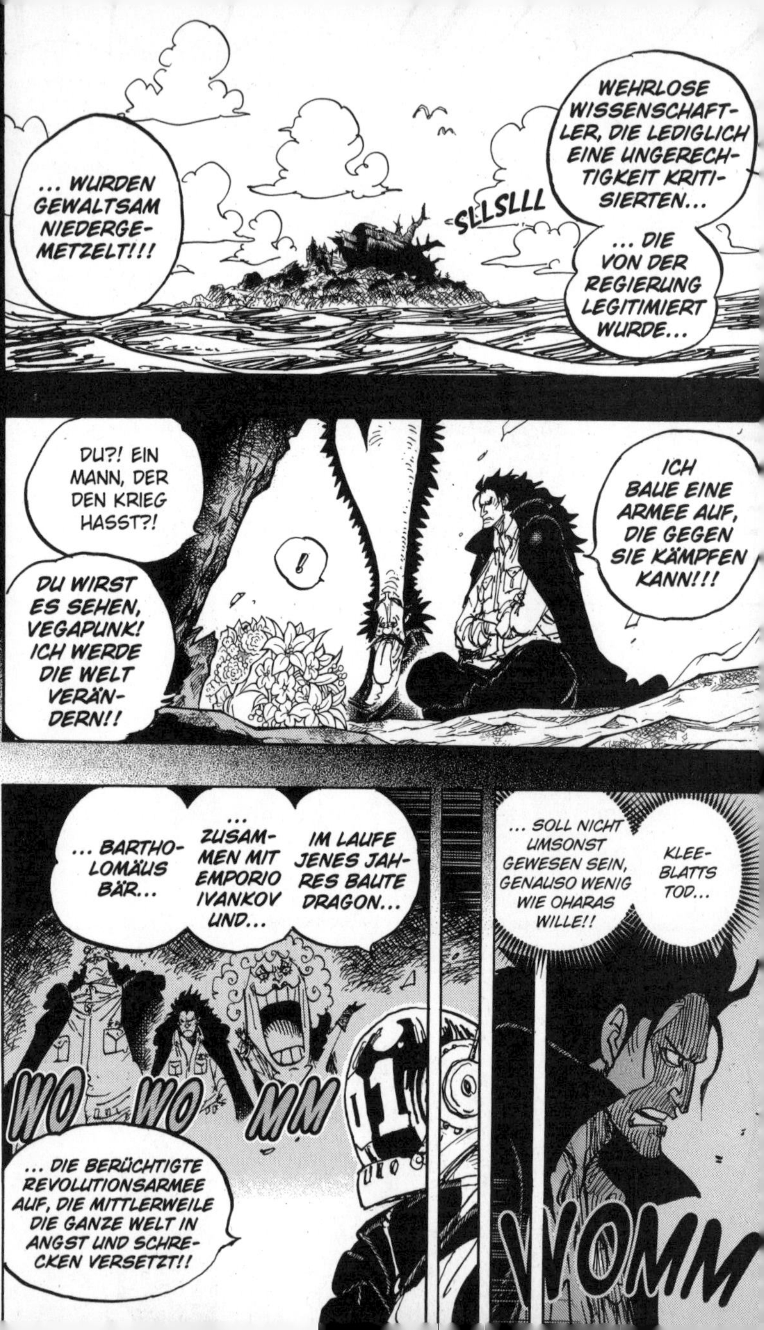
WEHRLOSE WISSENSCHAFTLER, DIE LEDIGLICH EINE UNGERECHTIGKEIT KRITISIERTEN...
... DIE VON DER REGIERUNG LEGITIMIERT WURDE...
SLLSLLL
... WURDEN GEWALTSAM NIEDERGEMETZELT!!!
ICH BAUE EINE ARMEE AUF, DIE GEGEN SIE KÄMPFEN KANN!!!
!
DU?! EIN MANN, DER DEN KRIEG HASST?!
DU WIRST ES SEHEN, VEGAPUNK! ICH WERDE DIE WELT VERÄNDERN!!
KLEEBLATTS TOD...
... SOLL NICHT UMSONST GEWESEN SEIN, GENAUSO WENIG WIE OHARAS WILLE!!
IM LAUFE JENES JAHRES BAUTE DRAGON...
... ZUSAMMEN MIT EMPORIO IVANKOV UND...
... BARTHOLOMÄUS BÄR...
WOMM
WO WO MM
... DIE BERÜCHTIGTE REVOLUTIONSARMEE AUF, DIE MITTLERWEILE DIE GANZE WELT IN ANGST UND SCHRECKEN VERSETZT!!

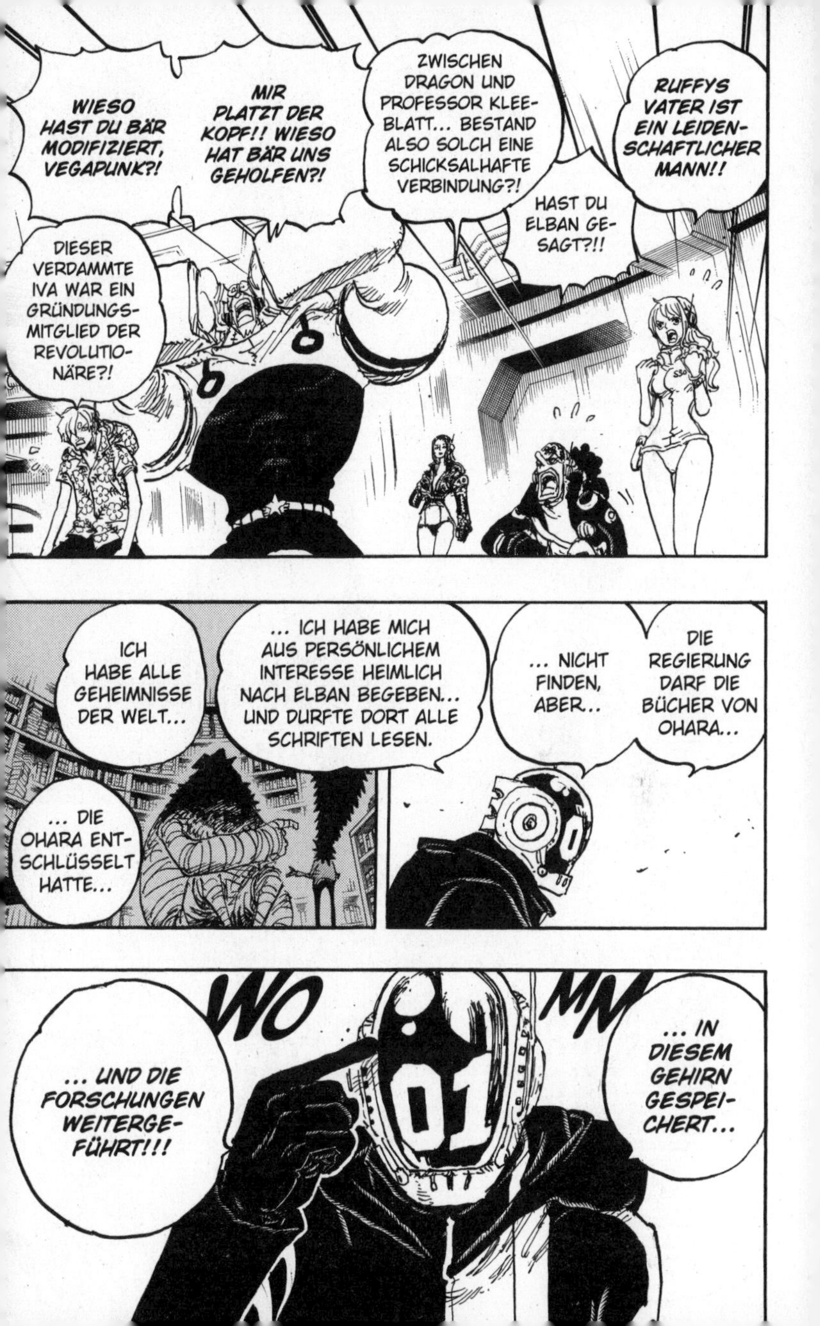
RUFFYS VATER IST EIN LEIDENSCHAFTLICHER MANN!!
HAST DU ELBAN GESAGT?!!
ZWISCHEN DRAGON UND PROFESSOR KLEEBLATT... BESTAND ALSO SOLCH EINE SCHICKSALHAFTE VERBINDUNG?!
MIR PLATZT DER KOPF!! WIESO HAT BÄR UNS GEHOLFEN?!
WIESO HAST DU BÄR MODIFIZIERT, VEGAPUNK?!
DIESER VERDAMMTE IVA WAR EIN GRÜNDUNGSMITGLIED DER REVOLUTIONÄRE?!
DIE REGIERUNG DARF DIE BÜCHER VON OHARA...
... NICHT FINDEN, ABER...
... ICH HABE MICH AUS PERSÖNLICHEM INTERESSE HEIMLICH NACH ELBAN BEGEBEN... UND DURFTE DORT ALLE SCHRIFTEN LESEN.
ICH HABE ALLE GEHEIMNISSE DER WELT...
... DIE OHARA ENTSCHLÜSSELT HATTE...
WOMM
... IN DIESEM GEHIRN GESPEICHERT...
... UND DIE FORSCHUNGEN WEITERGEFÜHRT!!!

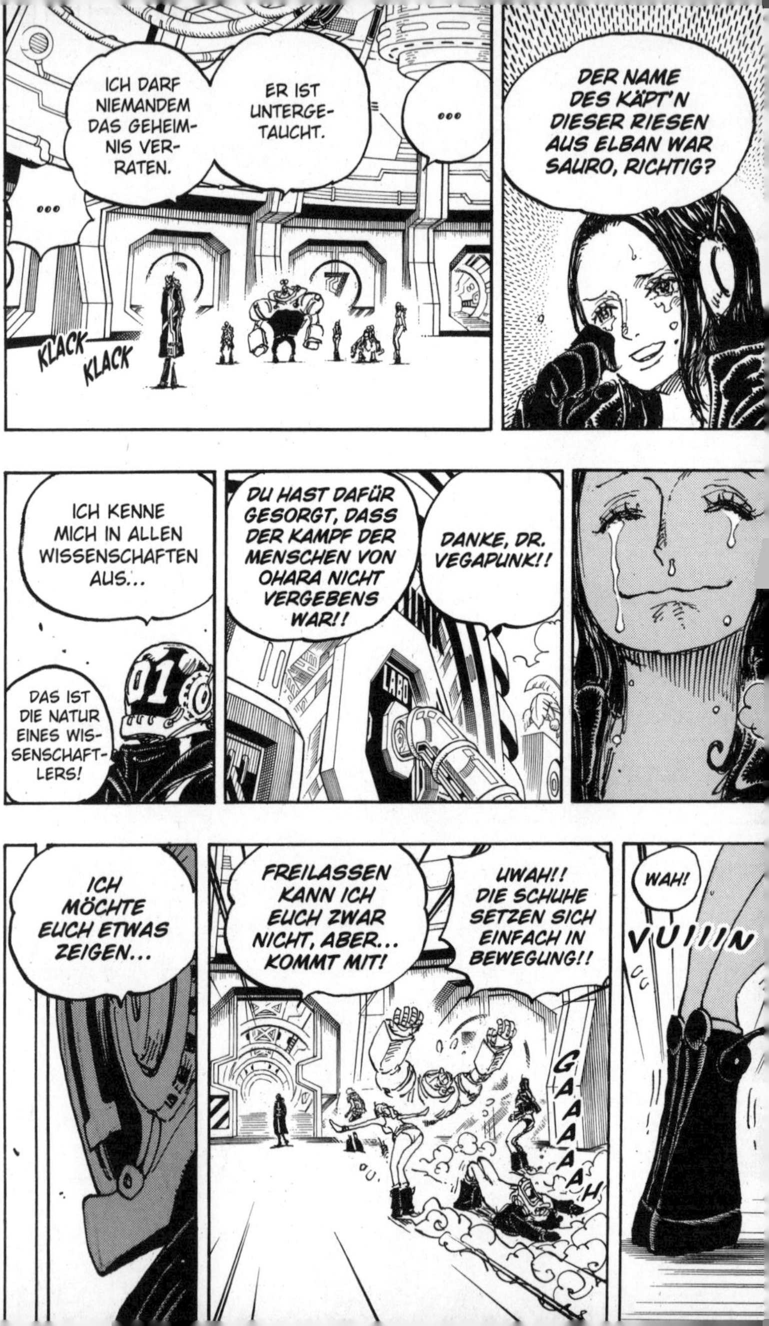
DER NAME DES KÄPT'N DIESER RIESEN AUS ELBAN WAR SAURO, RICHTIG?
...
ER IST UNTERGETAUCHT.
ICH DARF NIEMANDEM DAS GEHEIMNIS VERRATEN.
...
KLACK KLACK
DANKE, DR. VEGAPUNK!!
DU HAST DAFÜR GESORGT, DASS DER KAMPF DER MENSCHEN VON OHARA NICHT VERGEBENS WAR!!
LABO
ICH KENNE MICH IN ALLEN WISSENSCHAFTEN AUS...
DAS IST DIE NATUR EINES WISSENSCHAFTLERS!
WAH!
VUIIIN
UWAH!! DIE SCHUHE SETZEN SICH EINFACH IN BEWEGUNG!!
FREILASSEN KANN ICH EUCH ZWAR NICHT, ABER... KOMMT MIT!
GAAAAAH
ICH MÖCHTE EUCH ETWAS ZEIGEN...

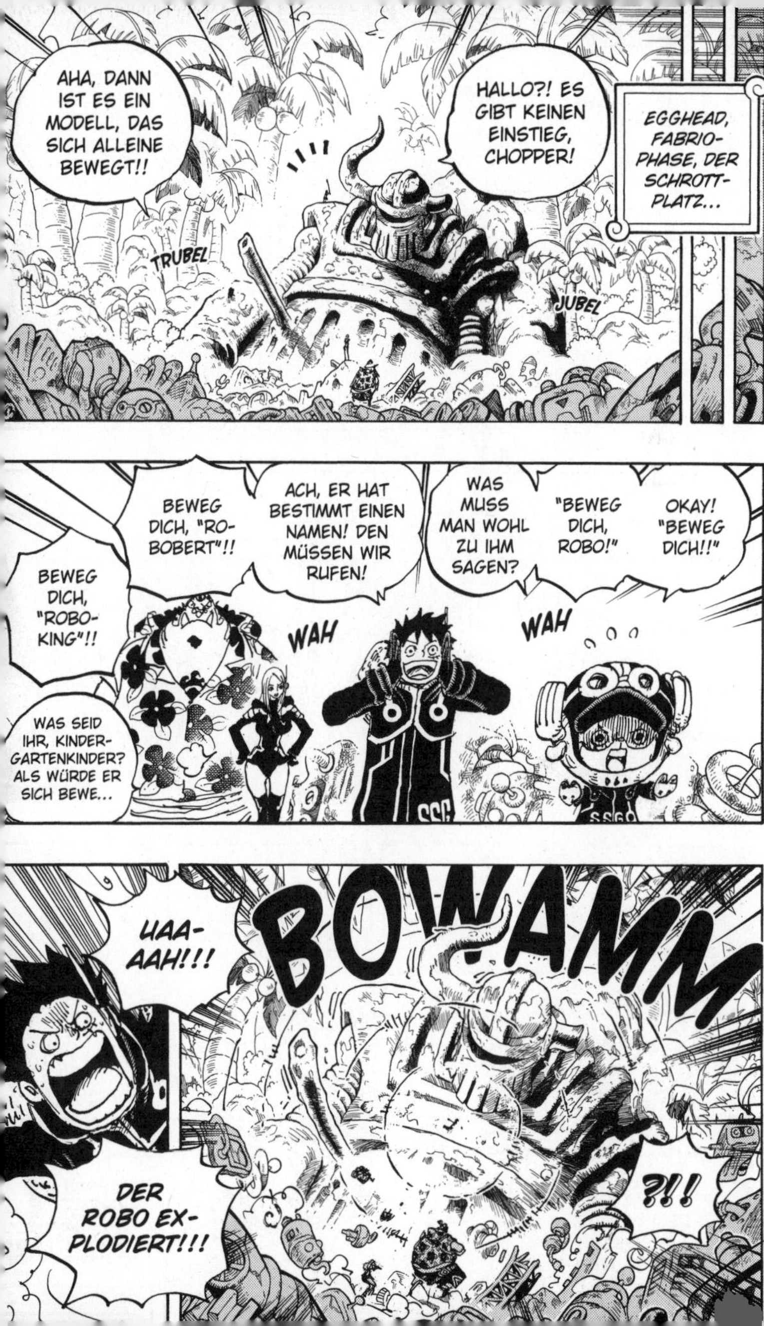
EGGHEAD, FABRIO-PHASE, DER SCHROTT-PLATZ…
HALLO?! ES GIBT KEINEN EINSTIEG, CHOPPER!
AHA, DANN IST ES EIN MODELL, DAS SICH ALLEINE BEWEGT!!
JUBEL
TRUBEL
OKAY! "BEWEG DICH!!"
"BEWEG DICH, ROBO!"
WAS MUSS MAN WOHL ZU IHM SAGEN?
ACH, ER HAT BESTIMMT EINEN NAMEN! DEN MÜSSEN WIR RUFEN!
BEWEG DICH, "RO-BOBERT"!!
BEWEG DICH, "ROBO-KING"!!
WAH
WAH
WAS SEID IHR, KINDER-GARTENKINDER? ALS WÜRDE ER SICH BEWE…
BOWAMM
UAA-AAH!!!
?!!
DER ROBO EX-PLODIERT!!!

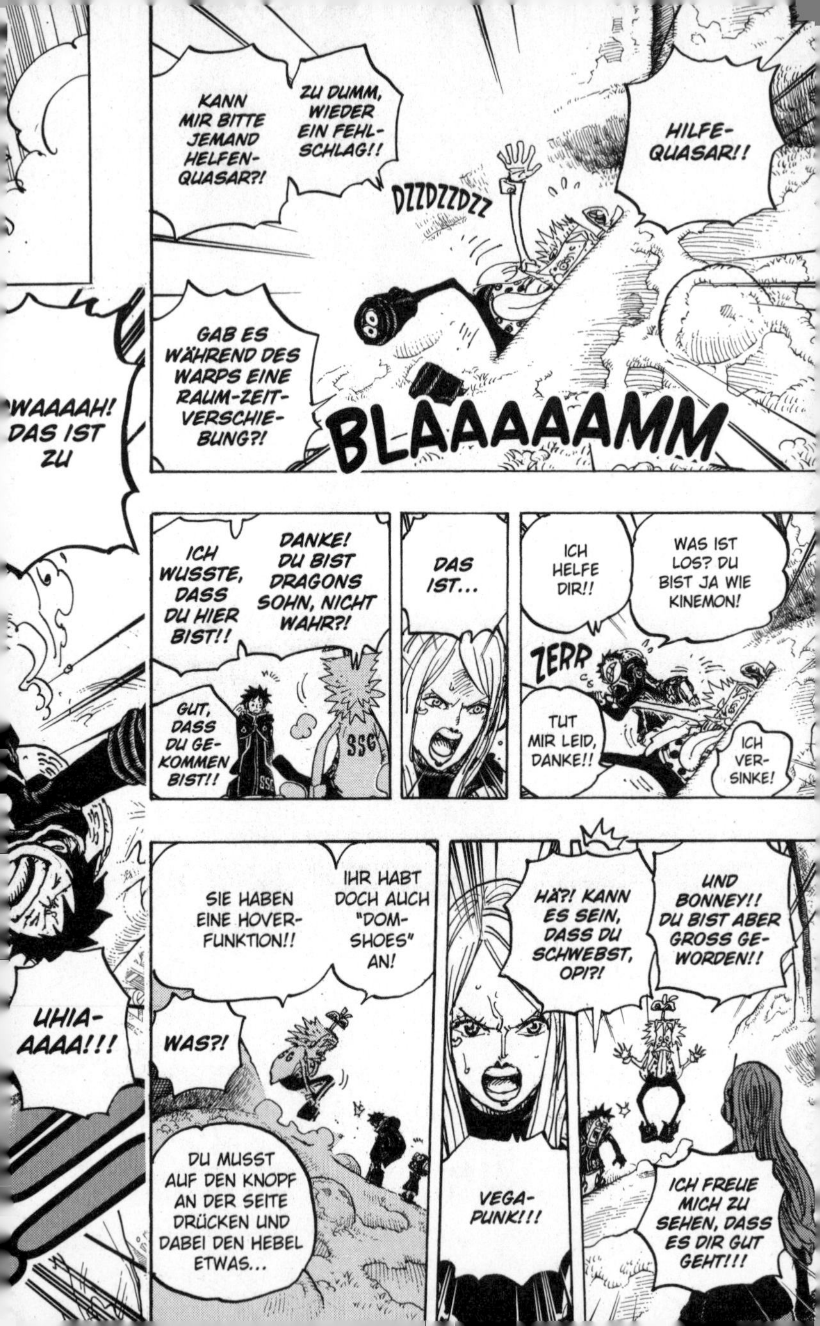
HILFE-QUASAR!!
DZZDZZDZZ
ZU DUMM, WIEDER EIN FEHL-SCHLAG!!
KANN MIR BITTE JEMAND HELFEN-QUASAR?!
GAB ES WÄHREND DES WARPS EINE RAUM-ZEIT-VERSCHIE-BUNG?!
BLAAAAAMM
WAAAAH! DAS IST ZU
WAS IST LOS? DU BIST JA WIE KINEMON!
ICH HELFE DIR!!
ZERR
TUT MIR LEID, DANKE!!
ICH VER-SINKE!
DAS IST...
DANKE! DU BIST DRAGONS SOHN, NICHT WAHR?!
ICH WUSSTE, DASS DU HIER BIST!!
GUT, DASS DU GE-KOMMEN BIST!!
UND BONNEY!! DU BIST ABER GROSS GE-WORDEN!!
HÄ?! KANN ES SEIN, DASS DU SCHWEBST, OPI?!
ICH FREUE MICH ZU SEHEN, DASS ES DIR GUT GEHT!!!
VEGA-PUNK!!!
IHR HABT DOCH AUCH "DOM-SHOES" AN!
SIE HABEN EINE HOVER-FUNKTION!!
WAS?!
DU MUSST AUF DEN KNOPF AN DER SEITE DRÜCKEN UND DABEI DEN HEBEL ETWAS...
UHIA-AAAA!!!

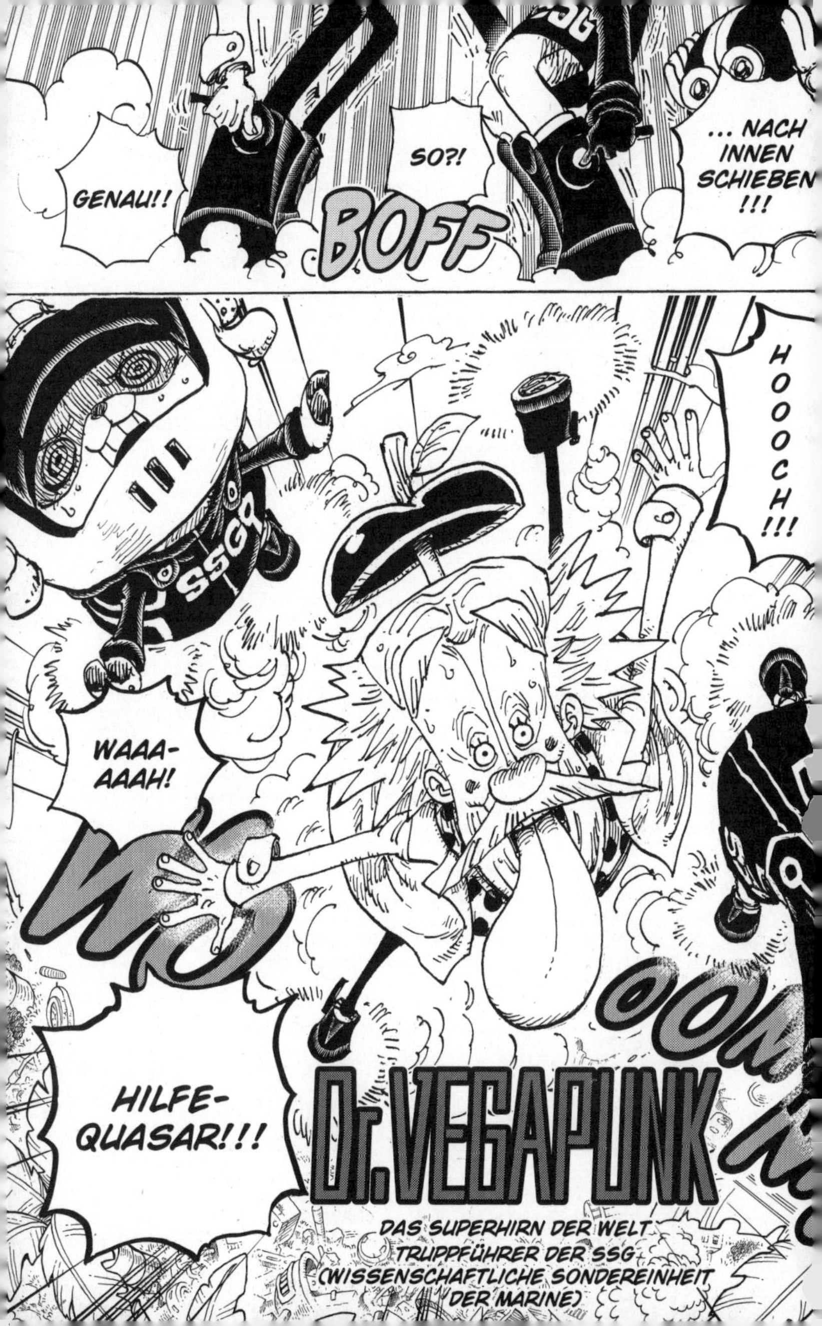
... NACH INNEN SCHIEBEN!!!
SO?!
BOFF
GENAU!!
HOOOOCH!!!
WAAA-AAAH!
HILFE-QUASAR!!!
Dr. VEGAPUNK
DAS SUPERHIRN DER WELT
TRUPPFÜHRER DER SSG
(WISSENSCHAFTLICHE SONDEREINHEIT DER MARINE)

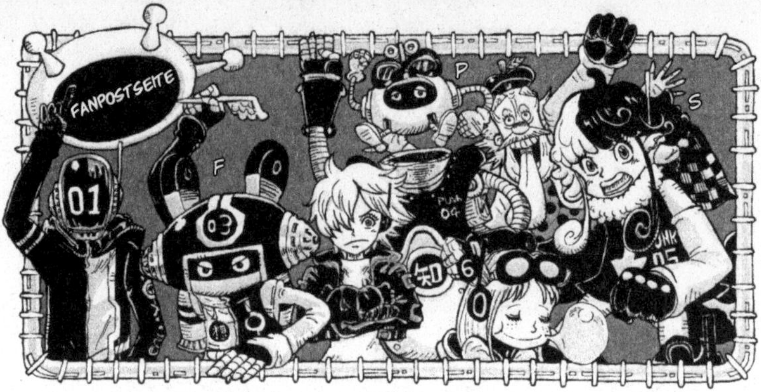

L (LESER): HIER, ODA-CHI! SCHOKOLADE FÜR DICH! ♡ GÖNN DIR EINE PAUSE UND LASS SIE DIR SCHMECKEN! ♡ OH! DIE IST JA VERGIFTET!! TUT MIR LEID! ♡
DIE FPS IST SCHO(C)K-ERÖFFNET! ♡
PSEUDONYM: AKIZO

O (ODA): FLATSCH… BIIIEP… BIIEP… SCHRECK!! ICH WÄRE FAST GESTORBEN!! HH… HH… "OH! DIE IST JA VERGIFTET!!", DEIN ERNST?! SO WAS GIBT ES NICHT IN DIESER WELT!!

L: ODA-SENSEI, HERZLICHEN GLÜCKWUNSCH ZUM GEWINN DER WBC-MEISTERSCHAFT.
PSEUDONYM: DAIKON-MAN

O: OH, DANKE! DU HAST ALSO DAVON GEHÖRT? ICH HABE MICH MIT DEM ZWEI-SCHWERT-STYLE STETIG NACH OBEN GEKÄMPFT UND BEIM W (WAKAME) B (BOILED) C (CLUB) SEHR LECKERE WAKAME-ALGEN GEKOCHT.

L: WER IST BELIEBTER BEI FRAUEN, SHANKS ODER BEN BECKMAN?
PSEUDONYM: KIKUNO

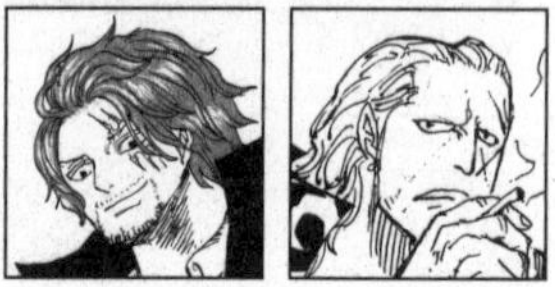

O: SHANKS, WÜRDE ICH SAGEN. ABER BECKMAN WIRD HÄUFIGER VON SICH AUS AKTIV, DA ER FRAUEN LIEBT.

L: ODA-CHI!! BITTE VERRATE MIR DAS ALKOHOLTOLERANZ-RANKING BEI DEN STROHHÜTEN. MAN HAT SCHON GESEHEN, DASS ZORRO UND NAMI VIEL VERTRAGEN, ABER ICH FRAGE MICH, WIE ES MIT DEN ANDEREN AUSSIEHT.
PSEUDONYM: KUROMU

O: 1 2 3 4 5 6 7 8 9 10

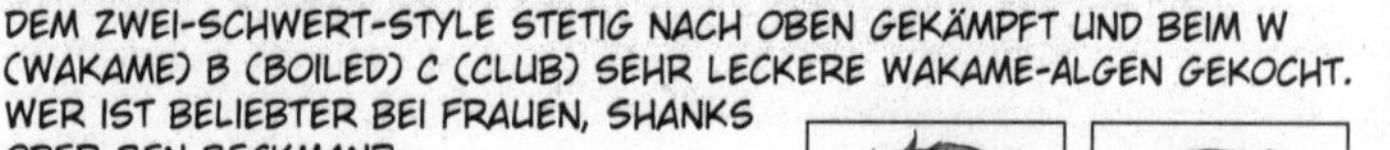

DIESES RANKING IST EIN BISSCHEN SCHWIERIG. DENN "ALKOHOL MÖGEN" UND "ALKOHOL VERTRAGEN" SIND ZWEI VERSCHIEDENE DINGE UND NATÜRLICH TRINKEN NICHT ALLE CREWMITGLIEDER MIT DERSELBEN BEGEISTERUNG. ICH GLAUBE, RUFFY HAT DURCHAUS POTENZIAL, ABER ESSEN HAT BEI IHM PRIORITÄT.

1067. Kapitel:
PUNK RECORDS

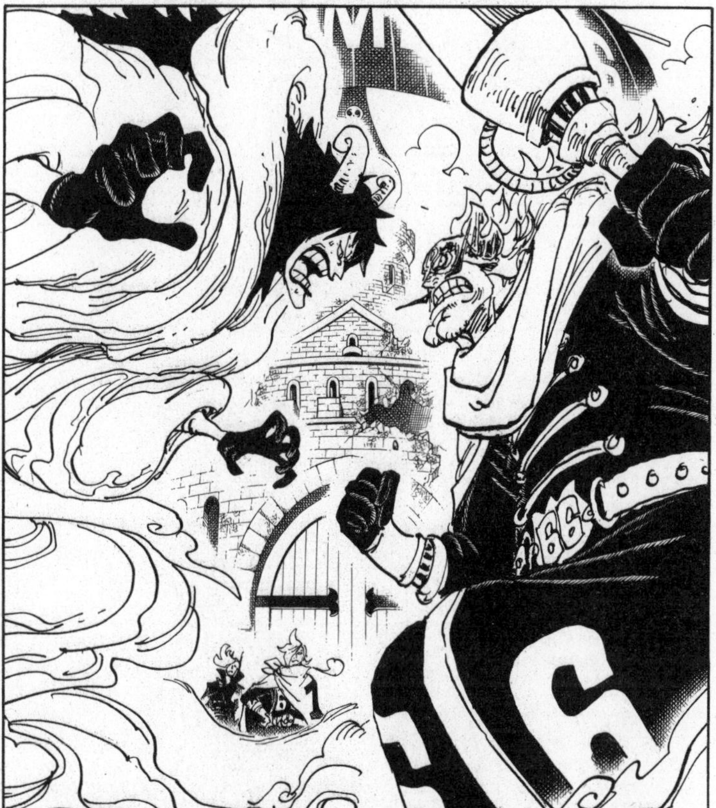

Dieser ausdruckslose Reisebericht der Germa 66, Teil 24
„Wer warst du denn noch mal?! Jajji vs Caesar!!"

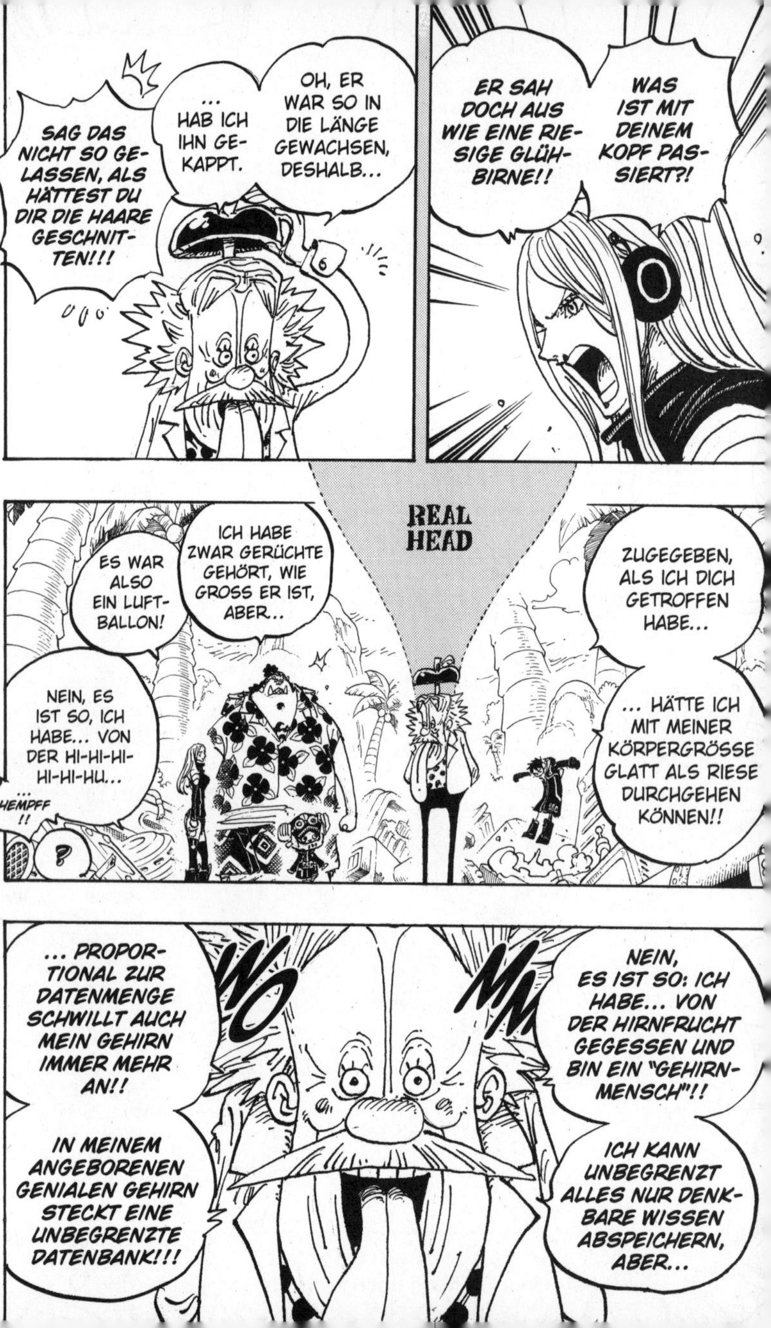
WAS IST MIT DEINEM KOPF PASSIERT?!
ER SAH DOCH AUS WIE EINE RIESIGE GLÜHBIRNE!!
OH, ER WAR SO IN DIE LÄNGE GEWACHSEN, DESHALB...
... HAB ICH IHN GEKAPPT.
SAG DAS NICHT SO GELASSEN, ALS HÄTTEST DU DIR DIE HAARE GESCHNITTEN!!!
REAL HEAD
ZUGEGEBEN, ALS ICH DICH GETROFFEN HABE...
... HÄTTE ICH MIT MEINER KÖRPERGRÖSSE GLATT ALS RIESE DURCHGEHEN KÖNNEN!!
ICH HABE ZWAR GERÜCHTE GEHÖRT, WIE GROSS ER IST, ABER...
ES WAR ALSO EIN LUFTBALLON!
NEIN, ES IST SO, ICH HABE... VON DER HI-HI-HI-HI-HI-HU...
... HEMPFF!!
?
NEIN, ES IST SO: ICH HABE... VON DER HIRNFRUCHT GEGESSEN UND BIN EIN "GEHIRNMENSCH"!!
ICH KANN UNBEGRENZT ALLES NUR DENKBARE WISSEN ABSPEICHERN, ABER...
... PROPORTIONAL ZUR DATENMENGE SCHWILLT AUCH MEIN GEHIRN IMMER MEHR AN!!
IN MEINEM ANGEBORENEN GENIALEN GEHIRN STECKT EINE UNBEGRENZTE DATENBANK!!!

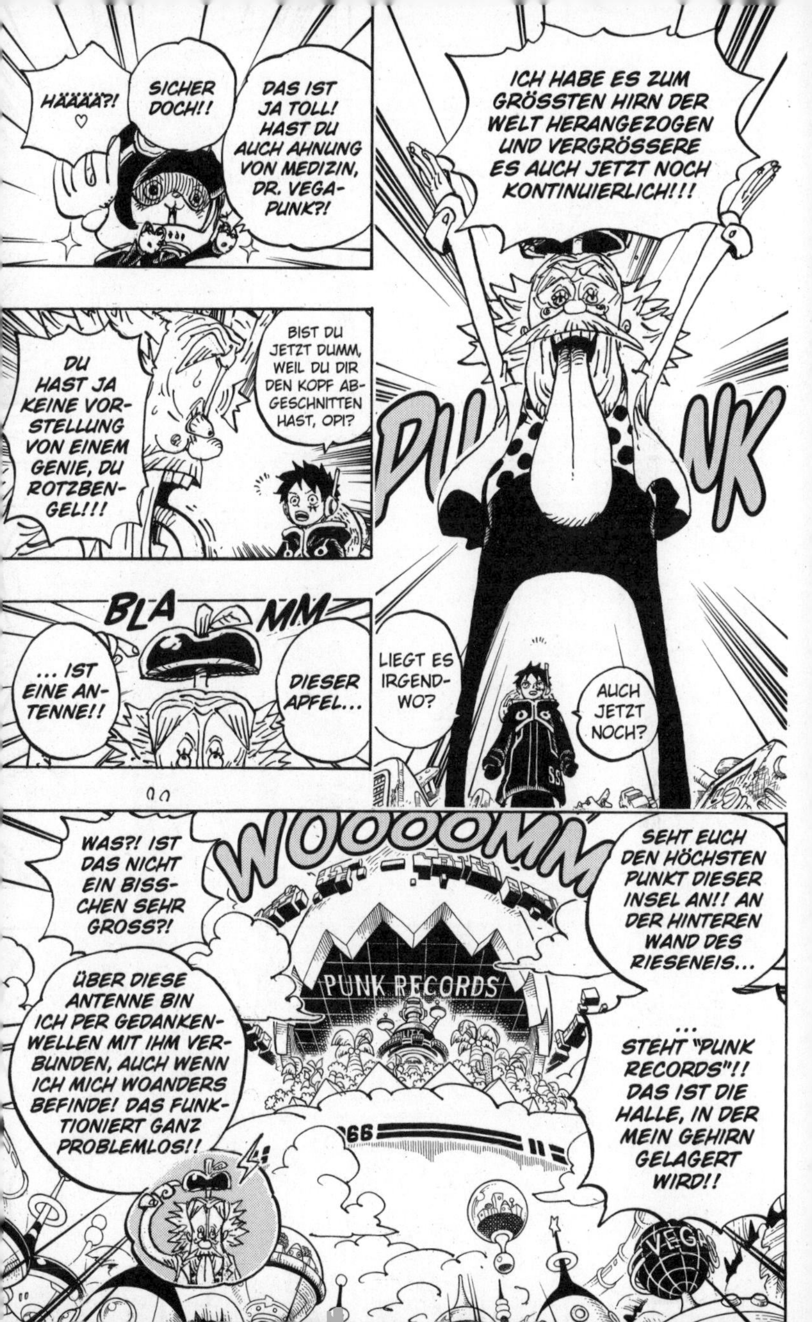
ICH HABE ES ZUM GRÖSSTEN HIRN DER WELT HERANGEZOGEN UND VERGRÖSSERE ES AUCH JETZT NOCH KONTINUIERLICH!!!
DAS IST JA TOLL! HAST DU AUCH AHNUNG VON MEDIZIN, DR. VEGA-PUNK?!
SICHER DOCH!!
HÄÄÄÄ?! ♡
BIST DU JETZT DUMM, WEIL DU DIR DEN KOPF ABGESCHNITTEN HAST, OPI?
DU HAST JA KEINE VORSTELLUNG VON EINEM GENIE, DU ROTZBENGEL!!!
AUCH JETZT NOCH?
LIEGT ES IRGENDWO?
BLAMM
DIESER APFEL...
... IST EINE ANTENNE!!
WOOOOMM
SEHT EUCH DEN HÖCHSTEN PUNKT DIESER INSEL AN!! AN DER HINTEREN WAND DES RIESENEIS...
... STEHT "PUNK RECORDS"!! DAS IST DIE HALLE, IN DER MEIN GEHIRN GELAGERT WIRD!!
PUNK RECORDS
WAS?! IST DAS NICHT EIN BISSCHEN SEHR GROSS?!
ÜBER DIESE ANTENNE BIN ICH PER GEDANKENWELLEN MIT IHM VERBUNDEN, AUCH WENN ICH MICH WOANDERS BEFINDE! DAS FUNKTIONIERT GANZ PROBLEMLOS!!
VEGA

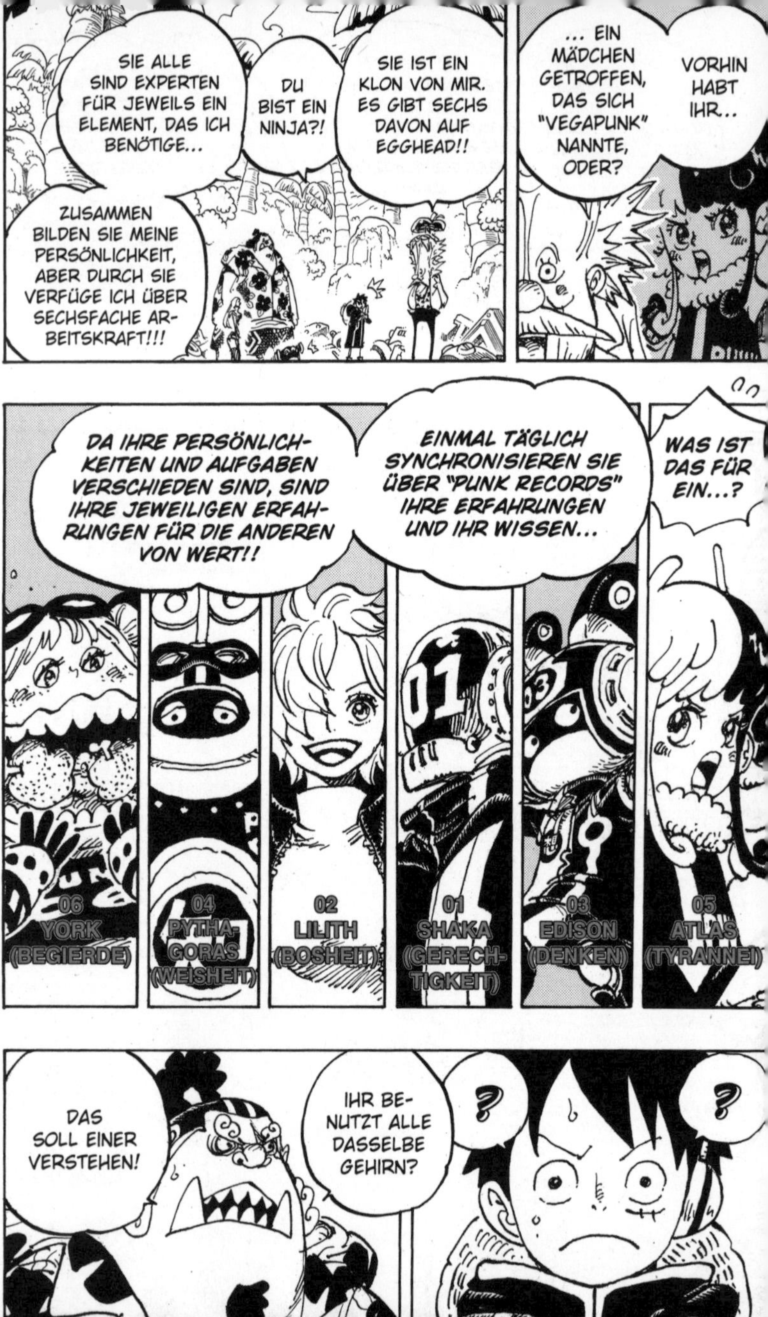
VORHIN HABT IHR…
… EIN MÄDCHEN GETROFFEN, DAS SICH "VEGAPUNK" NANNTE, ODER?
SIE IST EIN KLON VON MIR. ES GIBT SECHS DAVON AUF EGGHEAD!!
DU BIST EIN NINJA?!
SIE ALLE SIND EXPERTEN FÜR JEWEILS EIN ELEMENT, DAS ICH BENÖTIGE…
ZUSAMMEN BILDEN SIE MEINE PERSÖNLICHKEIT, ABER DURCH SIE VERFÜGE ICH ÜBER SECHSFACHE ARBEITSKRAFT!!!
WAS IST DAS FÜR EIN…?
EINMAL TÄGLICH SYNCHRONISIEREN SIE ÜBER "PUNK RECORDS" IHRE ERFAHRUNGEN UND IHR WISSEN…
DA IHRE PERSÖNLICHKEITEN UND AUFGABEN VERSCHIEDEN SIND, SIND IHRE JEWEILIGEN ERFAHRUNGEN FÜR DIE ANDEREN VON WERT!!
05 ATLAS (TYRANNEI)
03 EDISON (DENKEN)
01 SHAKA (GERECHTIGKEIT)
02 LILITH (BOSHEIT)
04 PYTHAGORAS (WEISHEIT)
06 YORK (BEGIERDE)
?
?
IHR BENUTZT ALLE DASSELBE GEHIRN?
DAS SOLL EINER VERSTEHEN!

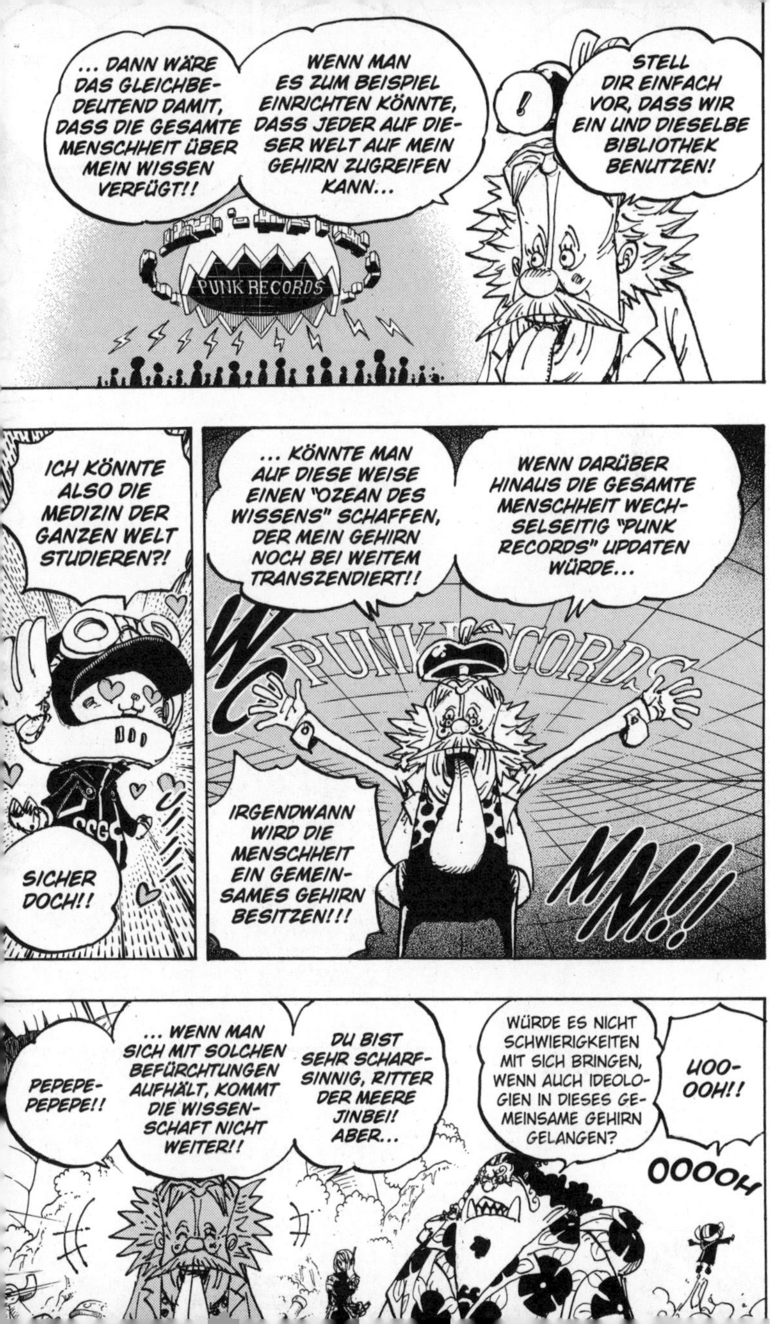
STELL DIR EINFACH VOR, DASS WIR EIN UND DIESELBE BIBLIOTHEK BENUTZEN!
!
WENN MAN ES ZUM BEISPIEL EINRICHTEN KÖNNTE, DASS JEDER AUF DIESER WELT AUF MEIN GEHIRN ZUGREIFEN KANN…
… DANN WÄRE DAS GLEICHBEDEUTEND DAMIT, DASS DIE GESAMTE MENSCHHEIT ÜBER MEIN WISSEN VERFÜGT!!
PUNK RECORDS
WENN DARÜBER HINAUS DIE GESAMTE MENSCHHEIT WECHSELSEITIG "PUNK RECORDS" UPDATEN WÜRDE…
… KÖNNTE MAN AUF DIESE WEISE EINEN "OZEAN DES WISSENS" SCHAFFEN, DER MEIN GEHIRN NOCH BEI WEITEM TRANSZENDIERT!!
IRGENDWANN WIRD DIE MENSCHHEIT EIN GEMEINSAMES GEHIRN BESITZEN!!!
ICH KÖNNTE ALSO DIE MEDIZIN DER GANZEN WELT STUDIEREN?!
SICHER DOCH!!
UOO-OOH!!
OOOOH
WÜRDE ES NICHT SCHWIERIGKEITEN MIT SICH BRINGEN, WENN AUCH IDEOLOGIEN IN DIESES GEMEINSAME GEHIRN GELANGEN?
DU BIST SEHR SCHARFSINNIG, RITTER DER MEERE JINBEI! ABER…
… WENN MAN SICH MIT SOLCHEN BEFÜRCHTUNGEN AUFHÄLT, KOMMT DIE WISSENSCHAFT NICHT WEITER!!
PEPEPE-PEPEPE!!

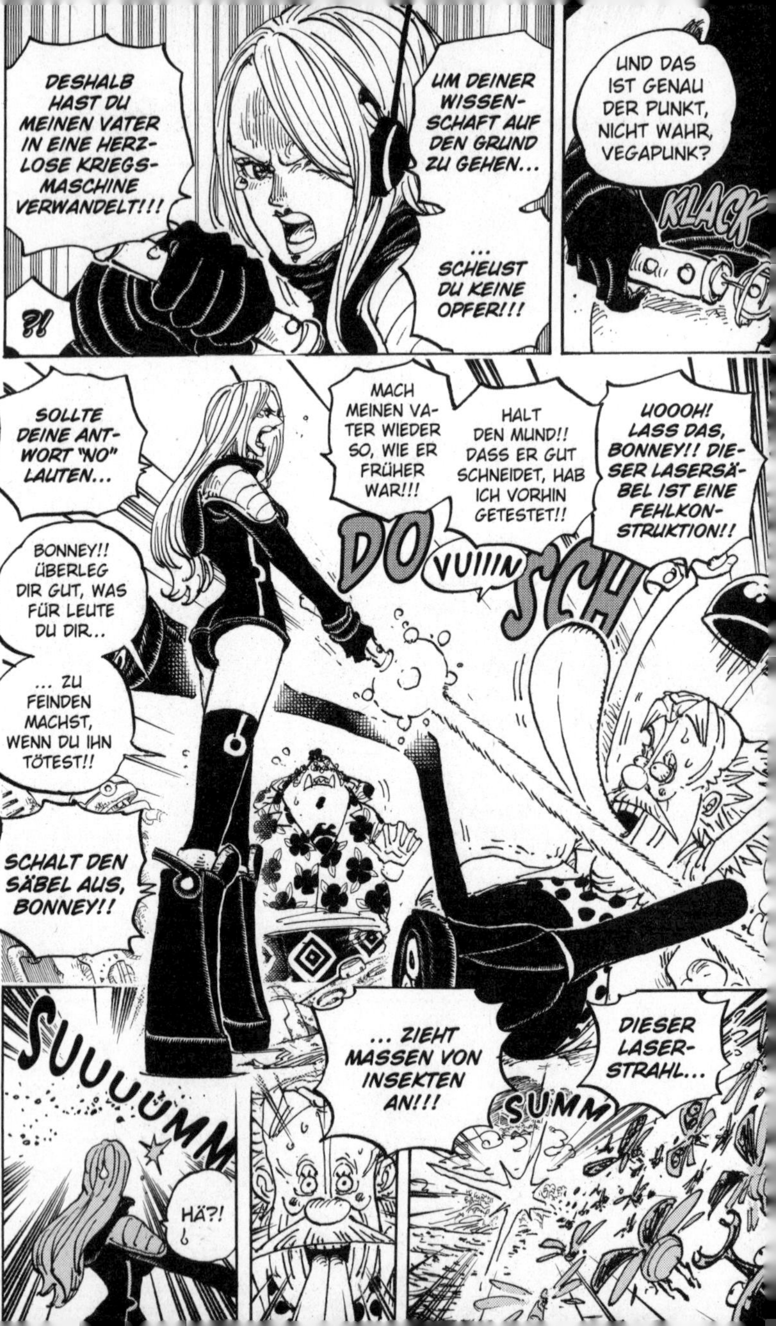
UND DAS IST GENAU DER PUNKT, NICHT WAHR, VEGAPUNK?
KLACK
UM DEINER WISSENSCHAFT AUF DEN GRUND ZU GEHEN...
... SCHEUST DU KEINE OPFER!!!
DESHALB HAST DU MEINEN VATER IN EINE HERZLOSE KRIEGSMASCHINE VERWANDELT!!!
?!
UOOOH! LASS DAS, BONNEY!! DIESER LASERSÄBEL IST EINE FEHLKONSTRUKTION!!
HALT DEN MUND!! DASS ER GUT SCHNEIDET, HAB ICH VORHIN GETESTET!!
MACH MEINEN VATER WIEDER SO, WIE ER FRÜHER WAR!!!
SOLLTE DEINE ANTWORT "NO" LAUTEN...
DOSCH
VUIIIN
BONNEY!! ÜBERLEG DIR GUT, WAS FÜR LEUTE DU DIR...
... ZU FEINDEN MACHST, WENN DU IHN TÖTEST!!
SCHALT DEN SÄBEL AUS, BONNEY!!
DIESER LASERSTRAHL...
SUMM
... ZIEHT MASSEN VON INSEKTEN AN!!!
SUUUUMM
HÄ?!

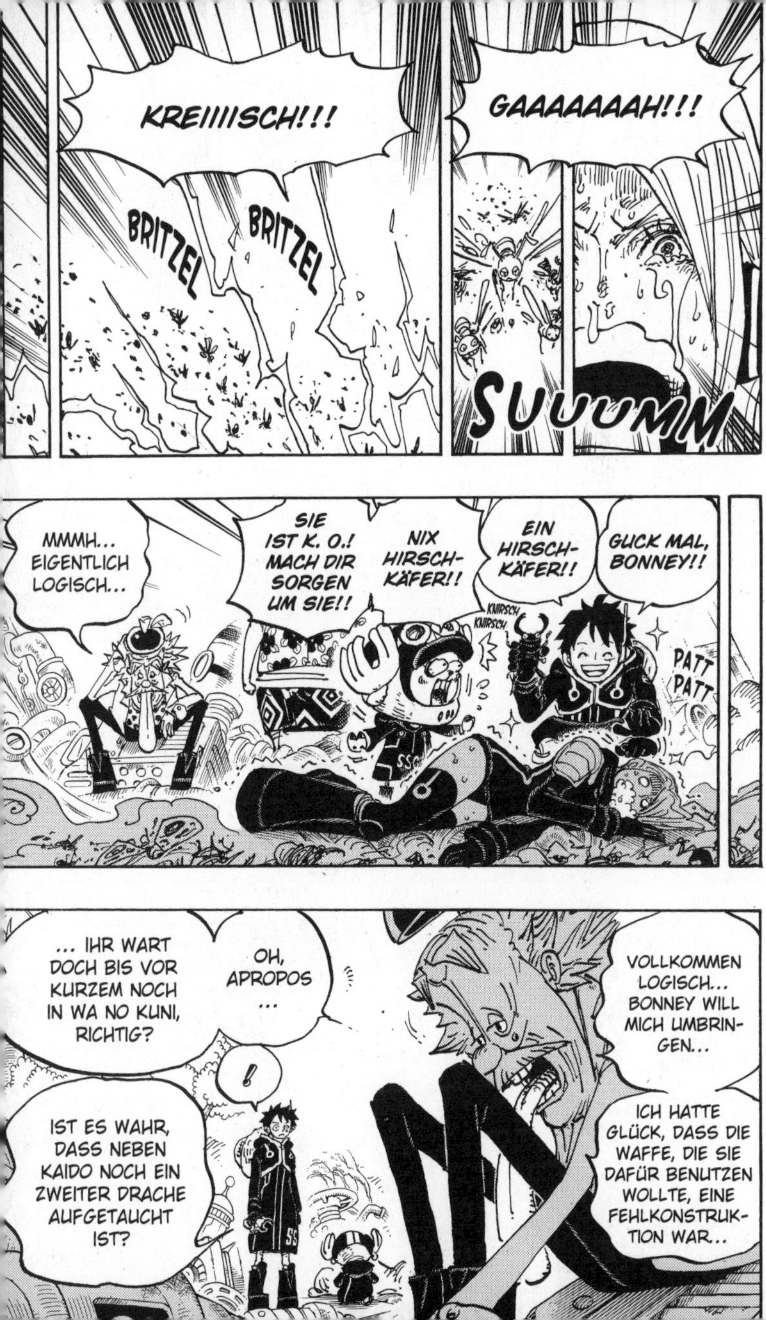
GAAAAAAAH!!!
SUUUMM
KREIIIISCH!!!
BRITZEL
BRITZEL
GUCK MAL, BONNEY!!
PATT PATT
EIN HIRSCH-KÄFER!!
KNIRSCH KNIRSCH
NIX HIRSCH-KÄFER!!
SIE IST K. O.! MACH DIR SORGEN UM SIE!!
MMMH... EIGENTLICH LOGISCH...
VOLLKOMMEN LOGISCH... BONNEY WILL MICH UMBRIN-GEN...
ICH HATTE GLÜCK, DASS DIE WAFFE, DIE SIE DAFÜR BENUTZEN WOLLTE, EINE FEHLKONSTRUK-TION WAR...
OH, APROPOS ...
... IHR WART DOCH BIS VOR KURZEM NOCH IN WA NO KUNI, RICHTIG?
!
IST ES WAHR, DASS NEBEN KAIDO NOCH EIN ZWEITER DRACHE AUFGETAUCHT IST?

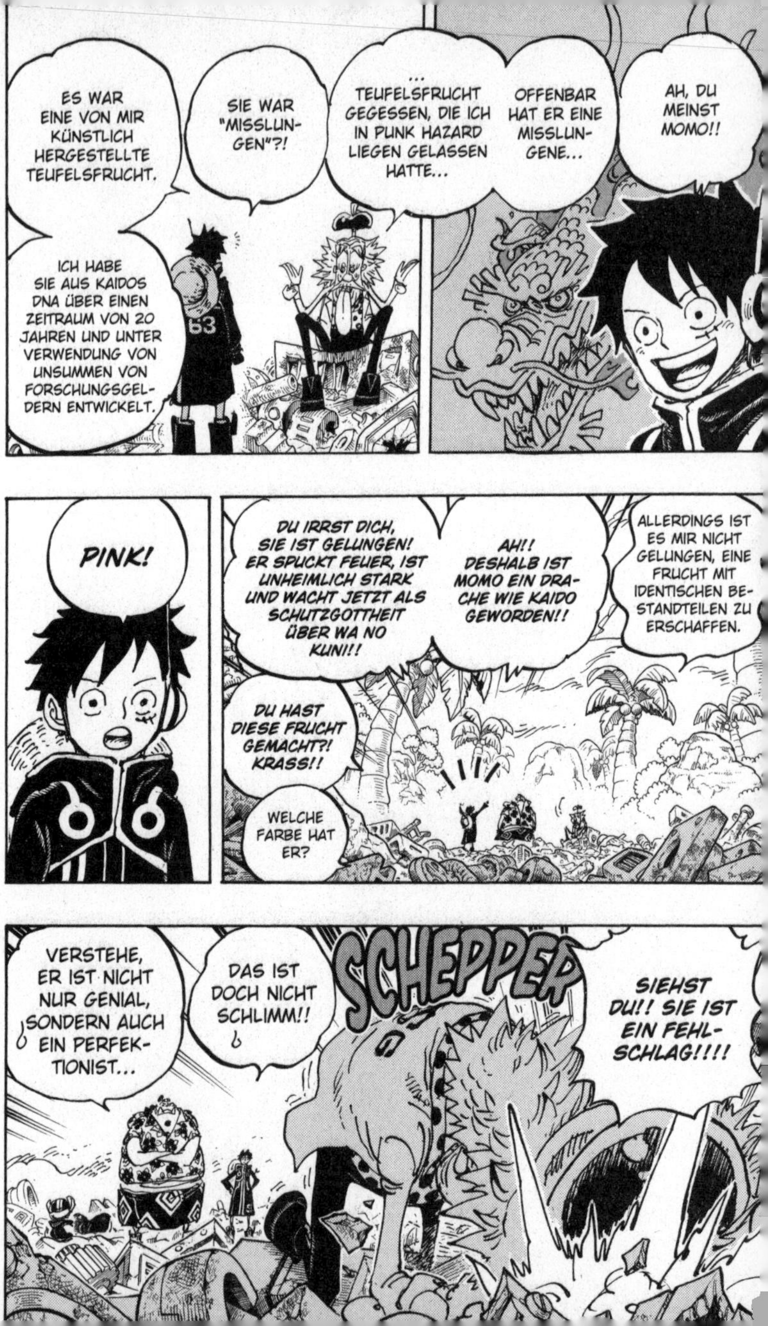
AH, DU MEINST MOMO!!
OFFENBAR HAT ER EINE MISSLUNGENE...
... TEUFELSFRUCHT GEGESSEN, DIE ICH IN PUNK HAZARD LIEGEN GELASSEN HATTE...
SIE WAR "MISSLUNGEN"?!
ES WAR EINE VON MIR KÜNSTLICH HERGESTELLTE TEUFELSFRUCHT.
ICH HABE SIE AUS KAIDOS DNA ÜBER EINEN ZEITRAUM VON 20 JAHREN UND UNTER VERWENDUNG VON UNSUMMEN VON FORSCHUNGSGELDERN ENTWICKELT.
ALLERDINGS IST ES MIR NICHT GELUNGEN, EINE FRUCHT MIT IDENTISCHEN BESTANDTEILEN ZU ERSCHAFFEN.
AH!! DESHALB IST MOMO EIN DRACHE WIE KAIDO GEWORDEN!!
DU IRRST DICH, SIE IST GELUNGEN! ER SPUCKT FEUER, IST UNHEIMLICH STARK UND WACHT JETZT ALS SCHUTZGOTTHEIT ÜBER WA NO KUNI!!
DU HAST DIESE FRUCHT GEMACHT?! KRASS!!
WELCHE FARBE HAT ER?
PINK!
SIEHST DU!! SIE IST EIN FEHLSCHLAG!!!!
SCHEPPER
DAS IST DOCH NICHT SCHLIMM!!
VERSTEHE, ER IST NICHT NUR GENIAL, SONDERN AUCH EIN PERFEKTIONIST...

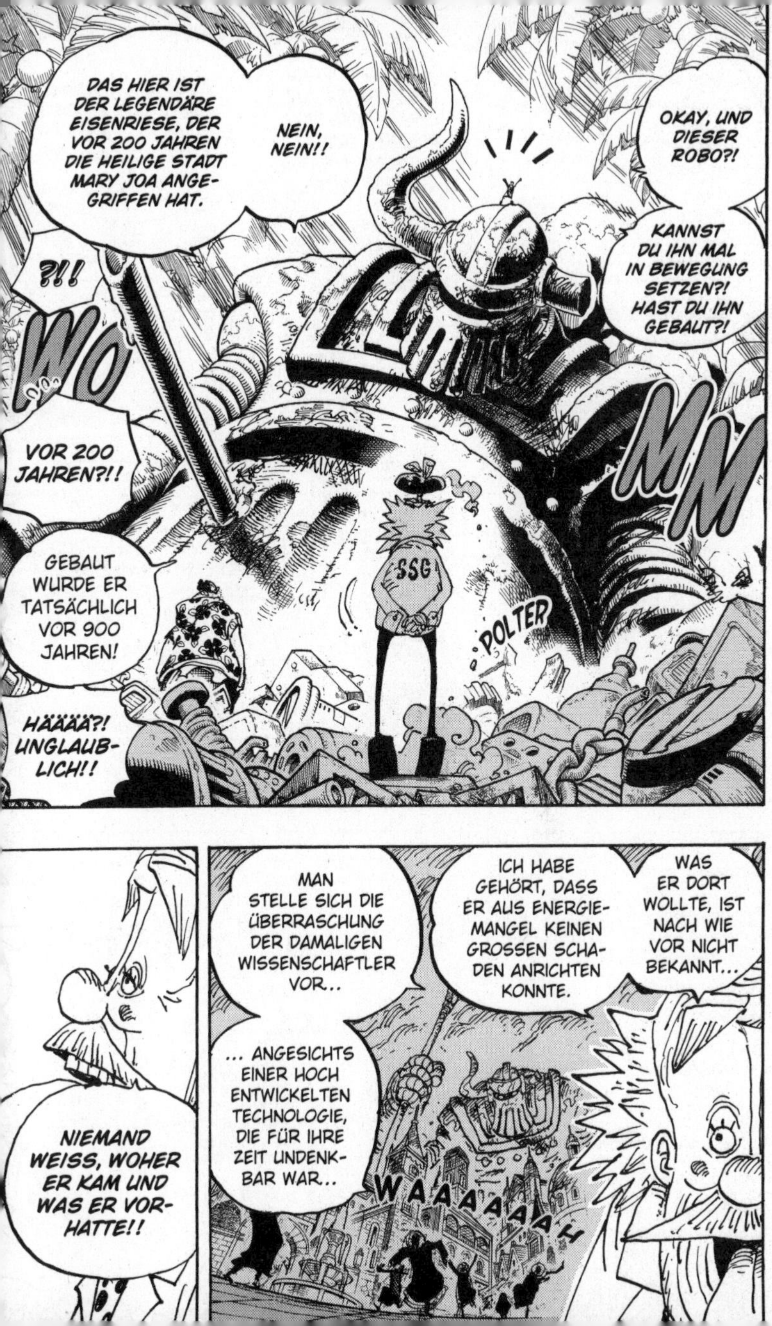
OKAY, UND DIESER ROBO?!
KANNST DU IHN MAL IN BEWEGUNG SETZEN?! HAST DU IHN GEBAUT?!
NEIN, NEIN!!
DAS HIER IST DER LEGENDÄRE EISENRIESE, DER VOR 200 JAHREN DIE HEILIGE STADT MARY JOA ANGEGRIFFEN HAT.
?!!
WOMM
VOR 200 JAHREN?!!
GEBAUT WURDE ER TATSÄCHLICH VOR 900 JAHREN!
POLTER
HÄÄÄÄ?! UNGLAUBLICH!!
WAS ER DORT WOLLTE, IST NACH WIE VOR NICHT BEKANNT...
ICH HABE GEHÖRT, DASS ER AUS ENERGIEMANGEL KEINEN GROSSEN SCHADEN ANRICHTEN KONNTE.
MAN STELLE SICH DIE ÜBERRASCHUNG DER DAMALIGEN WISSENSCHAFTLER VOR...
... ANGESICHTS EINER HOCH ENTWICKELTEN TECHNOLOGIE, DIE FÜR IHRE ZEIT UNDENKBAR WAR...
WAAAAAAAH
NIEMAND WEISS, WOHER ER KAM UND WAS ER VORHATTE!!

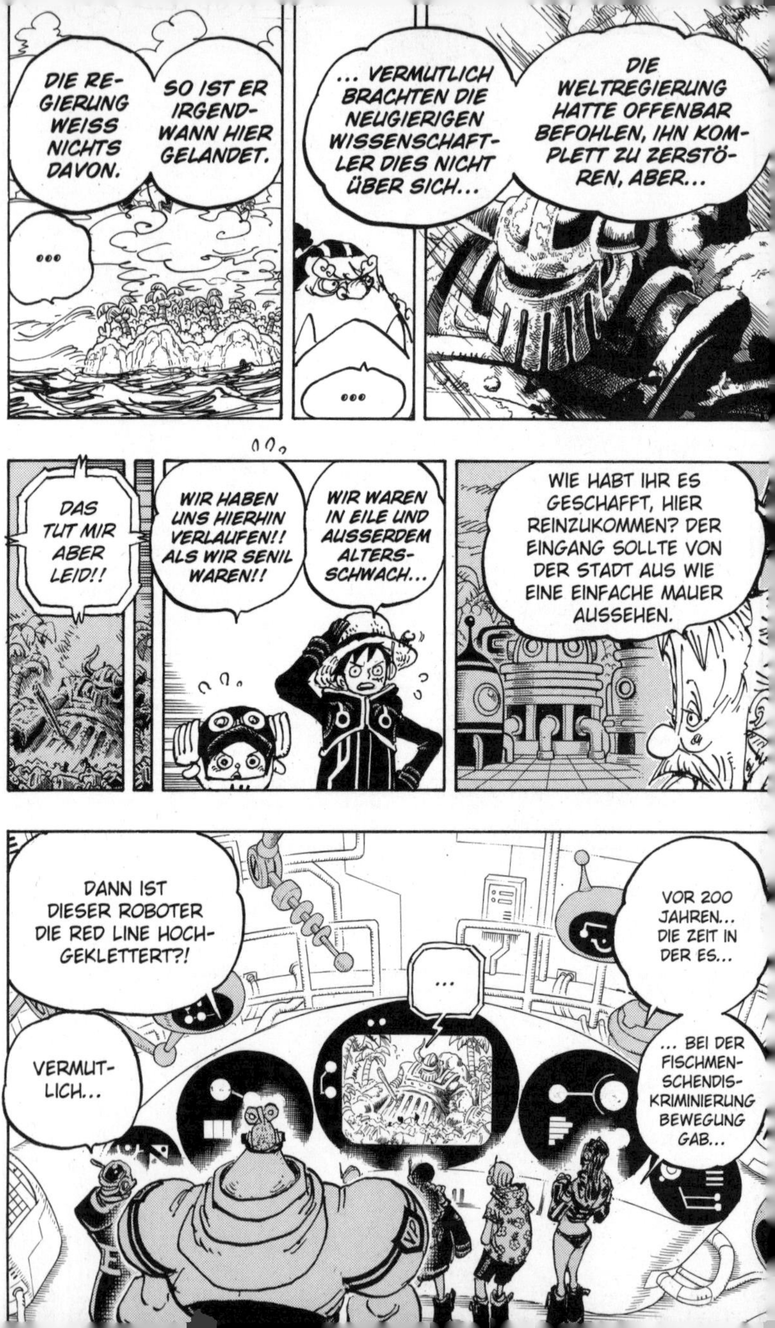
DIE WELTREGIERUNG HATTE OFFENBAR BEFOHLEN, IHN KOMPLETT ZU ZERSTÖREN, ABER...
... VERMUTLICH BRACHTEN DIE NEUGIERIGEN WISSENSCHAFTLER DIES NICHT ÜBER SICH...
...
SO IST ER IRGENDWANN HIER GELANDET.
DIE REGIERUNG WEISS NICHTS DAVON.
...
WIE HABT IHR ES GESCHAFFT, HIER REINZUKOMMEN? DER EINGANG SOLLTE VON DER STADT AUS WIE EINE EINFACHE MAUER AUSSEHEN.
WIR WAREN IN EILE UND AUSSERDEM ALTERSSCHWACH...
WIR HABEN UNS HIERHIN VERLAUFEN!! ALS WIR SENIL WAREN!!
DAS TUT MIR ABER LEID!!
VOR 200 JAHREN... DIE ZEIT IN DER ES...
... BEI DER FISCHMENSCHENDISKRIMINIERUNG BEWEGUNG GAB...
...
DANN IST DIESER ROBOTER DIE RED LINE HOCHGEKLETTERT?!
VERMUTLICH...

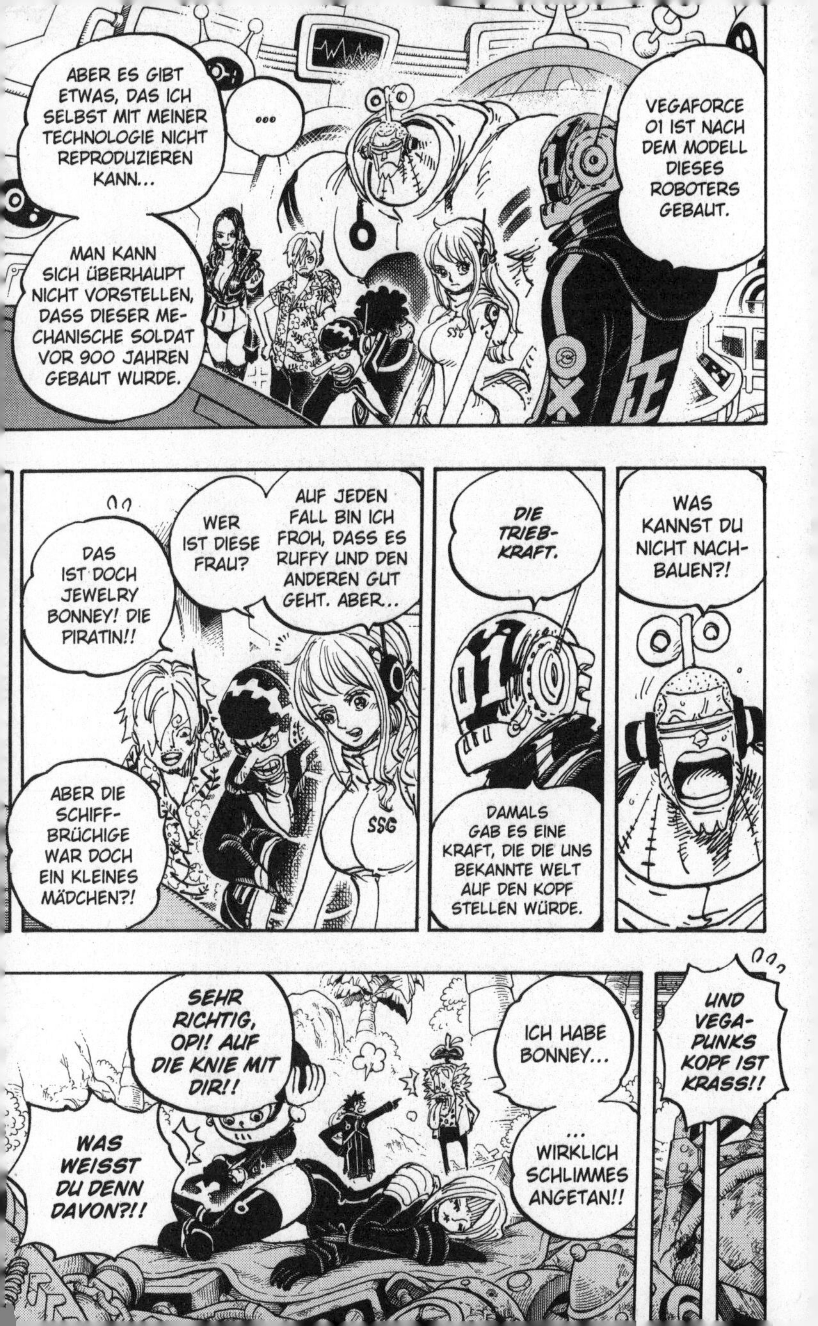
VEGAFORCE 01 IST NACH DEM MODELL DIESES ROBOTERS GEBAUT.
...
ABER ES GIBT ETWAS, DAS ICH SELBST MIT MEINER TECHNOLOGIE NICHT REPRODUZIEREN KANN...
MAN KANN SICH ÜBERHAUPT NICHT VORSTELLEN, DASS DIESER MECHANISCHE SOLDAT VOR 900 JAHREN GEBAUT WURDE.
WAS KANNST DU NICHT NACHBAUEN?!
DIE TRIEBKRAFT.
DAMALS GAB ES EINE KRAFT, DIE DIE UNS BEKANNTE WELT AUF DEN KOPF STELLEN WÜRDE.
AUF JEDEN FALL BIN ICH FROH, DASS ES RUFFY UND DEN ANDEREN GUT GEHT. ABER...
WER IST DIESE FRAU?
DAS IST DOCH JEWELRY BONNEY! DIE PIRATIN!!
ABER DIE SCHIFFBRÜCHIGE WAR DOCH EIN KLEINES MÄDCHEN?!
UND VEGAPUNKS KOPF IST KRASS!!
ICH HABE BONNEY...
... WIRKLICH SCHLIMMES ANGETAN!!
SEHR RICHTIG, OPI! AUF DIE KNIE MIT DIR!!
WAS WEISST DU DENN DAVON?!!

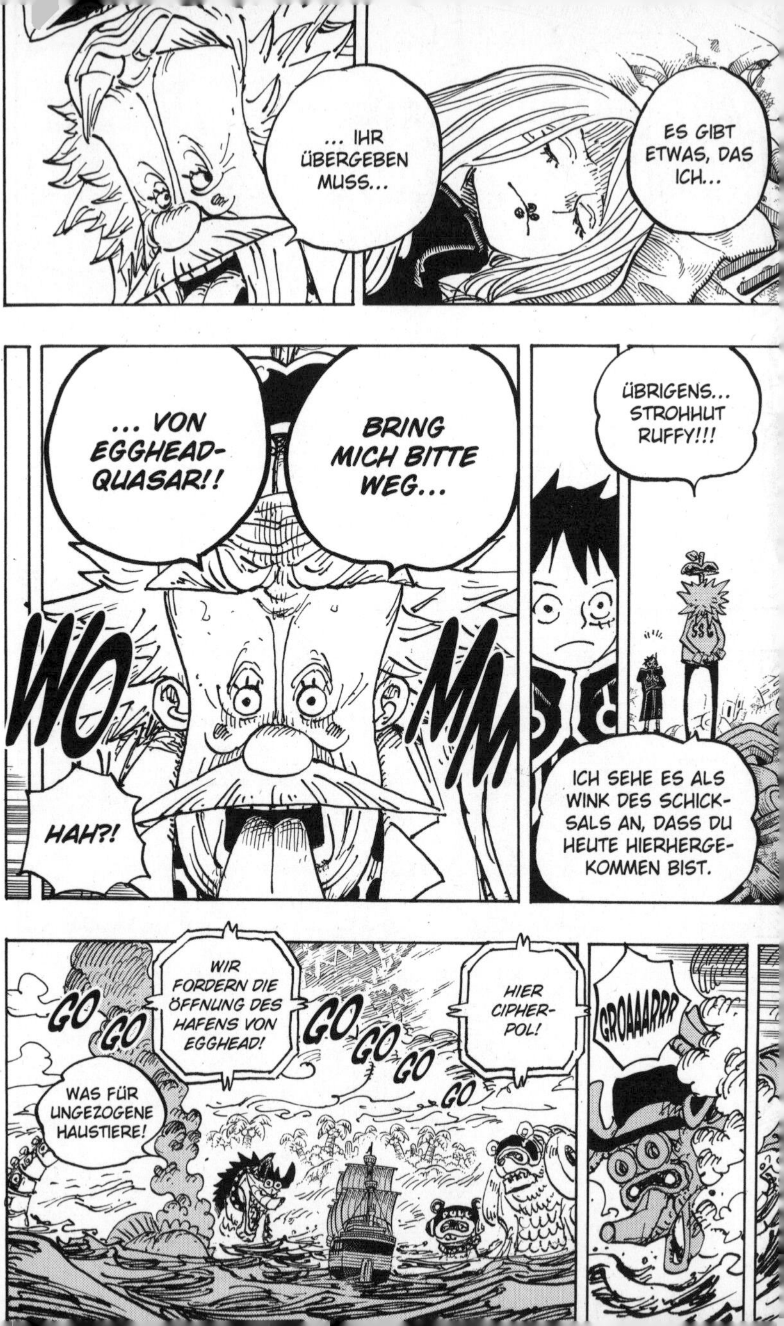
ES GIBT ETWAS, DAS ICH...
... IHR ÜBERGEBEN MUSS...
ÜBRIGENS... STROHHUT RUFFY!!!
ICH SEHE ES ALS WINK DES SCHICKSALS AN, DASS DU HEUTE HIERHERGEKOMMEN BIST.
BRING MICH BITTE WEG...
... VON EGGHEAD-QUASAR!!
WOMM
HAH?!
GROAAARRR
HIER CIPHER-POL!
GO GO GO GO
WIR FORDERN DIE ÖFFNUNG DES HAFENS VON EGGHEAD!
GO GO
WAS FÜR UNGEZOGENE HAUSTIERE!

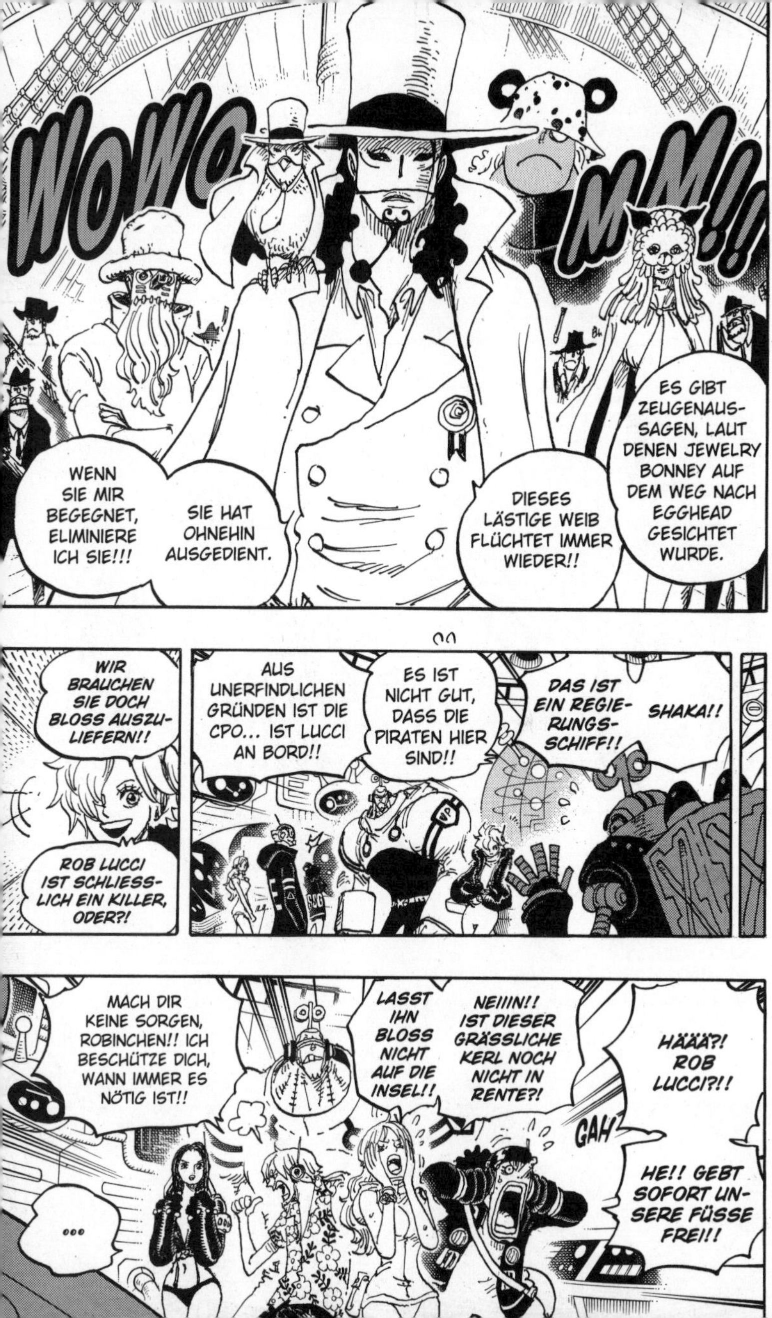
WOWOMMM!!
ES GIBT ZEUGENAUSSAGEN, LAUT DENEN JEWELRY BONNEY AUF DEM WEG NACH EGGHEAD GESICHTET WURDE.
DIESES LÄSTIGE WEIB FLÜCHTET IMMER WIEDER!!
SIE HAT OHNEHIN AUSGEDIENT.
WENN SIE MIR BEGEGNET, ELIMINIERE ICH SIE!!!
SHAKA!!
DAS IST EIN REGIERUNGSSCHIFF!!
ES IST NICHT GUT, DASS DIE PIRATEN HIER SIND!!
AUS UNERFINDLICHEN GRÜNDEN IST DIE CP0… IST LUCCI AN BORD!!
WIR BRAUCHEN SIE DOCH BLOSS AUSZULIEFERN!!
ROB LUCCI IST SCHLIESSLICH EIN KILLER, ODER?!
HÄÄÄ?! ROB LUCCI?!!
HE!! GEBT SOFORT UNSERE FÜSSE FREI!!
GAH
NEIIIN!! IST DIESER GRÄSSLICHE KERL NOCH NICHT IN RENTE?!
LASST IHN BLOSS NICHT AUF DIE INSEL!!
MACH DIR KEINE SORGEN, ROBINCHEN!! ICH BESCHÜTZE DICH, WANN IMMER ES NÖTIG IST!!
…

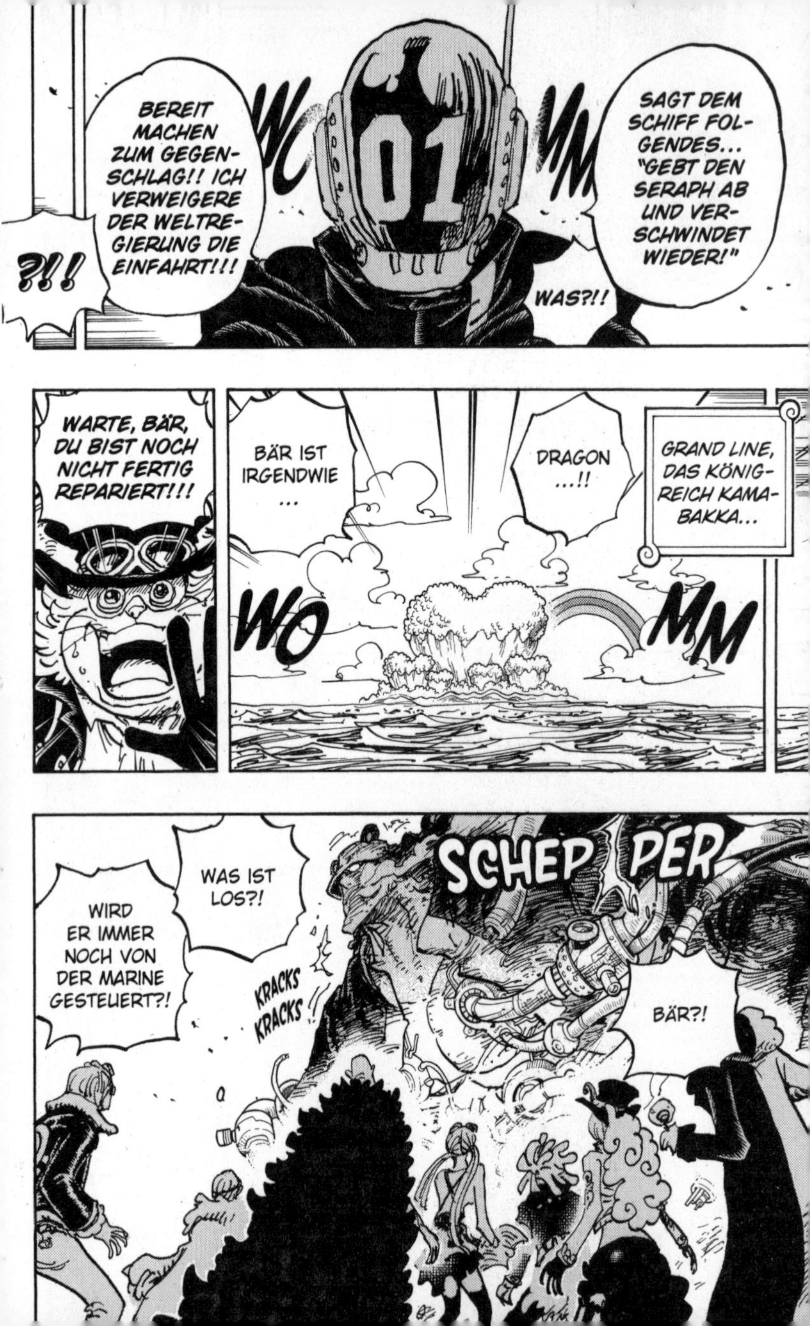
SAGT DEM SCHIFF FOLGENDES… "GEBT DEN SERAPH AB UND VERSCHWINDET WIEDER!"
WAS?!!
WO MM
BEREIT MACHEN ZUM GEGENSCHLAG!! ICH VERWEIGERE DER WELTREGIERUNG DIE EINFAHRT!!!
?!!
GRAND LINE, DAS KÖNIGREICH KAMABAKKA…
DRAGON …!!
BÄR IST IRGENDWIE …
WO MM
WARTE, BÄR, DU BIST NOCH NICHT FERTIG REPARIERT!!!
SCHEP PER
BÄR?!
KRACKS KRACKS
WAS IST LOS?!
WIRD ER IMMER NOCH VON DER MARINE GESTEUERT?!

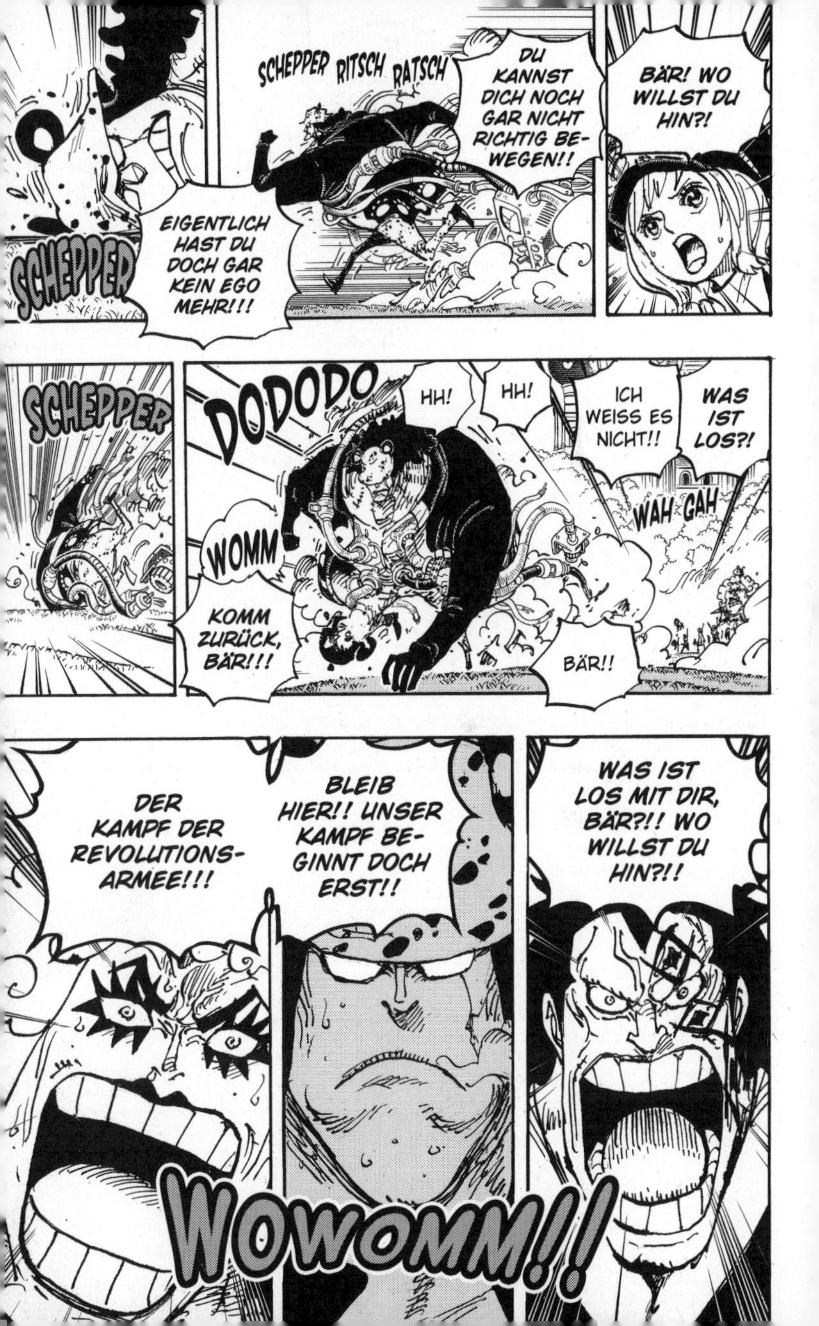
BÄR! WO WILLST DU HIN?!
DU KANNST DICH NOCH GAR NICHT RICHTIG BEWEGEN!!
SCHEPPER RITSCH RATSCH
EIGENTLICH HAST DU DOCH GAR KEIN EGO MEHR!!!
SCHEPPER
WAS IST LOS?!
ICH WEISS ES NICHT!!
HH!
HH!
DODODO
WAH GAH
WOMM
BÄR!!
KOMM ZURÜCK, BÄR!!!
SCHEPPER
WAS IST LOS MIT DIR, BÄR?!! WO WILLST DU HIN?!!
BLEIB HIER!! UNSER KAMPF BEGINNT DOCH ERST!!
DER KAMPF DER REVOLUTIONSARMEE!!!
WOWOMM!!

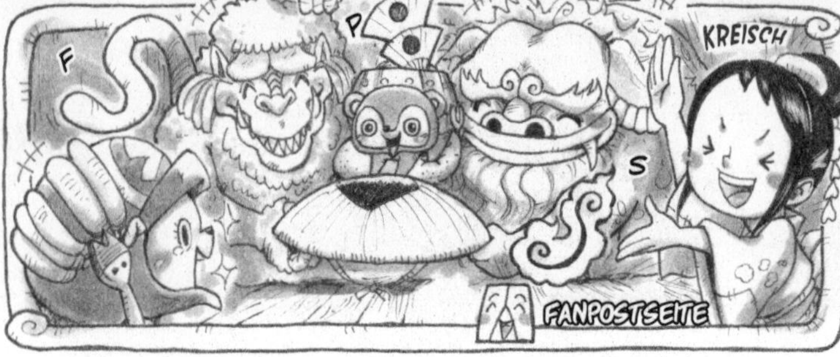

L: ZEICHNEN SIE BITTE DIE PERSONIFIKATION VON LAWS KIKOKU!
PSEUDONYM: GUMMIFEUERFRUCHT

L: ODA-CHI!! ZEICHNEN SIE BITTE DIE PERSONIFIKATION VON KATAKURIS MOGURA. UND MÖGLICHST COOL, DENN IRGENDWIE SIND DIE PERSONIFIKATIONEN IMMER SO SCHÄBIG.
PSEUDONYM: TERIYAKI-BURGER

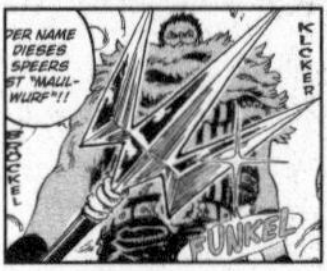

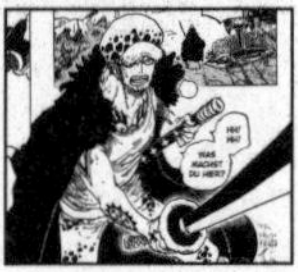

O: OKAY!

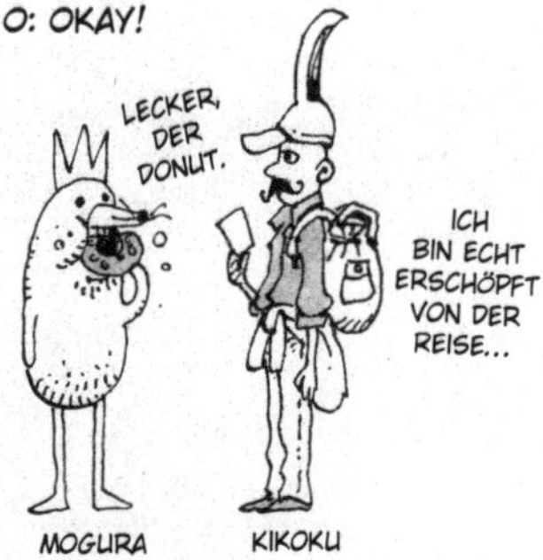

L: ICH HABE EINE FRAGE. STEHT DAS "K" IN LAWS ERWACHTER TECHNIK "K-ROOM" FÜR "KAKUSEI" (ERWACHEN)? ODER STEHT ES FÜR "KIKOKU"?
PSEUDONYM: SCHWARZES TASCHENTUCH DES GLÜCKS

O: ALSO, LAWS TECHNIK. MIT "ROOM" ERSCHAFFT ER EINEN OPERATIONSSAAL, IN DEM ER TUN UND LASSEN KANN, WAS ER WILL. DAS IST DIE BASIS. MIT "K-ROOM" KANN ER EIN SCHWERT MIT IN DEN "ROOM" HINEINNEHMEN.
DA ER IM OPERATIONSSAAL NACH BELIEBEN AGIEREN KANN, LÄSST ER ZUM BEISPIEL SEIN SCHWERT WACHSEN UND GENERIERT IM INNEREN MÄCHTIGE SCHOCKWELLEN, MIT DENEN ER ANGREIFT. K STEHT FÜR DAS K VON "KNIFE".
DAS R IN SEINER ANDEREN ERWACHTEN TECHNIK "R-ROOM" STEHT FÜR "RI" (ENTFERNUNG). ES HANDELT SICH UM EINEN ROOM, DER WOANDERS IST. BISHER MUSSTE DER CHIRURG LAW SICH IM OPERATIONSSAAL BEFINDEN, ABER DURCH DIE ERWACHTE OPERATIONSFRUCHT KANN ER NUN DEN OPERATIONSSAAL ALS GANZES STEUERN, OHNE SELBST DARIN ZU SEIN. WENN EUCH DAS ALLES ZU KOMPLIZIERT IST, LASST EINFACH NUR DIE ATMOSPHÄRE AUF EUCH WIRKEN! HAHA!

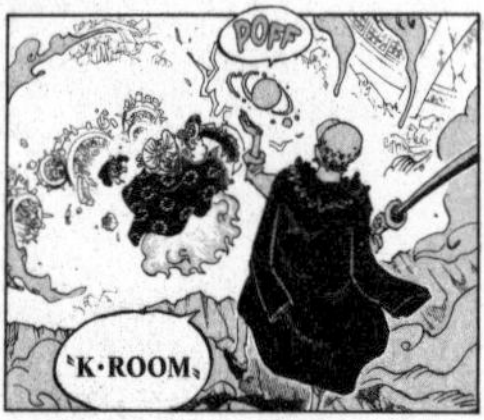

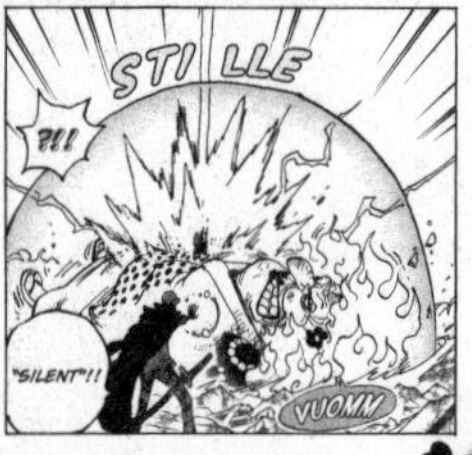

1068. Kapitel:
Der Traum eines Genies

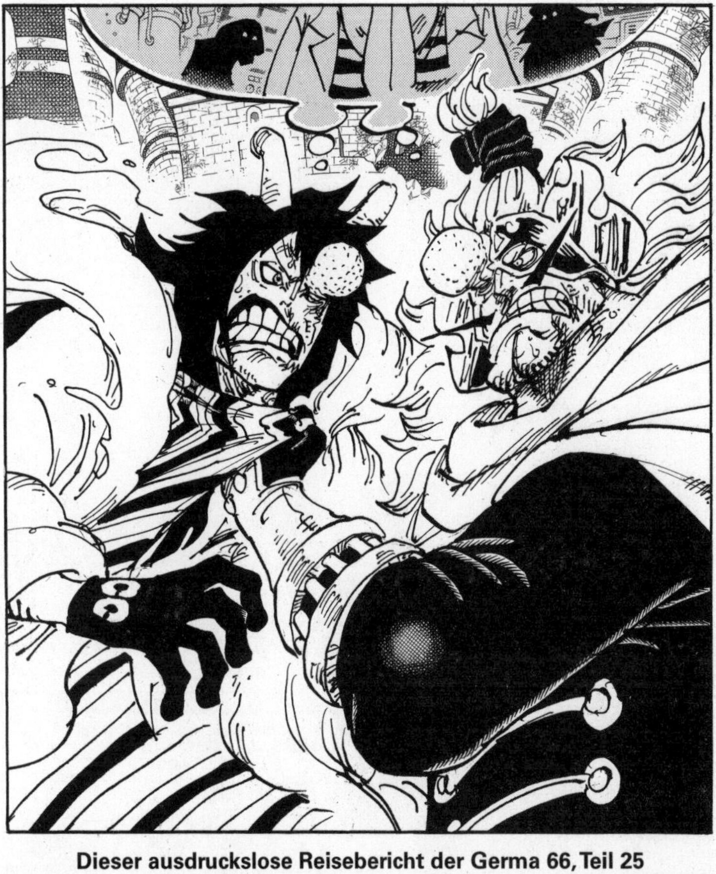

Dieser ausdruckslose Reisebericht der Germa 66, Teil 25
„Früher arbeiteten sie beide bei einer Organisation namens MADS"

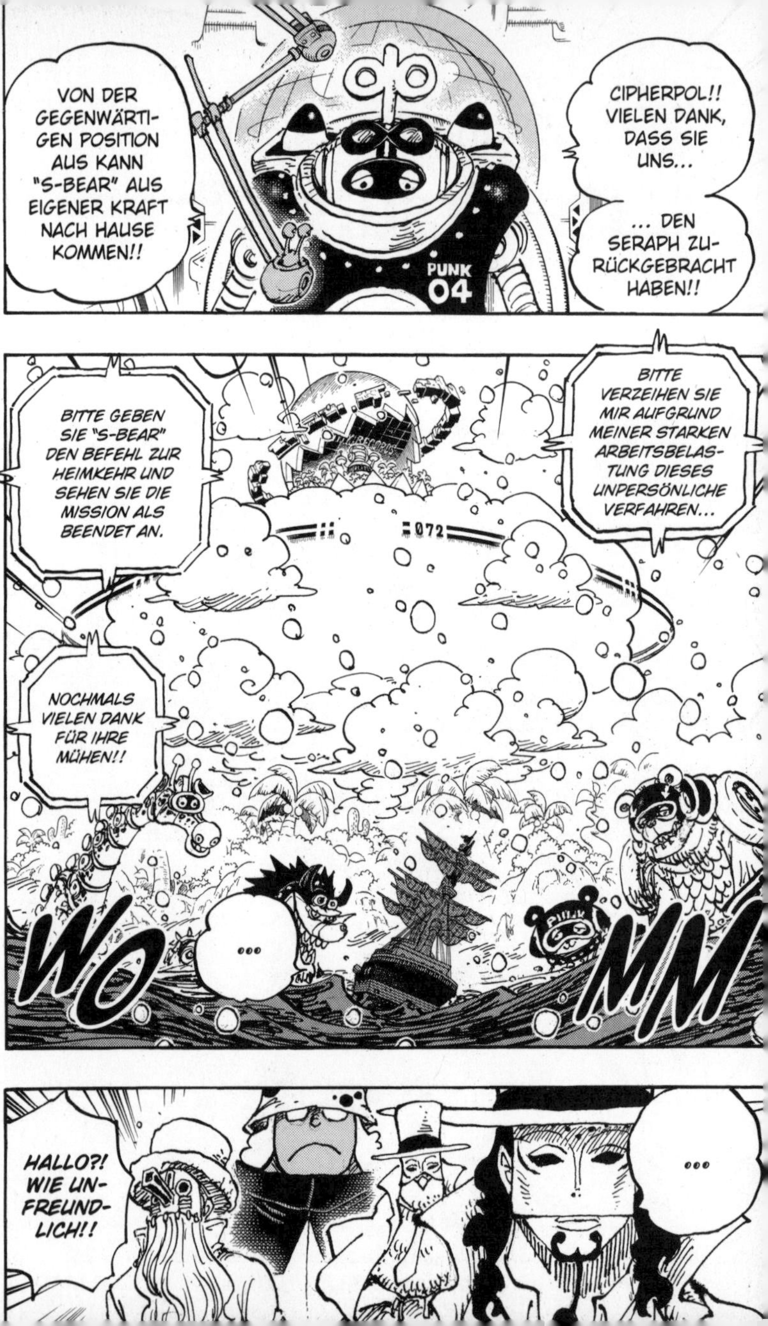
CIPHERPOL!! VIELEN DANK, DASS SIE UNS...
... DEN SERAPH ZURÜCKGEBRACHT HABEN!!
VON DER GEGENWÄRTIGEN POSITION AUS KANN "S-BEAR" AUS EIGENER KRAFT NACH HAUSE KOMMEN!!
PUNK 04
BITTE VERZEIHEN SIE MIR AUFGRUND MEINER STARKEN ARBEITSBELASTUNG DIESES UNPERSÖNLICHE VERFAHREN...
BITTE GEBEN SIE "S-BEAR" DEN BEFEHL ZUR HEIMKEHR UND SEHEN SIE DIE MISSION ALS BEENDET AN.
NOCHMALS VIELEN DANK FÜR IHRE MÜHEN!!
072
WOMM
...
...
HALLO?! WIE UNFREUNDLICH!!

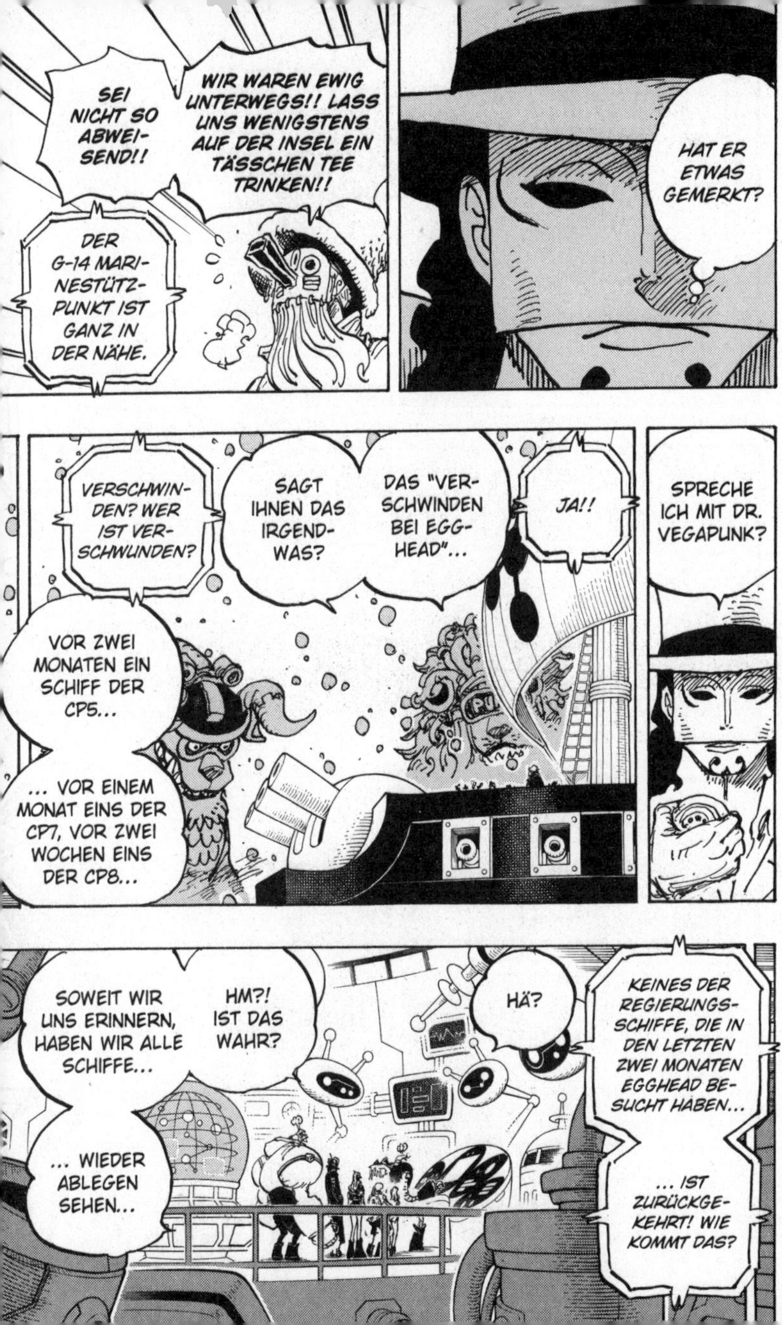
HAT ER ETWAS GEMERKT?
WIR WAREN EWIG UNTERWEGS!! LASS UNS WENIGSTENS AUF DER INSEL EIN TÄSSCHEN TEE TRINKEN!!
SEI NICHT SO ABWEI-SEND!!
DER G-14 MARI-NESTÜTZ-PUNKT IST GANZ IN DER NÄHE.
SPRECHE ICH MIT DR. VEGAPUNK?
JA!!
DAS "VER-SCHWINDEN BEI EGG-HEAD"...
SAGT IHNEN DAS IRGEND-WAS?
VERSCHWIN-DEN? WER IST VER-SCHWUNDEN?
VOR ZWEI MONATEN EIN SCHIFF DER CP5...
... VOR EINEM MONAT EINS DER CP7, VOR ZWEI WOCHEN EINS DER CP8...
KEINES DER REGIERUNGS-SCHIFFE, DIE IN DEN LETZTEN ZWEI MONATEN EGGHEAD BE-SUCHT HABEN...
... IST ZURÜCKGE-KEHRT! WIE KOMMT DAS?
HÄ?
HM?! IST DAS WAHR?
SOWEIT WIR UNS ERINNERN, HABEN WIR ALLE SCHIFFE...
... WIEDER ABLEGEN SEHEN...

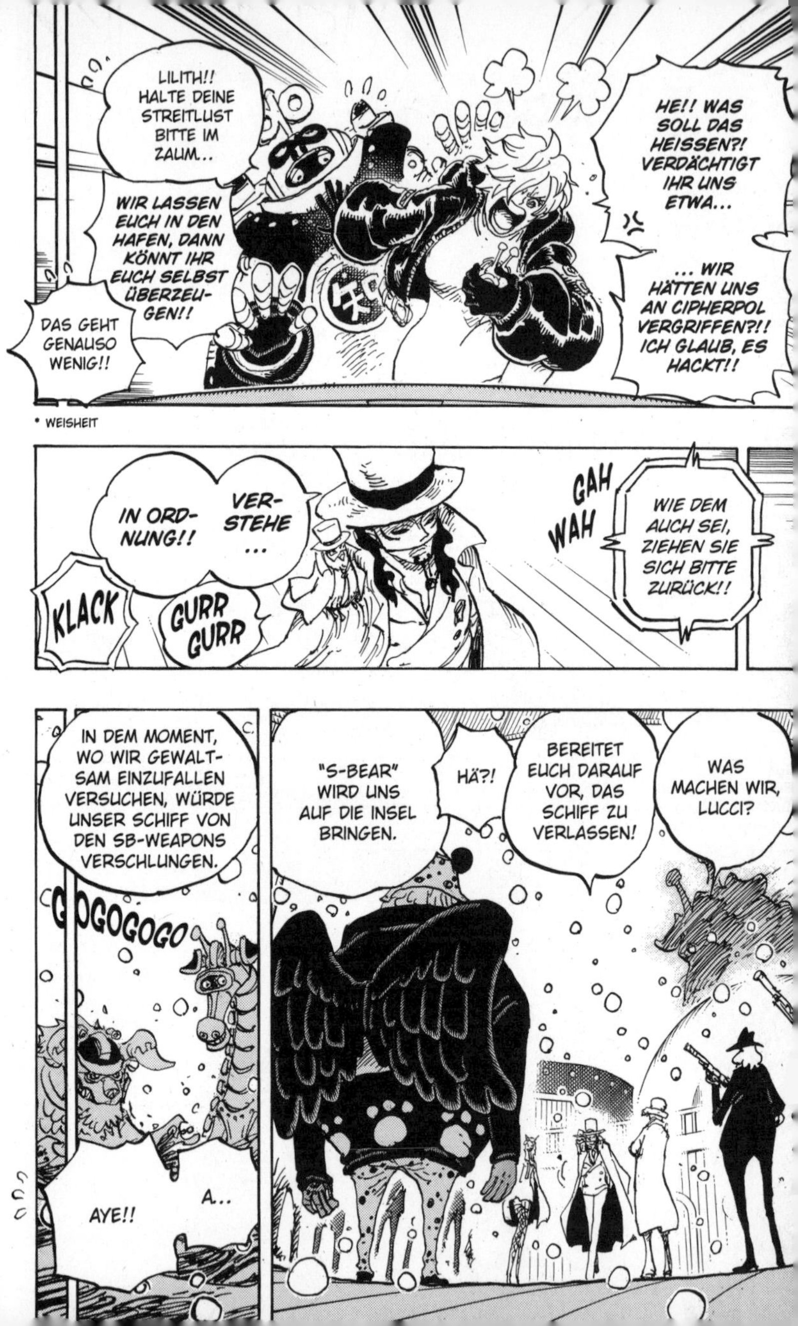
HE!! WAS SOLL DAS HEISSEN?! VERDÄCHTIGT IHR UNS ETWA...
... WIR HÄTTEN UNS AN CIPHERPOL VERGRIFFEN?!! ICH GLAUB, ES HACKT!!
LILITH!! HALTE DEINE STREITLUST BITTE IM ZAUM...
WIR LASSEN EUCH IN DEN HAFEN, DANN KÖNNT IHR EUCH SELBST ÜBERZEU-GEN!!
DAS GEHT GENAUSO WENIG!!
GAH WAH
WIE DEM AUCH SEI, ZIEHEN SIE SICH BITTE ZURÜCK!!
VER-STEHE ...
IN ORD-NUNG!!
GURR GURR
KLACK
WAS MACHEN WIR, LUCCI?
BEREITET EUCH DARAUF VOR, DAS SCHIFF ZU VERLASSEN!
HÄ?!
"S-BEAR" WIRD UNS AUF DIE INSEL BRINGEN.
IN DEM MOMENT, WO WIR GEWALT-SAM EINZUFALLEN VERSUCHEN, WÜRDE UNSER SCHIFF VON DEN SB-WEAPONS VERSCHLUNGEN.
GOGOGOGO
A...
AYE!!

* WEISHEIT

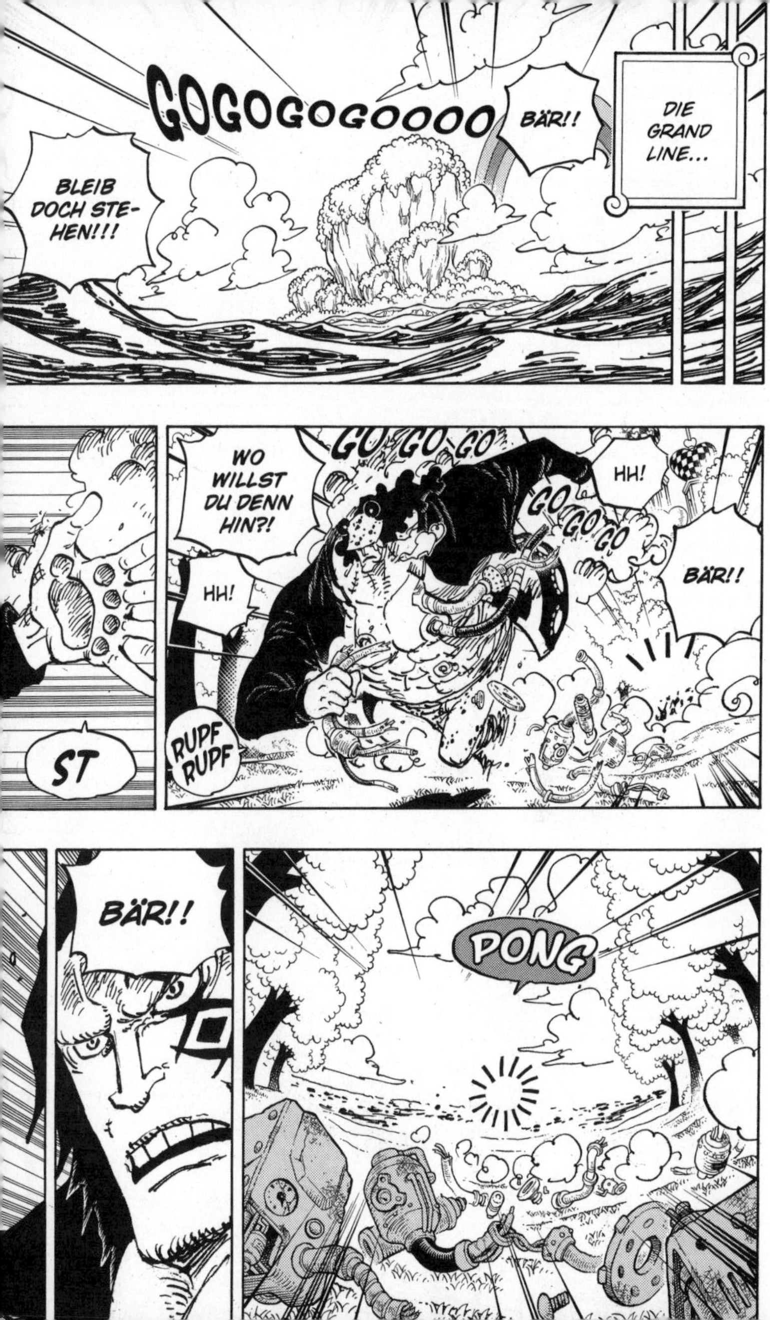
DIE GRAND LINE...
BÄR!!
GOGOGOGOOOO
BLEIB DOCH STE-HEN!!!
HH!
GO GO GO
WO WILLST DU DENN HIN?!
GO GO GO GO
BÄR!!
HH!
RUPF RUPF
ST
PONG
BÄR!!

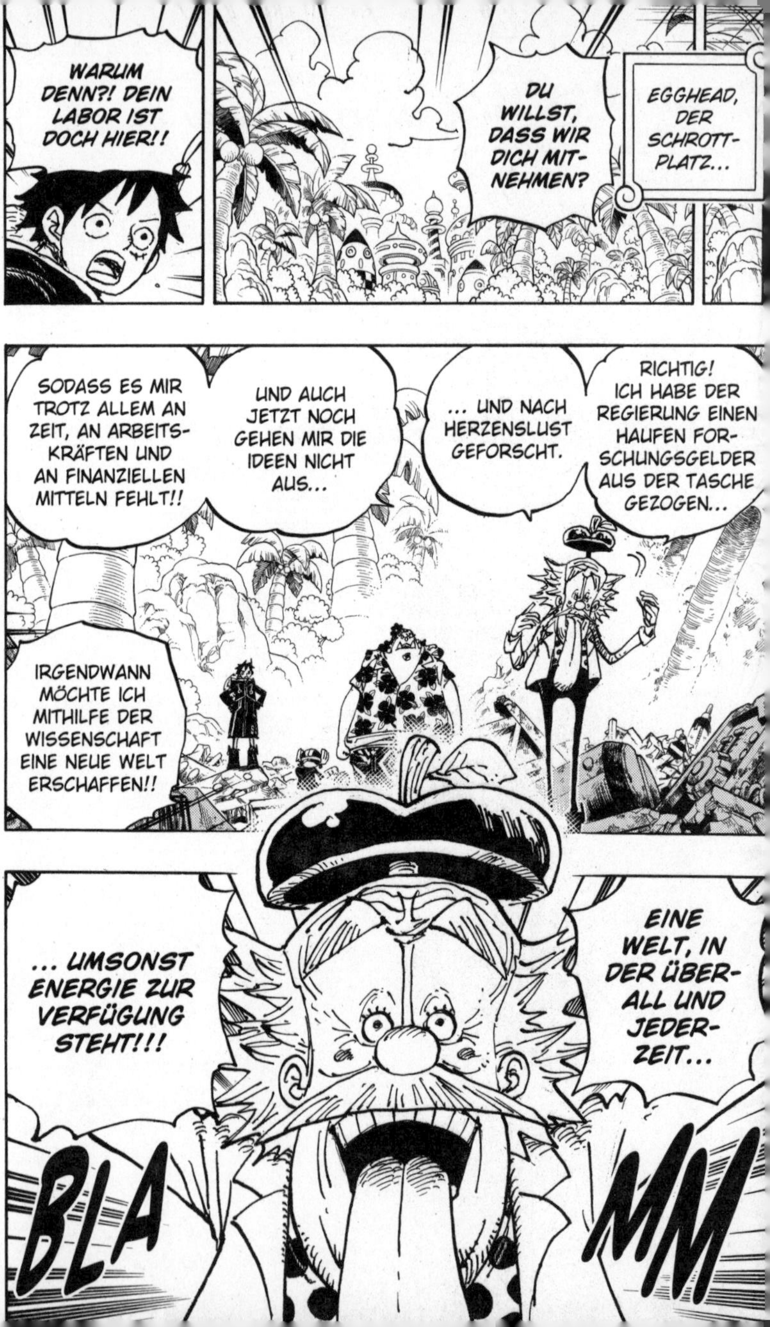
EGGHEAD, DER SCHROTT-PLATZ…
DU WILLST, DASS WIR DICH MIT-NEHMEN?
WARUM DENN?! DEIN LABOR IST DOCH HIER!!
RICHTIG! ICH HABE DER REGIERUNG EINEN HAUFEN FOR-SCHUNGSGELDER AUS DER TASCHE GEZOGEN…
… UND NACH HERZENSLUST GEFORSCHT.
UND AUCH JETZT NOCH GEHEN MIR DIE IDEEN NICHT AUS…
SODASS ES MIR TROTZ ALLEM AN ZEIT, AN ARBEITS-KRÄFTEN UND AN FINANZIELLEN MITTELN FEHLT!!
IRGENDWANN MÖCHTE ICH MITHILFE DER WISSENSCHAFT EINE NEUE WELT ERSCHAFFEN!!
EINE WELT, IN DER ÜBER-ALL UND JEDER-ZEIT…
… UMSONST ENERGIE ZUR VERFÜGUNG STEHT!!!
BLA
MM

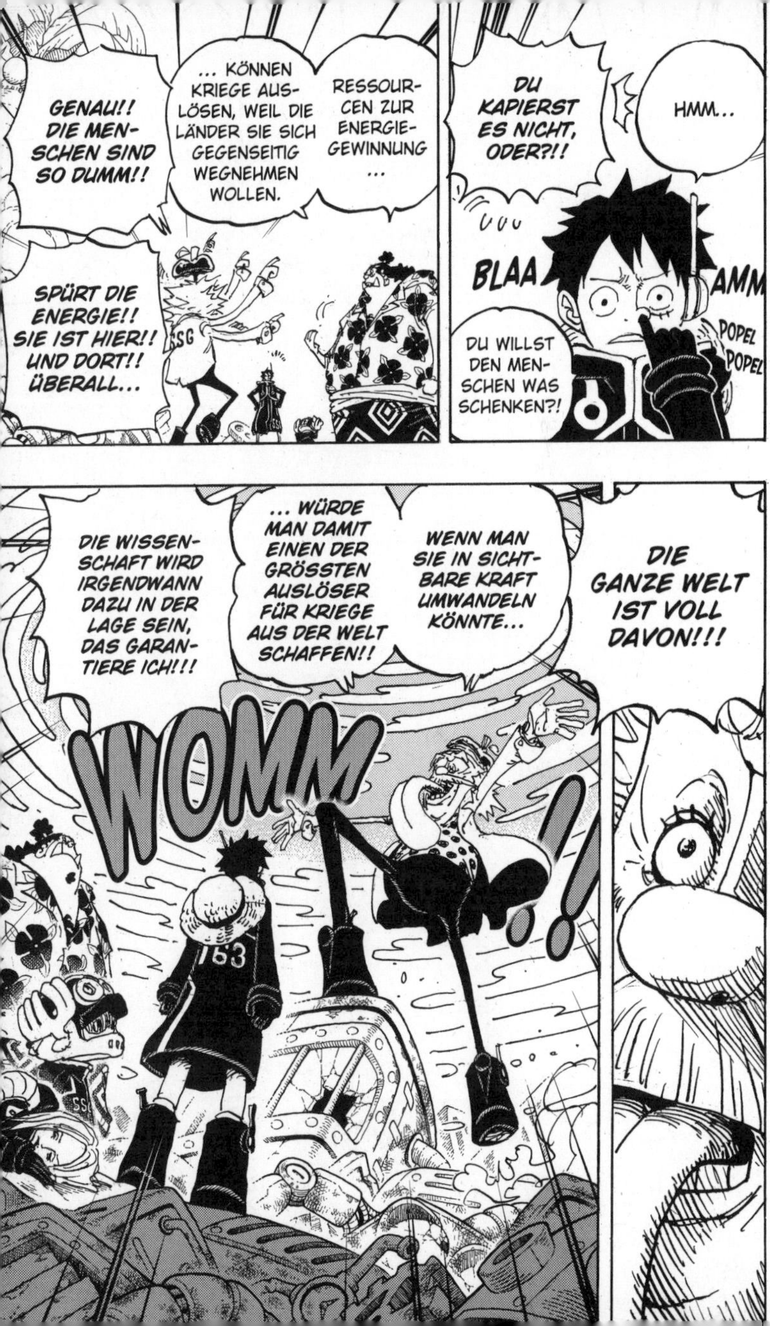
HMM...
DU KAPIERST ES NICHT, ODER?!!
BLAA
AMM
POPEL
POPEL
DU WILLST DEN MENSCHEN WAS SCHENKEN?!
RESSOURCEN ZUR ENERGIEGEWINNUNG ...
... KÖNNEN KRIEGE AUSLÖSEN, WEIL DIE LÄNDER SIE SICH GEGENSEITIG WEGNEHMEN WOLLEN.
GENAU!! DIE MENSCHEN SIND SO DUMM!!
SPÜRT DIE ENERGIE!! SIE IST HIER!! UND DORT!! ÜBERALL...
DIE GANZE WELT IST VOLL DAVON!!!
WENN MAN SIE IN SICHTBARE KRAFT UMWANDELN KÖNNTE...
... WÜRDE MAN DAMIT EINEN DER GRÖSSTEN AUSLÖSER FÜR KRIEGE AUS DER WELT SCHAFFEN!!
DIE WISSENSCHAFT WIRD IRGENDWANN DAZU IN DER LAGE SEIN, DAS GARANTIERE ICH!!!
WOMM

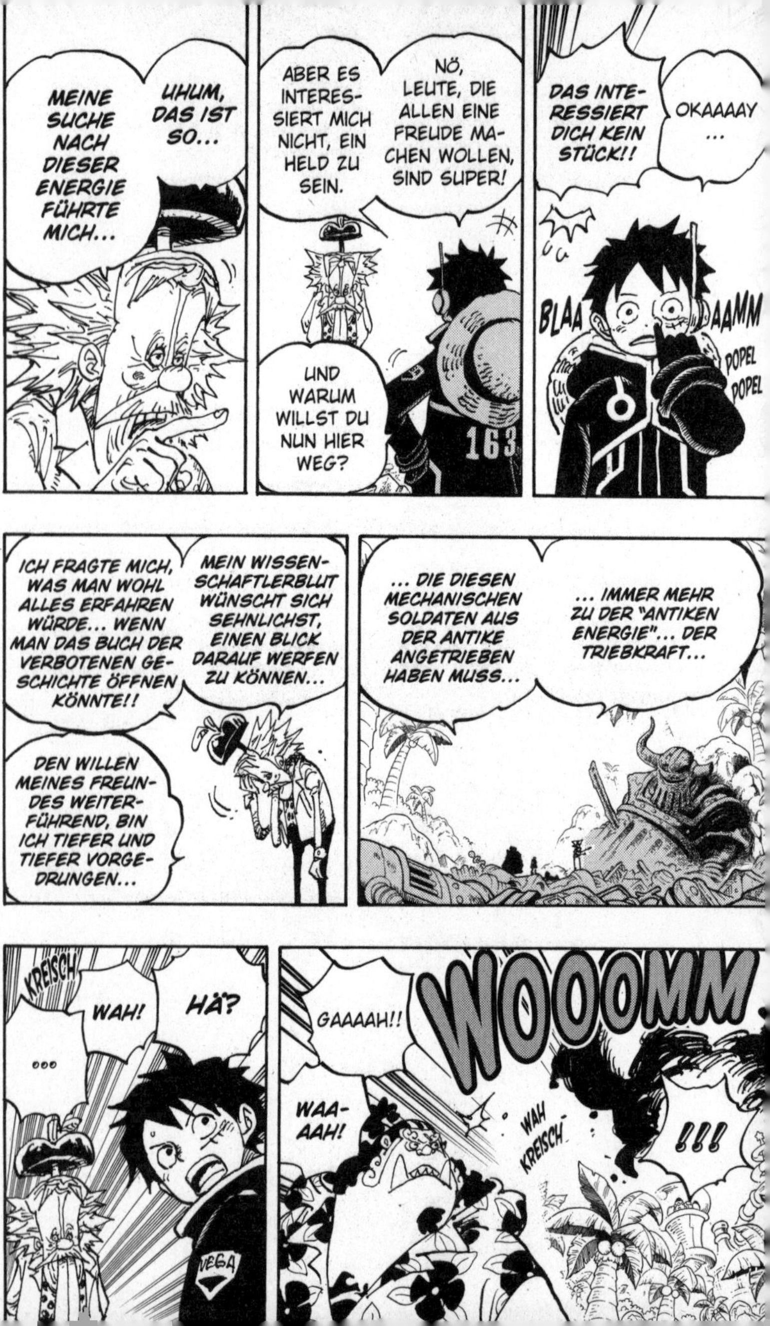

OKAAAAY ...
DAS INTERESSIERT DICH KEIN STÜCK!!
BLAAAMM
POPEL POPEL
NÖ, LEUTE, DIE ALLEN EINE FREUDE MACHEN WOLLEN, SIND SUPER!
ABER ES INTERESSIERT MICH NICHT, EIN HELD ZU SEIN.
UND WARUM WILLST DU NUN HIER WEG?
UHUM, DAS IST SO...
MEINE SUCHE NACH DIESER ENERGIE FÜHRTE MICH...
... IMMER MEHR ZU DER "ANTIKEN ENERGIE"... DER TRIEBKRAFT...
... DIE DIESEN MECHANISCHEN SOLDATEN AUS DER ANTIKE ANGETRIEBEN HABEN MUSS...
MEIN WISSENSCHAFTLERBLUT WÜNSCHT SICH SEHNLICHST, EINEN BLICK DARAUF WERFEN ZU KÖNNEN...
ICH FRAGTE MICH, WAS MAN WOHL ALLES ERFAHREN WÜRDE... WENN MAN DAS BUCH DER VERBOTENEN GESCHICHTE ÖFFNEN KÖNNTE!!
DEN WILLEN MEINES FREUNDES WEITERFÜHREND, BIN ICH TIEFER UND TIEFER VORGEDRUNGEN...
WOOOMM
GAAAAH!!
WAAAAH!
WAH
KREISCH
!!!
KREISCH
HÄ?
WAH!
...

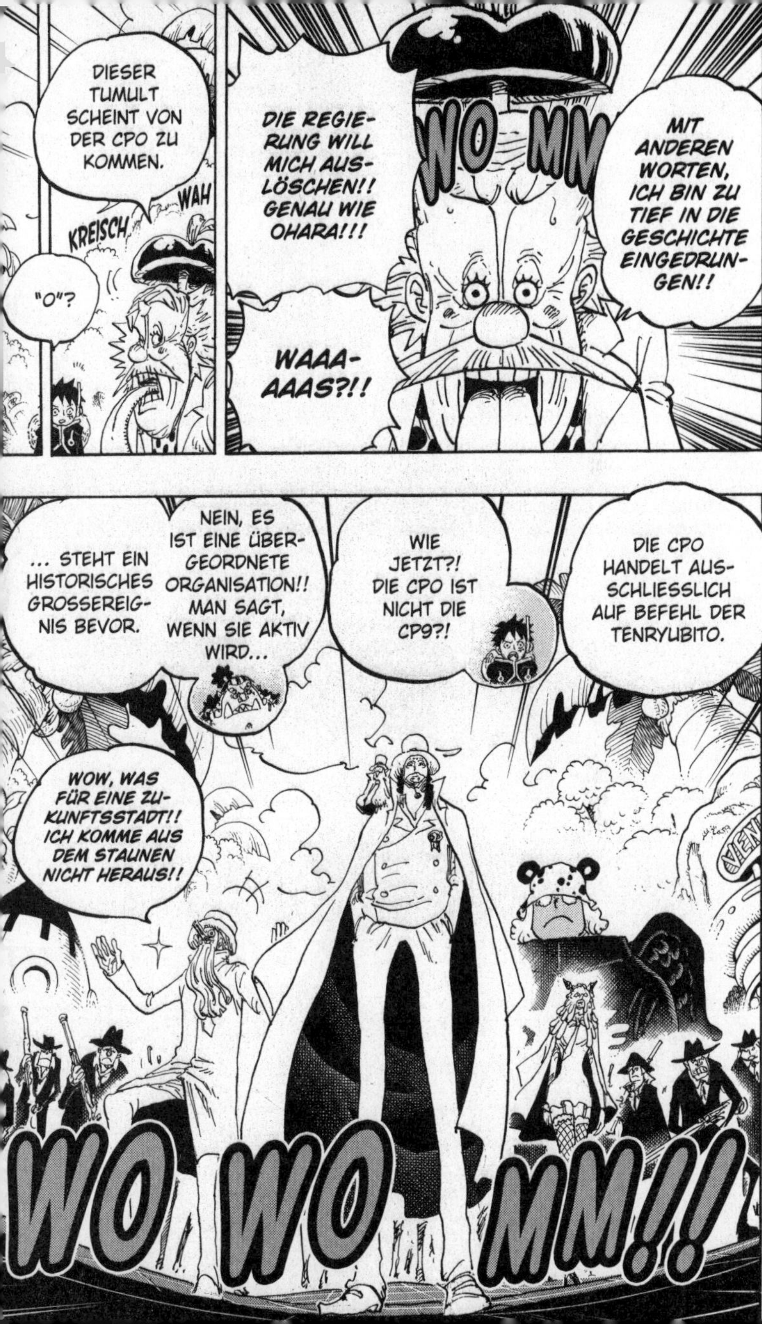

MIT ANDEREN WORTEN, ICH BIN ZU TIEF IN DIE GESCHICHTE EINGEDRUNGEN!!
WO MM
DIE REGIERUNG WILL MICH AUSLÖSCHEN!! GENAU WIE OHARA!!!
WAAAAAAS?!!
DIESER TUMULT SCHEINT VON DER CPO ZU KOMMEN.
WAH
KREISCH
"O"?
DIE CPO HANDELT AUSSCHLIESSLICH AUF BEFEHL DER TENRYUBITO.
WIE JETZT?! DIE CPO IST NICHT DIE CP9?!
NEIN, ES IST EINE ÜBERGEORDNETE ORGANISATION!! MAN SAGT, WENN SIE AKTIV WIRD…
… STEHT EIN HISTORISCHES GROSSEREIGNIS BEVOR.
WOW, WAS FÜR EINE ZUKUNFTSSTADT!! ICH KOMME AUS DEM STAUNEN NICHT HERAUS!!
WO WO MM!!

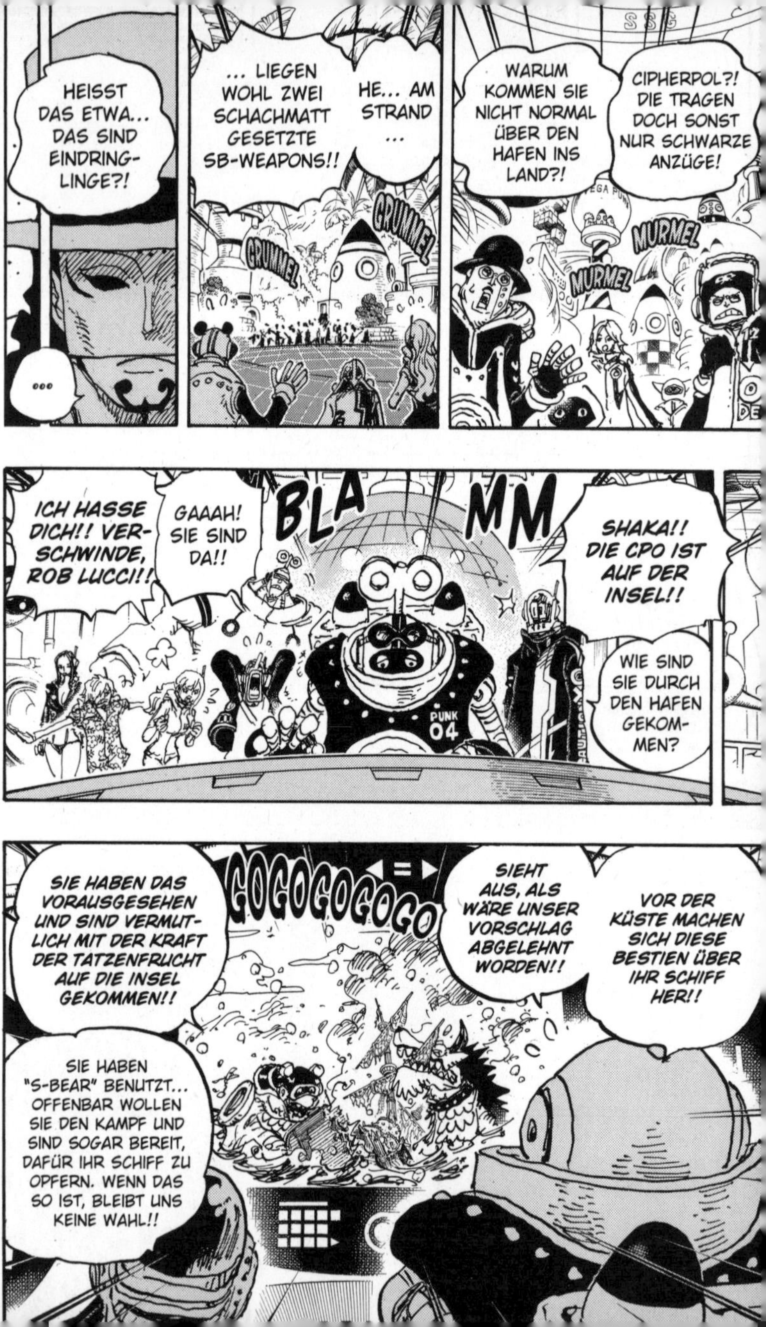
CIPHERPOL?! DIE TRAGEN DOCH SONST NUR SCHWARZE ANZÜGE!
WARUM KOMMEN SIE NICHT NORMAL ÜBER DEN HAFEN INS LAND?!
MURMEL
MURMEL
HE... AM STRAND ...
... LIEGEN WOHL ZWEI SCHACHMATT GESETZTE SB-WEAPONS!!
GRUMMEL
GRUMMEL
HEISST DAS ETWA... DAS SIND EINDRING-LINGE?!
...
SHAKA!! DIE CP0 IST AUF DER INSEL!!
WIE SIND SIE DURCH DEN HAFEN GEKOMMEN?
BLAMM
PUNK 04
GAAAH! SIE SIND DA!!
ICH HASSE DICH!! VERSCHWINDE, ROB LUCCI!!
VOR DER KÜSTE MACHEN SICH DIESE BESTIEN ÜBER IHR SCHIFF HER!!
SIEHT AUS, ALS WÄRE UNSER VORSCHLAG ABGELEHNT WORDEN!!
GOGOGOGOGO
SIE HABEN DAS VORAUSGESEHEN UND SIND VERMUTLICH MIT DER KRAFT DER TATZENFRUCHT AUF DIE INSEL GEKOMMEN!!
SIE HABEN "S-BEAR" BENUTZT... OFFENBAR WOLLEN SIE DEN KAMPF UND SIND SOGAR BEREIT, DAFÜR IHR SCHIFF ZU OPFERN. WENN DAS SO IST, BLEIBT UNS KEINE WAHL!!

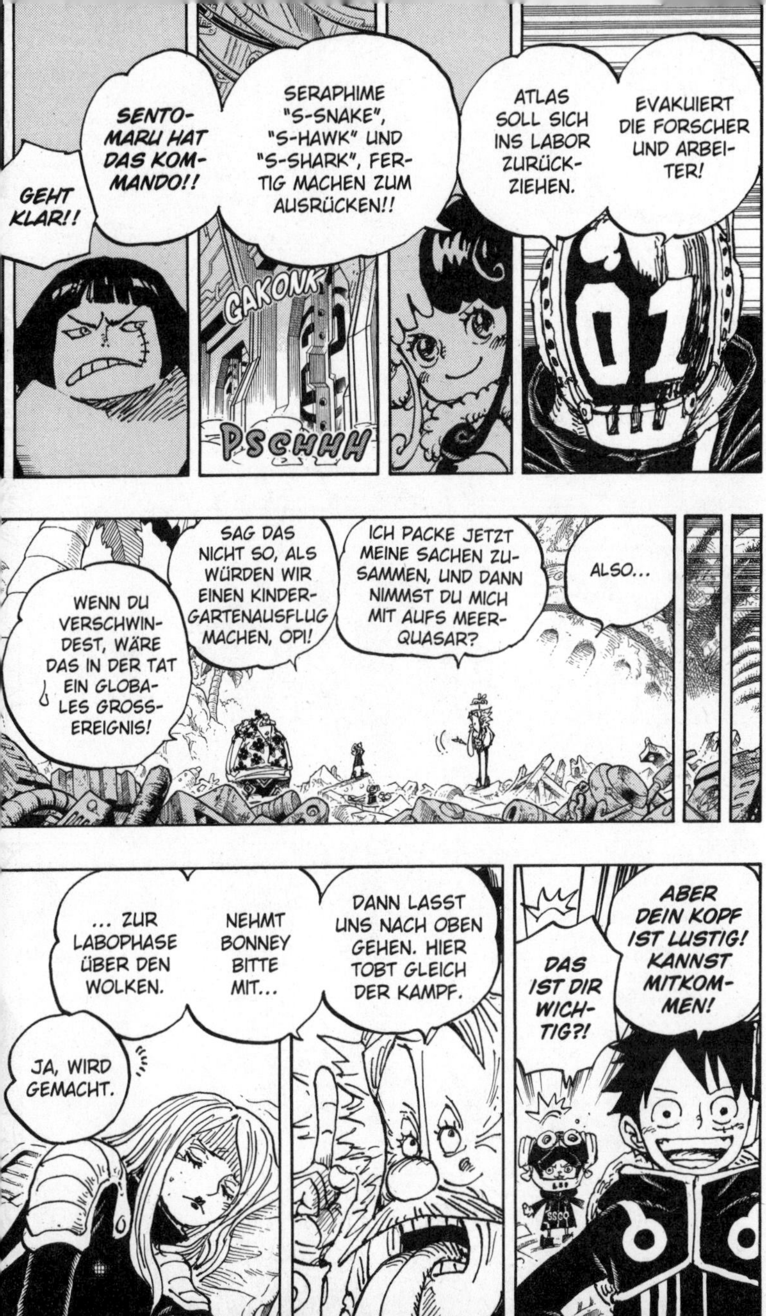
EVAKUIERT DIE FORSCHER UND ARBEITER!
ATLAS SOLL SICH INS LABOR ZURÜCKZIEHEN.
SERAPHIME "S-SNAKE", "S-HAWK" UND "S-SHARK", FERTIG MACHEN ZUM AUSRÜCKEN!!
SENTOMARU HAT DAS KOMMANDO!!
GEHT KLAR!!
GAKONK
PSCHHH
ALSO...
ICH PACKE JETZT MEINE SACHEN ZUSAMMEN, UND DANN NIMMST DU MICH MIT AUFS MEERQUASAR?
SAG DAS NICHT SO, ALS WÜRDEN WIR EINEN KINDERGARTENAUSFLUG MACHEN, OPI!
WENN DU VERSCHWINDEST, WÄRE DAS IN DER TAT EIN GLOBALES GROSSEREIGNIS!
ABER DEIN KOPF IST LUSTIG! KANNST MITKOMMEN!
DAS IST DIR WICHTIG?!
DANN LASST UNS NACH OBEN GEHEN. HIER TOBT GLEICH DER KAMPF.
NEHMT BONNEY BITTE MIT...
... ZUR LABOPHASE ÜBER DEN WOLKEN.
JA, WIRD GEMACHT.

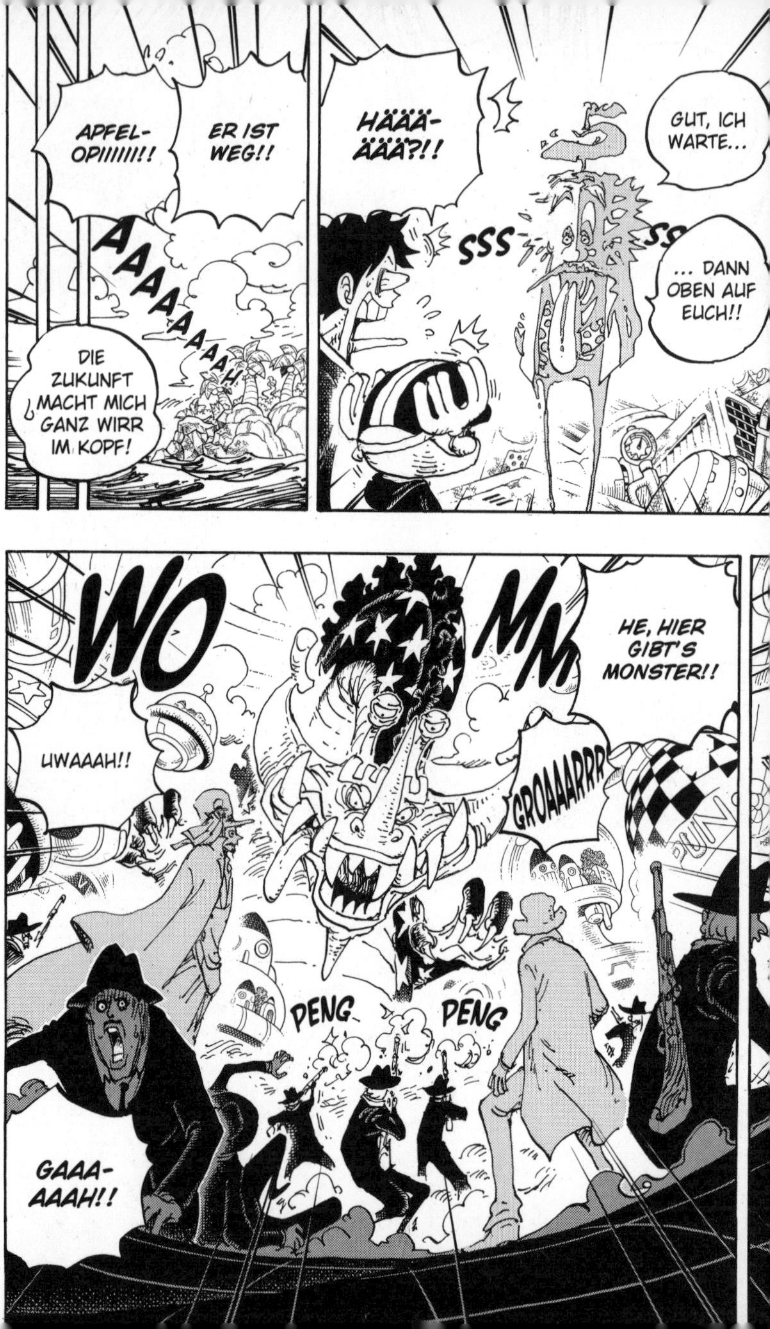
GUT, ICH WARTE...
SSS
... DANN OBEN AUF EUCH!!
HÄÄÄ-ÄÄÄ?!!
SSS
ER IST WEG!!
APFEL-OPI!!!!!!!
AAAAAAAAAAH
DIE ZUKUNFT MACHT MICH GANZ WIRR IM KOPF!
HE, HIER GIBT'S MONSTER!!
WOMM
GROAAARRR
UWAAAH!!
PENG
PENG
GAAA-AAAH!!

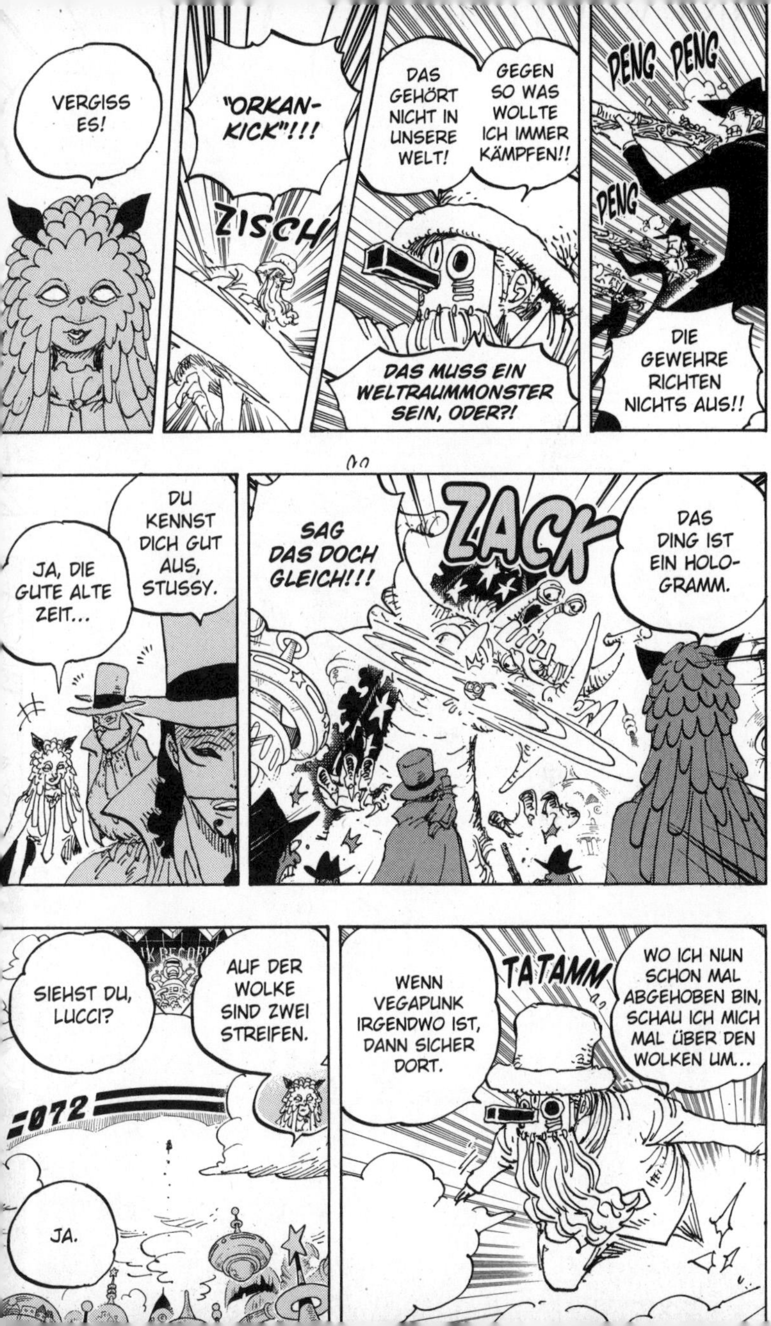
PENG PENG
PENG
DIE GEWEHRE RICHTEN NICHTS AUS!!
GEGEN SO WAS WOLLTE ICH IMMER KÄMPFEN!!
DAS GEHÖRT NICHT IN UNSERE WELT!
DAS MUSS EIN WELTRAUMMONSTER SEIN, ODER?!
"ORKAN-KICK"!!!
ZISCH
VERGISS ES!
DAS DING IST EIN HOLO-GRAMM.
ZACK
SAG DAS DOCH GLEICH!!!
DU KENNST DICH GUT AUS, STUSSY.
JA, DIE GUTE ALTE ZEIT...
WO ICH NUN SCHON MAL ABGEHOBEN BIN, SCHAU ICH MICH MAL ÜBER DEN WOLKEN UM...
TATAMM
WENN VEGAPUNK IRGENDWO IST, DANN SICHER DORT.
AUF DER WOLKE SIND ZWEI STREIFEN.
SIEHST DU, LUCCI?
072
JA.

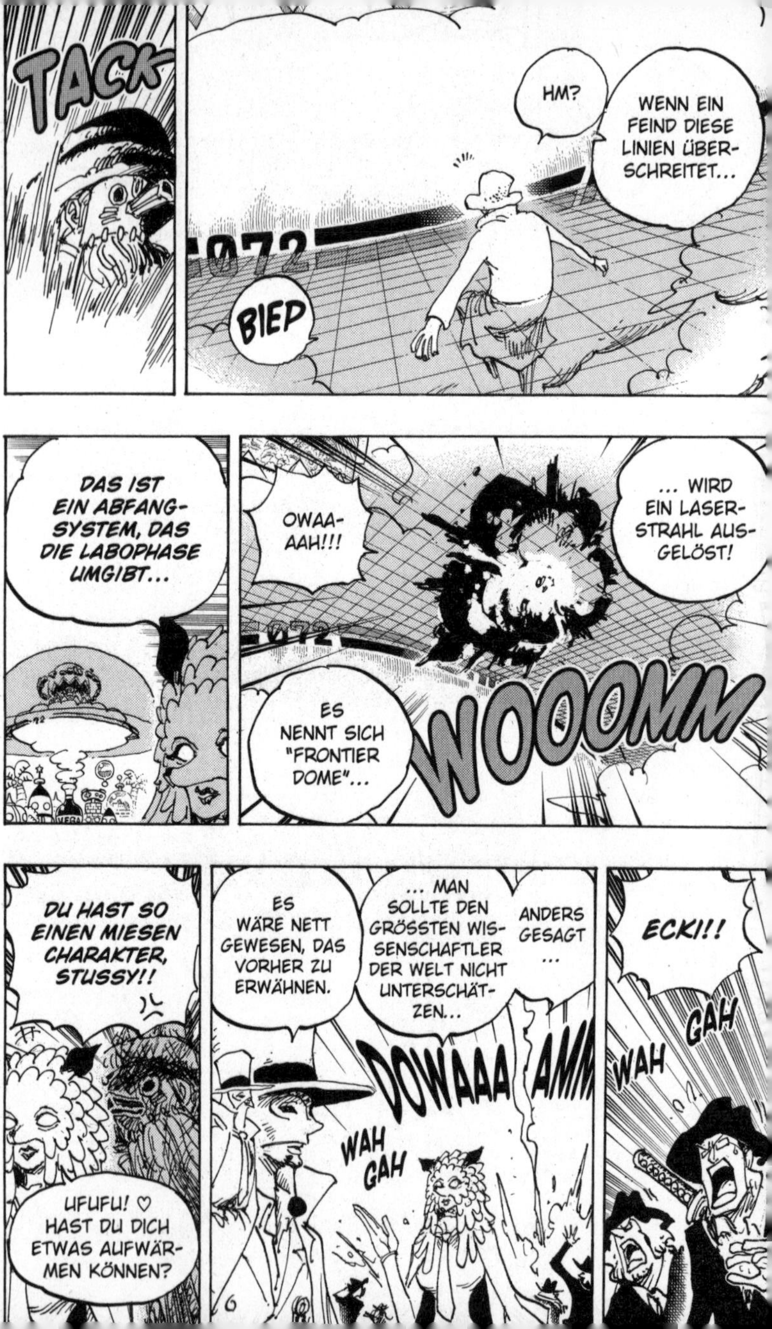
WENN EIN FEIND DIESE LINIEN ÜBER-SCHREITET…
HM?
BIEP
TACK
… WIRD EIN LASER-STRAHL AUS-GELÖST!
OWAA-AAH!!!
WOOOMM
ES NENNT SICH "FRONTIER DOME"…
DAS IST EIN ABFANG-SYSTEM, DAS DIE LABOPHASE UMGIBT…
ECKI!!
GAH
WAH
ANDERS GESAGT …
… MAN SOLLTE DEN GRÖSSTEN WIS-SENSCHAFTLER DER WELT NICHT UNTERSCHÄT-ZEN…
ES WÄRE NETT GEWESEN, DAS VORHER ZU ERWÄHNEN.
DOWAAAAMM
WAH GAH
DU HAST SO EINEN MIESEN CHARAKTER, STUSSY!!
UFUFU! ♡ HAST DU DICH ETWAS AUFWÄR-MEN KÖNNEN?

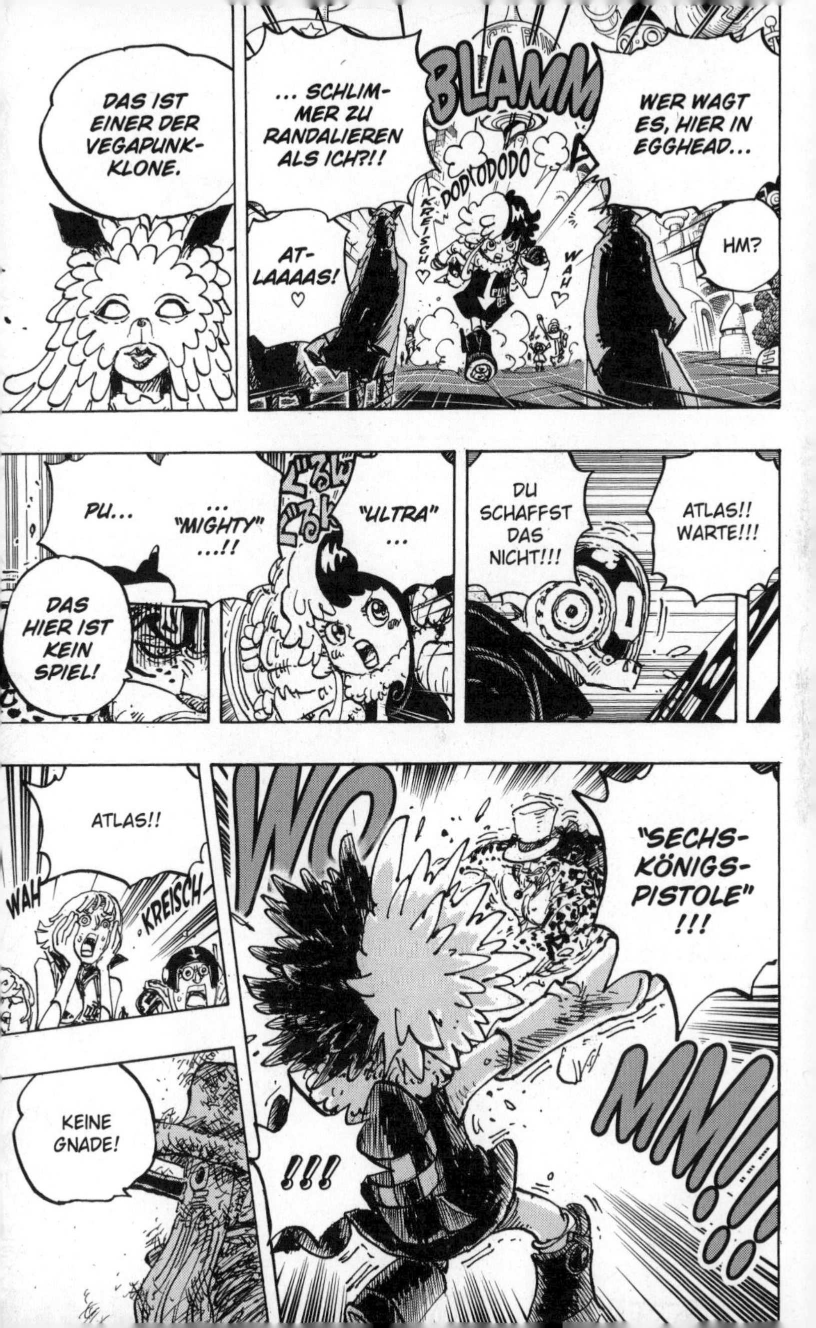
WER WAGT ES, HIER IN EGGHEAD…
HM?
BLAMM
… SCHLIMMER ZU RANDALIEREN ALS ICH?!!
DODODODO
KREISCH ♡
WAH ♡
AT-LAAAAS! ♡
DAS IST EINER DER VEGAPUNK-KLONE.
ATLAS!! WARTE!!!
DU SCHAFFST DAS NICHT!!!
"ULTRA" …
… "MIGHTY" …!!
PU…
DAS HIER IST KEIN SPIEL!
"SECHS-KÖNIGS-PISTOLE" !!!
WOMM!!!!
ATLAS!!
WAH
KREISCH
KEINE GNADE!
!!!

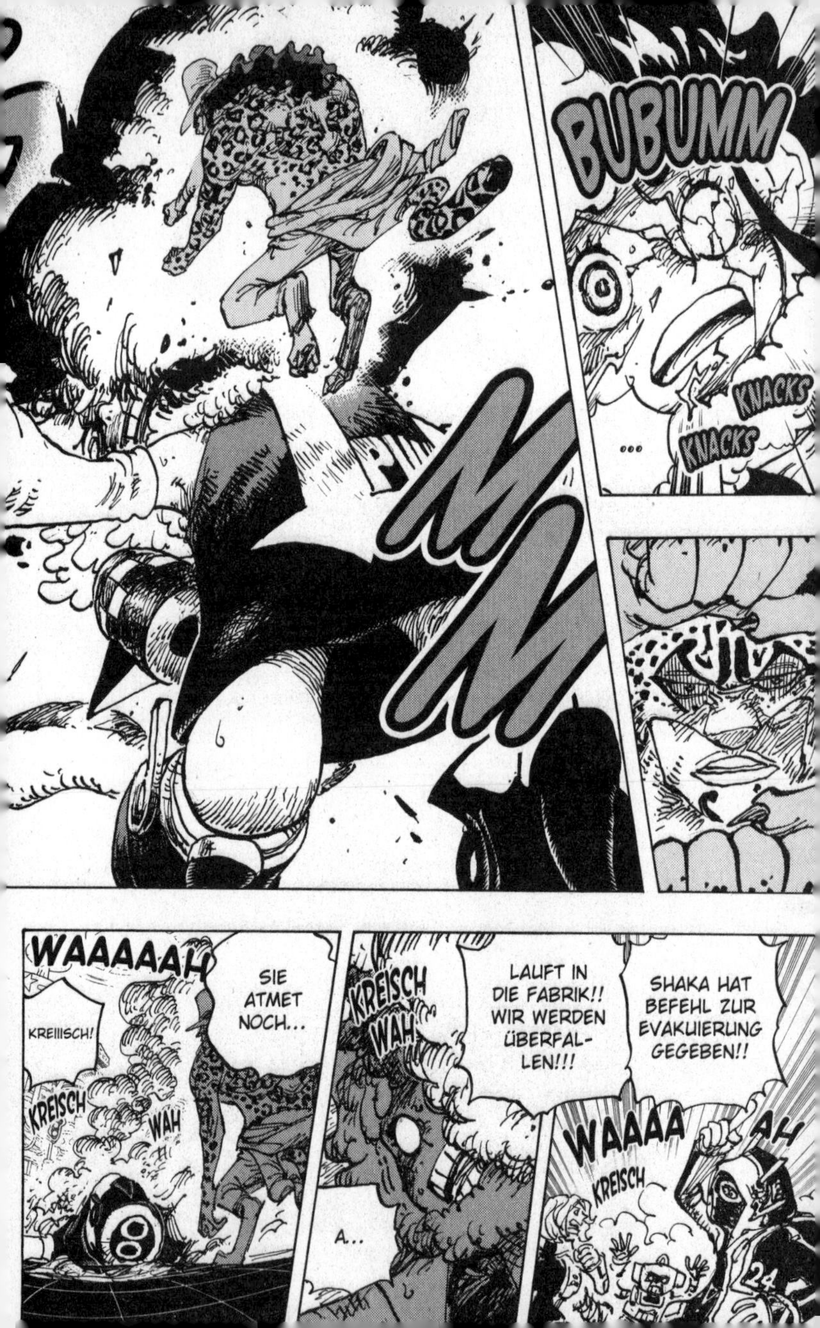
BUBUMM
KNACKS
KNACKS
...
SHAKA HAT BEFEHL ZUR EVAKUIERUNG GEGEBEN!!
LAUFT IN DIE FABRIK!! WIR WERDEN ÜBERFAL-LEN!!!
WAAAA AH
KREISCH
KREISCH
WAH
A...
SIE ATMET NOCH...
WAAAAAH
KREIIISCH!
KREISCH
WAH

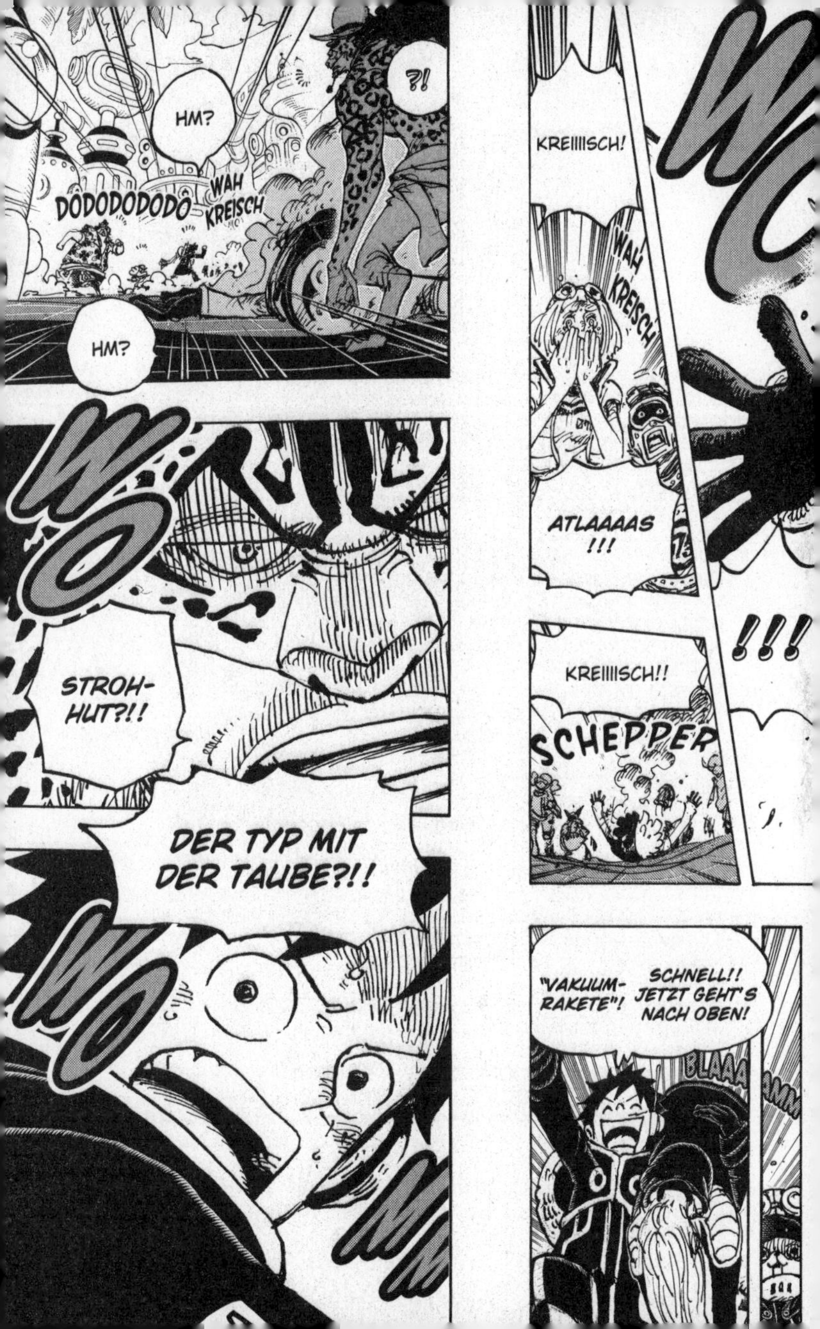
KREIIIISCH!
WAH KREISCH
ATLAAAAS !!!
!!!
KREIIIISCH!!
SCHEPPER
SCHNELL!! JETZT GEHT'S NACH OBEN!
"VAKUUM-RAKETE"!
BLAAAAMM
?!
HM?
WAH KREISCH
DÔDODODODO
HM?
STROH-HUT?!!
DER TYP MIT DER TAUBE?!!

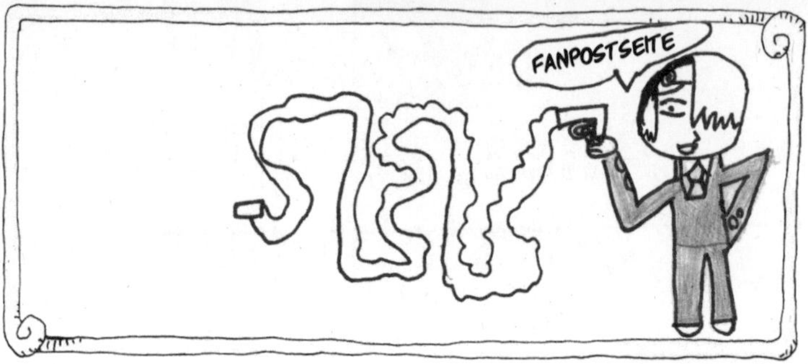

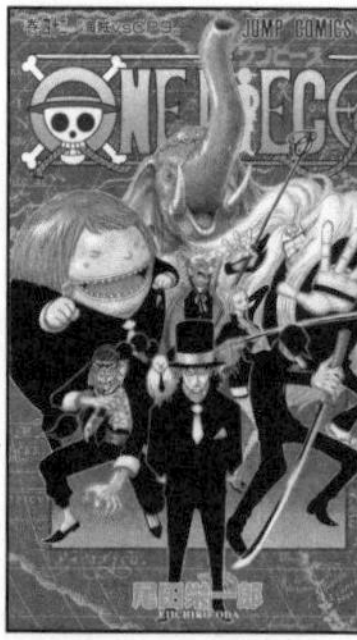

L: GUTEN TAG, ODA-SENSEI! MIT ROB LUCCI AN DER SPITZE IST DIE CP9 JA ZUR CP0 AUFGESTIEGEN, ABER SIND EIGENTLICH AUCH JABURA, EULE UND KUMADORI DABEI?
PSEUDONYM: SAKURAKI

O: WER DEN FILM "RED" GESEHEN HAT, DER KONNTE SICH DAVON ÜBERZEUGEN, DASS AUCH BRUNO UND KALIFA ALS CP0-MITGLIEDER AUFTRATEN, UND JA, ALLE EHEMALIGEN CP9-AGENTEN GEHÖREN JETZT ZUR CP0. DIE AGENTEN, DIE EINE MASKE BESITZEN (DARUNTER LUCCI, ECKI UND STUSSY), WERDEN DIE "MASKIERTEN KILLER" GENANNT UND FÜR GANZ SPEZIELLE MISSIONEN EINGESETZT.

L: ICH MÖCHTE REISBÄLLCHEN ESSEN, DIE ROBINCHEN MIT IHREN SCHÖNEN HÄNDEN GEKNETET HAT.
PSEUDONYM: LANGSCHLÄFER

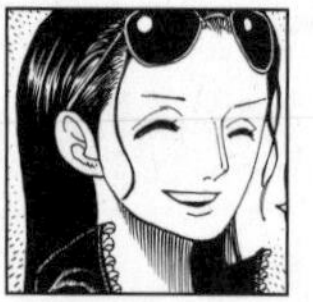

O: ICH AUCH.

L: ICH VERSTEHE DAS GEFÜHL.
PSEUDONYM: KOPPAMIJINKO

O: OOOOH... VERSTEHE!! RESPEKT, DASS DU SO EINE POSTKARTE SCHICKST, DIE NACH EINER WETTE KLINGT...

L: WENN ICH VON LOLIHANCOCKS "MERO MERO MELLOW" VERSTEINERT WÜRDE, WÜRDE MAN MICH DANN HINTERHER NICHT WIE EINEN MIT LOLITAKOMPLEX BEHANDELN? ODER WÄRE ES OKAY? SAGEN SIE BITTE, DASS ES OKAY IST!!
PSEUDONYM: YAMAGUCHI DAI ONE-PIECE-KONTEMPLATIONSKREIS

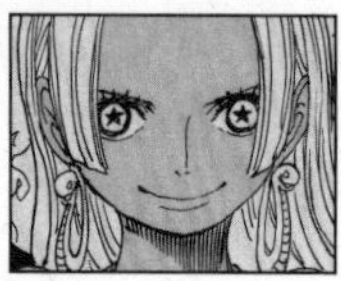

O: DIESE TECHNIK IHRER TEUFELSKRAFT ZIELT JA AUF DEN MOMENT DER SCHWÄCHE, WÄHRENDDESSEN DU DAS GEFÜHL "WIE SÜSS!" ODER "WIE HÜBSCH!" EMPFINDEST. BABYS UND KLEINE KINDER FINDET JA EIGENTLICH JEDER SÜSS, ODER? ES ERWISCHT DICH AUF JEDEN FALL. AUCH WENN SICH EIN BISSCHEN LOLITAKOMPLEX HINEINMISCHT UND DU DESHALB VERSTEINERST, KANN JA NIEMAND BEURTEILEN, AUS WELCHEM GEFÜHL HERAUS DU ZU STEIN WURDEST. DEIN LOLITAKOMPLEX WIRD ALSO NICHT AUFFLIEGEN, LASS DICH RUHIG VERSTEINERN!

1069. Kapitel:
Alles, was ist, entsteht aus Wünschen

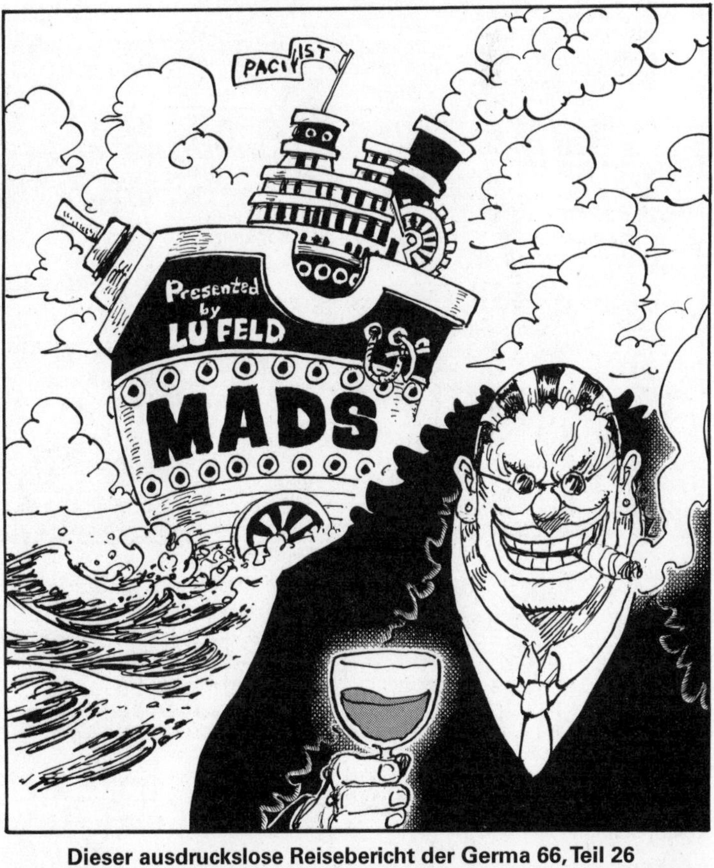

Dieser ausdruckslose Reisebericht der Germa 66, Teil 26
„MADS, das Wohlfahrtsunternehmen und Friedensforschungsinstitut des Königs der Kredithaie Lu Feld“

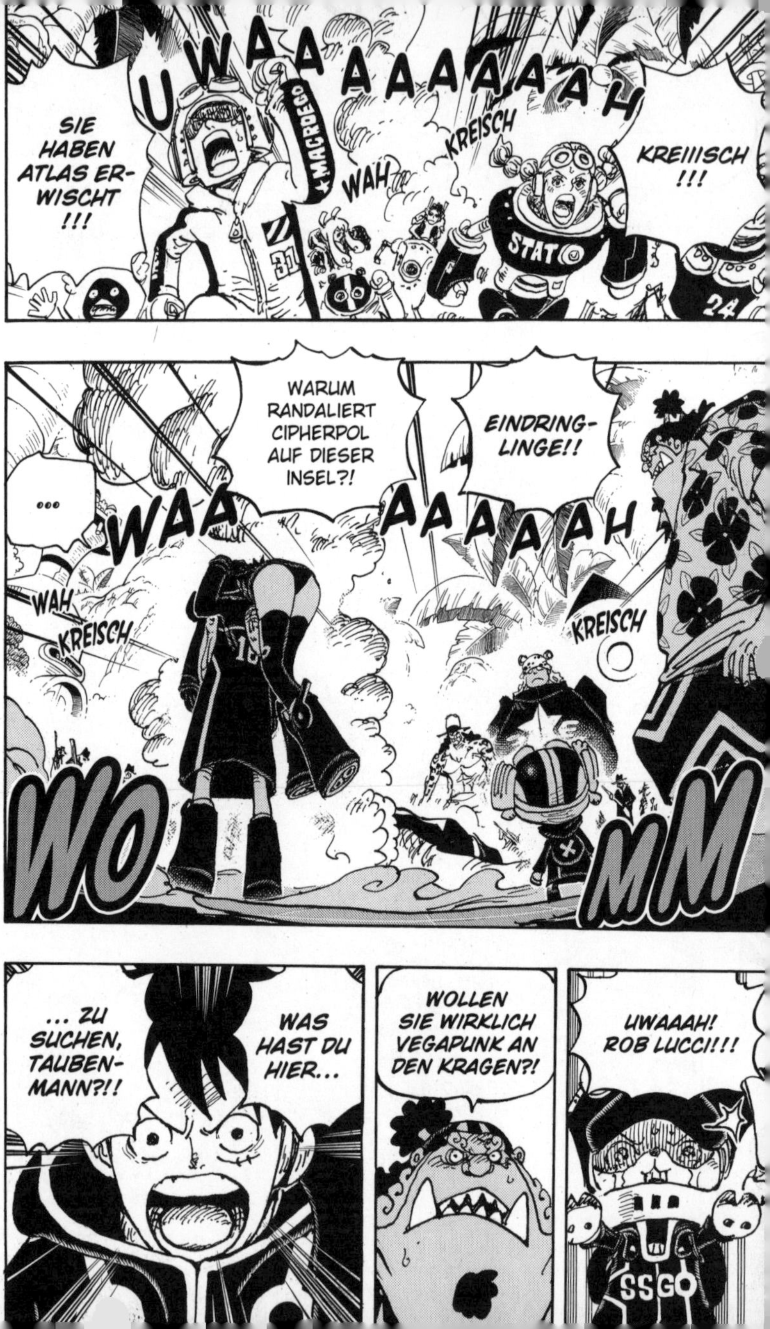
KREIIISCH!!!
KREISCH
WAH
SIE HABEN ATLAS ERWISCHT!!!
UWAAAAAAAAAH
EINDRINGLINGE!!
WARUM RANDALIERT CIPHERPOL AUF DIESER INSEL?!
...
WAAAAAAAH
KREISCH
WAH
KREISCH
WOMM
UWAAAH! ROB LUCCI!!!
WOLLEN SIE WIRKLICH VEGAPUNK AN DEN KRAGEN?!
WAS HAST DU HIER...
... ZU SUCHEN, TAUBENMANN?!!

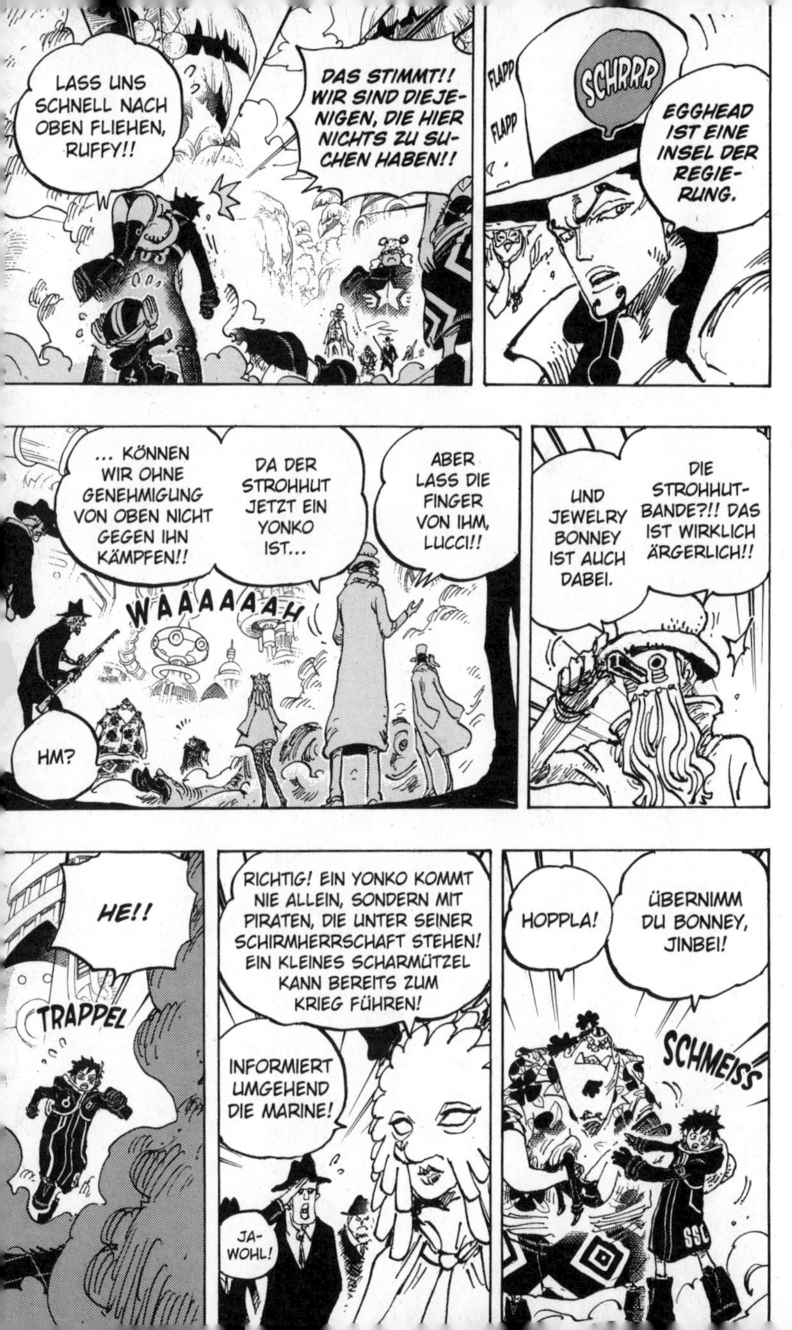
FLAPP
FLAPP
SCHRPP
EGGHEAD IST EINE INSEL DER REGIERUNG.
DAS STIMMT!! WIR SIND DIEJENIGEN, DIE HIER NICHTS ZU SUCHEN HABEN!!
LASS UNS SCHNELL NACH OBEN FLIEHEN, RUFFY!!
DIE STROHHUT-BANDE?!! DAS IST WIRKLICH ÄRGERLICH!!
UND JEWELRY BONNEY IST AUCH DABEI.
ABER LASS DIE FINGER VON IHM, LUCCI!!
DA DER STROHHUT JETZT EIN YONKO IST...
... KÖNNEN WIR OHNE GENEHMIGUNG VON OBEN NICHT GEGEN IHN KÄMPFEN!!
WAAAAAAH
HM?
ÜBERNIMM DU BONNEY, JINBEI!
HOPPLA!
SCHMEISS
RICHTIG! EIN YONKO KOMMT NIE ALLEIN, SONDERN MIT PIRATEN, DIE UNTER SEINER SCHIRMHERRSCHAFT STEHEN! EIN KLEINES SCHARMÜTZEL KANN BEREITS ZUM KRIEG FÜHREN!
INFORMIERT UMGEHEND DIE MARINE!
JAWOHL!
HE!!
TRAPPEL

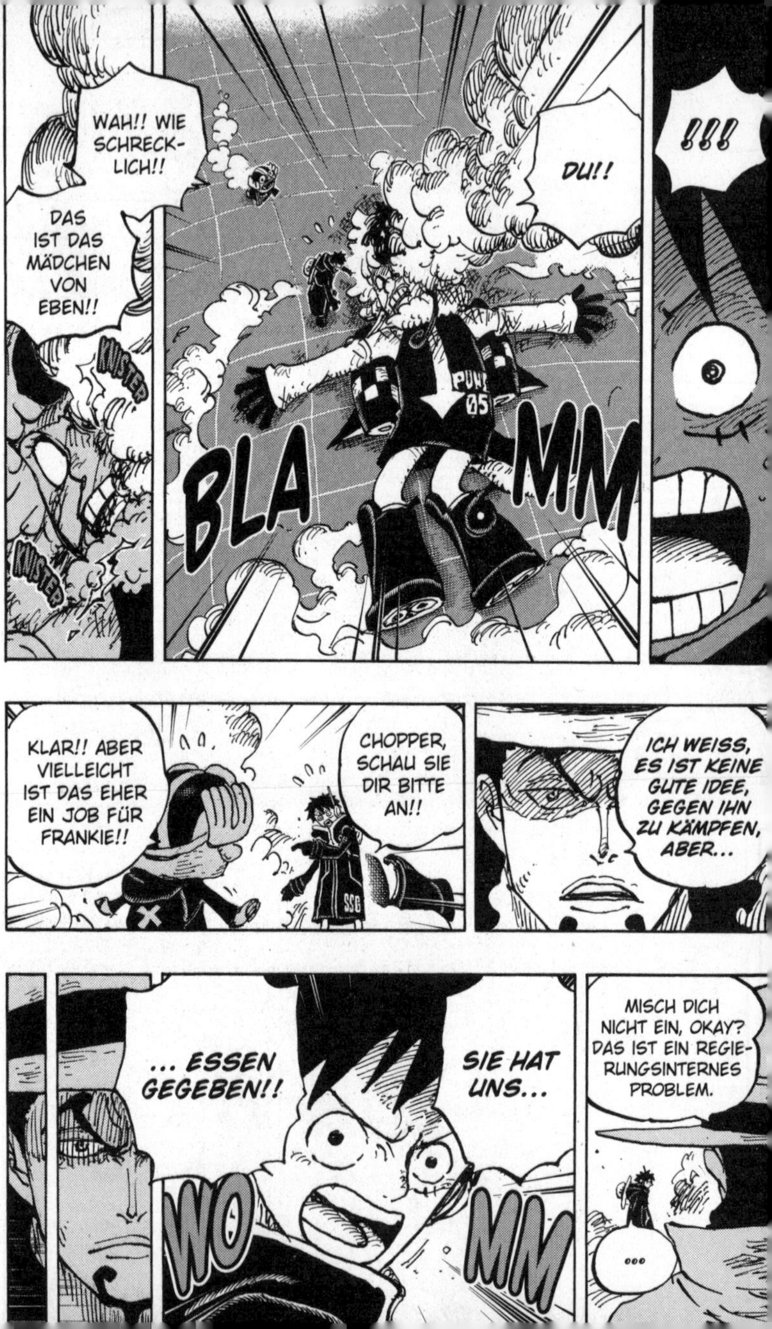
!!!
DU!!
BLAMM
WAH!! WIE SCHRECK-LICH!!
DAS IST DAS MÄDCHEN VON EBEN!!
KNISTER
KNISTER
ICH WEISS, ES IST KEINE GUTE IDEE, GEGEN IHN ZU KÄMPFEN, ABER...
CHOPPER, SCHAU SIE DIR BITTE AN!!
KLAR!! ABER VIELLEICHT IST DAS EHER EIN JOB FÜR FRANKIE!!
MISCH DICH NICHT EIN, OKAY? DAS IST EIN REGIE-RUNGSINTERNES PROBLEM.
...
SIE HAT UNS...
... ESSEN GEGEBEN!!
WOMM

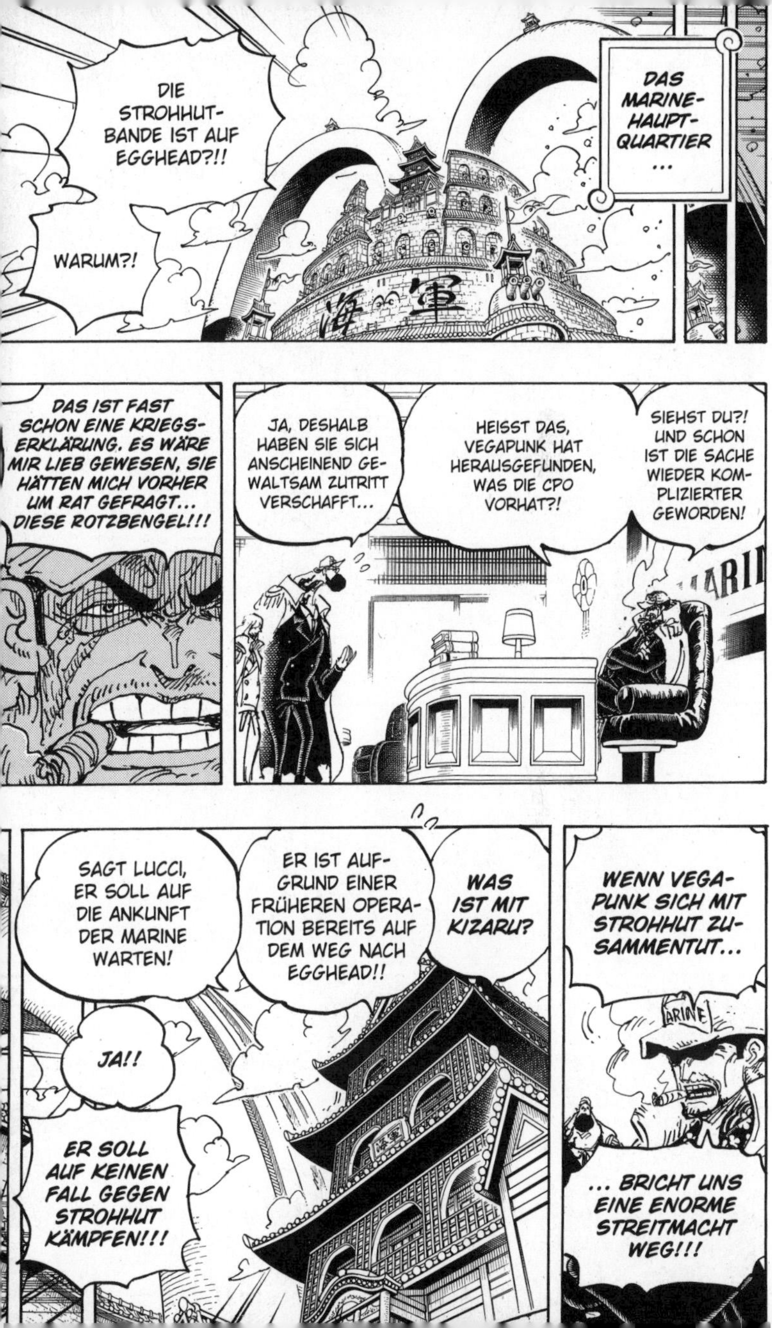
DAS MARINE-HAUPTQUARTIER …
DIE STROHHUT-BANDE IST AUF EGGHEAD?!!
WARUM?!
SIEHST DU?! UND SCHON IST DIE SACHE WIEDER KOMPLIZIERTER GEWORDEN!
HEISST DAS, VEGAPUNK HAT HERAUSGEFUNDEN, WAS DIE CPO VORHAT?!
JA, DESHALB HABEN SIE SICH ANSCHEINEND GEWALTSAM ZUTRITT VERSCHAFFT…
DAS IST FAST SCHON EINE KRIEGSERKLÄRUNG. ES WÄRE MIR LIEB GEWESEN, SIE HÄTTEN MICH VORHER UM RAT GEFRAGT… DIESE ROTZBENGEL!!!
WENN VEGAPUNK SICH MIT STROHHUT ZUSAMMENTUT…
… BRICHT UNS EINE ENORME STREITMACHT WEG!!!
WAS IST MIT KIZARU?
ER IST AUFGRUND EINER FRÜHEREN OPERATION BEREITS AUF DEM WEG NACH EGGHEAD!!
SAGT LUCCI, ER SOLL AUF DIE ANKUNFT DER MARINE WARTEN!
JA!!
ER SOLL AUF KEINEN FALL GEGEN STROHHUT KÄMPFEN!!!

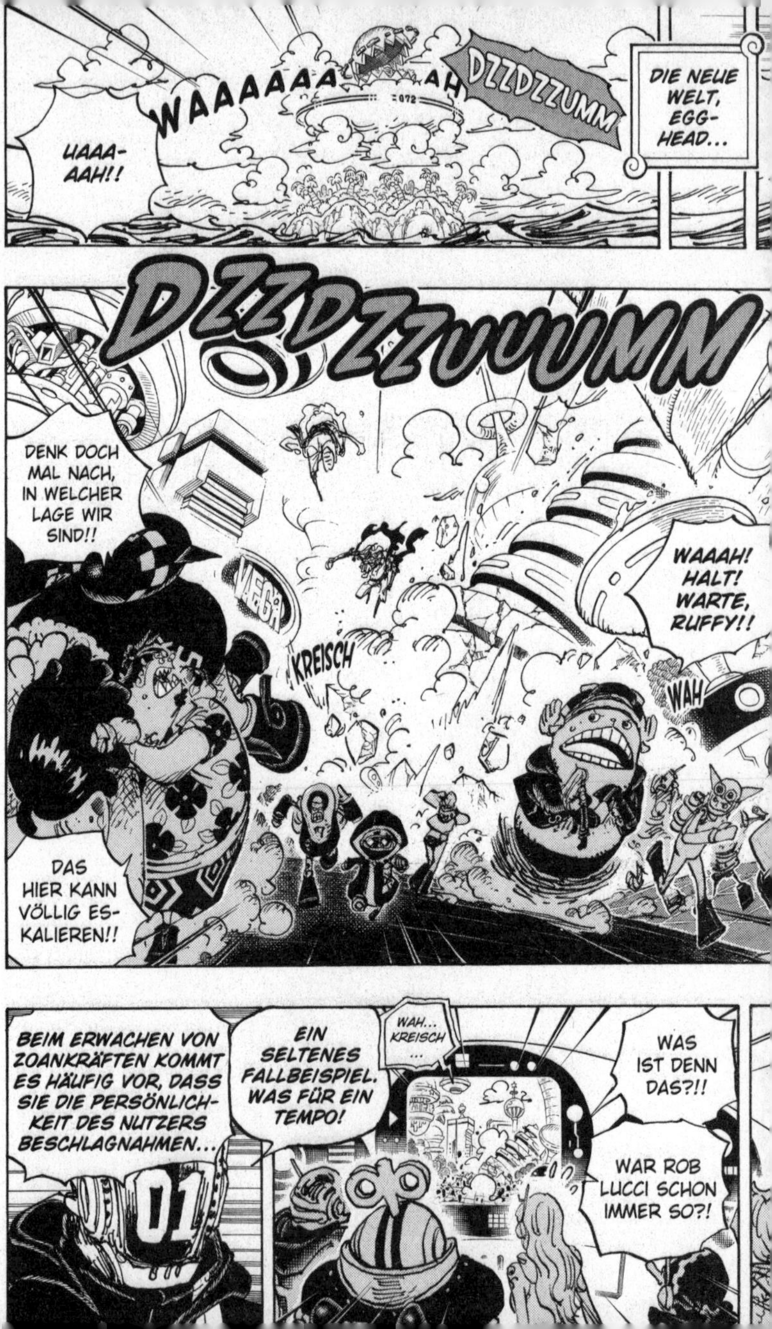

DIE NEUE WELT, EGG-HEAD…
DZZDZZUMM
WAAAAAAA AH
UAAA-AAH!!
DZZDZZUUUMM
WAAAH! HALT! WARTE, RUFFY!!
WAH
KREISCH
DENK DOCH MAL NACH, IN WELCHER LAGE WIR SIND!!
DAS HIER KANN VÖLLIG ES-KALIEREN!!
WAS IST DENN DAS?!!
WAR ROB LUCCI SCHON IMMER SO?!
WAH… KREISCH…
EIN SELTENES FALLBEISPIEL. WAS FÜR EIN TEMPO!
BEIM ERWACHEN VON ZOANKRÄFTEN KOMMT ES HÄUFIG VOR, DASS SIE DIE PERSÖNLICH-KEIT DES NUTZERS BESCHLAGNAHMEN…
01

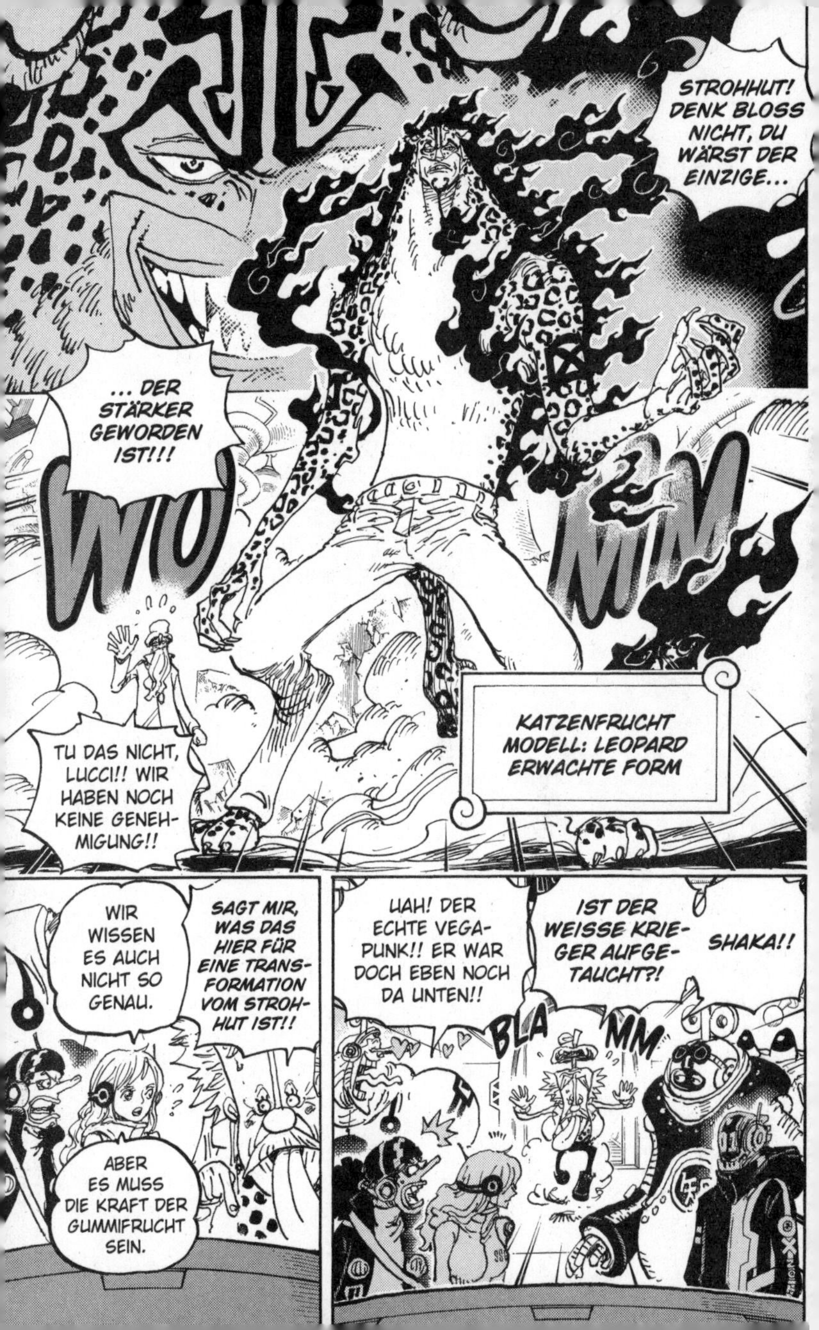
STROHHUT! DENK BLOSS NICHT, DU WÄRST DER EINZIGE...
... DER STÄRKER GEWORDEN IST!!!
WUMM
KATZENFRUCHT MODELL: LEOPARD ERWACHTE FORM
TU DAS NICHT, LUCCI!! WIR HABEN NOCH KEINE GENEHMIGUNG!!
SHAKA!!
IST DER WEISSE KRIEGER AUFGETAUCHT?!
UAH! DER ECHTE VEGAPUNK!! ER WAR DOCH EBEN NOCH DA UNTEN!!
BLAMM
SAGT MIR, WAS DAS HIER FÜR EINE TRANSFORMATION VOM STROHHUT IST!!
WIR WISSEN ES AUCH NICHT SO GENAU.
ABER ES MUSS DIE KRAFT DER GUMMIFRUCHT SEIN.

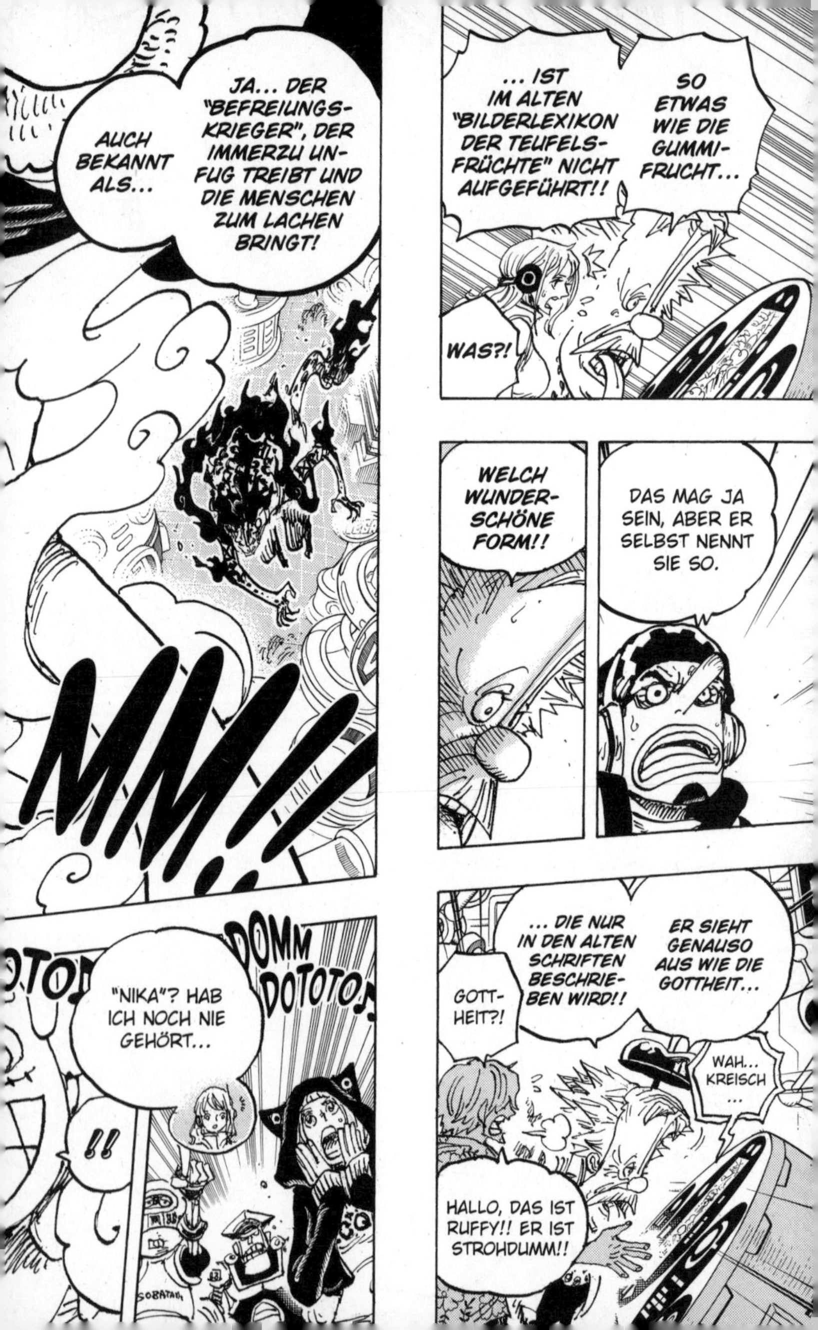
SO ETWAS WIE DIE GUMMIFRUCHT...
... IST IM ALTEN "BILDERLEXIKON DER TEUFELSFRÜCHTE" NICHT AUFGEFÜHRT!!
WAS?!
DAS MAG JA SEIN, ABER ER SELBST NENNT SIE SO.
WELCH WUNDERSCHÖNE FORM!!
ER SIEHT GENAUSO AUS WIE DIE GOTTHEIT...
... DIE NUR IN DEN ALTEN SCHRIFTEN BESCHRIEBEN WIRD!!
GOTTHEIT?!
WAH... KREISCH ...
HALLO, DAS IST RUFFY!! ER IST STROHDUMM!!
JA... DER "BEFREIUNGSKRIEGER", DER IMMERZU UNFUG TREIBT UND DIE MENSCHEN ZUM LACHEN BRINGT!
AUCH BEKANNT ALS...
MM!!
DOMM
DOTOTO
DOTOTO
"NIKA"? HAB ICH NOCH NIE GEHÖRT...
!!

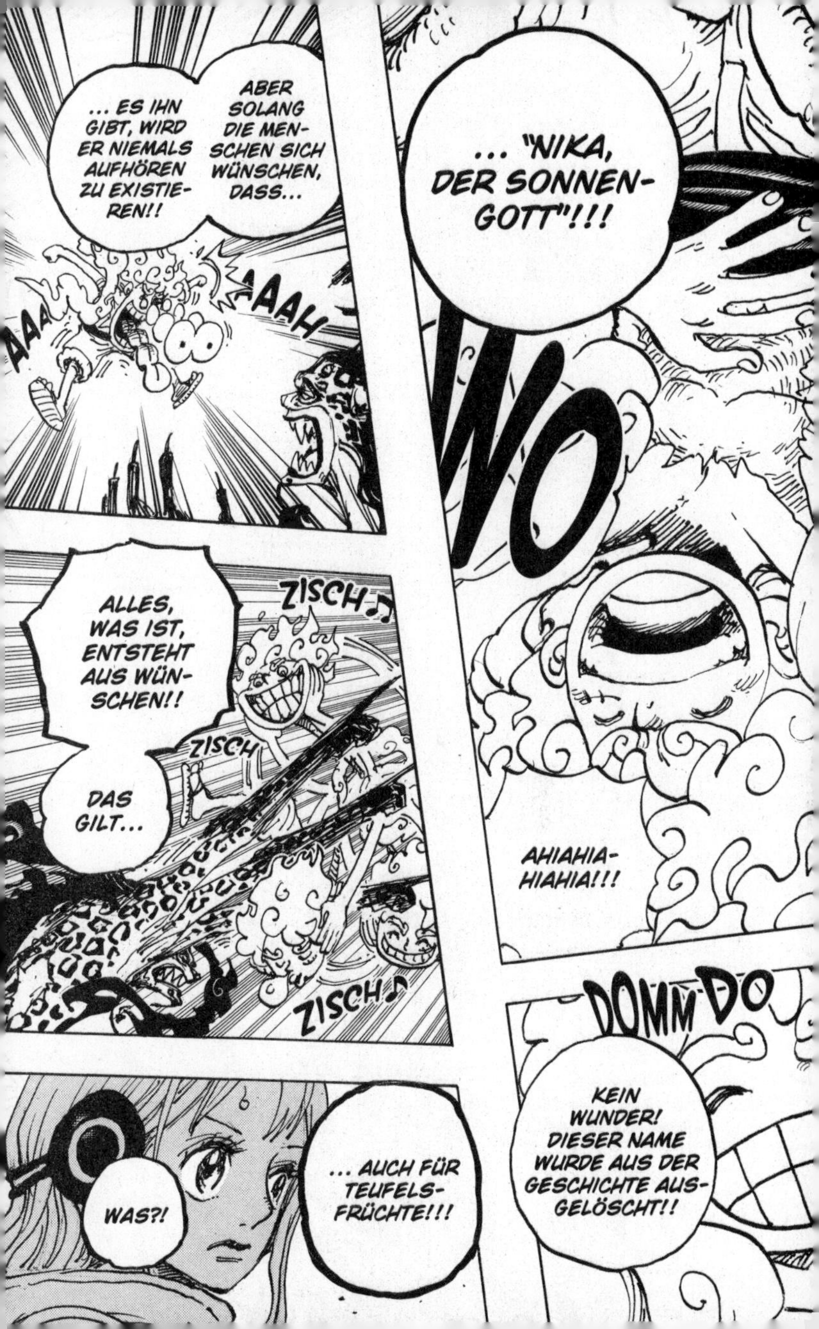
... "NIKA, DER SONNEN-GOTT"!!!
WO
AAAAAH
ABER SOLANG DIE MEN-SCHEN SICH WÜNSCHEN, DASS...
... ES IHN GIBT, WIRD ER NIEMALS AUFHÖREN ZU EXISTIE-REN!!
AHIAHIA-HIAHIA!!!
ZISCH♪
ALLES, WAS IST, ENTSTEHT AUS WÜN-SCHEN!!
ZISCH
DAS GILT...
ZISCH♪
DOMM DO
KEIN WUNDER! DIESER NAME WURDE AUS DER GESCHICHTE AUS-GELÖSCHT!!
... AUCH FÜR TEUFELS-FRÜCHTE!!!
WAS?!

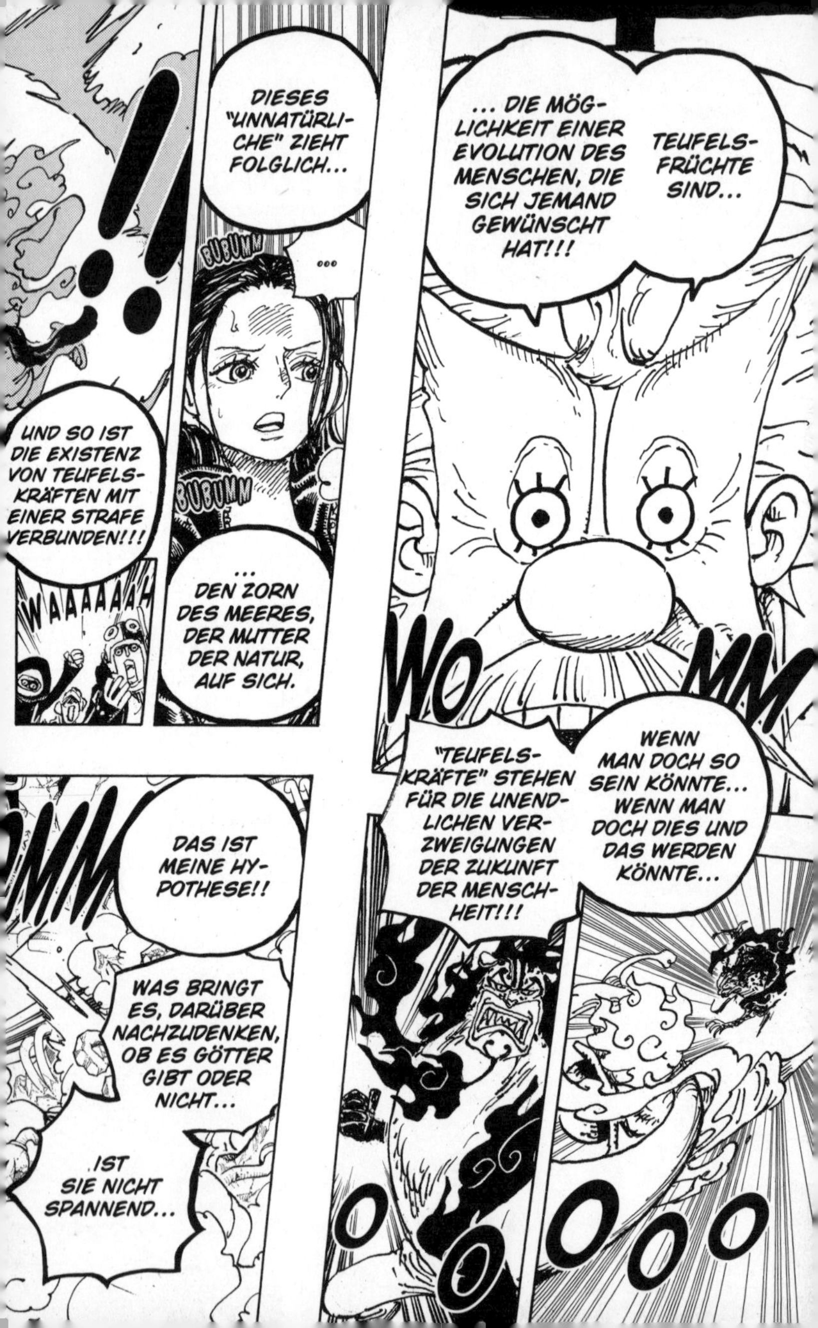
TEUFELSFRÜCHTE SIND...
... DIE MÖGLICHKEIT EINER EVOLUTION DES MENSCHEN, DIE SICH JEMAND GEWÜNSCHT HAT!!!
DIESES "UNNATÜRLICHE" ZIEHT FOLGLICH...
BUBUMM
...
BUBUMM
... DEN ZORN DES MEERES, DER MUTTER DER NATUR, AUF SICH.
!!
UND SO IST DIE EXISTENZ VON TEUFELSKRÄFTEN MIT EINER STRAFE VERBUNDEN!!!
WAAAAAAH
WOMM
WENN MAN DOCH SO SEIN KÖNNTE... WENN MAN DOCH DIES UND DAS WERDEN KÖNNTE...
"TEUFELSKRÄFTE" STEHEN FÜR DIE UNENDLICHEN VERZWEIGUNGEN DER ZUKUNFT DER MENSCHHEIT!!!
OOOO
OOOO
DAS IST MEINE HYPOTHESE!!
WAS BRINGT ES, DARÜBER NACHZUDENKEN, OB ES GÖTTER GIBT ODER NICHT...
IST SIE NICHT SPANNEND...

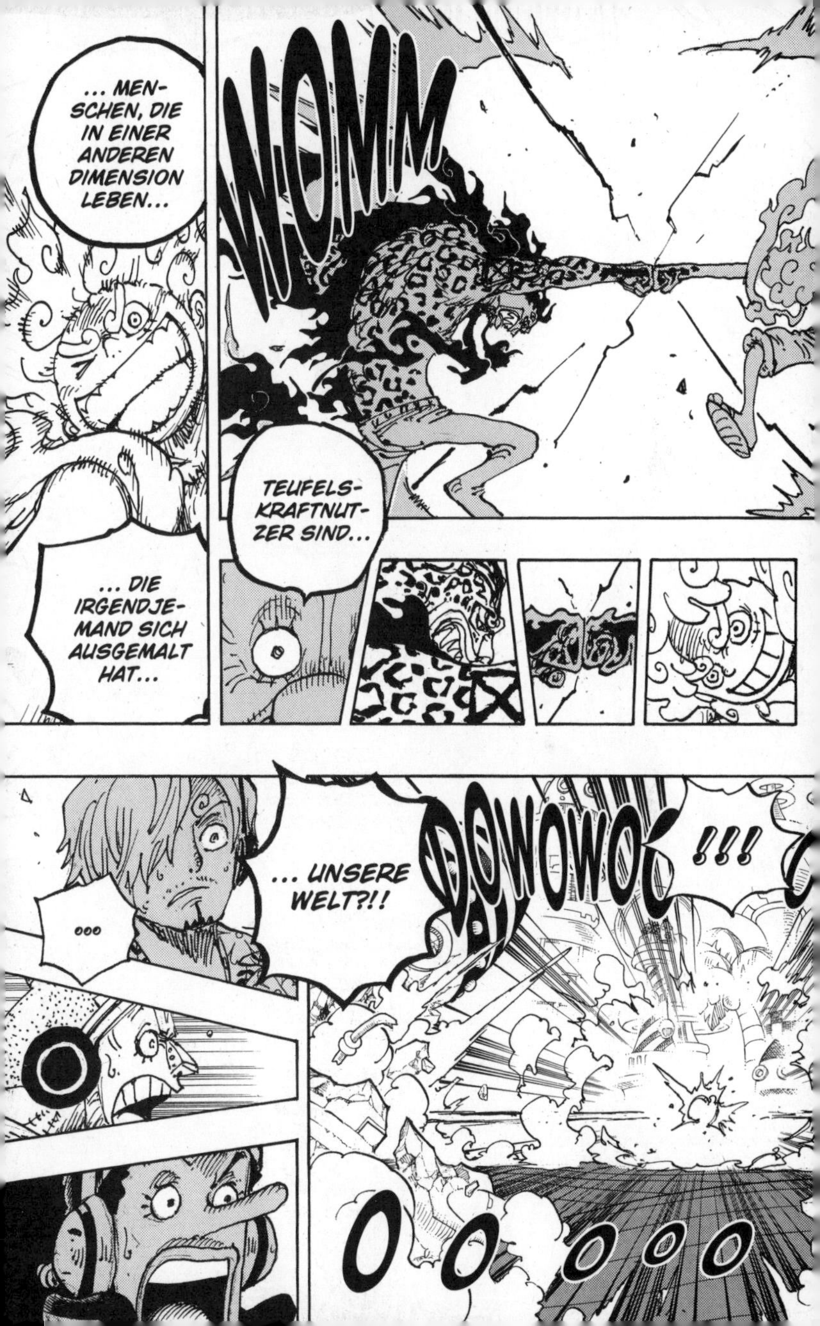
WOMM
... MENSCHEN, DIE IN EINER ANDEREN DIMENSION LEBEN...
TEUFELSKRAFTNUTZER SIND...
... DIE IRGENDJEMAND SICH AUSGEMALT HAT...
DOWOWOO !!!
... UNSERE WELT?!!
...

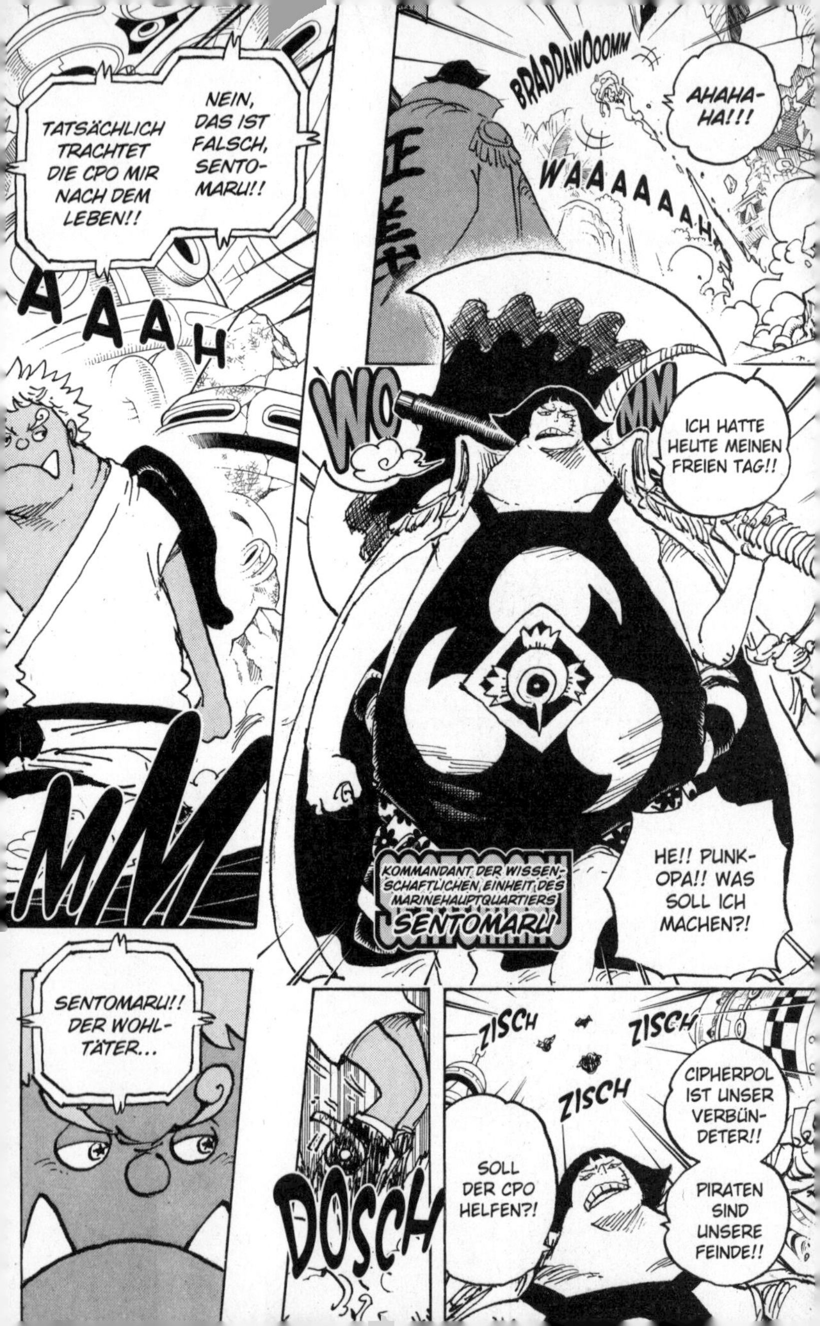

BRADDAWOOOMM
AHAHA-HA!!!
WAAAAAAAH
NEIN, DAS IST FALSCH, SENTO-MARU!!
TATSÄCHLICH TRACHTET DIE CPO MIR NACH DEM LEBEN!!
AAAH
WOMM
ICH HATTE HEUTE MEINEN FREIEN TAG!!
HE!! PUNK-OPA!! WAS SOLL ICH MACHEN?!
KOMMANDANT DER WISSEN-SCHAFTLICHEN EINHEIT DES MARINEHAUPTQUARTIERS
SENTOMARU
MM
ZISCH
ZISCH
ZISCH
CIPHERPOL IST UNSER VERBÜN-DETER!!
PIRATEN SIND UNSERE FEINDE!!
SOLL DER CPO HELFEN?!
DOSCH
SENTOMARU!! DER WOHL-TÄTER...

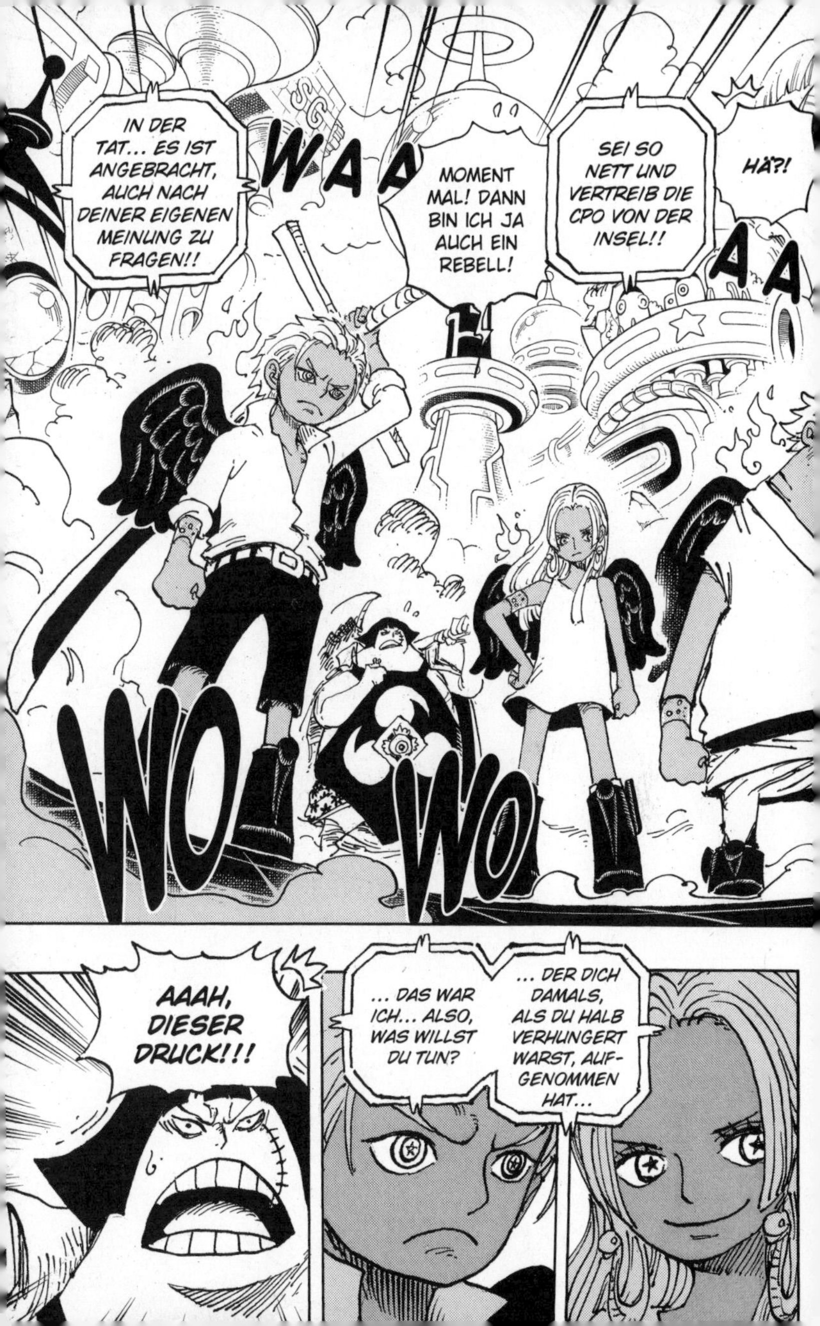
HÄ?!
SEI SO NETT UND VERTREIB DIE CPO VON DER INSEL!!
MOMENT MAL! DANN BIN ICH JA AUCH EIN REBELL!
IN DER TAT... ES IST ANGEBRACHT, AUCH NACH DEINER EIGENEN MEINUNG ZU FRAGEN!!
WAA
AA
WO
WO
... DER DICH DAMALS, ALS DU HALB VERHUNGERT WARST, AUF-GENOMMEN HAT...
... DAS WAR ICH... ALSO, WAS WILLST DU TUN?
AAAH, DIESER DRUCK!!!

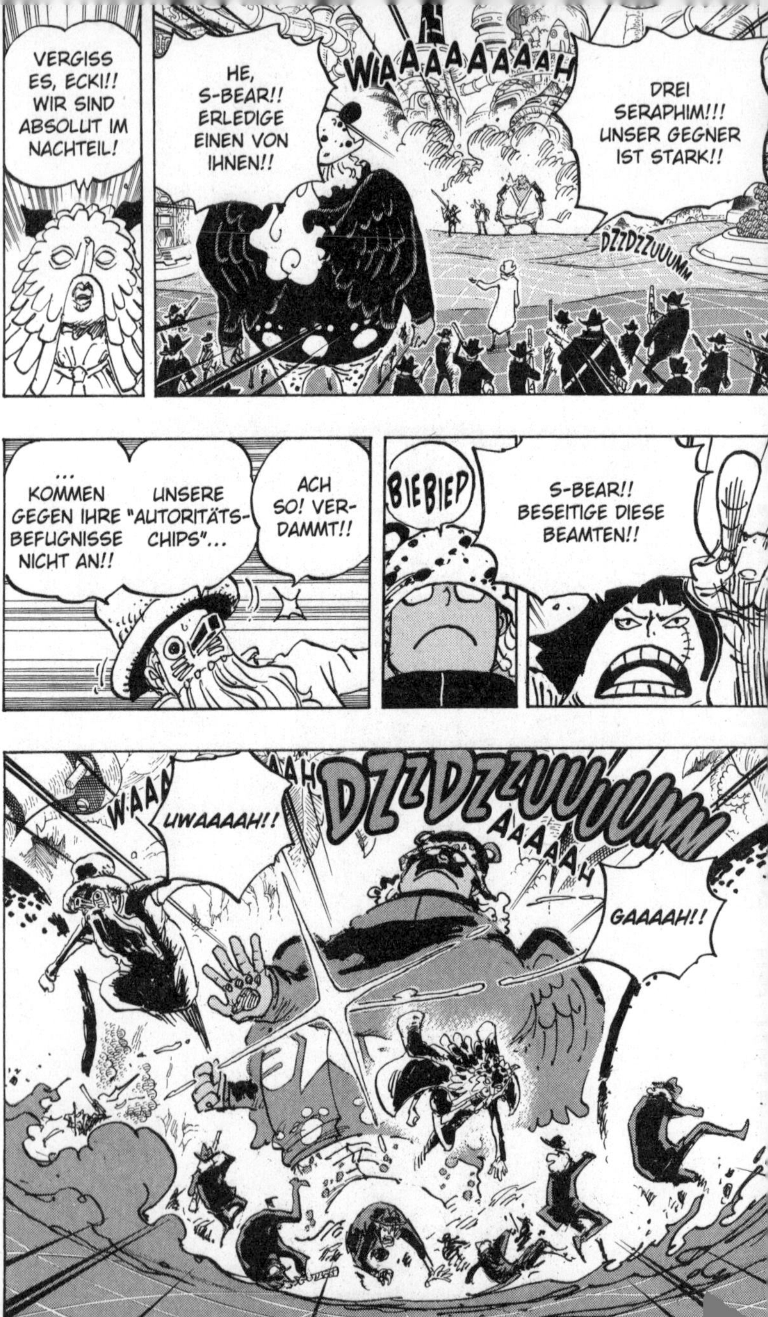
DREI SERAPHIM!!! UNSER GEGNER IST STARK!!
WIAAAAAAAAH
HE, S-BEAR!! ERLEDIGE EINEN VON IHNEN!!
DZZDZZUUUMM
VERGISS ES, ECKI!! WIR SIND ABSOLUT IM NACHTEIL!
BIEBIEP
S-BEAR!! BESEITIGE DIESE BEAMTEN!!
ACH SO! VERDAMMT!!
UNSERE "AUTORITÄTS-CHIPS"...
... KOMMEN GEGEN IHRE BEFUGNISSE NICHT AN!!
DZZDZZUUUUMM
AAAAAH
GAAAAH!!
WAAA
AAH
UWAAAAH!!

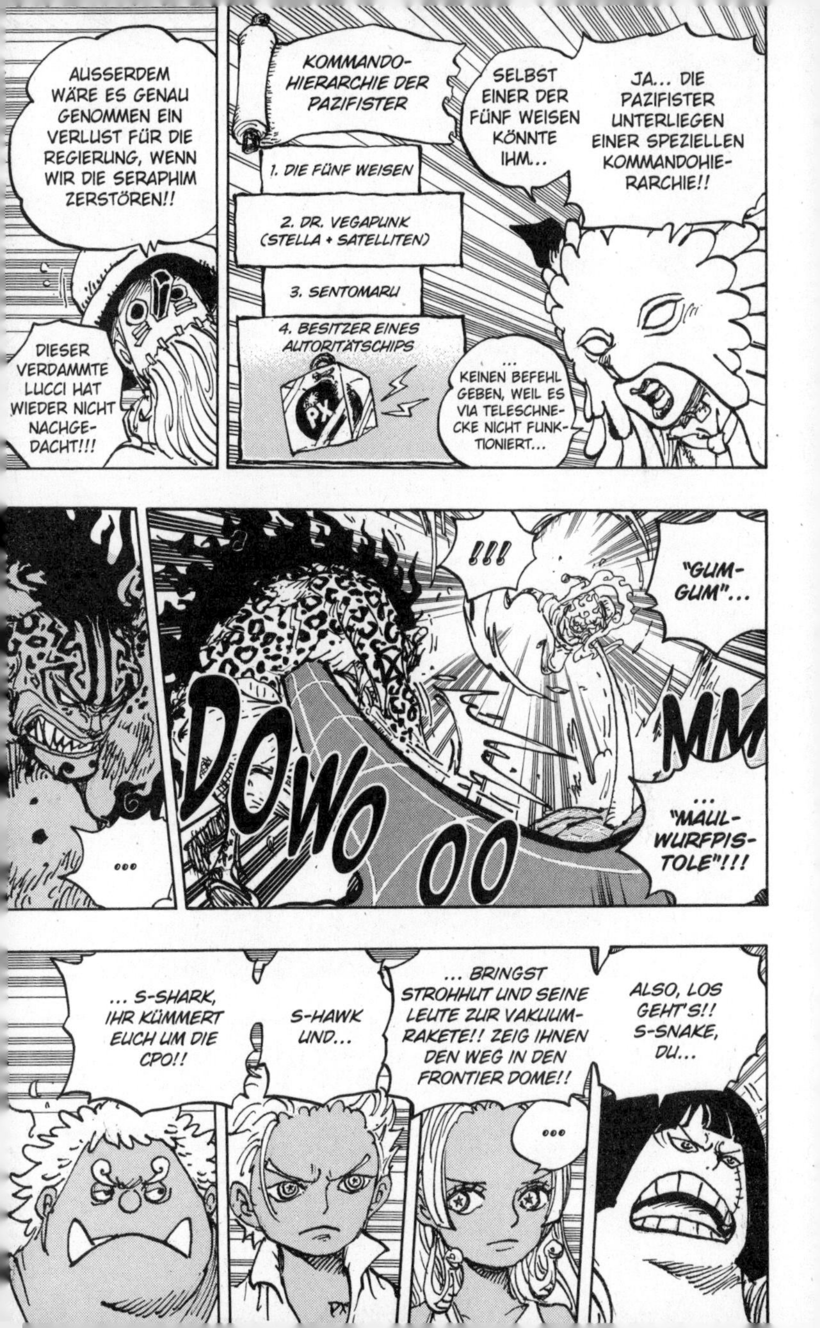
JA... DIE PAZIFISTER UNTERLIEGEN EINER SPEZIELLEN KOMMANDOHIE-RARCHIE!!
SELBST EINER DER FÜNF WEISEN KÖNNTE IHM...
... KEINEN BEFEHL GEBEN, WEIL ES VIA TELESCHNE-CKE NICHT FUNKTIONIERT...
KOMMANDO-HIERARCHIE DER PAZIFISTER
1. DIE FÜNF WEISEN
2. DR. VEGAPUNK (STELLA + SATELLITEN)
3. SENTOMARU
4. BESITZER EINES AUTORITÄTSCHIPS
PX
AUSSERDEM WÄRE ES GENAU GENOMMEN EIN VERLUST FÜR DIE REGIERUNG, WENN WIR DIE SERAPHIM ZERSTÖREN!!
DIESER VERDAMMTE LUCCI HAT WIEDER NICHT NACHGE-DACHT!!!
"GUM-GUM"...
... "MAULWURFPIS-TOLE"!!!
!!!
DOWOOO
MM
...
ALSO, LOS GEHT'S!! S-SNAKE, DU...
... BRINGST STROHHUT UND SEINE LEUTE ZUR VAKUUM-RAKETE!! ZEIG IHNEN DEN WEG IN DEN FRONTIER DOME!!
S-HAWK UND...
... S-SHARK, IHR KÜMMERT EUCH UM DIE CPO!!
...

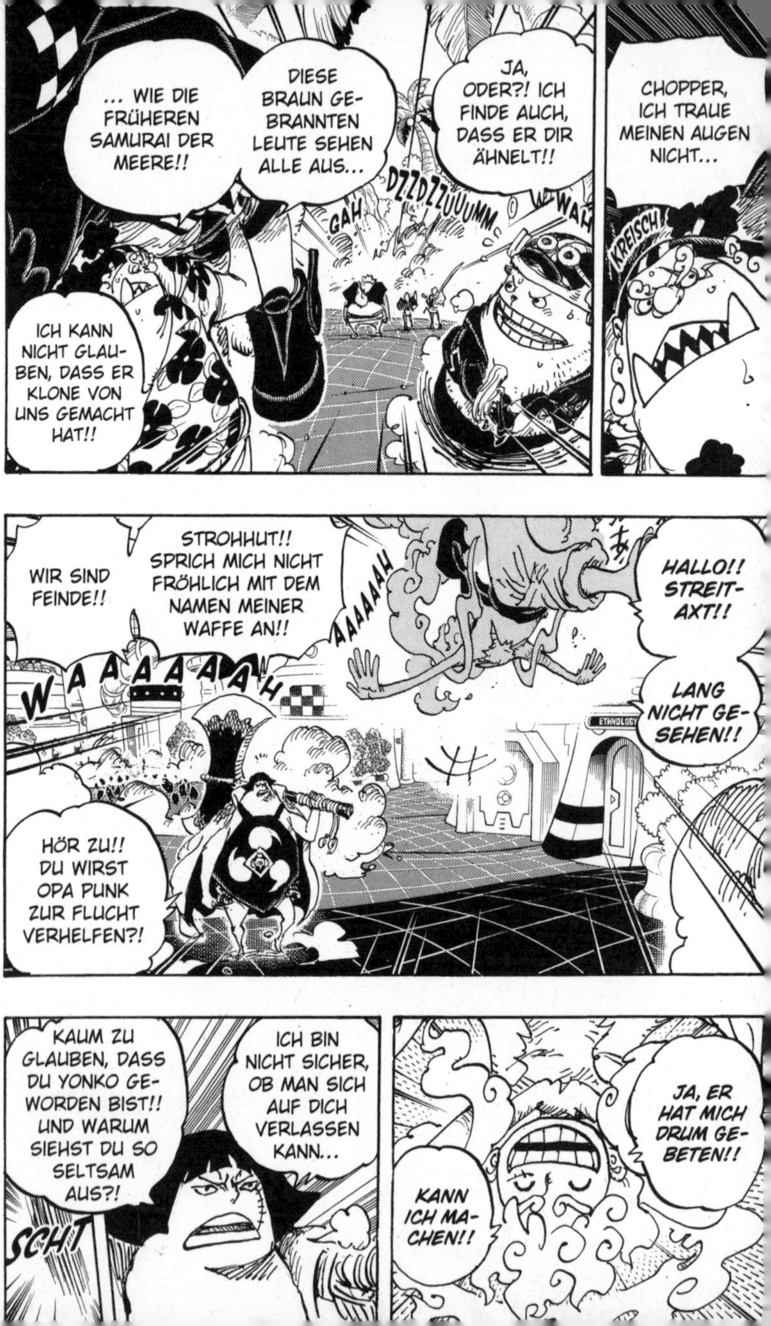
CHOPPER, ICH TRAUE MEINEN AUGEN NICHT...
KREISCH
JA, ODER?! ICH FINDE AUCH, DASS ER DIR ÄHNELT!!
WAH
DZZDZZUUUMM
GAH
DIESE BRAUN GEBRANNTEN LEUTE SEHEN ALLE AUS...
... WIE DIE FRÜHEREN SAMURAI DER MEERE!!
ICH KANN NICHT GLAUBEN, DASS ER KLONE VON UNS GEMACHT HAT!!
HALLO!! STREITAXT!!
LANG NICHT GESEHEN!!
AAAAAAH
ETHNOLOGY
STROHHUT!! SPRICH MICH NICHT FRÖHLICH MIT DEM NAMEN MEINER WAFFE AN!!
WIR SIND FEINDE!!
WAAAAAAH
HÖR ZU!! DU WIRST OPA PUNK ZUR FLUCHT VERHELFEN?!
JA, ER HAT MICH DRUM GEBETEN!!
KANN ICH MACHEN!!
ICH BIN NICHT SICHER, OB MAN SICH AUF DICH VERLASSEN KANN...
KAUM ZU GLAUBEN, DASS DU YONKO GEWORDEN BIST!! UND WARUM SIEHST DU SO SELTSAM AUS?!
SCHT

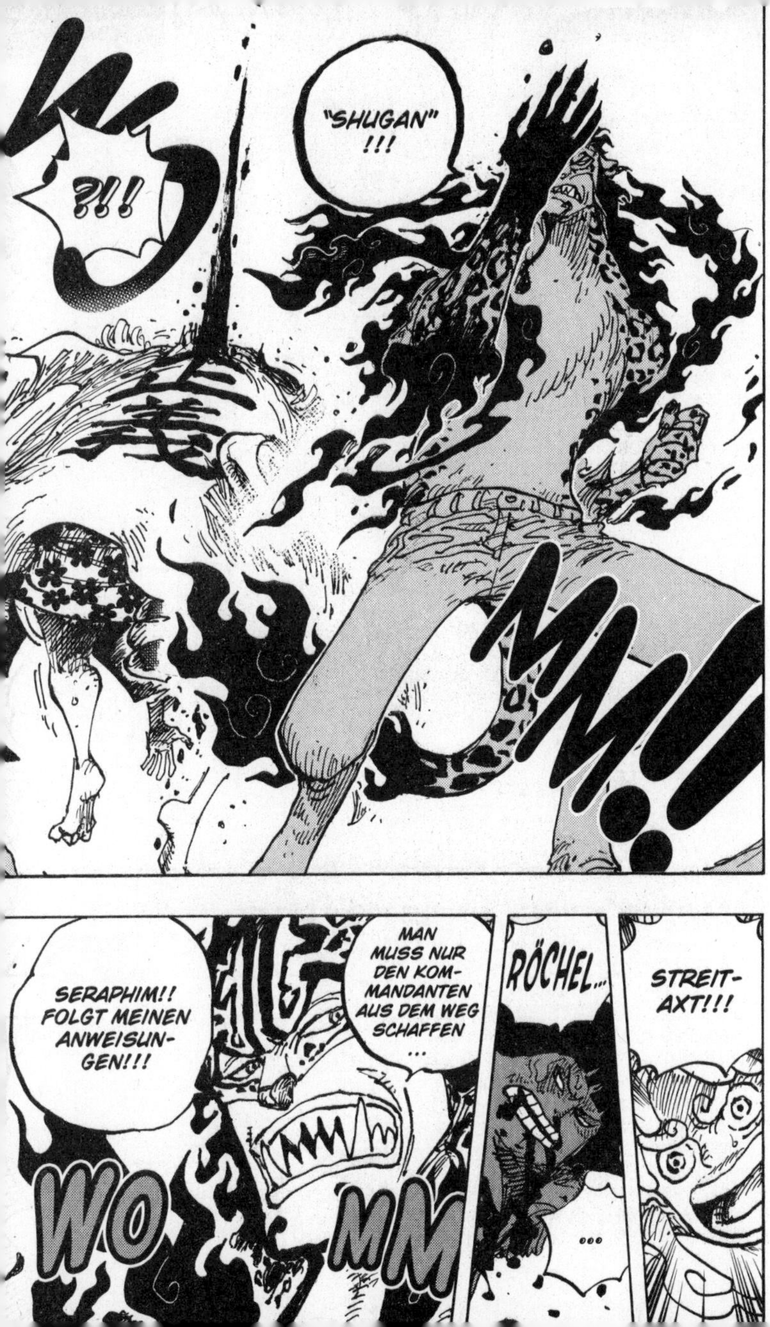
"SHUGAN"
!!!
?!!
MM!!
STREIT-
AXT!!!
RÖCHEL...
...
MAN
MUSS NUR
DEN KOM-
MANDANTEN
AUS DEM WEG
SCHAFFEN
...
SERAPHIM!!
FOLGT MEINEN
ANWEISUN-
GEN!!!
WO
MM

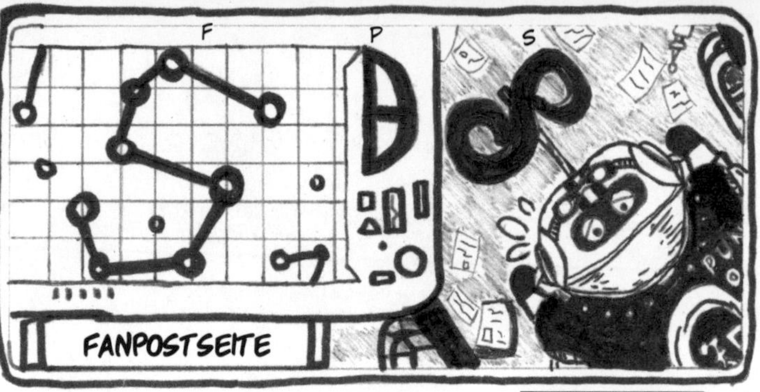

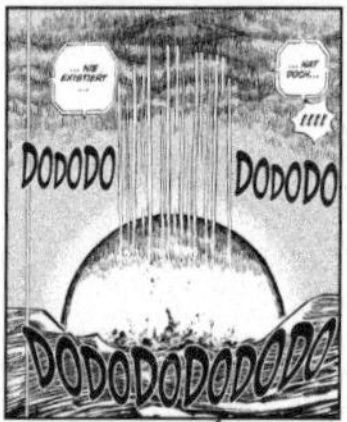

L: VERSUCHEN SIE MAL, WENN SIE NATTO ESSEN, DEN BOHNENFILM AUS DER MITTE SENKRECHT NACH OBEN ZU ZIEHEN. SO KANN MAN DIE SZENE IN KAPITEL 1060 WIEDERGEBEN, IN DER DAS KÖNIGREICH LULUSIA UNTERGEHT.
PSEUDONYM: EBI (ROMI)

O: VERSTEHE! ES ERINNERT TATSÄCHLICH AN DIESE MYSTERIÖSEN LICHTSTRAHLEN. SIE WIRKEN WIE KLEBRIGE FÄDEN, DIE...

LASS DAS!! DAS IST EINFACH NUR UNAPPETITLICH!!!

L: IN BAND 105, KAPITEL 1061, IST DER MARINESTÜTZPUNKT G-14 GEZEICHNET. WENN MAN GENAU HINSIEHT, ERKENNT MAN SO ETWAS WIE LUFTBALLONS, ABER SIND DAS WIRKLICH WELCHE? HAT SICH IRGENDJEMAND EINEN SPASS GEMACHT UND LUFTBALLONS DORT FESTGEBUNDEN?
PSEUDONYM: TARO

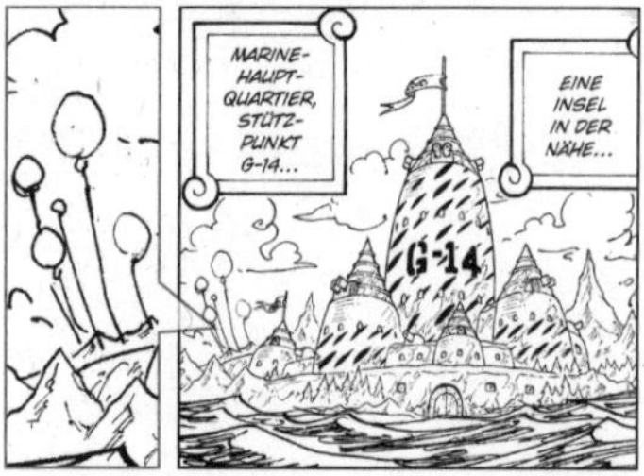

O: ES SIND LUFTBALLONS. DER STÜTZPUNKT G-14 LIEGT IN DER NÄHE VON EGGHEAD, WO DIE KINDER, DIE IN BAND 67 AUF PUNK HAZARD SCHADEN ERLITTEN HATTEN, VON VEGAPUNK UNTERSUCHT WURDEN. DANACH WURDEN SIE ZUR MEDIKAMENTÖSEN BEHANDLUNG AUF DEM MARINESTÜTZPUNKT UNTERGEBRACHT. SO EIN MARINESTÜTZPUNKT IST EIN TRISTES GEBÄUDE, DESHALB HAT VIZEADMIRALIN DOLL ANWEISUNG GEGEBEN, LUFTBALLONS ANZUBRINGEN, DAMIT SICH DIE KINDER WENIGSTENS EIN BISSCHEN HEIMISCH UND SICHER FÜHLEN.

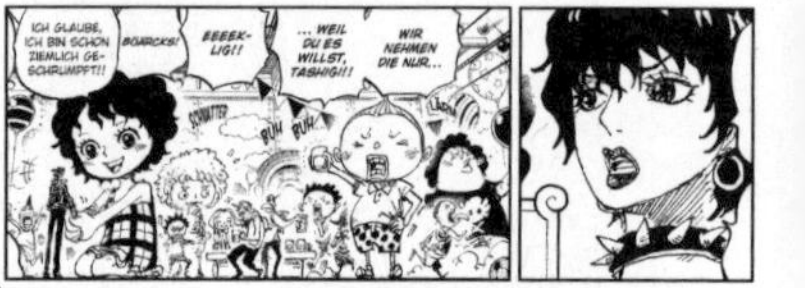

L: ODA-SENSEI, ICH MÖCHTE GERNE MARCOS FREUND SEIN. KÖNNEN SIE MARCO MAL FRAGEN, OB ER DAMIT EINVERSTANDEN (YOI*) IST ODER NICHT?
PSEUDONYM: TOMODACHIHOSHIIMO

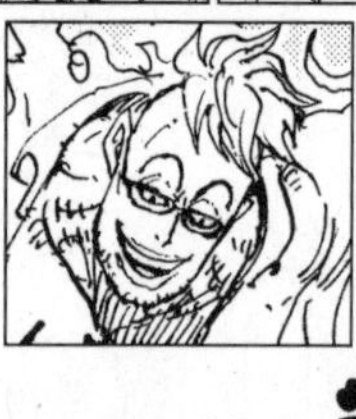

O: OKAY. MARCO, WIE SIEHT'S AUS?
MARCO: YOI.

* MARCO HÄNGT OFT EIN YOI AN SEINE SÄTZE.

1070. Kapitel:
Die stärksten Menschen

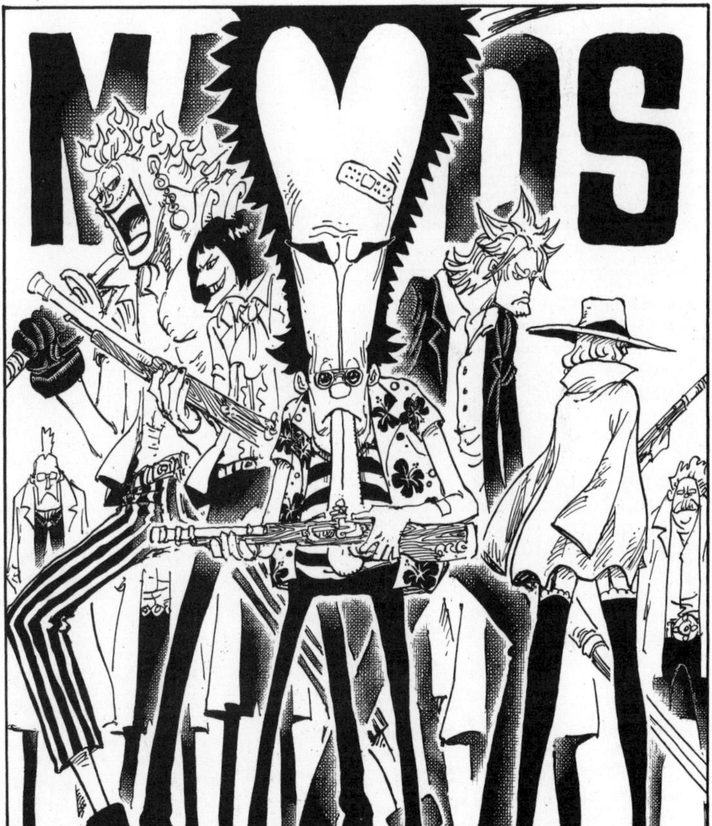

Dieser ausdruckslose Reisebericht der Germa 66, Teil 27
„Vielversprechende Wissenschaftler, die für die Welt und für die Menschen versammelt wurden“

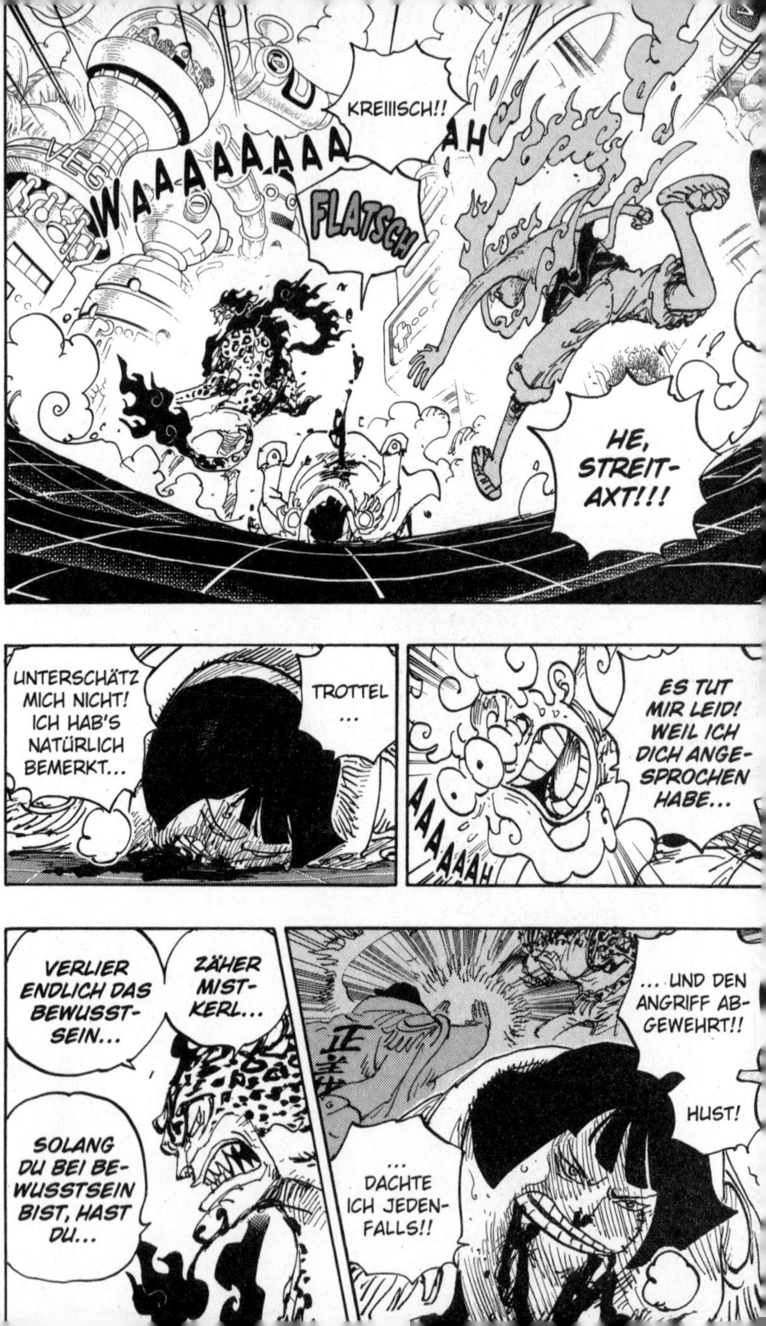
KREIIISCH!!
WAAAAAAAAAAH
FLATSCH
HE, STREIT-AXT!!!
ES TUT MIR LEID! WEIL ICH DICH ANGE-SPROCHEN HABE...
AAAAAAAH
TROTTEL ...
UNTERSCHÄTZ MICH NICHT! ICH HAB'S NATÜRLICH BEMERKT...
HUST!
... UND DEN ANGRIFF AB-GEWEHRT!!
... DACHTE ICH JEDEN-FALLS!!
ZÄHER MIST-KERL...
VERLIER ENDLICH DAS BEWUSST-SEIN...
SOLANG DU BEI BE-WUSSTSEIN BIST, HAST DU...

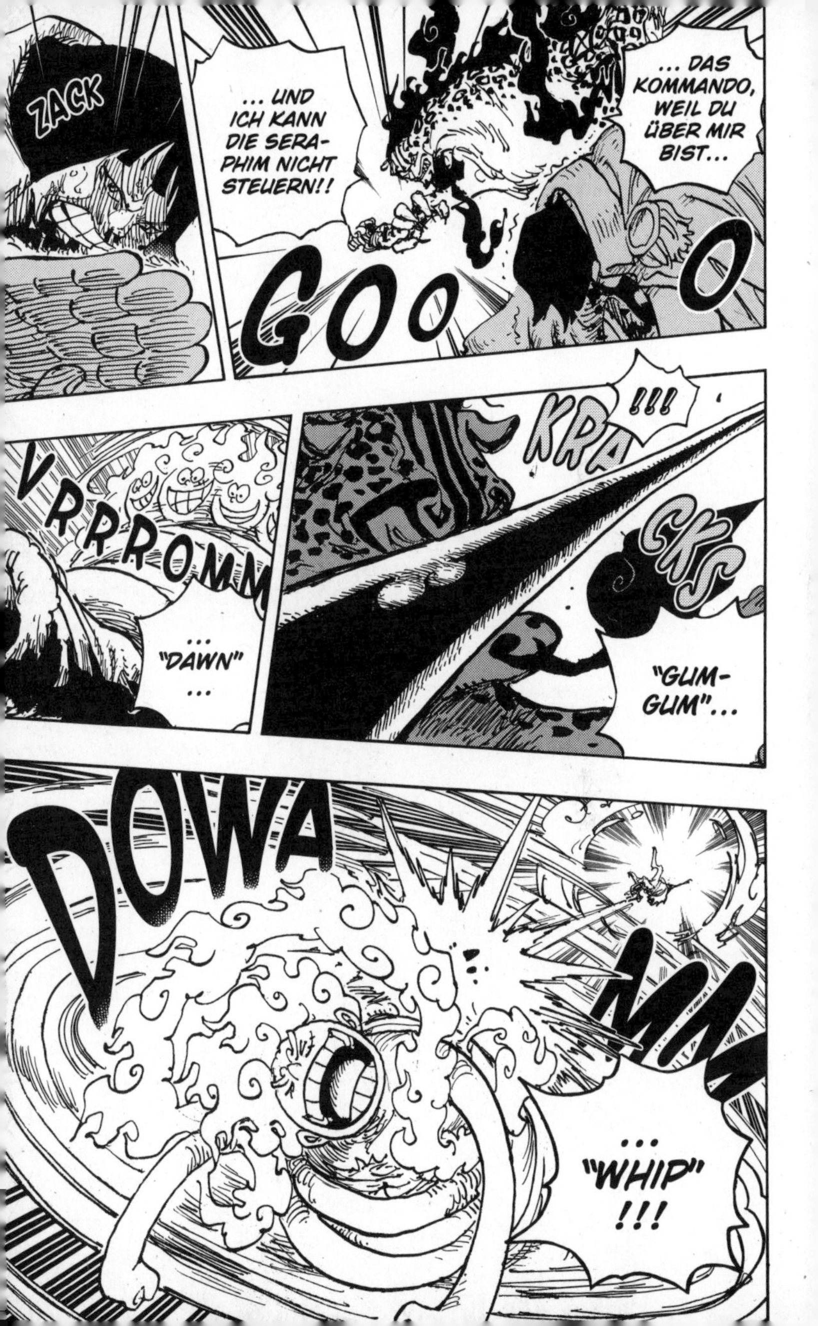
… DAS KOMMANDO, WEIL DU ÜBER MIR BIST…
… UND ICH KANN DIE SERAPHIM NICHT STEUERN!!
ZACK
GOOO
!!!
KRACKS
"GUM-GUM"…
VRRROMM
… "DAWN" …
DOWAMM
… "WHIP" !!!

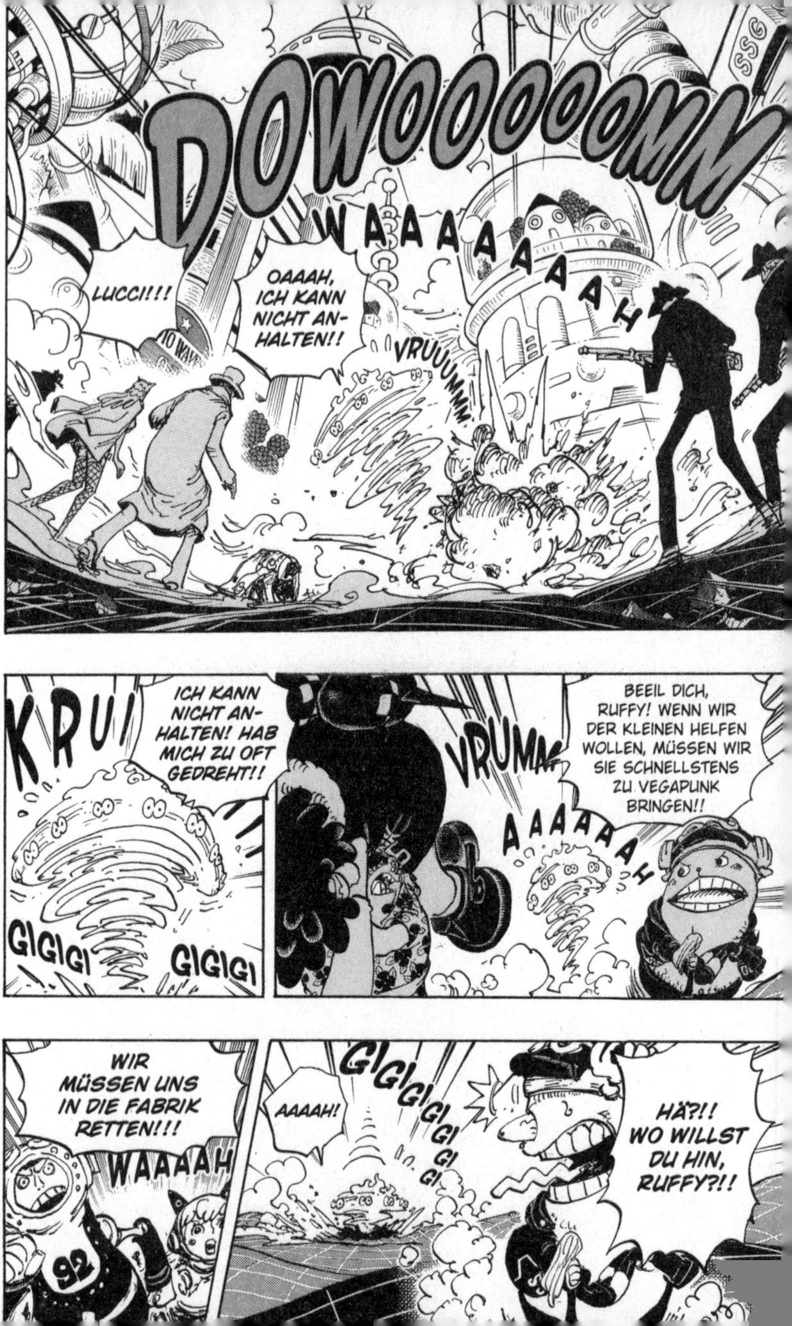
DOWOOOOOMM
WAAAAAAAAAH
VRUUUMMM
OAAAH, ICH KANN NICHT ANHALTEN!!
LUCCI!!!
BEEIL DICH, RUFFY! WENN WIR DER KLEINEN HELFEN WOLLEN, MÜSSEN WIR SIE SCHNELLSTENS ZU VEGAPUNK BRINGEN!!
AAAAAAH
VRUMM
ICH KANN NICHT ANHALTEN! HAB MICH ZU OFT GEDREHT!!
KRUI
GIGIGI
GIGIGI
HÄ?!! WO WILLST DU HIN, RUFFY?!!
GIGIGIGIGIGIGI
AAAAH!
WIR MÜSSEN UNS IN DIE FABRIK RETTEN!!!
WAAAAH

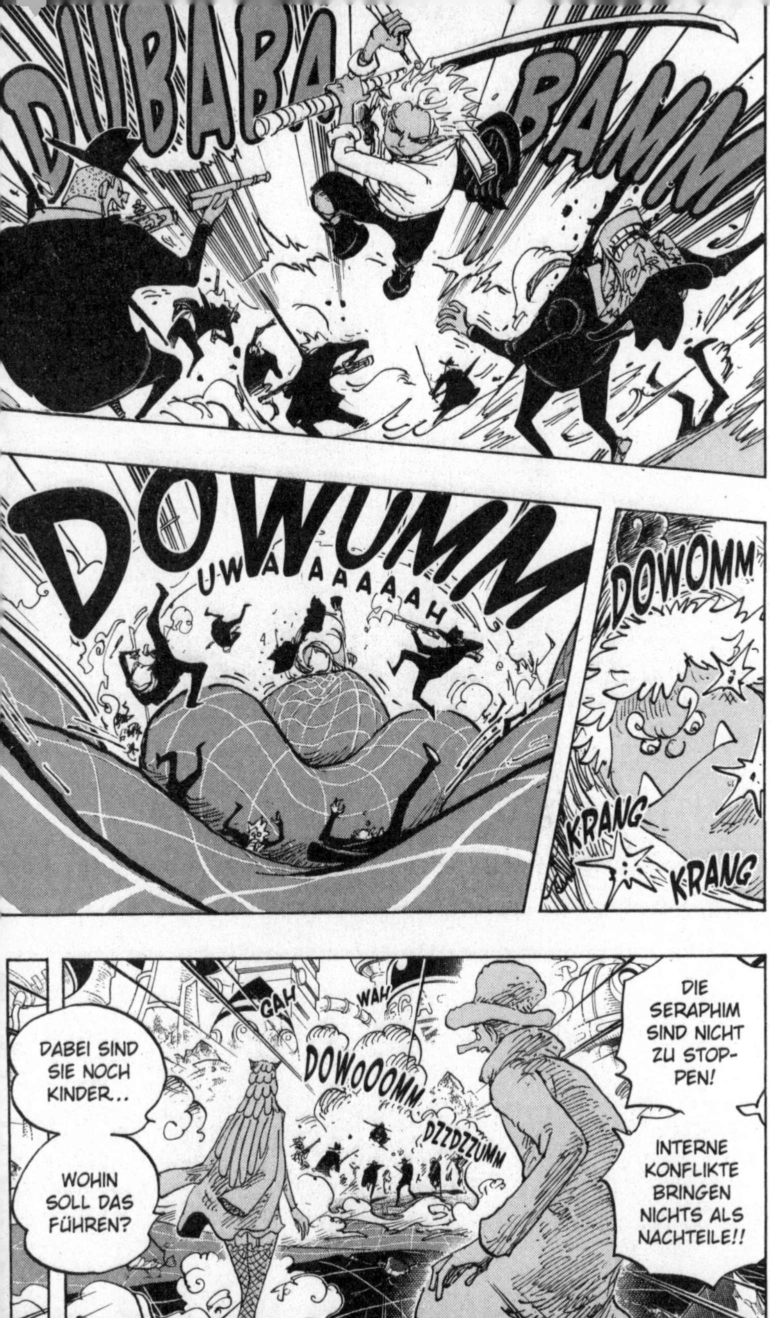
BAMM
DUBABA
DOWUMM
UWAAAAAAH
DOWOMM
KRANG
KRANG
DIE SERAPHIM SIND NICHT ZU STOP-PEN!
INTERNE KONFLIKTE BRINGEN NICHTS ALS NACHTEILE!!
WAH
GAH
DOWOOOMM
DZZDZZUMM
DABEI SIND SIE NOCH KINDER...
WOHIN SOLL DAS FÜHREN?

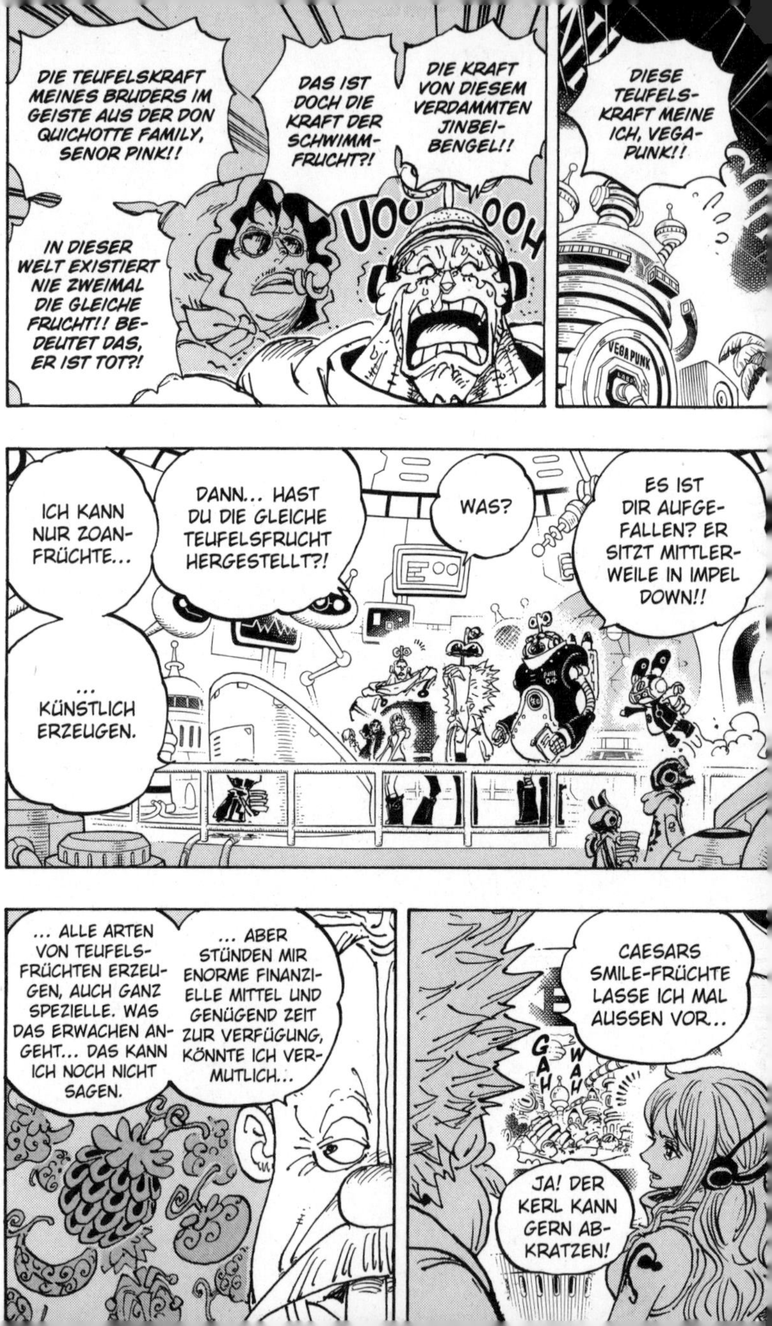
DIESE TEUFELSKRAFT MEINE ICH, VEGAPUNK!!
DIE KRAFT VON DIESEM VERDAMMTEN JINBEI-BENGEL!!
UOO OOH
DAS IST DOCH DIE KRAFT DER SCHWIMMFRUCHT?!
DIE TEUFELSKRAFT MEINES BRUDERS IM GEISTE AUS DER DON QUICHOTTE FAMILY, SENOR PINK!!
IN DIESER WELT EXISTIERT NIE ZWEIMAL DIE GLEICHE FRUCHT!! BEDEUTET DAS, ER IST TOT?!
VEGAPUNK
ES IST DIR AUFGEFALLEN? ER SITZT MITTLERWEILE IN IMPEL DOWN!!
WAS?
DANN... HAST DU DIE GLEICHE TEUFELSFRUCHT HERGESTELLT?!
ICH KANN NUR ZOAN-FRÜCHTE...
... KÜNSTLICH ERZEUGEN.
CAESARS SMILE-FRÜCHTE LASSE ICH MAL AUSSEN VOR...
GAH
WAH
JA! DER KERL KANN GERN ABKRATZEN!
... ABER STÜNDEN MIR ENORME FINANZIELLE MITTEL UND GENÜGEND ZEIT ZUR VERFÜGUNG, KÖNNTE ICH VERMUTLICH...
... ALLE ARTEN VON TEUFELSFRÜCHTEN ERZEUGEN, AUCH GANZ SPEZIELLE. WAS DAS ERWACHEN ANGEHT... DAS KANN ICH NOCH NICHT SAGEN.

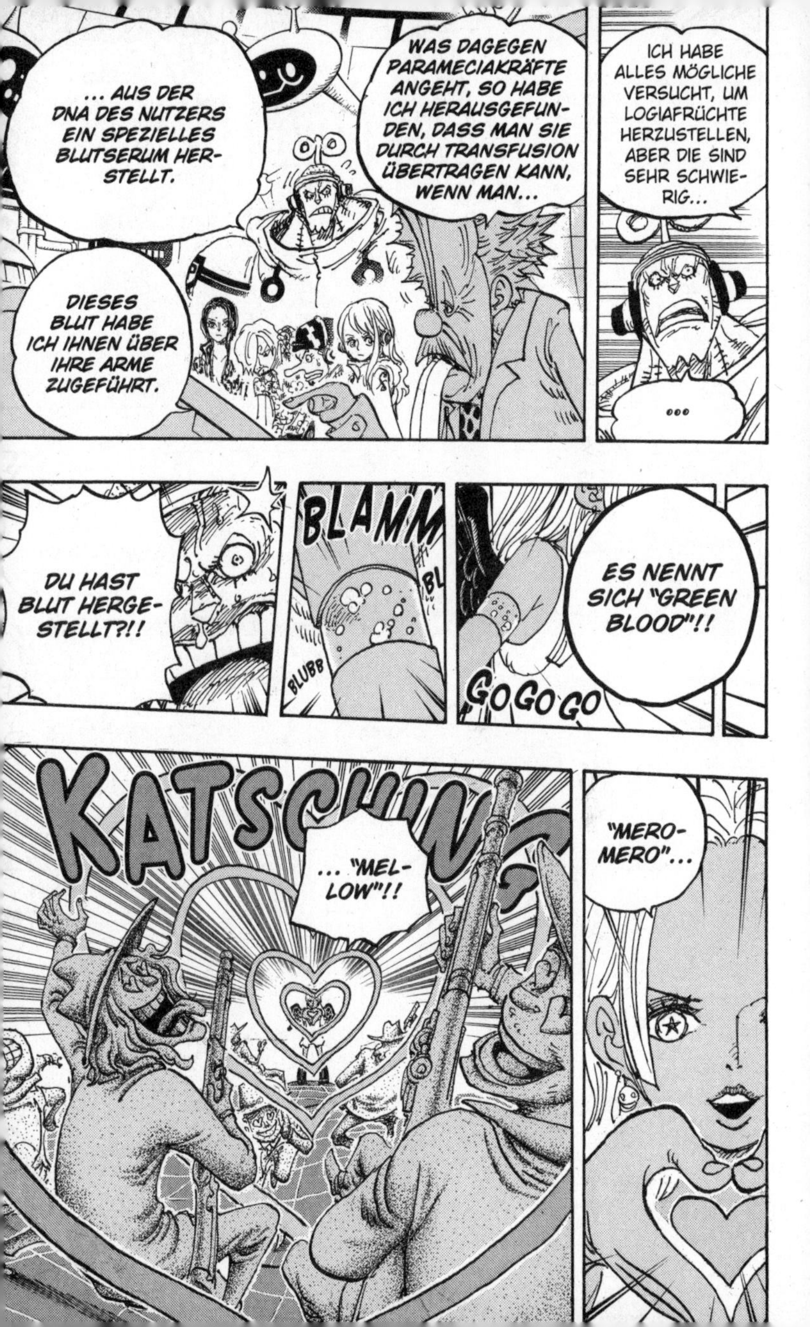
ICH HABE ALLES MÖGLICHE VERSUCHT, UM LOGIAFRÜCHTE HERZUSTELLEN, ABER DIE SIND SEHR SCHWIERIG…
...
WAS DAGEGEN PARAMECIAKRÄFTE ANGEHT, SO HABE ICH HERAUSGEFUNDEN, DASS MAN SIE DURCH TRANSFUSION ÜBERTRAGEN KANN, WENN MAN…
… AUS DER DNA DES NUTZERS EIN SPEZIELLES BLUTSERUM HERSTELLT.
DIESES BLUT HABE ICH IHNEN ÜBER IHRE ARME ZUGEFÜHRT.
ES NENNT SICH "GREEN BLOOD"!!
GOGOGO
BLAMM
BL
BLUBB
DU HAST BLUT HERGESTELLT?!!
"MERO-MERO"…
KATSCHING
… "MELLOW"!!

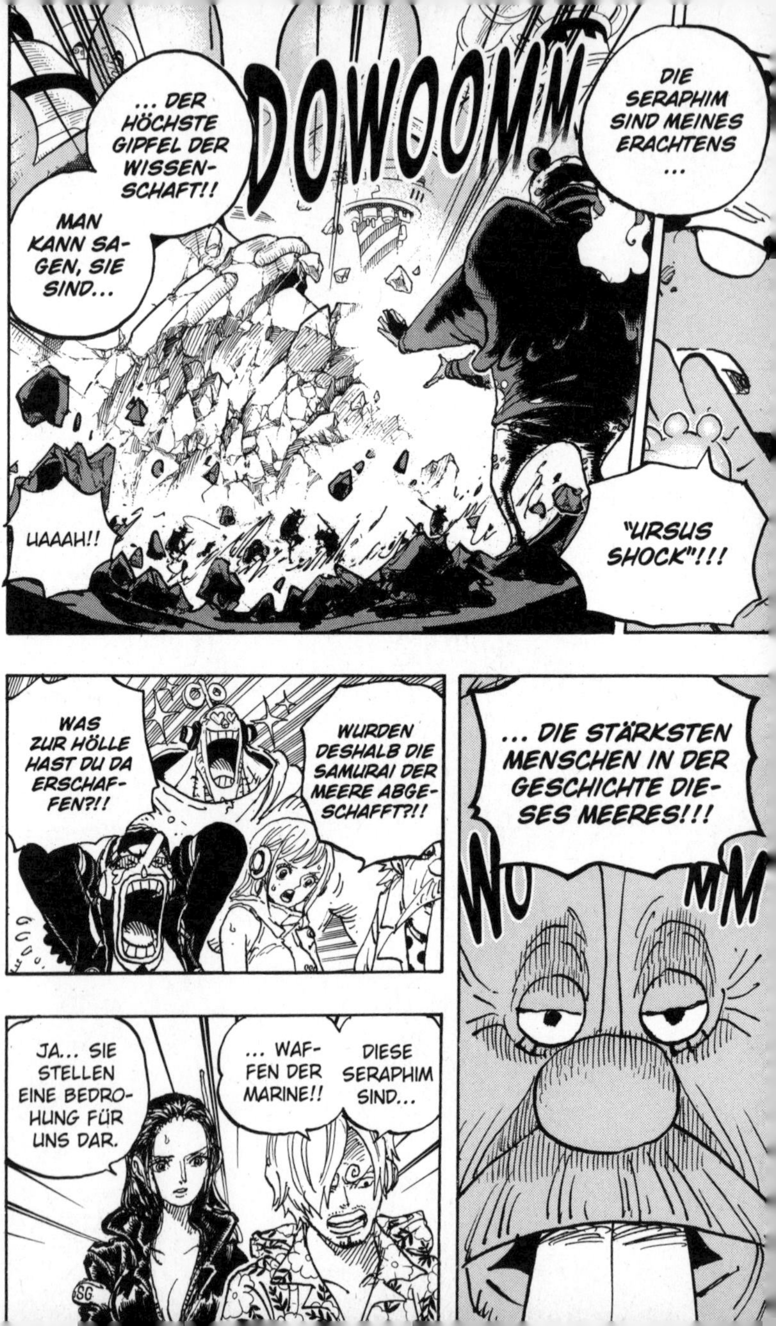
DIE SERAPHIM SIND MEINES ERACHTENS ...
... DER HÖCHSTE GIPFEL DER WISSENSCHAFT!!
MAN KANN SAGEN, SIE SIND...
DOWOOMM
"URSUS SHOCK"!!!
UAAAH!!
... DIE STÄRKSTEN MENSCHEN IN DER GESCHICHTE DIESES MEERES!!!
WO MM
WURDEN DESHALB DIE SAMURAI DER MEERE ABGESCHAFFT?!!
WAS ZUR HÖLLE HAST DU DA ERSCHAFFEN?!!
DIESE SERAPHIM SIND...
... WAFFEN DER MARINE!!
JA... SIE STELLEN EINE BEDROHUNG FÜR UNS DAR.

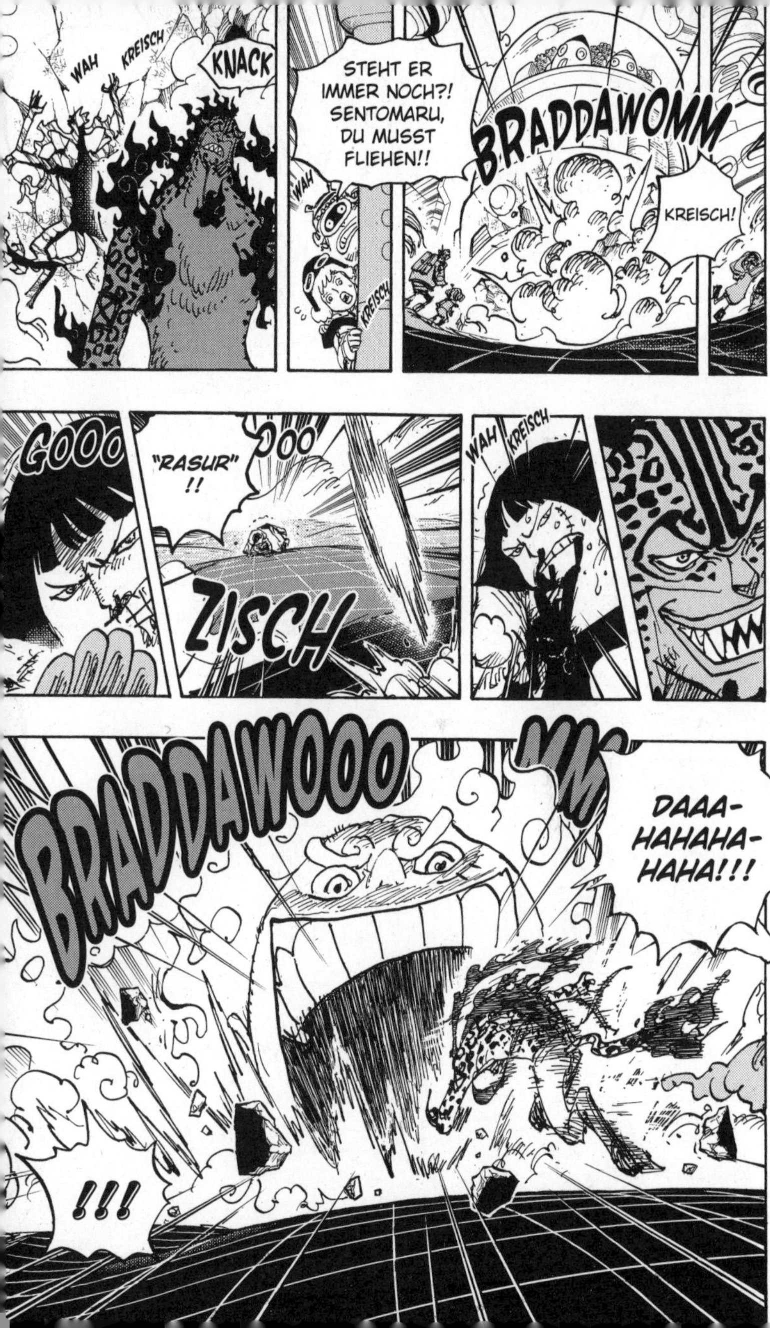
KREISCH!
BRADDAWOMM
STEHT ER IMMER NOCH?! SENTOMARU, DU MUSST FLIEHEN!!
WAH
KREISCH
KNACK
WAH
KREISCH
WAH
KREISCH
"RASUR" !!
GOOO
OOO
ZISCH
DAAA-HAHAHA-HAHA!!!
BRADDAWOOO
MM
!!!

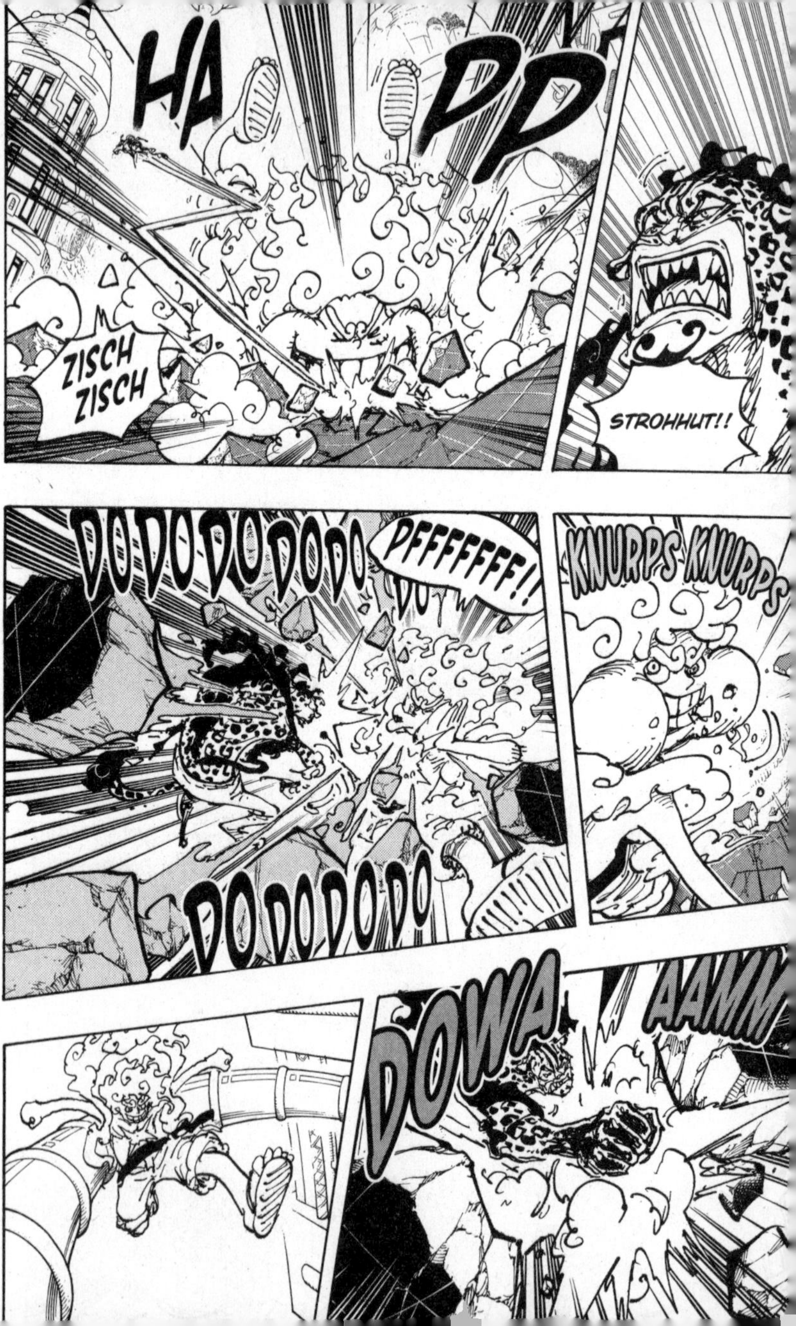
HA
PP
STROHHUT!!
ZISCH
ZISCH
KNURPS KNURPS
PFFFFFFF!!
DO DO DO DO DO
DO DO DO DO DO
AAMM
DOWA

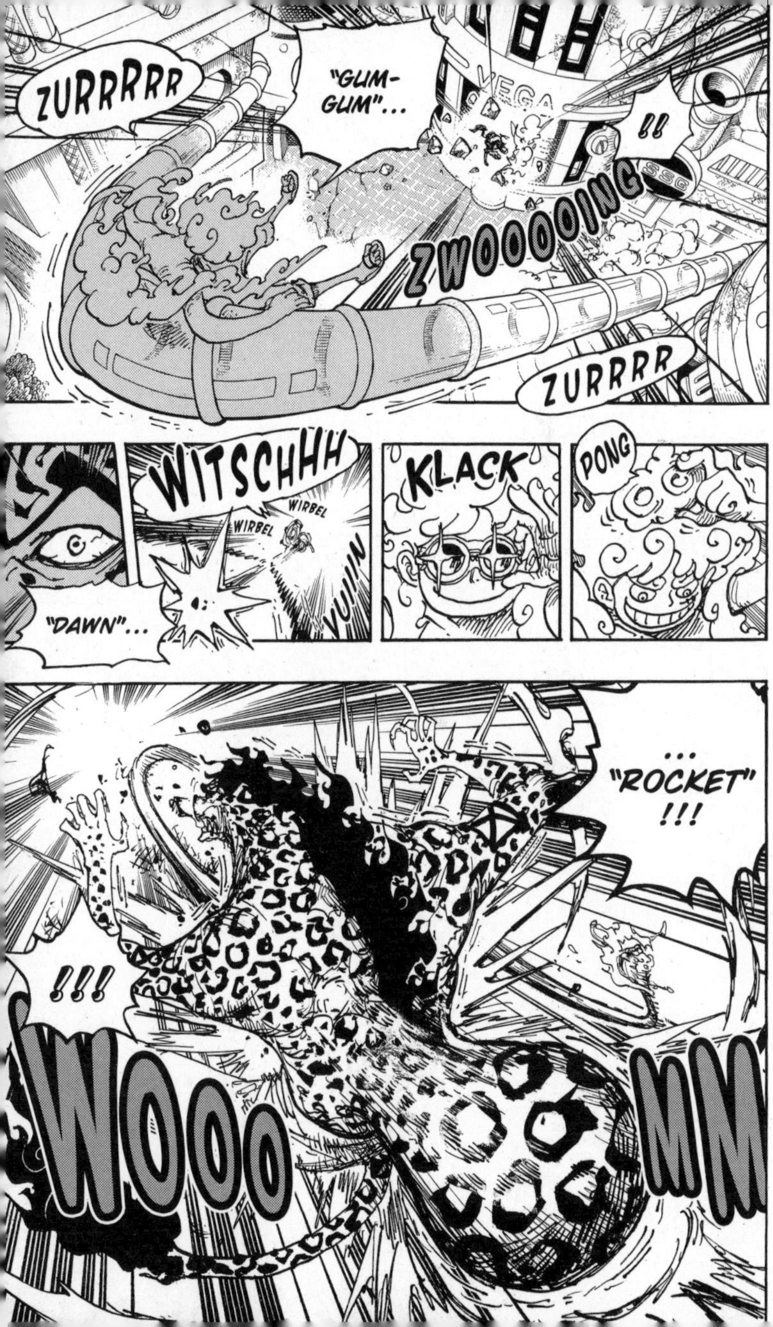
!!
ZWOOOOING
"GUM-GUM"...
ZURRRRR
ZURRRR
PONG
KLACK
WITSCHHH
WIRBEL
WIRBEL
"DAWN"...
... "ROCKET" !!!
!!!
WOOOMM

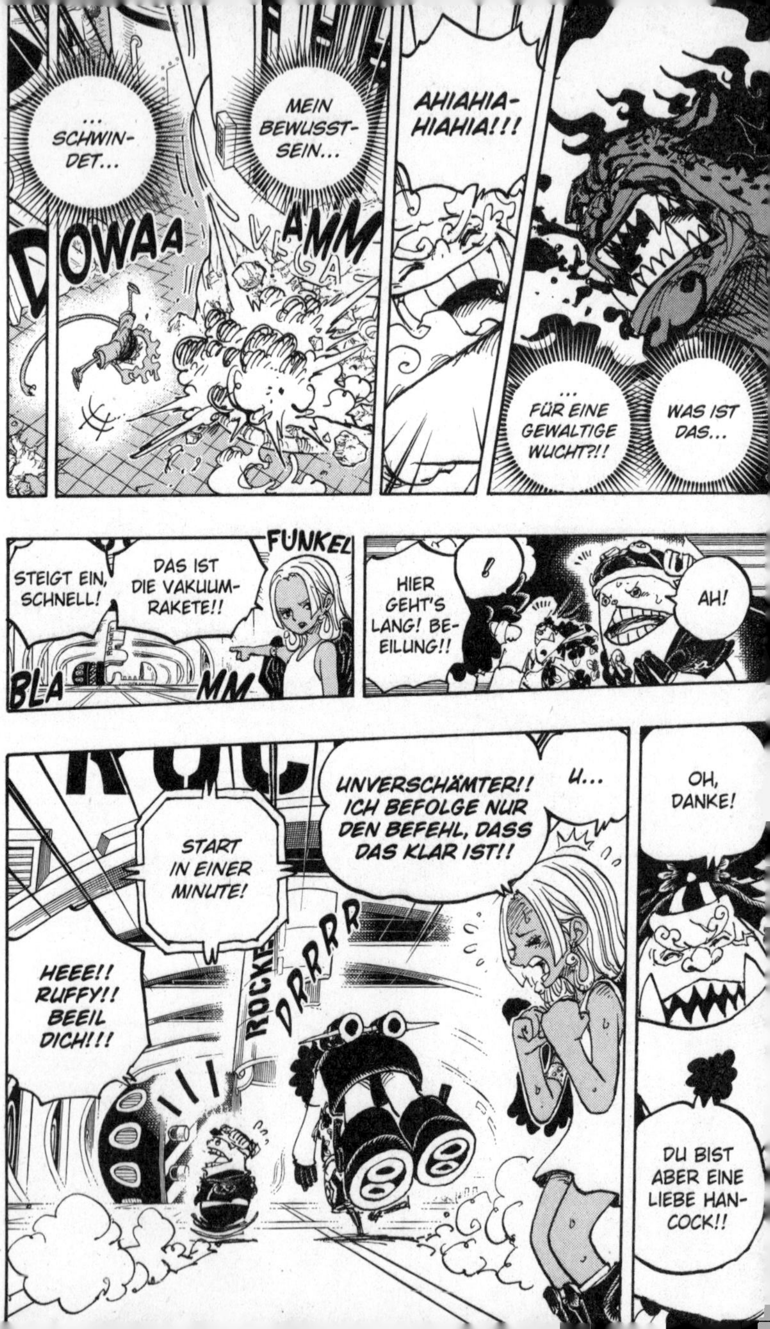
WAS IST DAS...
...FÜR EINE GEWALTIGE WUCHT?!!
AHIAHIA-HIAHIA!!!
MEIN BEWUSSTSEIN...
...SCHWINDET...
DOWAAAMM
AH!
!
HIER GEHT'S LANG! BEEILUNG!!
FUNKEL
DAS IST DIE VAKUUM-RAKETE!!
STEIGT EIN, SCHNELL!
BLAMM
OH, DANKE!
DU BIST ABER EINE LIEBE HANCOCK!!
U...
UNVERSCHÄMTER!! ICH BEFOLGE NUR DEN BEFEHL, DASS DAS KLAR IST!!
START IN EINER MINUTE!
HEEE!! RUFFY!! BEEIL DICH!!!
DRRRRR

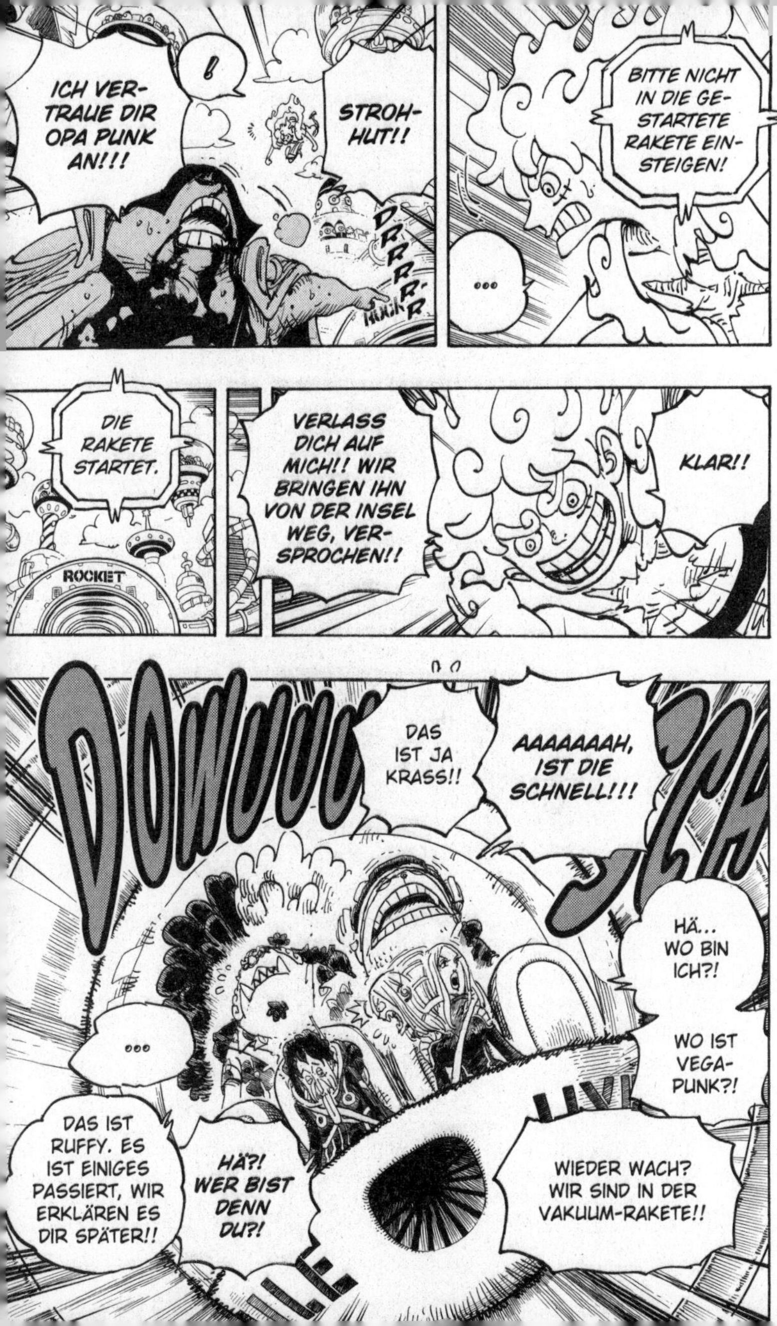
BITTE NICHT IN DIE GESTARTETE RAKETE EINSTEIGEN!
...
ICH VERTRAUE DIR OPA PUNK AN!!!
!
STROHHUT!!
DRRRRR
KLAR!!
VERLASS DICH AUF MICH!! WIR BRINGEN IHN VON DER INSEL WEG, VERSPROCHEN!!
DIE RAKETE STARTET.
ROCKET
DOWUUU
AAAAAAAH, IST DIE SCHNELL!!!
DAS IST JA KRASS!!
HÄ... WO BIN ICH?!
WO IST VEGAPUNK?!
...
WIEDER WACH? WIR SIND IN DER VAKUUM-RAKETE!!
HÄ?! WER BIST DENN DU?!
DAS IST RUFFY. ES IST EINIGES PASSIERT, WIR ERKLÄREN ES DIR SPÄTER!!

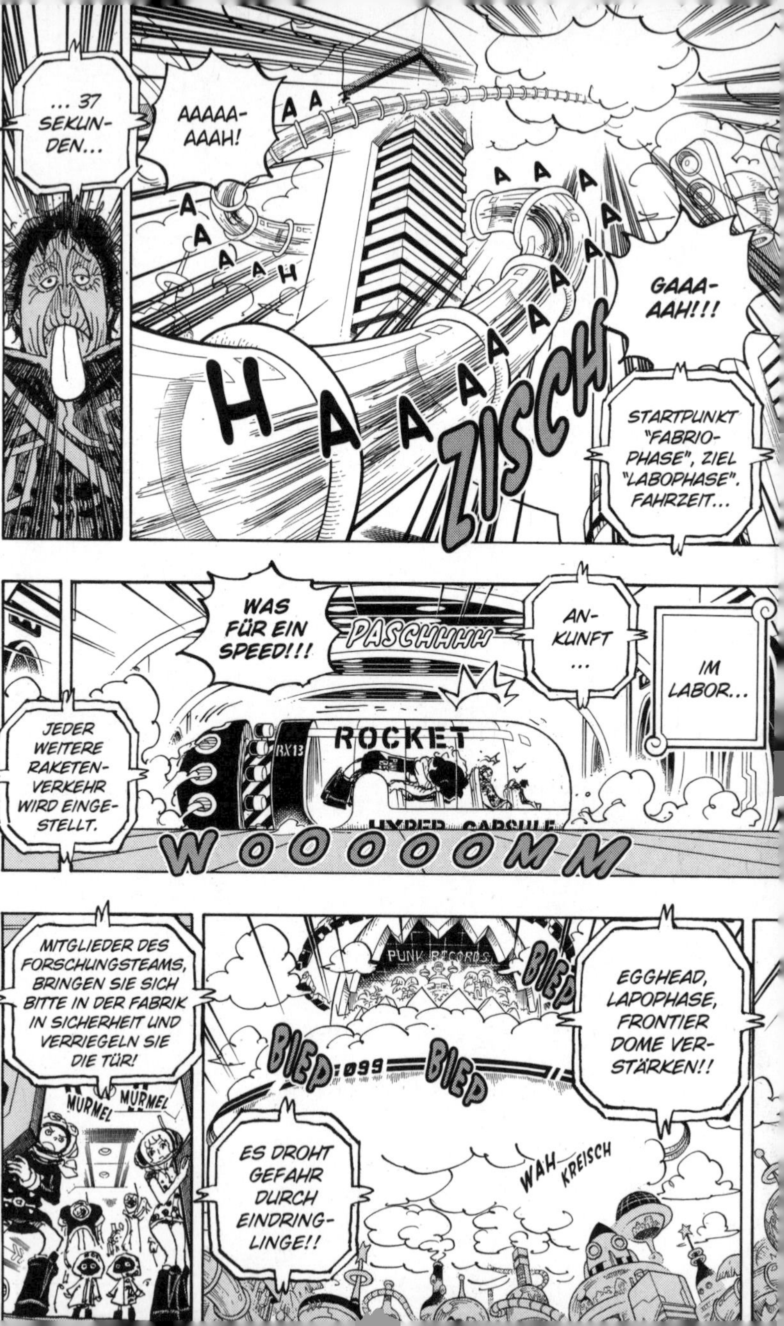

STARTPUNKT "FABRIOPHASE", ZIEL "LABOPHASE". FAHRZEIT…
GAAAA-AAH!!!
AA
AAAAA-AAAH!
AAAAH
AAAAAAAAA
HAAAAAA
ZISCH
… 37 SEKUN-DEN…
IM LABOR…
AN-KUNFT …
WAS FÜR EIN SPEED!!!
PASCHHHH
ROCKET
RX13
JEDER WEITERE RAKETEN-VERKEHR WIRD EINGE-STELLT.
WOOOOOMM
EGGHEAD, LAPOPHASE, FRONTIER DOME VER-STÄRKEN!!
PUNK RECORDS
BIEP
BIEP:099
BIEP
BIEP
ES DROHT GEFAHR DURCH EINDRING-LINGE!!
WAH
KREISCH
MITGLIEDER DES FORSCHUNGSTEAMS, BRINGEN SIE SICH BITTE IN DER FABRIK IN SICHERHEIT UND VERRIEGELN SIE DIE TÜR!
MURMEL
MURMEL

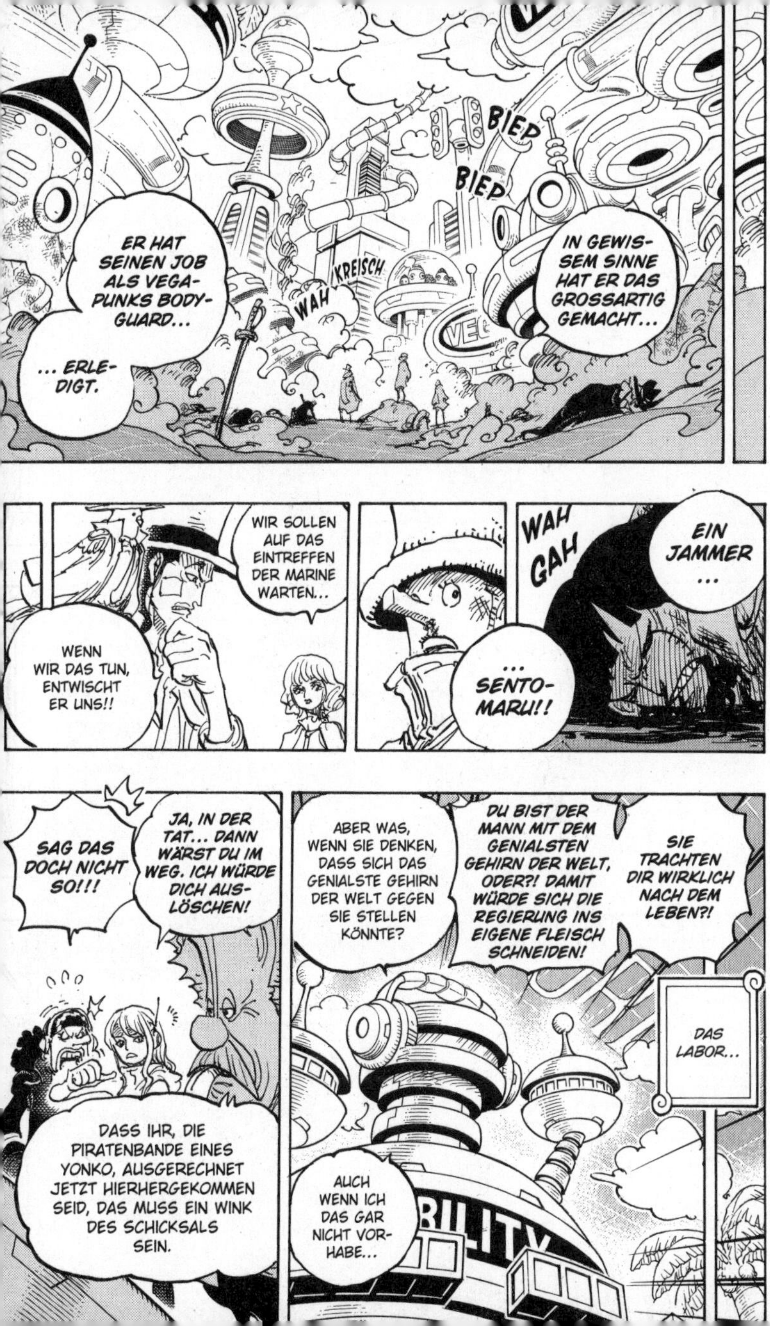
BIEP
BIEP
KREISCH
WAH
IN GEWISSEM SINNE HAT ER DAS GROSSARTIG GEMACHT…
ER HAT SEINEN JOB ALS VEGAPUNKS BODYGUARD…
… ERLEDIGT.
EIN JAMMER …
WAH GAH
… SENTOMARU!!
WIR SOLLEN AUF DAS EINTREFFEN DER MARINE WARTEN…
WENN WIR DAS TUN, ENTWISCHT ER UNS!!
SIE TRACHTEN DIR WIRKLICH NACH DEM LEBEN?!
DU BIST DER MANN MIT DEM GENIALSTEN GEHIRN DER WELT, ODER?! DAMIT WÜRDE SICH DIE REGIERUNG INS EIGENE FLEISCH SCHNEIDEN!
ABER WAS, WENN SIE DENKEN, DASS SICH DAS GENIALSTE GEHIRN DER WELT GEGEN SIE STELLEN KÖNNTE?
DAS LABOR…
AUCH WENN ICH DAS GAR NICHT VORHABE…
JA, IN DER TAT… DANN WÄRST DU IM WEG. ICH WÜRDE DICH AUSLÖSCHEN!
SAG DAS DOCH NICHT SO!!!
DASS IHR, DIE PIRATENBANDE EINES YONKO, AUSGERECHNET JETZT HIERHERGEKOMMEN SEID, DAS MUSS EIN WINK DES SCHICKSALS SEIN.

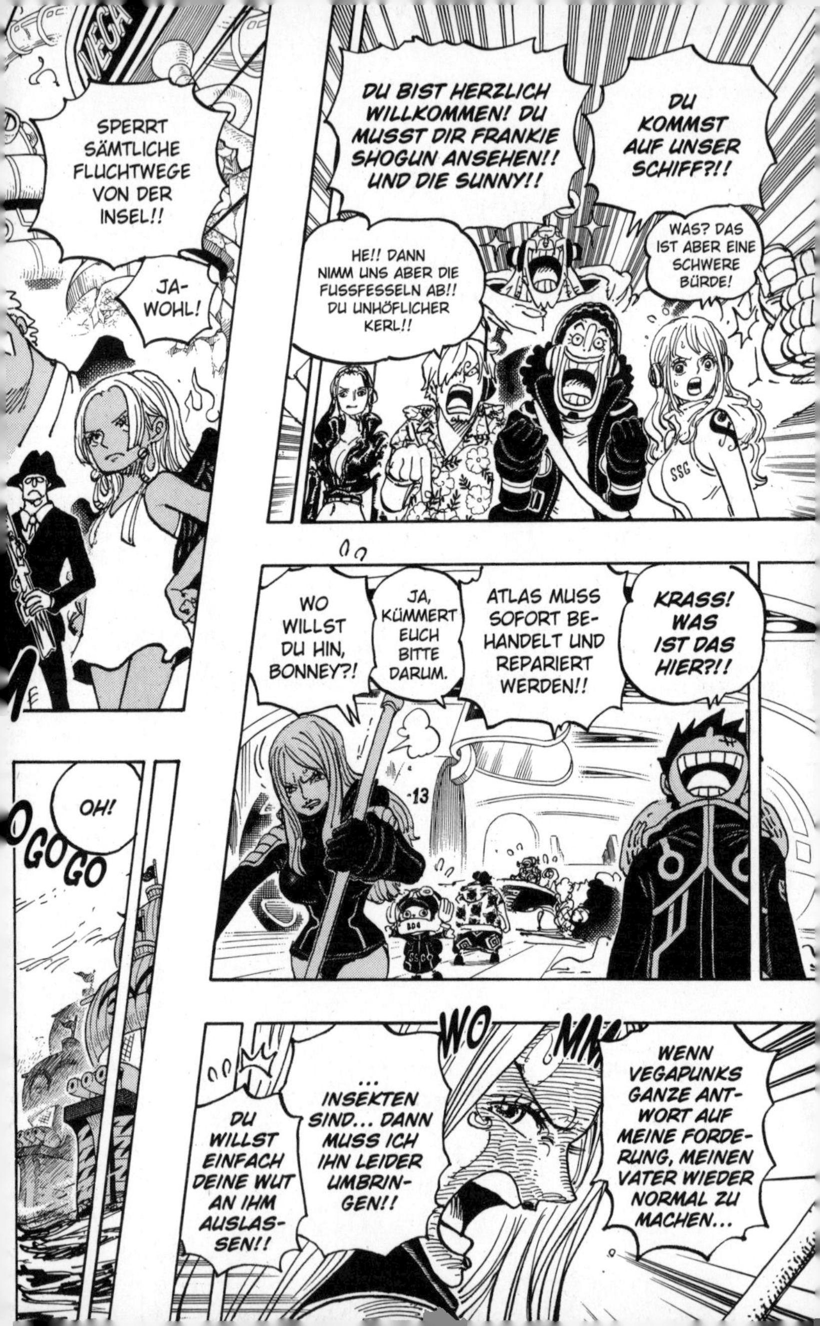

DU KOMMST AUF UNSER SCHIFF?!!
DU BIST HERZLICH WILLKOMMEN! DU MUSST DIR FRANKIE SHOGUN ANSEHEN!! UND DIE SUNNY!!
WAS? DAS IST ABER EINE SCHWERE BÜRDE!
HE!! DANN NIMM UNS ABER DIE FUSSFESSELN AB!! DU UNHÖFLICHER KERL!!
SPERRT SÄMTLICHE FLUCHTWEGE VON DER INSEL!!
JA-WOHL!
KRASS! WAS IST DAS HIER?!!
ATLAS MUSS SOFORT BE-HANDELT UND REPARIERT WERDEN!!
JA, KÜMMERT EUCH BITTE DARUM.
WO WILLST DU HIN, BONNEY?!
WO MM
WENN VEGAPUNKS GANZE ANT-WORT AUF MEINE FORDE-RUNG, MEINEN VATER WIEDER NORMAL ZU MACHEN...
... INSEKTEN SIND... DANN MUSS ICH IHN LEIDER UMBRIN-GEN!!
DU WILLST EINFACH DEINE WUT AN IHM AUSLAS-SEN!!
OH!
GOGOGO

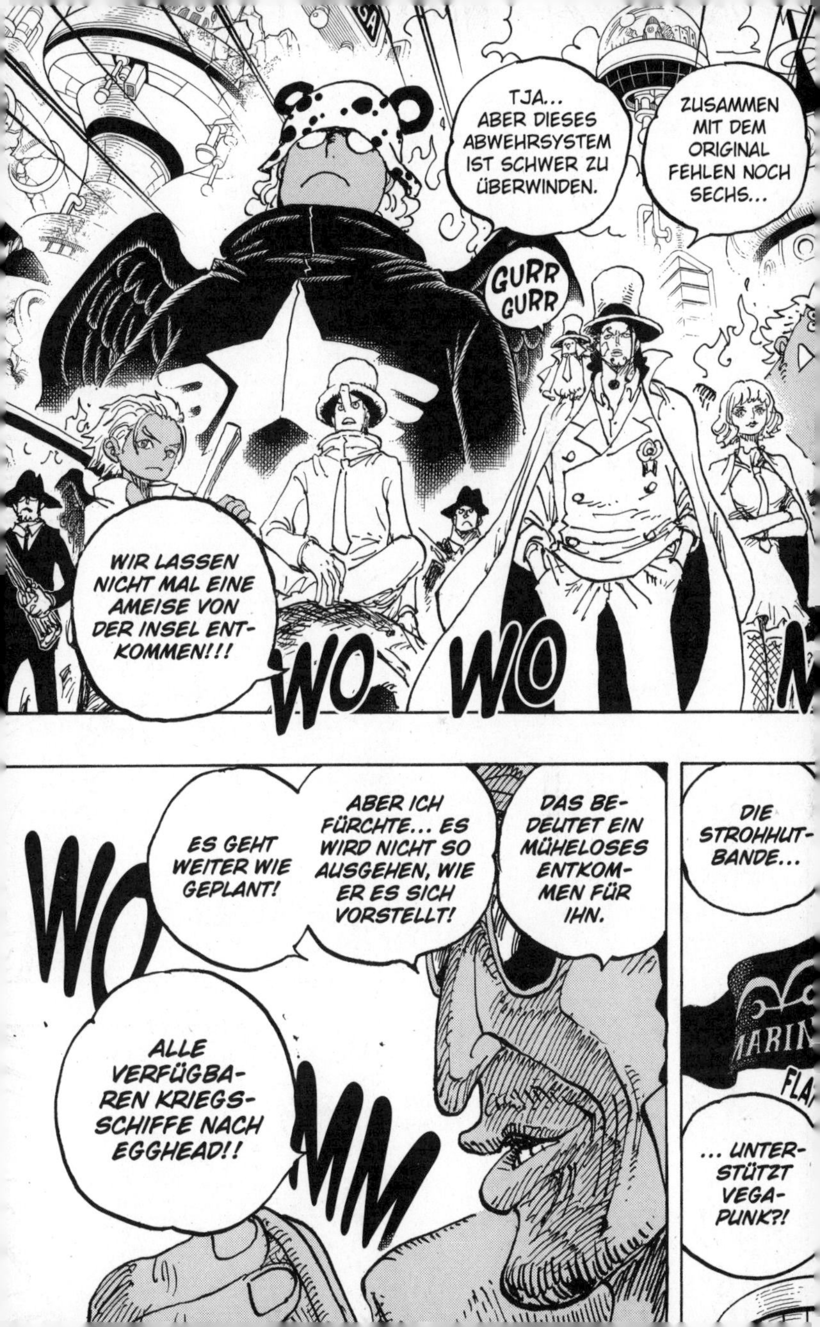
ZUSAMMEN MIT DEM ORIGINAL FEHLEN NOCH SECHS…
TJA… ABER DIESES ABWEHRSYSTEM IST SCHWER ZU ÜBERWINDEN.
GURR GURR
WIR LASSEN NICHT MAL EINE AMEISE VON DER INSEL ENT-KOMMEN!!!
WO WO
DIE STROHHUT-BANDE…
… UNTER-STÜTZT VEGA-PUNK?!
MARIN
DAS BE-DEUTET EIN MÜHELOSES ENTKOM-MEN FÜR IHN.
ABER ICH FÜRCHTE… ES WIRD NICHT SO AUSGEHEN, WIE ER ES SICH VORSTELLT!
ES GEHT WEITER WIE GEPLANT!
WO
ALLE VERFÜGBA-REN KRIEGS-SCHIFFE NACH EGGHEAD!!
MM

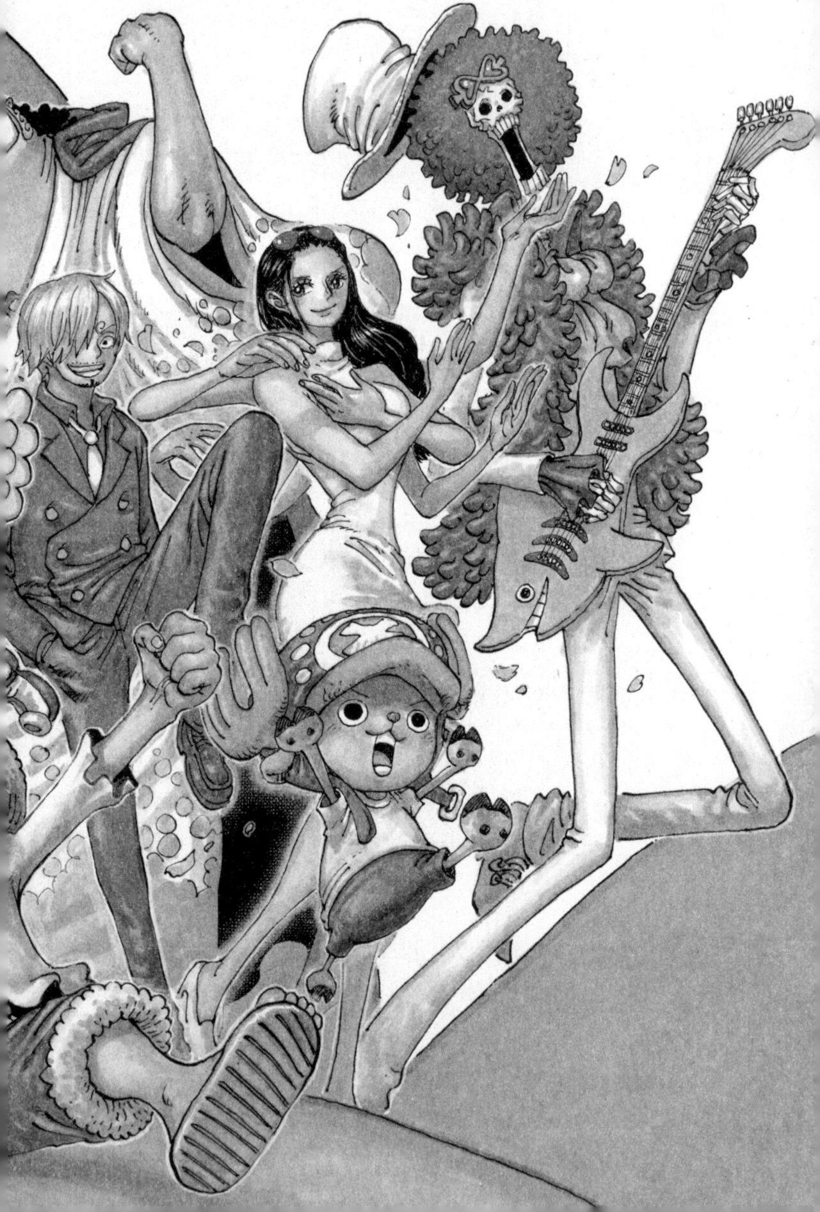

Kapitel 1071: Ein Held rückt aus

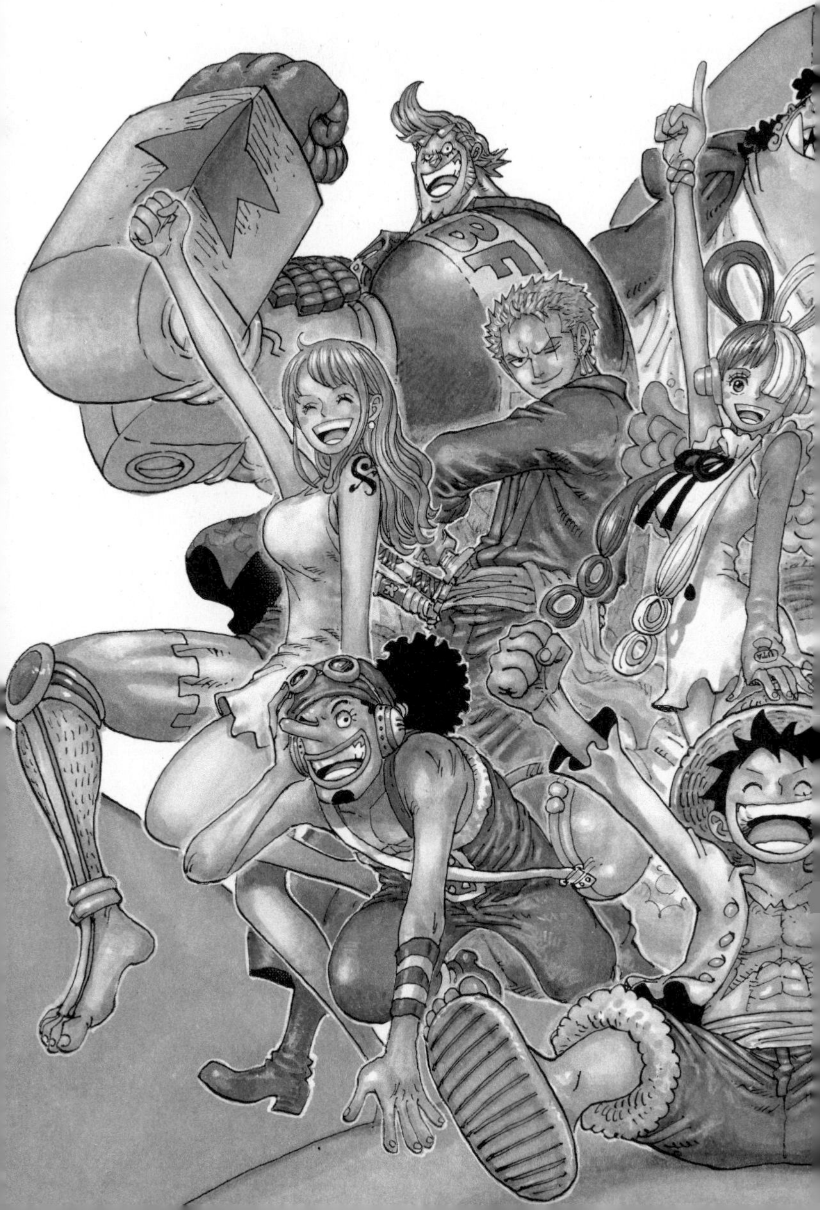

vol.106
ONE PIECE

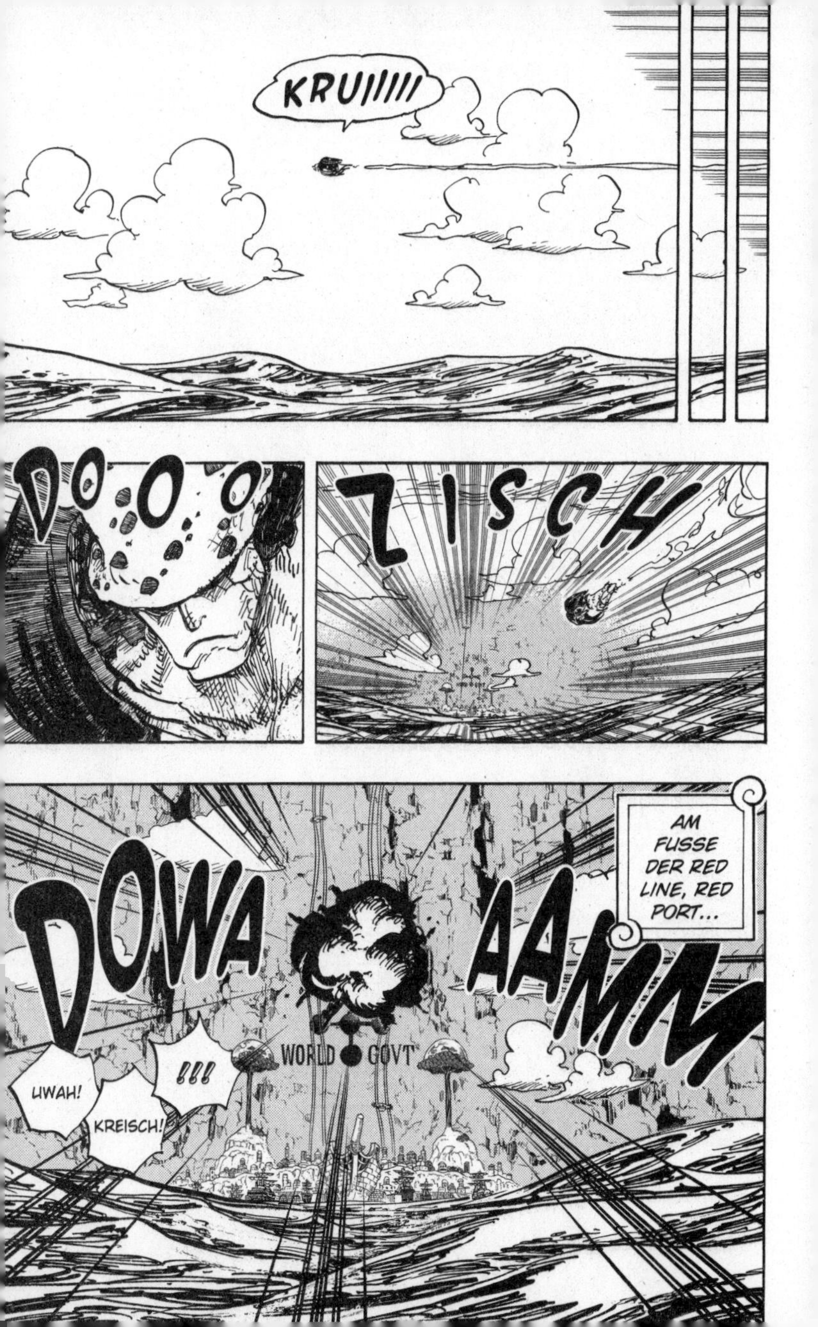
KRU!!!!!!
DO O O
ZISCH
AM FUSSE DER RED LINE, RED PORT...
DOWA
AAMM
WORLD GOVT
!!!
UWAH!
KREISCH!

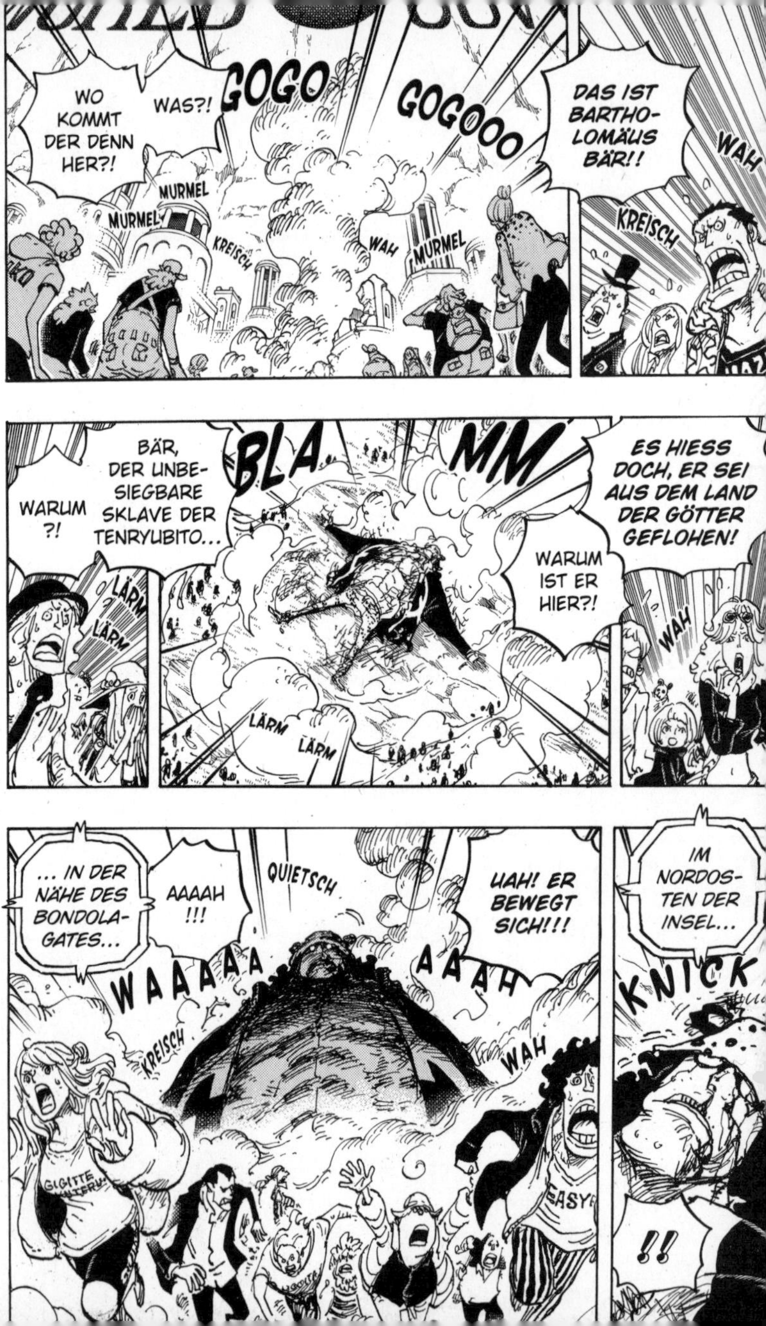
DAS IST BARTHO-LOMÄUS BÄR!!
WAH
KREISCH
GOGO GOGOOO
WAS?!
WO KOMMT DER DENN HER?!
MURMEL
MURMEL
KREISCH
WAH
MURMEL
ES HIESS DOCH, ER SEI AUS DEM LAND DER GÖTTER GEFLOHEN!
WAH
BLAMM
WARUM IST ER HIER?!
LÄRM
LÄRM
BÄR, DER UNBE-SIEGBARE SKLAVE DER TENRYUBITO...
WARUM ?!
LÄRM
LÄRM
IM NORDOS-TEN DER INSEL...
KNICK
!!
UAH! ER BEWEGT SICH!!!
QUIETSCH
AAAAH !!!
... IN DER NÄHE DES BONDOLA-GATES...
WAAAAAAAAAH
KREISCH
WAH

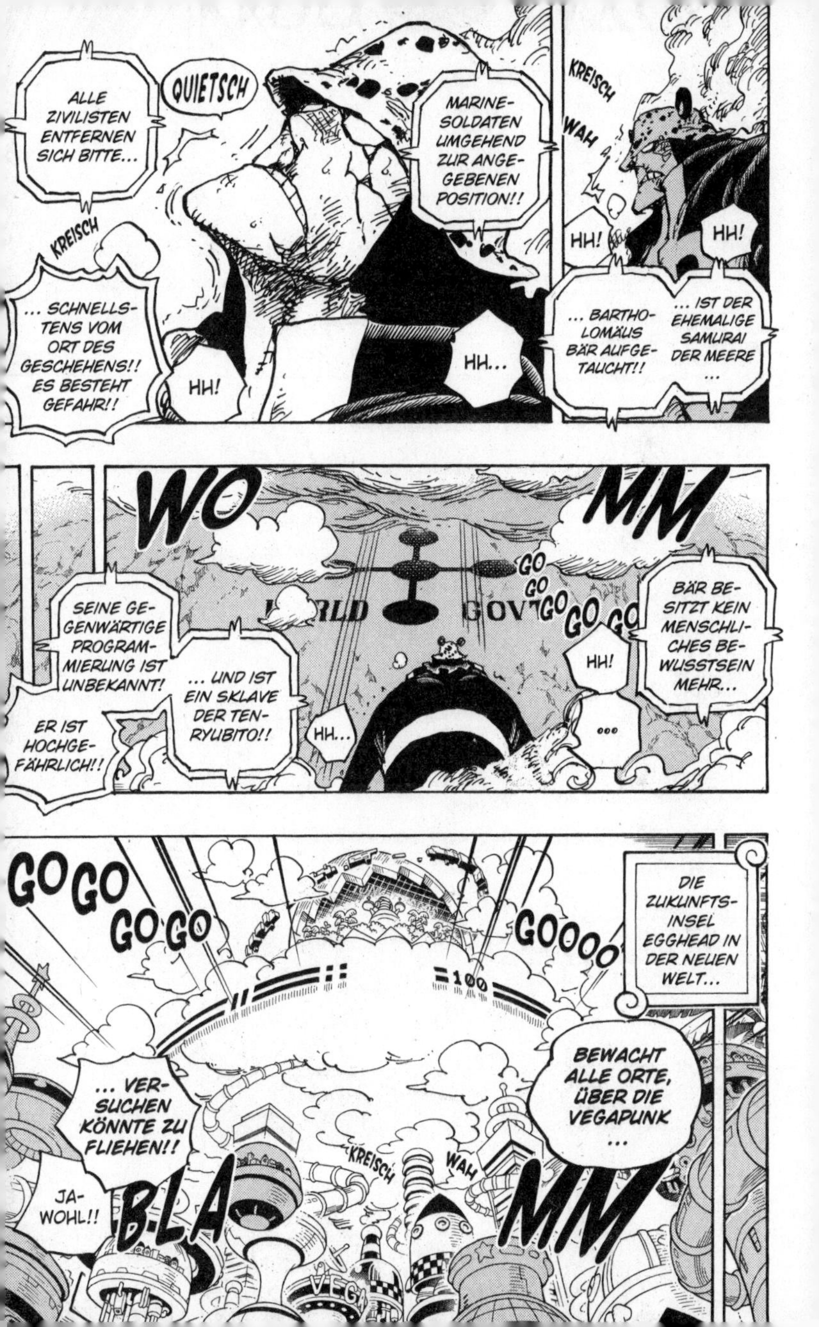
KREISCH
WAH
HH!
HH!
... IST DER EHEMALIGE SAMURAI DER MEERE ...
... BARTHOLOMÄUS BÄR AUFGETAUCHT!!
MARINESOLDATEN UMGEHEND ZUR ANGEGEBENEN POSITION!!
QUIETSCH
ALLE ZIVILISTEN ENTFERNEN SICH BITTE...
KREISCH
... SCHNELLSTENS VOM ORT DES GESCHEHENS!! ES BESTEHT GEFAHR!!
HH...
HH!
WOMM
GO GO GO GO GO GO
BÄR BESITZT KEIN MENSCHLICHES BEWUSSTSEIN MEHR...
HH!
...
... UND IST EIN SKLAVE DER TENRYUBITO!!
SEINE GEGENWÄRTIGE PROGRAMMIERUNG IST UNBEKANNT!
HH...
ER IST HOCHGEFÄHRLICH!!
DIE ZUKUNFTSINSEL EGGHEAD IN DER NEUEN WELT...
GOOOO
BEWACHT ALLE ORTE, ÜBER DIE VEGAPUNK ...
GO GO GO GO
... VERSUCHEN KÖNNTE ZU FLIEHEN!!
KREISCH
WAH
BLAMM
JAWOHL!!

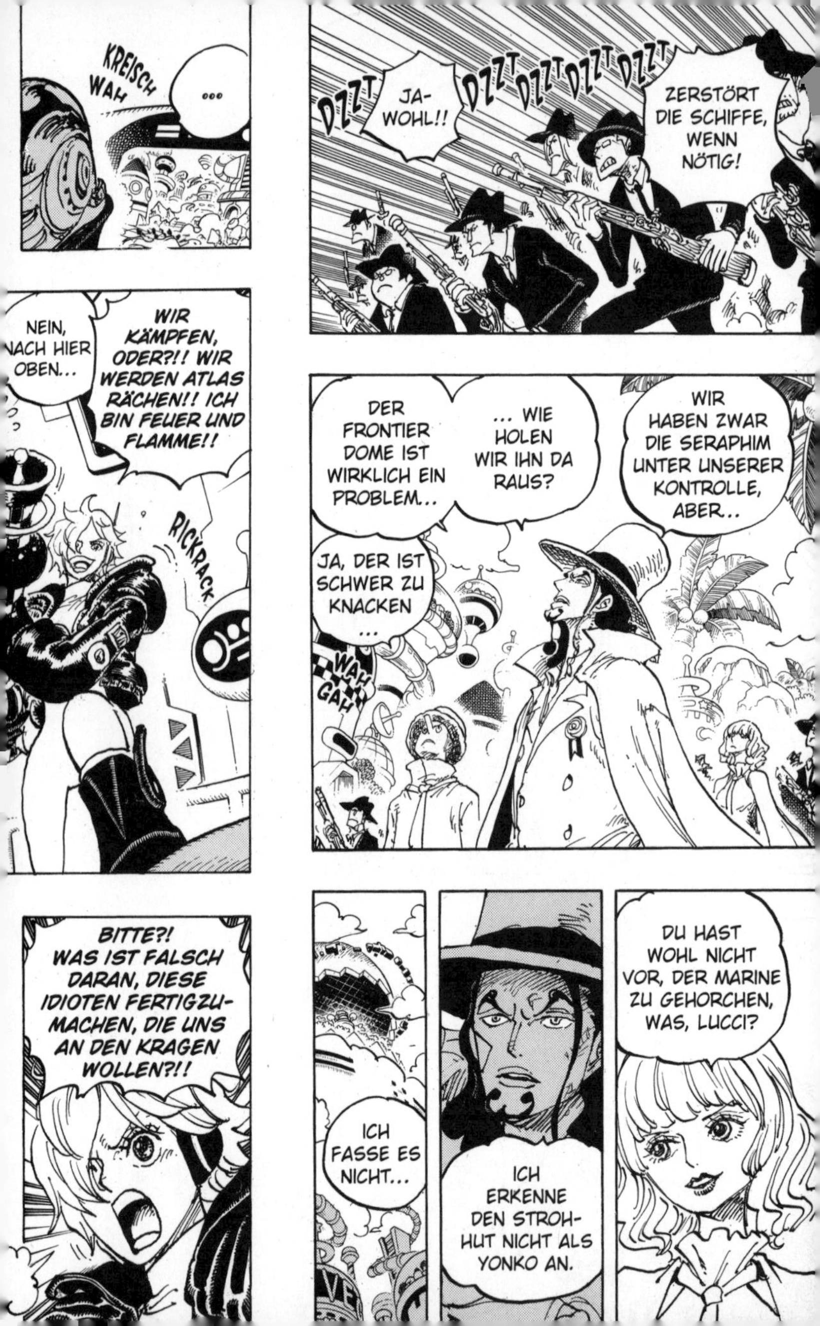
ZERSTÖRT DIE SCHIFFE, WENN NÖTIG!
DZZT DZZT DZZT DZZT
JA-WOHL!!
DZZT
...
KREISCH WAH
WIR HABEN ZWAR DIE SERAPHIM UNTER UNSERER KONTROLLE, ABER...
... WIE HOLEN WIR IHN DA RAUS?
DER FRONTIER DOME IST WIRKLICH EIN PROBLEM...
JA, DER IST SCHWER ZU KNACKEN ...
WAH GAH
WIR KÄMPFEN, ODER?!! WIR WERDEN ATLAS RÄCHEN!! ICH BIN FEUER UND FLAMME!!
NEIN, NACH HIER OBEN...
RICKRACK
DU HAST WOHL NICHT VOR, DER MARINE ZU GEHORCHEN, WAS, LUCCI?
ICH ERKENNE DEN STROH-HUT NICHT ALS YONKO AN.
ICH FASSE ES NICHT...
BITTE?! WAS IST FALSCH DARAN, DIESE IDIOTEN FERTIGZU-MACHEN, DIE UNS AN DEN KRAGEN WOLLEN?!!

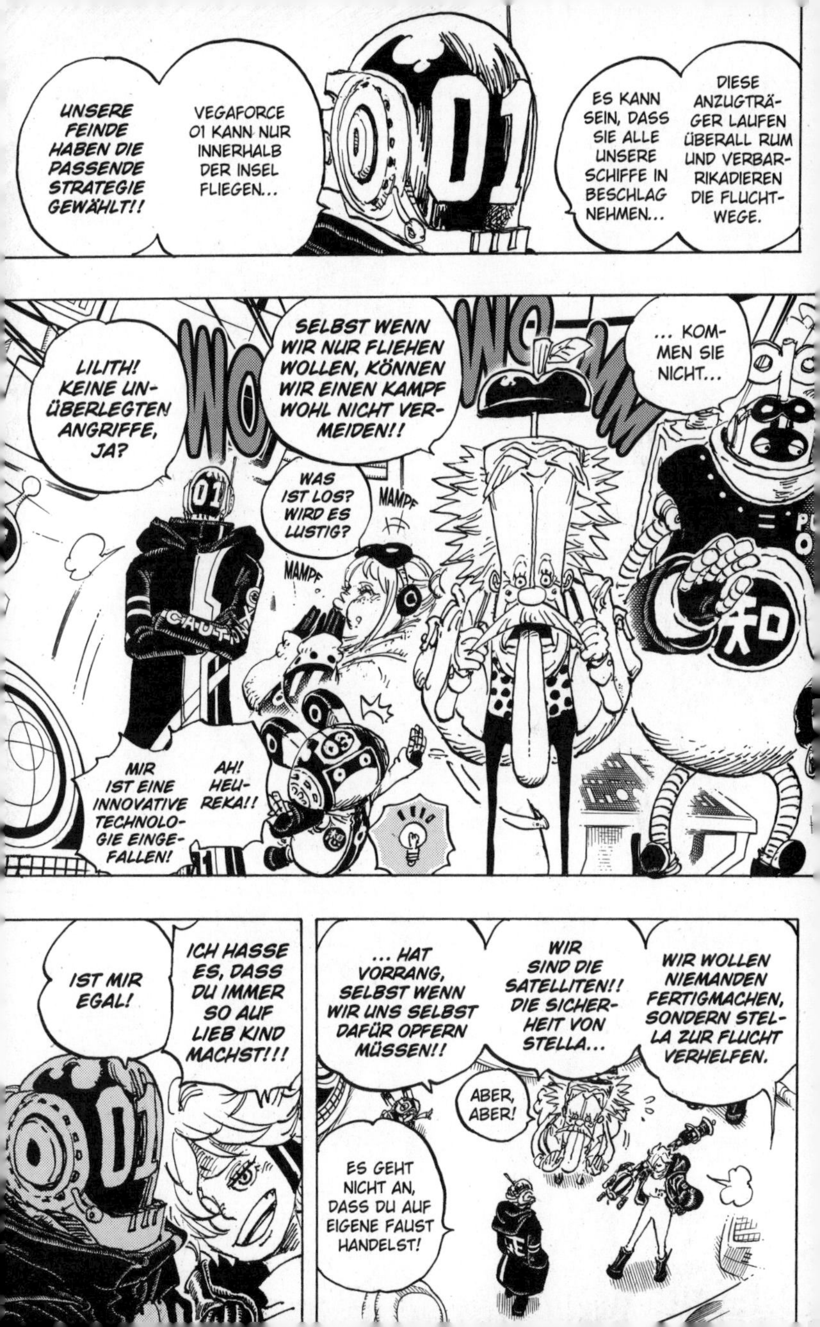

DIESE ANZUGTRÄGER LAUFEN ÜBERALL RUM UND VERBARRIKADIEREN DIE FLUCHTWEGE.
ES KANN SEIN, DASS SIE ALLE UNSERE SCHIFFE IN BESCHLAG NEHMEN...
VEGAFORCE 01 KANN NUR INNERHALB DER INSEL FLIEGEN...
UNSERE FEINDE HABEN DIE PASSENDE STRATEGIE GEWÄHLT!!
... KOMMEN SIE NICHT...
SELBST WENN WIR NUR FLIEHEN WOLLEN, KÖNNEN WIR EINEN KAMPF WOHL NICHT VERMEIDEN!!
LILITH! KEINE UNÜBERLEGTEN ANGRIFFE, JA?
WAS IST LOS? WIRD ES LUSTIG?
MAMPF
MAMPF
AH! HEUREKA!!
MIR IST EINE INNOVATIVE TECHNOLOGIE EINGEFALLEN!
WIR WOLLEN NIEMANDEN FERTIGMACHEN, SONDERN STELLA ZUR FLUCHT VERHELFEN.
WIR SIND DIE SATELLITEN!! DIE SICHERHEIT VON STELLA...
... HAT VORRANG, SELBST WENN WIR UNS SELBST DAFÜR OPFERN MÜSSEN!!
ABER, ABER!
ES GEHT NICHT AN, DASS DU AUF EIGENE FAUST HANDELST!
ICH HASSE ES, DASS DU IMMER SO AUF LIEB KIND MACHST!!!
IST MIR EGAL!

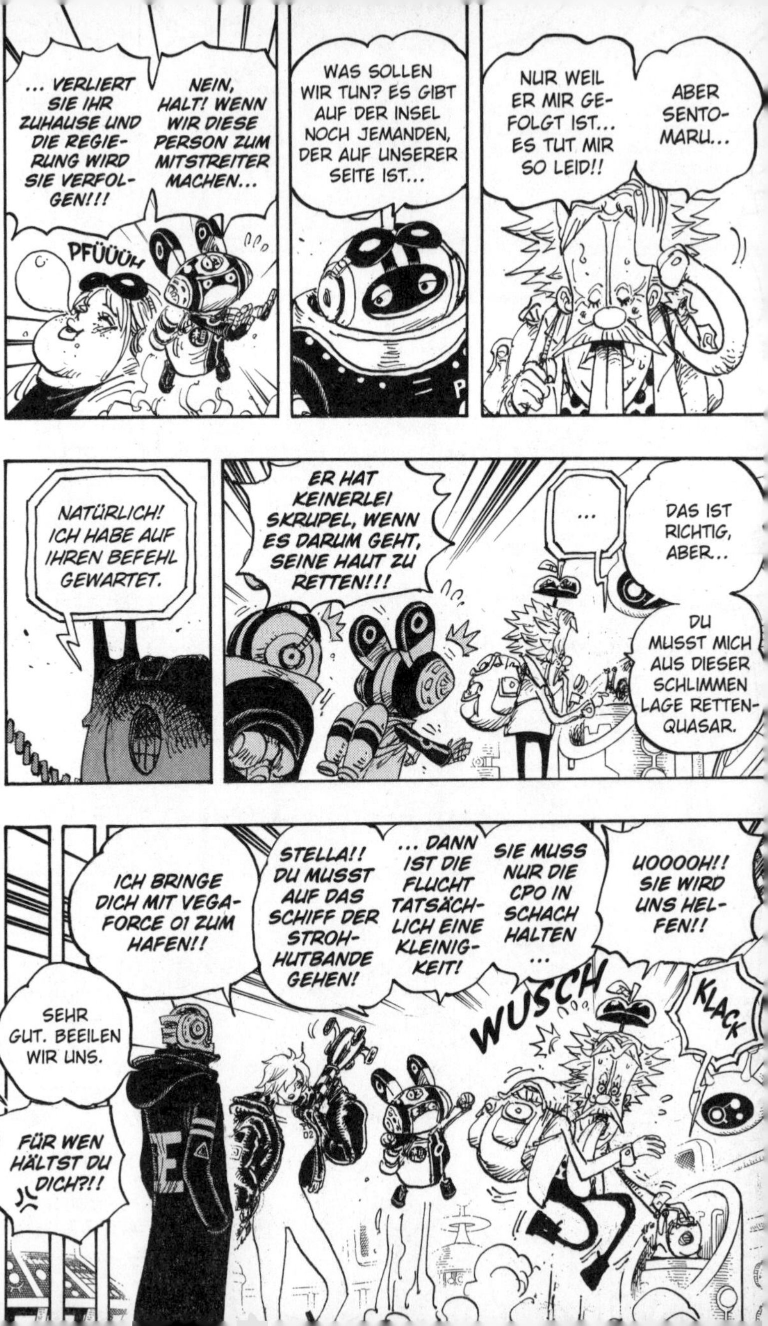
ABER SENTO-MARU...
NUR WEIL ER MIR GEFOLGT IST... ES TUT MIR SO LEID!!
WAS SOLLEN WIR TUN? ES GIBT AUF DER INSEL NOCH JEMANDEN, DER AUF UNSERER SEITE IST...
NEIN, HALT! WENN WIR DIESE PERSON ZUM MITSTREITER MACHEN...
... VERLIERT SIE IHR ZUHAUSE UND DIE REGIERUNG WIRD SIE VERFOLGEN!!!
PFÜÜÜH
DAS IST RICHTIG, ABER...
...
DU MUSST MICH AUS DIESER SCHLIMMEN LAGE RETTEN QUASAR.
ER HAT KEINERLEI SKRUPEL, WENN ES DARUM GEHT, SEINE HAUT ZU RETTEN!!!
NATÜRLICH! ICH HABE AUF IHREN BEFEHL GEWARTET.
UOOOOH!! SIE WIRD UNS HELFEN!!
SIE MUSS NUR DIE CPO IN SCHACH HALTEN ...
... DANN IST DIE FLUCHT TATSÄCHLICH EINE KLEINIGKEIT!
STELLA!! DU MUSST AUF DAS SCHIFF DER STROHHUTBANDE GEHEN!
ICH BRINGE DICH MIT VEGAFORCE 01 ZUM HAFEN!!
KLACK
WUSCH
SEHR GUT. BEEILEN WIR UNS.
FÜR WEN HÄLTST DU DICH?!!

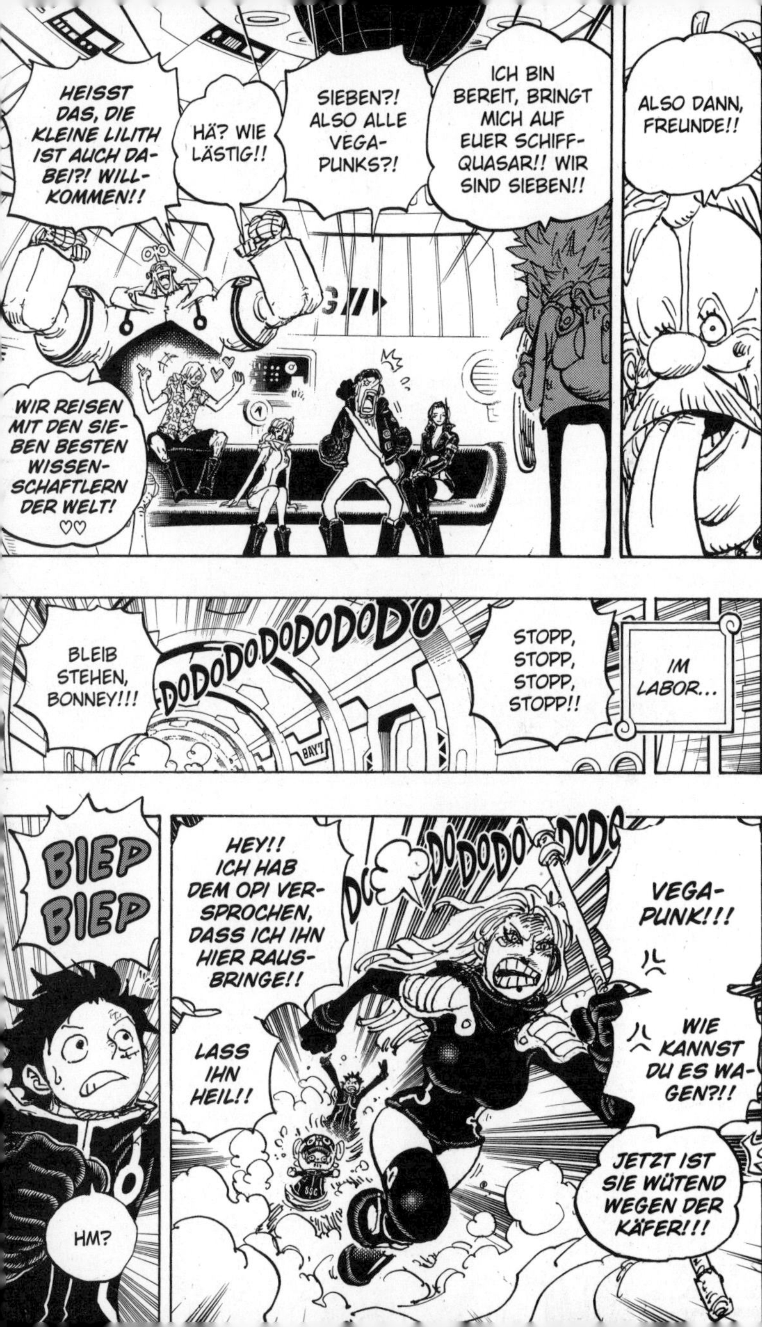
ALSO DANN, FREUNDE!!
ICH BIN BEREIT, BRINGT MICH AUF EUER SCHIFF-QUASAR!! WIR SIND SIEBEN!!
SIEBEN?! ALSO ALLE VEGA-PUNKS?!
HÄ? WIE LÄSTIG!!
HEISST DAS, DIE KLEINE LILITH IST AUCH DA-BEI?! WILL-KOMMEN!!
WIR REISEN MIT DEN SIE-BEN BESTEN WISSEN-SCHAFTLERN DER WELT! ♡♡
IM LABOR...
STOPP, STOPP, STOPP, STOPP!!
DODODODODODODODO
BLEIB STEHEN, BONNEY!!!
VEGA-PUNK!!!
WIE KANNST DU ES WA-GEN?!!
HEY!! ICH HAB DEM OPI VER-SPROCHEN, DASS ICH IHN HIER RAUS-BRINGE!!
DODODODODODO
LASS IHN HEIL!!
JETZT IST SIE WÜTEND WEGEN DER KÄFER!!!
BIEP BIEP
HM?

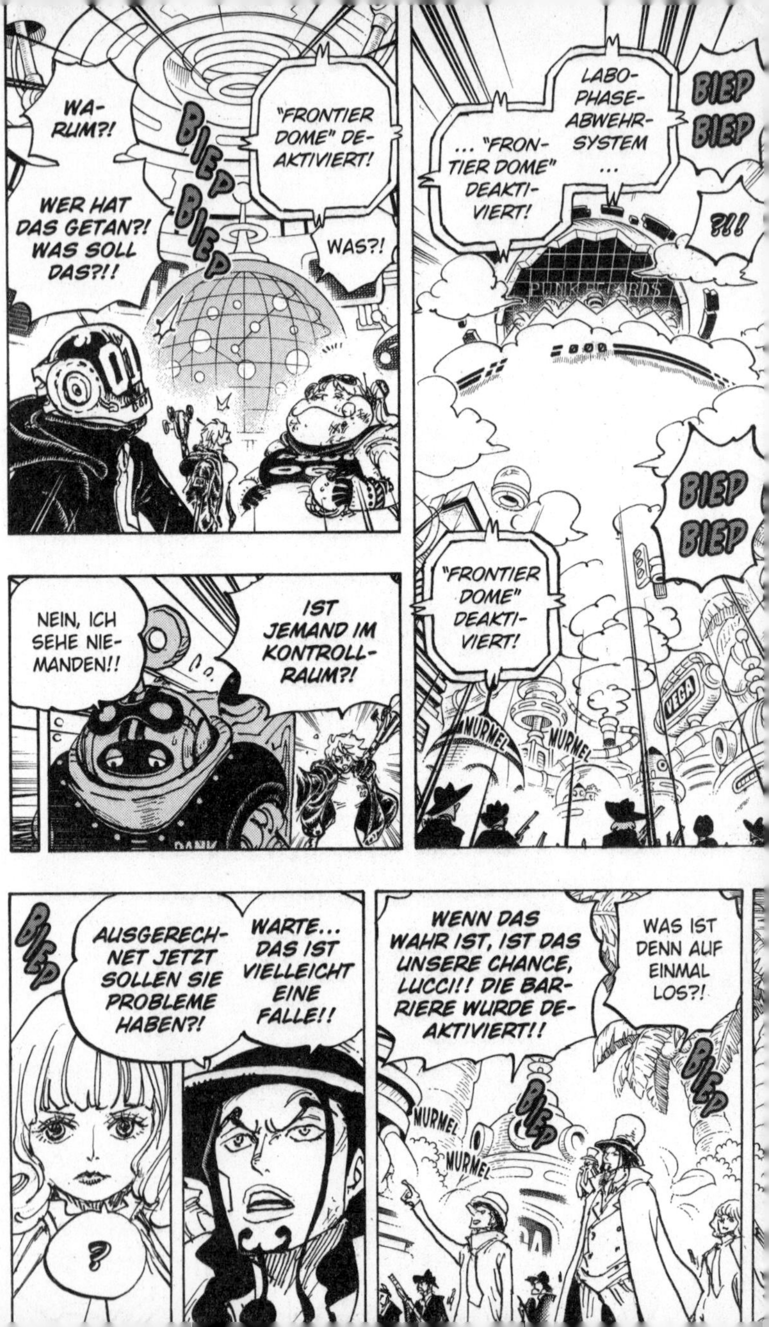
BIEP BIEP
LABO-PHASE-ABWEHR-SYSTEM …
… "FRONTIER DOME" DEAKTIVIERT!
?!!
BIEP BIEP
"FRONTIER DOME" DEAKTIVIERT!
MURMEL
MURMEL
VEGA
"FRONTIER DOME" DEAKTIVIERT!
WAS?!
BIEP BIEP
WARUM?!
WER HAT DAS GETAN?! WAS SOLL DAS?!!
IST JEMAND IM KONTROLLRAUM?!
NEIN, ICH SEHE NIEMANDEN!!
WAS IST DENN AUF EINMAL LOS?!
BIEP
WENN DAS WAHR IST, IST DAS UNSERE CHANCE, LUCCI!! DIE BARRIERE WURDE DEAKTIVIERT!!
BIEP
MURMEL
MURMEL
WARTE… DAS IST VIELLEICHT EINE FALLE!!
AUSGERECHNET JETZT SOLLEN SIE PROBLEME HABEN?!
BIEP
?

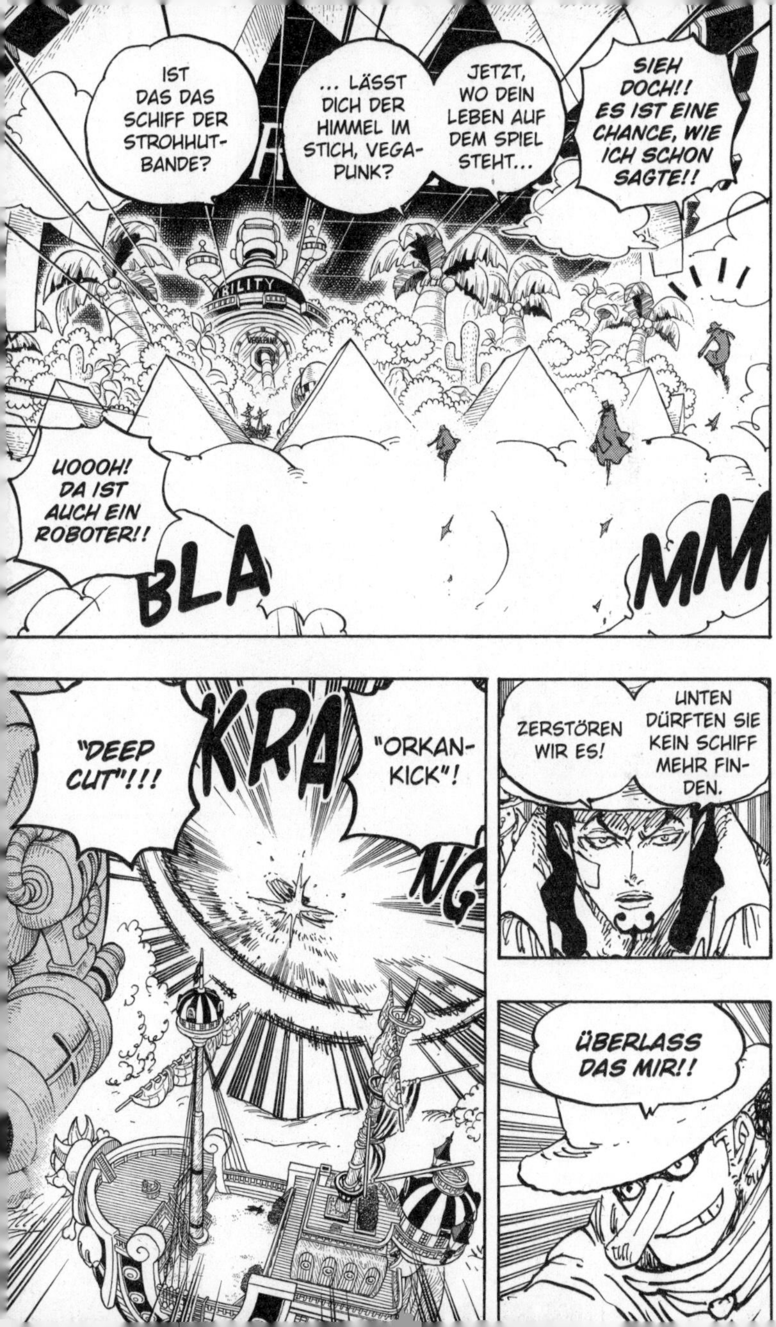
SIEH DOCH!! ES IST EINE CHANCE, WIE ICH SCHON SAGTE!!
JETZT, WO DEIN LEBEN AUF DEM SPIEL STEHT...
... LÄSST DICH DER HIMMEL IM STICH, VEGA-PUNK?
IST DAS DAS SCHIFF DER STROHHUT-BANDE?
UOOOH! DA IST AUCH EIN ROBOTER!!
BLA
MM
UNTEN DÜRFTEN SIE KEIN SCHIFF MEHR FIN-DEN.
ZERSTÖREN WIR ES!
ÜBERLASS DAS MIR!!
"ORKAN-KICK"!
KRA
NG
"DEEP CUT"!!!

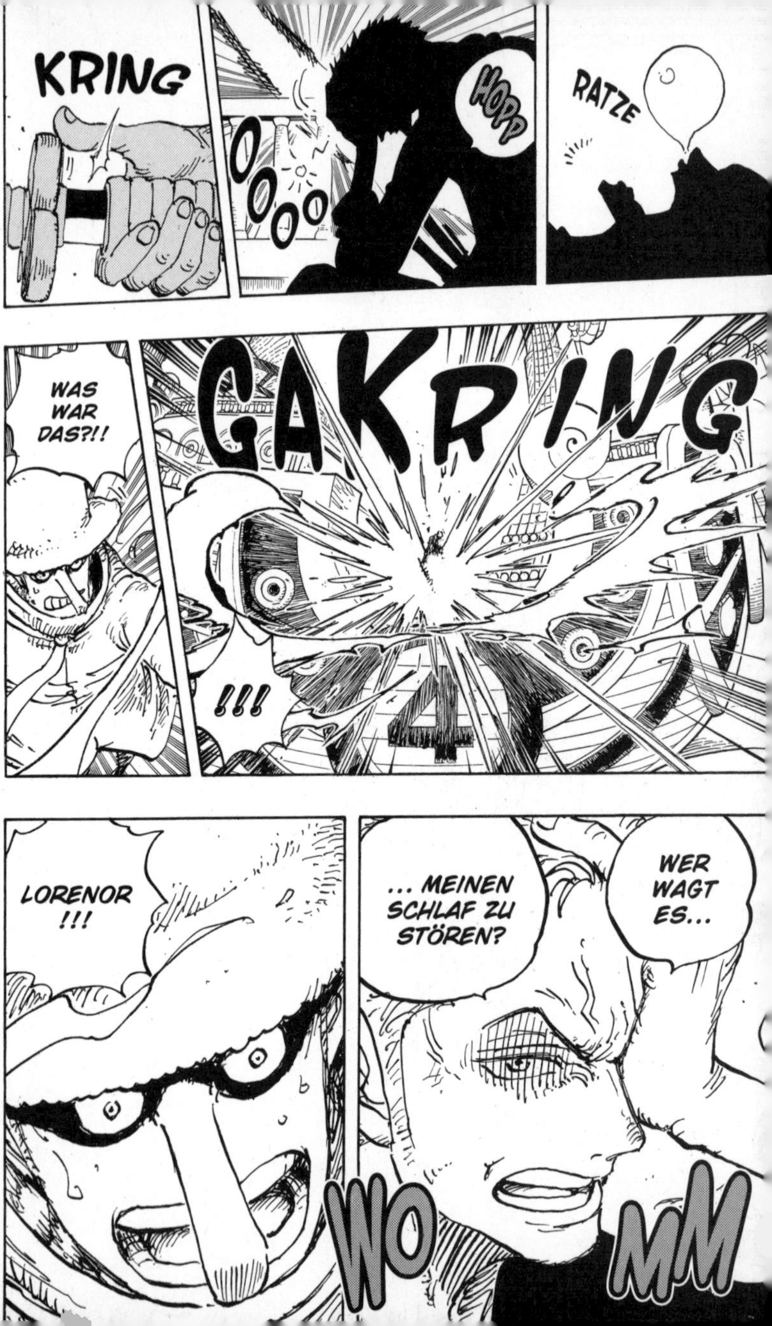
RATZE
HOPP
KRING
GAKRING
WAS WAR DAS?!!
!!!
WER WAGT ES...
... MEINEN SCHLAF ZU STÖREN?
LORENOR !!!
WOMM

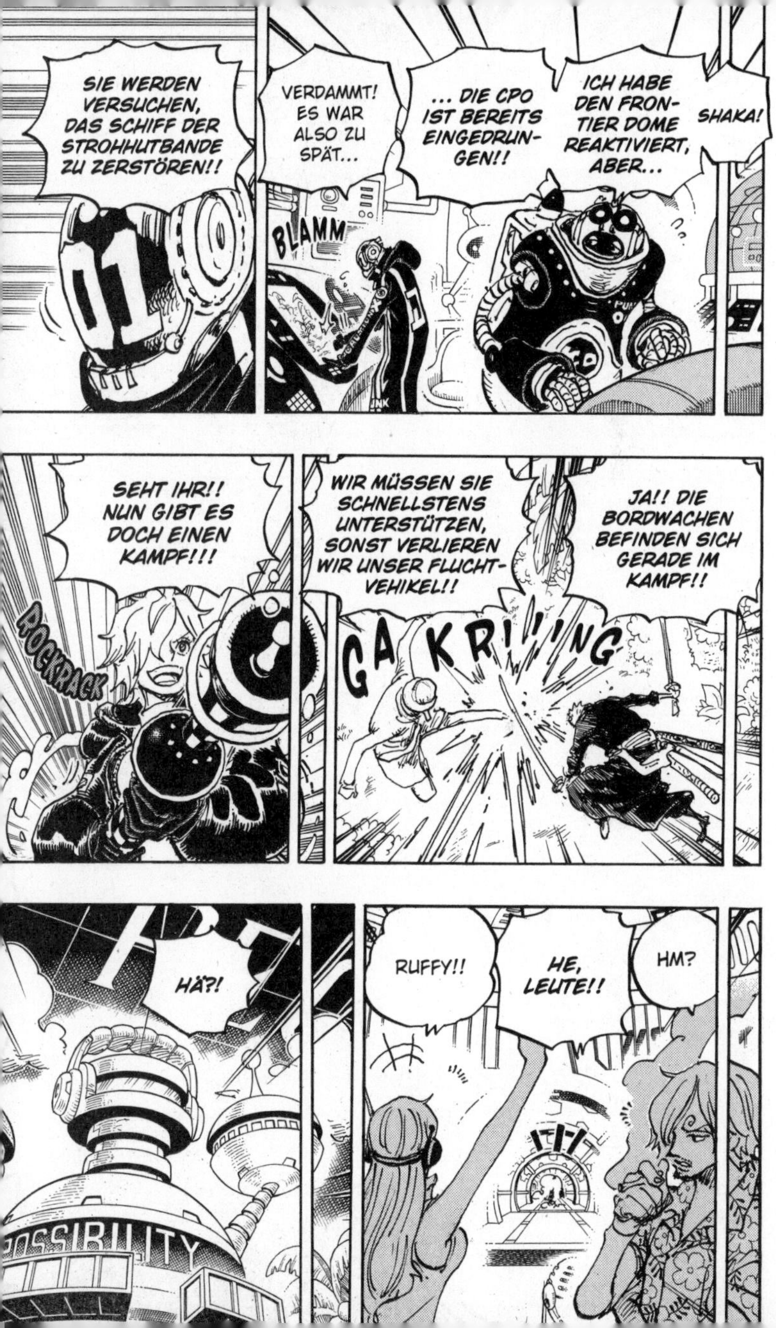
SHAKA!
ICH HABE DEN FRONTIER DOME REAKTIVIERT, ABER…
… DIE CPO IST BEREITS EINGEDRUNGEN!!
VERDAMMT! ES WAR ALSO ZU SPÄT…
BLAMM
SIE WERDEN VERSUCHEN, DAS SCHIFF DER STROHHUTBANDE ZU ZERSTÖREN!!
JA!! DIE BORDWACHEN BEFINDEN SICH GERADE IM KAMPF!!
WIR MÜSSEN SIE SCHNELLSTENS UNTERSTÜTZEN, SONST VERLIEREN WIR UNSER FLUCHTVEHIKEL!!
GA KRIIING
SEHT IHR!! NUN GIBT ES DOCH EINEN KAMPF!!!
ROCKRACK
HM?
HE, LEUTE!!
RUFFY!!
HÄ?!
POSSIBILITY

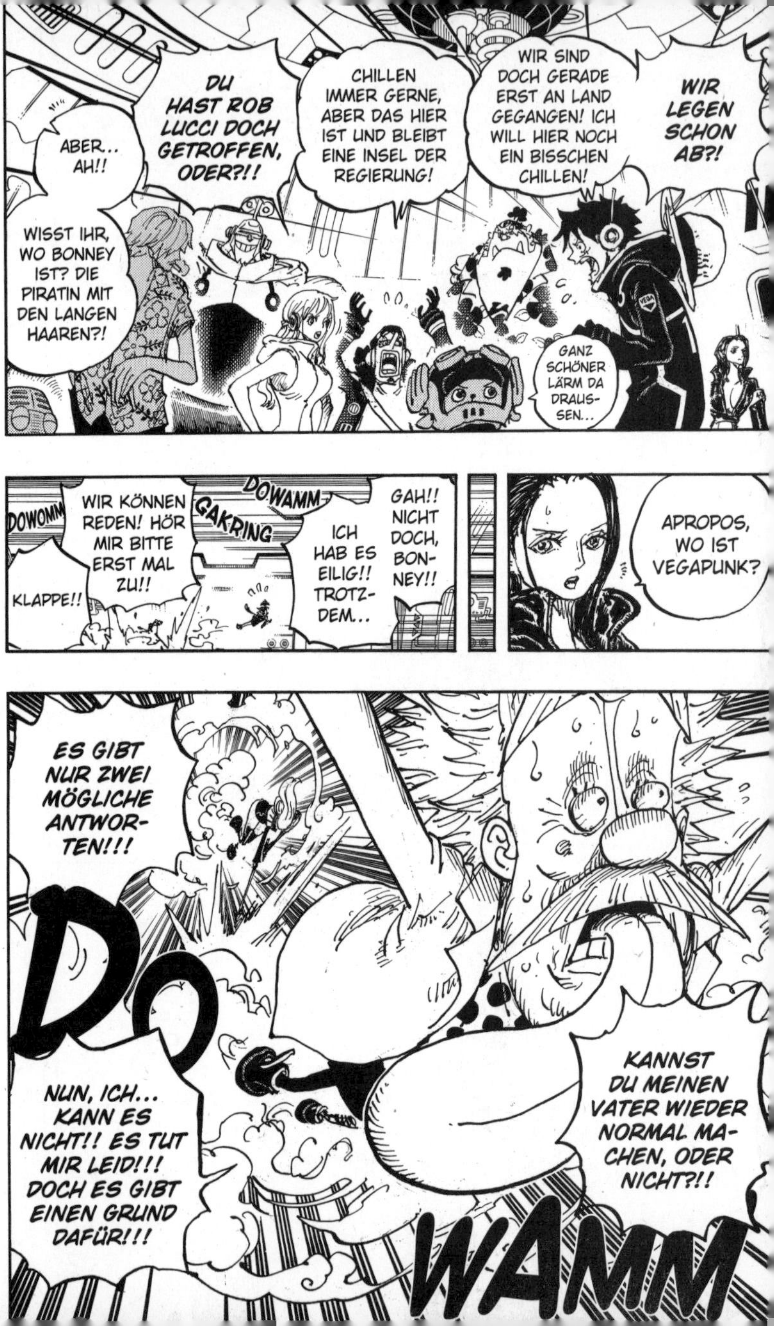
WIR LEGEN SCHON AB?!
WIR SIND DOCH GERADE ERST AN LAND GEGANGEN! ICH WILL HIER NOCH EIN BISSCHEN CHILLEN!
CHILLEN IMMER GERNE, ABER DAS HIER IST UND BLEIBT EINE INSEL DER REGIERUNG!
DU HAST ROB LUCCI DOCH GETROFFEN, ODER?!!
ABER… AH!!
WISST IHR, WO BONNEY IST? DIE PIRATIN MIT DEN LANGEN HAAREN?!
GANZ SCHÖNER LÄRM DA DRAUSSEN…
APROPOS, WO IST VEGAPUNK?
GAH!! NICHT DOCH, BONNEY!!
ICH HAB ES EILIG!! TROTZDEM…
DOWAMM
GAKRING
WIR KÖNNEN REDEN! HÖR MIR BITTE ERST MAL ZU!!
DOWOMM
KLAPPE!!
KANNST DU MEINEN VATER WIEDER NORMAL MACHEN, ODER NICHT?!!
ES GIBT NUR ZWEI MÖGLICHE ANTWORTEN!!!
DO
WAMM
NUN, ICH… KANN ES NICHT!! ES TUT MIR LEID!!! DOCH ES GIBT EINEN GRUND DAFÜR!!!

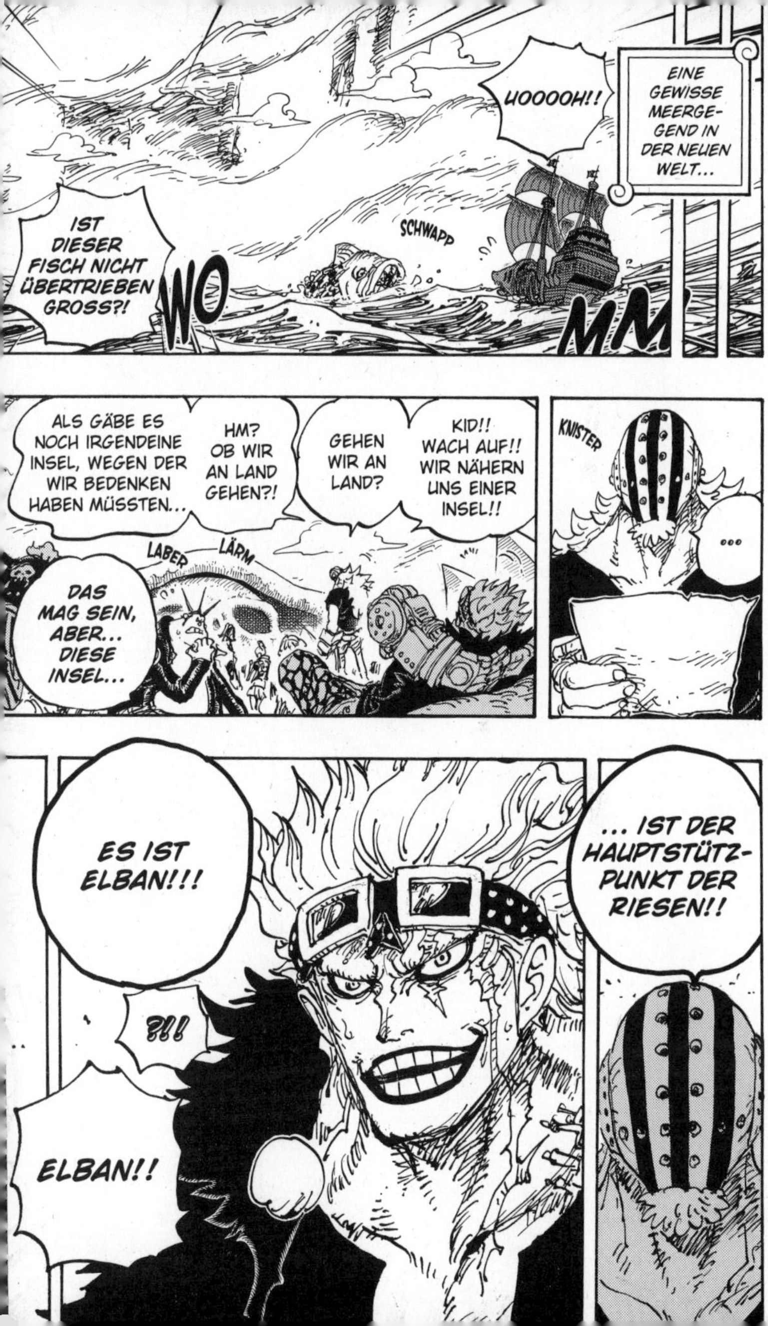
EINE GEWISSE MEERGEGEND IN DER NEUEN WELT…
UOOOOH!!
SCHWAPP
IST DIESER FISCH NICHT ÜBERTRIEBEN GROSS?!
WOMM
KNISTER
…
KID!! WACH AUF!! WIR NÄHERN UNS EINER INSEL!!
GEHEN WIR AN LAND?
HM? OB WIR AN LAND GEHEN?!
ALS GÄBE ES NOCH IRGENDEINE INSEL, WEGEN DER WIR BEDENKEN HABEN MÜSSTEN…
LÄRM
LABER
DAS MAG SEIN, ABER… DIESE INSEL…
… IST DER HAUPTSTÜTZPUNKT DER RIESEN!!
ES IST ELBAN!!!
?!!
ELBAN!!

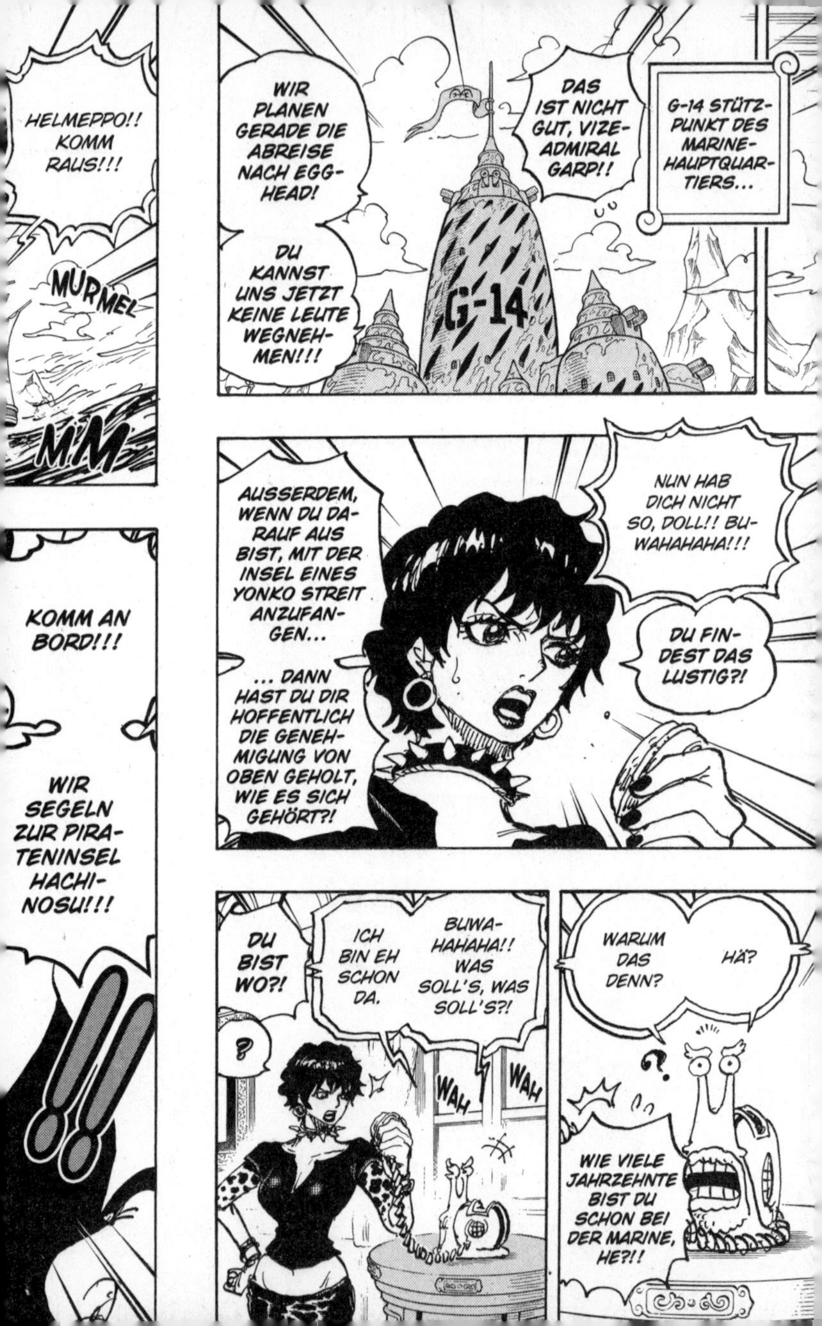

G-14 STÜTZ-PUNKT DES MARINE-HAUPTQUARTIERS...
DAS IST NICHT GUT, VIZE-ADMIRAL GARP!!
WIR PLANEN GERADE DIE ABREISE NACH EGG-HEAD!
DU KANNST UNS JETZT KEINE LEUTE WEGNEH-MEN!!!
G-14
HELMEPPO!! KOMM RAUS!!!
MURMEL
MM
NUN HAB DICH NICHT SO, DOLL!! BU-WAHAHAHA!!!
DU FIN-DEST DAS LUSTIG?!
AUSSERDEM, WENN DU DA-RAUF AUS BIST, MIT DER INSEL EINES YONKO STREIT ANZUFAN-GEN...
... DANN HAST DU DIR HOFFENTLICH DIE GENEH-MIGUNG VON OBEN GEHOLT, WIE ES SICH GEHÖRT?!
KOMM AN BORD!!!
WIR SEGELN ZUR PIRA-TENINSEL HACHI-NOSU!!!
HÄ?
WARUM DAS DENN?
WIE VIELE JAHRZEHNTE BIST DU SCHON BEI DER MARINE, HE?!!
BUWA-HAHAHA!! WAS SOLL'S, WAS SOLL'S?!
ICH BIN EH SCHON DA.
DU BIST WO?!
?
WAH
WAH

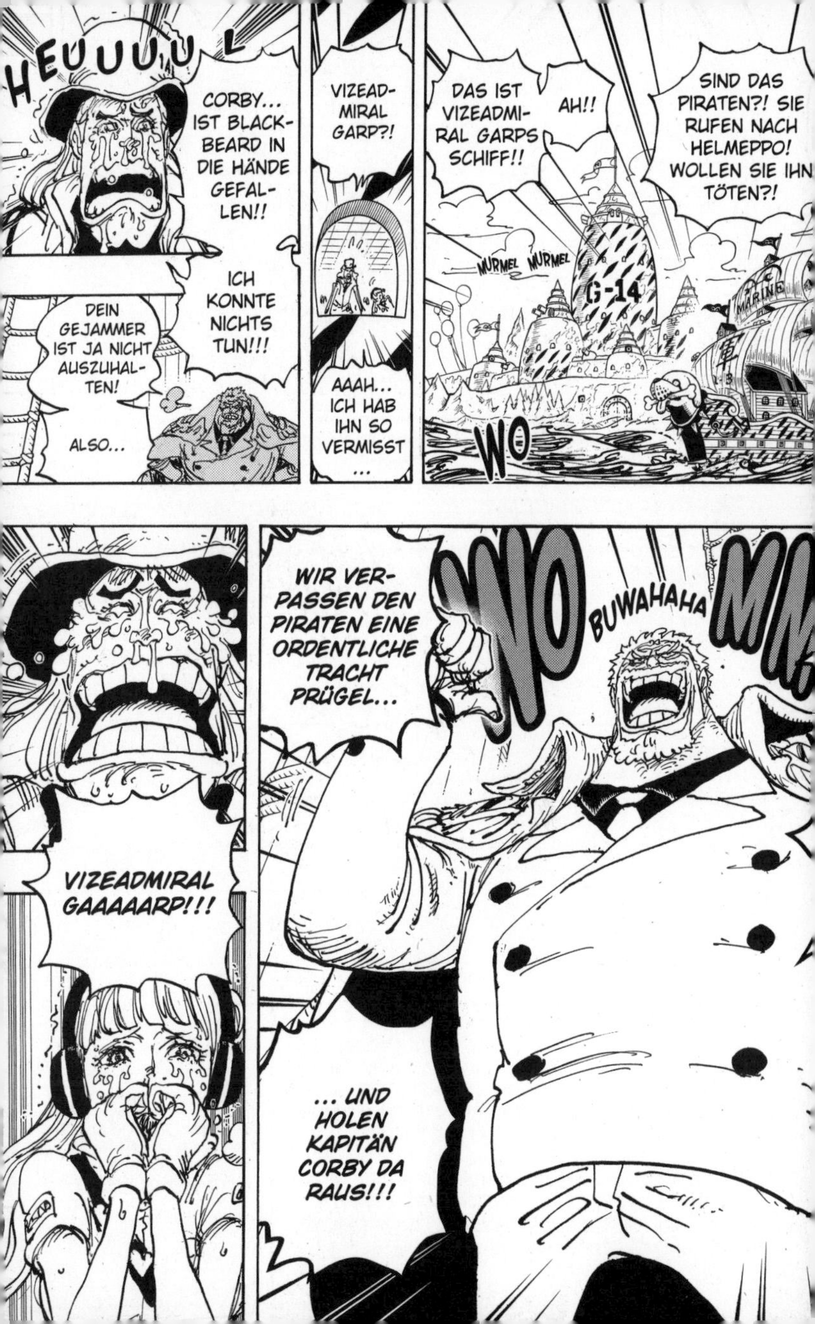

SIND DAS PIRATEN?! SIE RUFEN NACH HELMEPPO! WOLLEN SIE IHN TÖTEN?!
AH!!
DAS IST VIZEADMIRAL GARPS SCHIFF!!
MURMEL MURMEL
G-14
MARINE
WO
VIZEADMIRAL GARP?!
AAAH... ICH HAB IHN SO VERMISST ...
HEUUUUL
CORBY... IST BLACKBEARD IN DIE HÄNDE GEFALLEN!!
ICH KONNTE NICHTS TUN!!!
DEIN GEJAMMER IST JA NICHT AUSZUHALTEN!
ALSO...
WO
BUWAHAHA
MM
WIR VERPASSEN DEN PIRATEN EINE ORDENTLICHE TRACHT PRÜGEL...
... UND HOLEN KAPITÄN CORBY DA RAUS!!!
VIZEADMIRAL GAAAAARP!!!

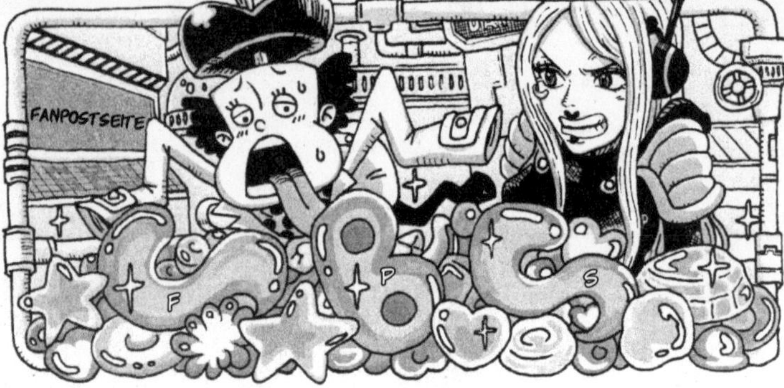

L: AUF DEM UNBEMANNTEN KOCHAUTOMATEN GAB ES KNÖPFE, AUF DENEN EAST USW. STAND. BEZIEHT SICH DAS AUF DIE ART, WIE IN DIESEN REGIONEN GEWÜRZT WIRD? UND WENN JA, WELCHE REGIONALEN BESONDERHEITEN GIBT ES?
PSEUDONYM: YOSHIDA

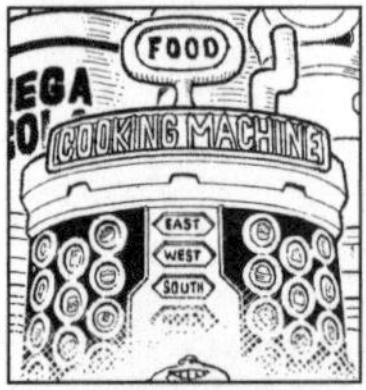

O: ALSO, DA GIBT ES RECHTS UND LINKS DIESE RUNDEN DISPLAYS, UND DIE REICHEN JA NICHT FÜR 500 VERSCHIEDENE GERICHTE, NICHT WAHR? WENN MAN AUF EAST DRÜCKT, WERDEN DORT GERICHTE AUS DEM EAST BLUE ANGEZEIGT. DRÜCKT MAN DEN KNOPF NOCH EINMAL, KOMMEN DIE NÄCHSTEN GERICHTE. MIT WEST, SOUTH UND NORTH WÄHLT MAN DIE JEWEILIGE MEERESREGION AUS. EINE MASCHINE, DIE ALL DIESE GERICHTE INNERHALB VON EINER MINUTE ZUBEREITEN KANN, WÄRE EIN TRAUM, ODER?

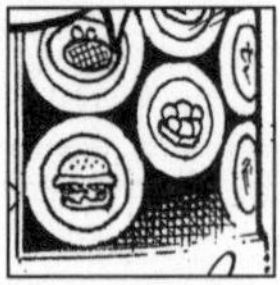

L: GUTEN TAG, ODA-SENSEI. IN DER FPS VON BAND 105 HABEN SIE ERKLÄRT, WARUM SIE BUSENBLITZER ZEICHNEN, ABER KEINE HÖSCHENBLITZER, ABER SEIT BEGINN DER EGGHEAD-EPISODE HABE ICH DEN EINDRUCK, DASS DER BLICKWINKEL AUF DEN PO DEUTLICH ZUGENOMMEN HAT. HABEN SIE DAS FÜR PO-FETISCHISTEN WIE MICH GEMACHT?
PSEUDONYM: NIKUKICHI

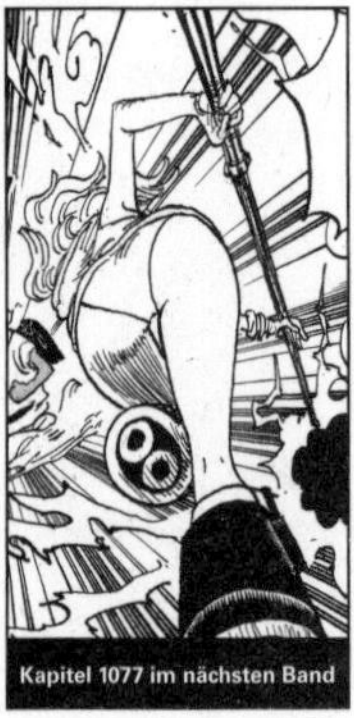
Kapitel 1077 im nächsten Band

O: DA WIR UNS AUF DER "ZUKUNFTSINSEL" BEFINDEN, WOLLTE ICH EIN DESIGN, DAS SICH DEUTLICH VON DER GEGENWART ABHEBT. DESHALB KAM ES ZU KLEIDUNGSSTÜCKEN, DIE DEN PO ZUR SCHAU STELLEN. DABEI WURDE MIR KLAR, DASS ICH ALS JEMAND, DER NOCH NIE HÖSCHENBLITZER GEZEICHNET HAT, IRGENDWIE POS GAR NICHT GUT ZEICHNEN KANN. ICH HABE MICH ALSO ERNSTHAFT DAMIT BESCHÄFTIGT, WIE MAN SEXY POS ZEICHNET UND BEHERRSCHE ES NUN RICHTIG GUT. TJA, SEITDEM BEGEISTERE ICH MICH DAFÜR UND, DESHALB GIBT ES JETZT MEHR BLICKWINKEL AUF POS! ZEICHNEN MACHT SOLCHEN SPASS!

1072. Kapitel:
Das Gewicht der Erinnerungen

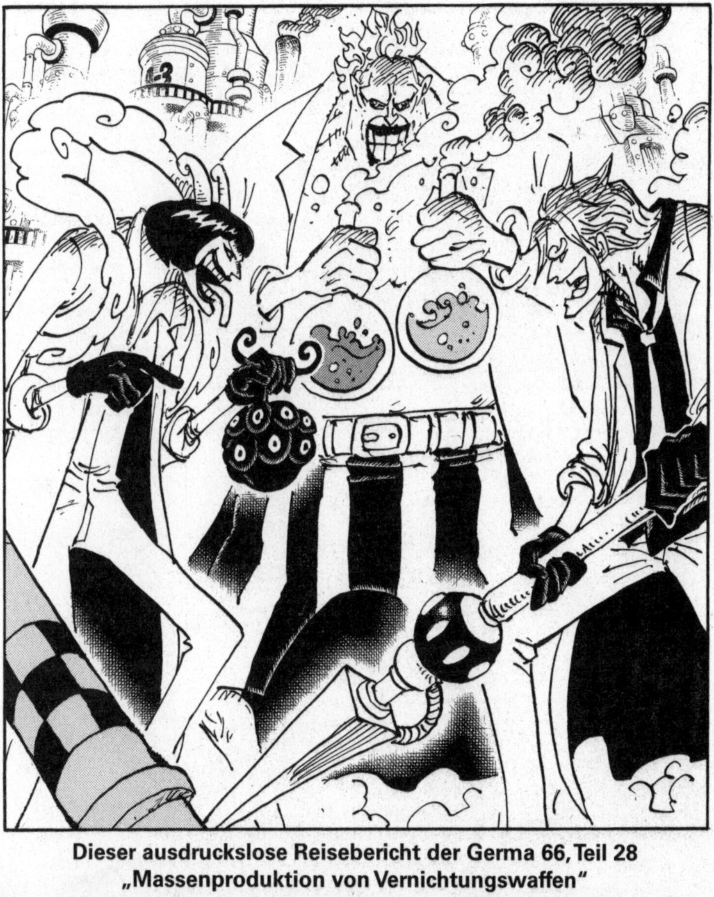

Dieser ausdruckslose Reisebericht der Germa 66, Teil 28
„Massenproduktion von Vernichtungswaffen"

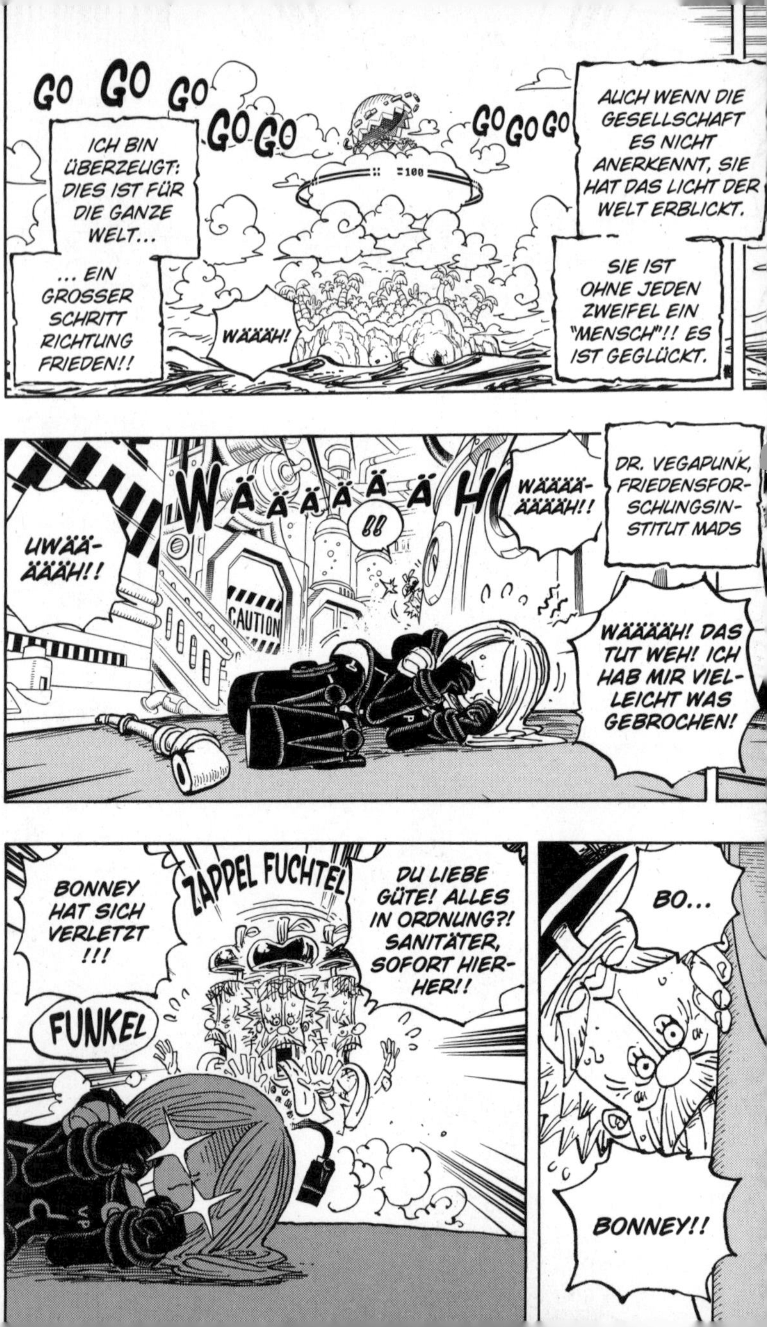
AUCH WENN DIE GESELLSCHAFT ES NICHT ANERKENNT, SIE HAT DAS LICHT DER WELT ERBLICKT.
SIE IST OHNE JEDEN ZWEIFEL EIN "MENSCH"!! ES IST GEGLÜCKT.
GO GO GO GO GO GO GO GO
ICH BIN ÜBERZEUGT: DIES IST FÜR DIE GANZE WELT...
... EIN GROSSER SCHRITT RICHTUNG FRIEDEN!!
WÄÄÄH!
DR. VEGAPUNK, FRIEDENSFORSCHUNGSINSTITUT MADS
WÄÄÄÄ-ÄÄÄÄH!!
WÄÄÄÄÄH
WÄÄÄÄH! DAS TUT WEH! ICH HAB MIR VIELLEICHT WAS GEBROCHEN!
CAUTION
UWÄÄ-ÄÄÄH!!
BO...
BONNEY!!
DU LIEBE GÜTE! ALLES IN ORDNUNG?! SANITÄTER, SOFORT HIERHER!!
ZAPPEL FUCHTEL
BONNEY HAT SICH VERLETZT!!!
FUNKEL

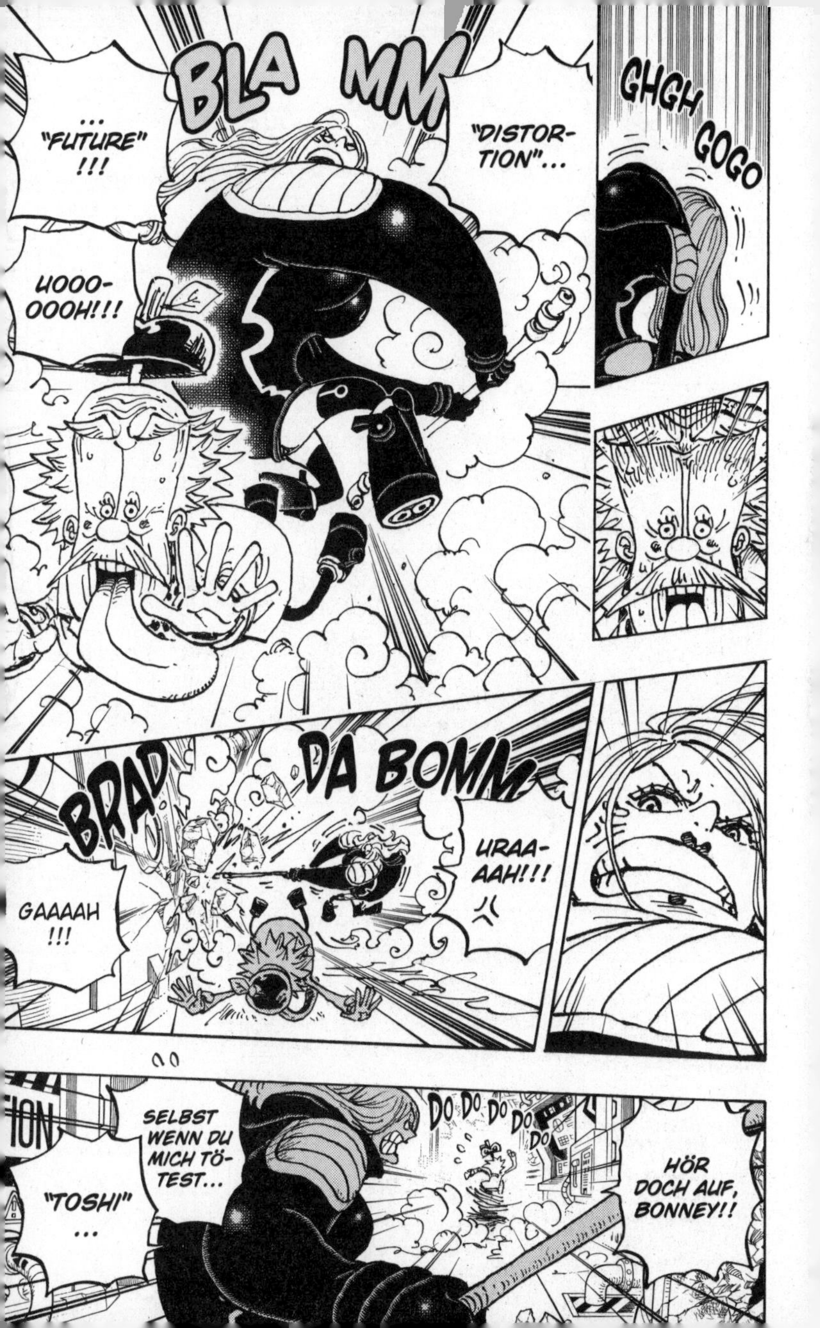
GHGH GOGO
"DISTORTION"...
BLAMM
..."FUTURE"!!!
UOOOO-OOOH!!!
BRAD DA BOMM
URAAA-AAH!!!
GAAAAH!!!
HÖR DOCH AUF, BONNEY!!
DO DO DO DO DO
SELBST WENN DU MICH TÖTEST...
"TOSHI"...

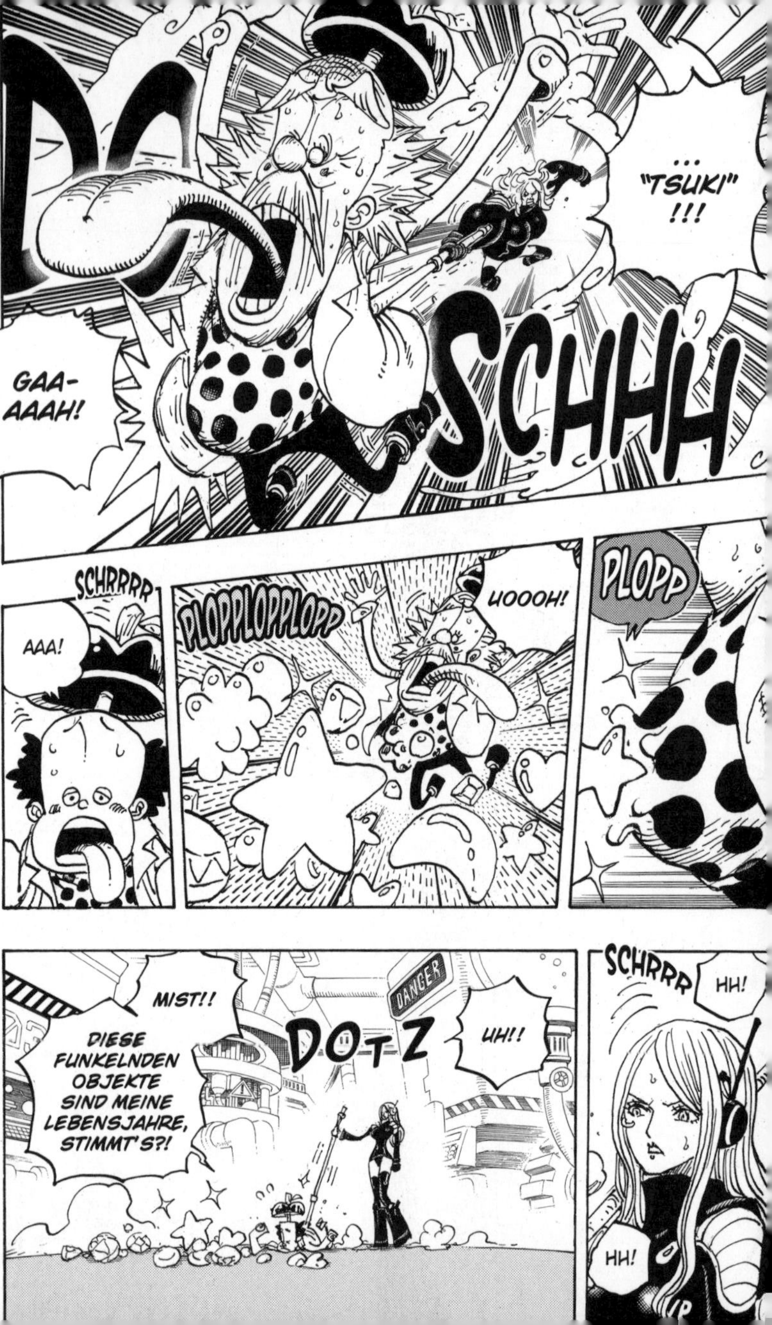
... "TSUKI" !!!
SCHHH
GAA-AAAH!
PLOPP
UOOOH!
PLOPPLOPPLOPP
SCHRRRR
AAA!
SCHRRRR
HH!
HH!
UH!!
DOTZ
DANGER
MIST!!
DIESE FUNKELNDEN OBJEKTE SIND MEINE LEBENSJAHRE, STIMMT'S?!

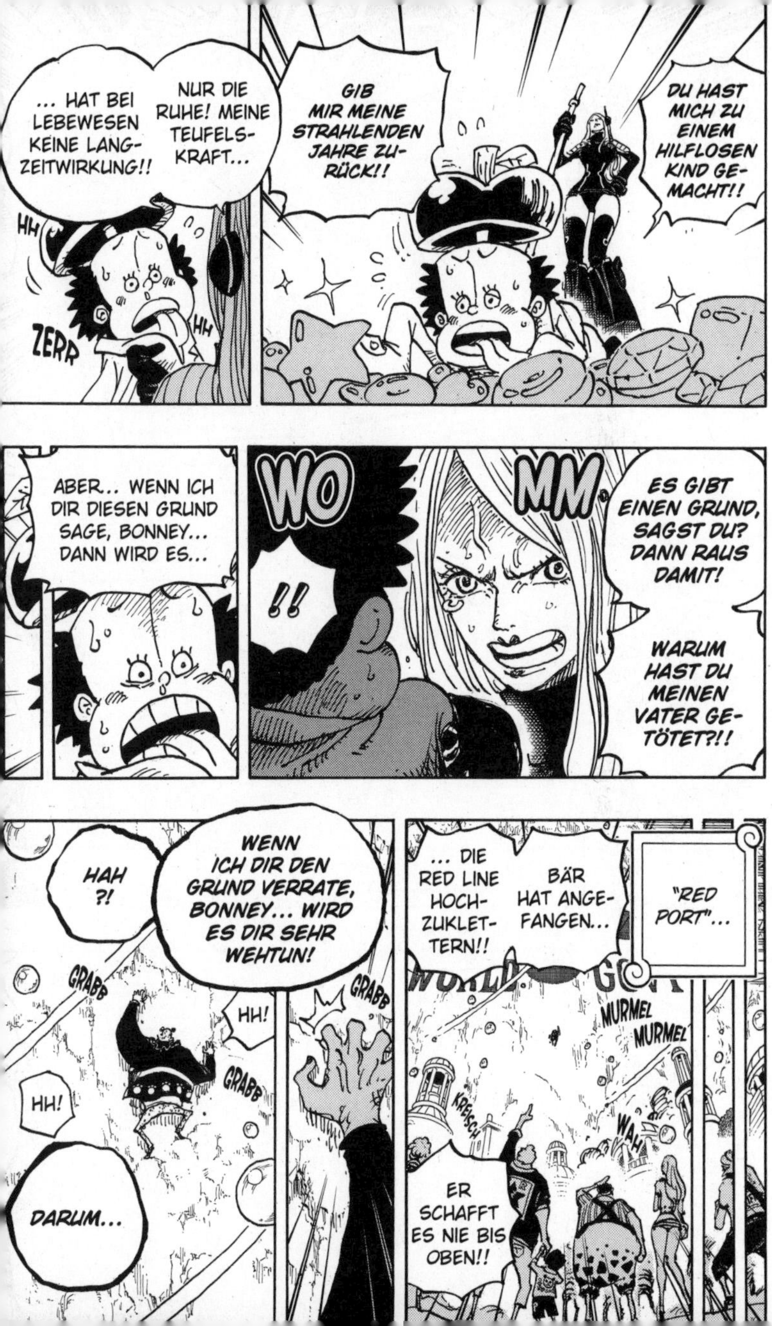
DU HAST MICH ZU EINEM HILFLOSEN KIND GEMACHT!!
GIB MIR MEINE STRAHLENDEN JAHRE ZURÜCK!!
NUR DIE RUHE! MEINE TEUFELSKRAFT...
... HAT BEI LEBEWESEN KEINE LANGZEITWIRKUNG!!
HH
HH
ZERR
WO
MM
ES GIBT EINEN GRUND, SAGST DU? DANN RAUS DAMIT!
WARUM HAST DU MEINEN VATER GETÖTET?!!
!!
ABER... WENN ICH DIR DIESEN GRUND SAGE, BONNEY... DANN WIRD ES...
"RED PORT"...
BÄR HAT ANGEFANGEN...
... DIE RED LINE HOCHZUKLETTERN!!
MURMEL
MURMEL
KREISCH
WAH
ER SCHAFFT ES NIE BIS OBEN!!
GRABB
HH!
WENN ICH DIR DEN GRUND VERRATE, BONNEY... WIRD ES DIR SEHR WEHTUN!
HAH ?!
GRABB
GRABB
HH!
DARUM...

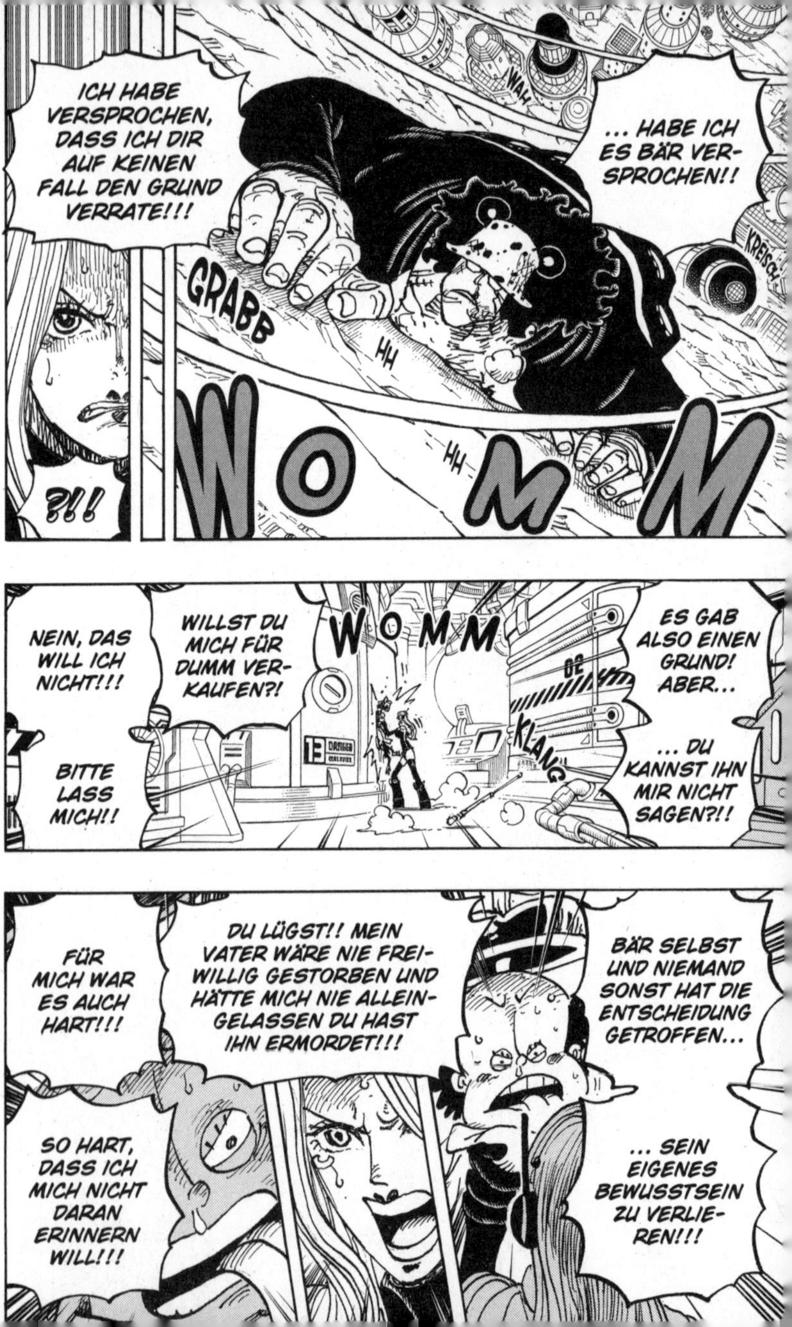
ICH HABE VERSPROCHEN, DASS ICH DIR AUF KEINEN FALL DEN GRUND VERRATE!!!
... HABE ICH ES BÄR VERSPROCHEN!!
WAH
KREISCH
GRABB
HH
HH
WOMM
?!!
ES GAB ALSO EINEN GRUND! ABER...
... DU KANNST IHN MIR NICHT SAGEN?!!
WOMM
KLANG
WILLST DU MICH FÜR DUMM VERKAUFEN?!
NEIN, DAS WILL ICH NICHT!!!
BITTE LASS MICH!!
BÄR SELBST UND NIEMAND SONST HAT DIE ENTSCHEIDUNG GETROFFEN...
... SEIN EIGENES BEWUSSTSEIN ZU VERLIEREN!!!
DU LÜGST!! MEIN VATER WÄRE NIE FREIWILLIG GESTORBEN UND HÄTTE MICH NIE ALLEINGELASSEN DU HAST IHN ERMORDET!!!
FÜR MICH WAR ES AUCH HART!!!
SO HART, DASS ICH MICH NICHT DARAN ERINNERN WILL!!!

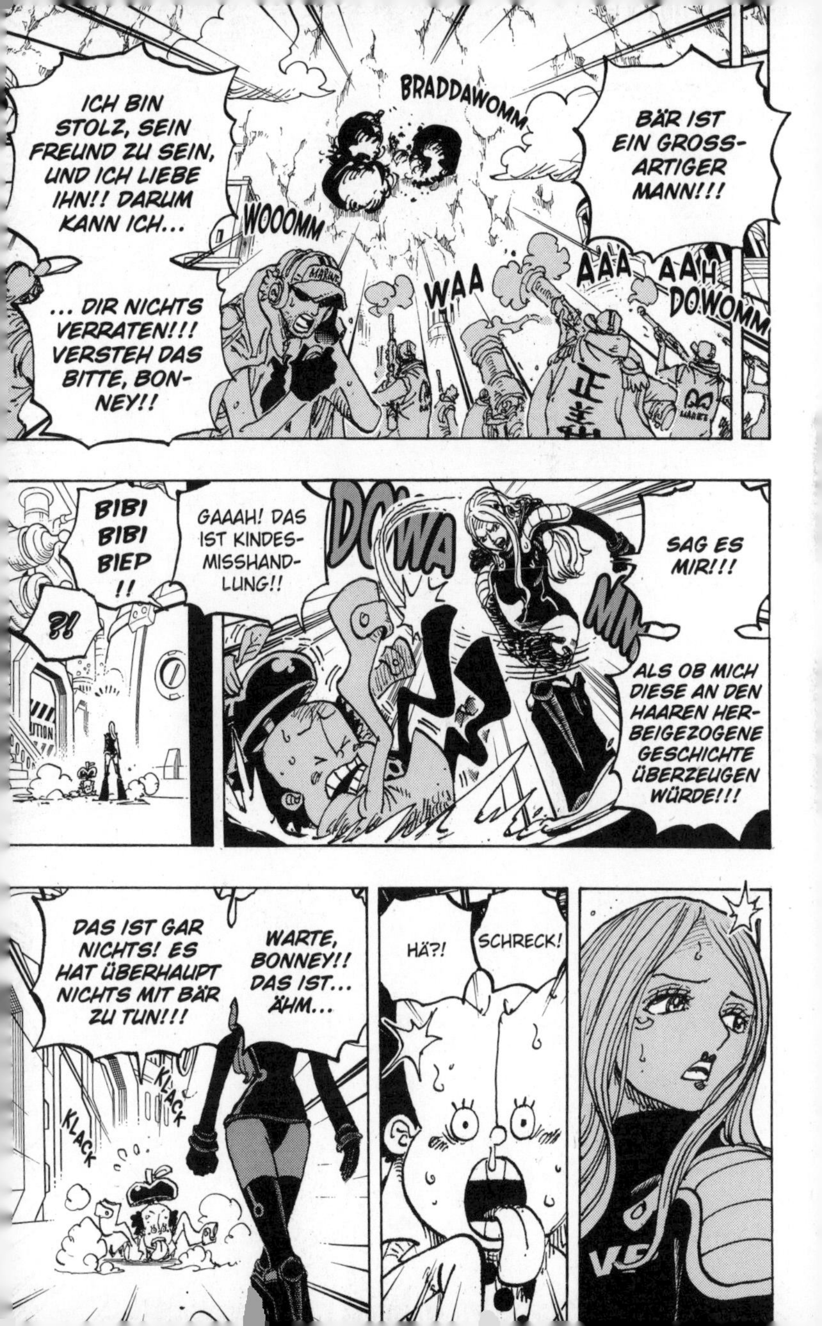

BÄR IST EIN GROSS-ARTIGER MANN!!!
ICH BIN STOLZ, SEIN FREUND ZU SEIN, UND ICH LIEBE IHN!! DARUM KANN ICH...
BRADDAWOMM
WOOOMM
... DIR NICHTS VERRATEN!!! VERSTEH DAS BITTE, BON-NEY!!
AAA AAH
DOWOMM
WAA
SAG ES MIR!!!
ALS OB MICH DIESE AN DEN HAAREN HER-BEIGEZOGENE GESCHICHTE ÜBERZEUGEN WÜRDE!!!
GAAAH! DAS IST KINDES-MISSHAND-LUNG!!
BIBI BIBI BIEP !!
?!
SCHRECK!
HÄ?!
WARTE, BONNEY!! DAS IST... ÄHM...
DAS IST GAR NICHTS! ES HAT ÜBERHAUPT NICHTS MIT BÄR ZU TUN!!!
KLACK
KLACK

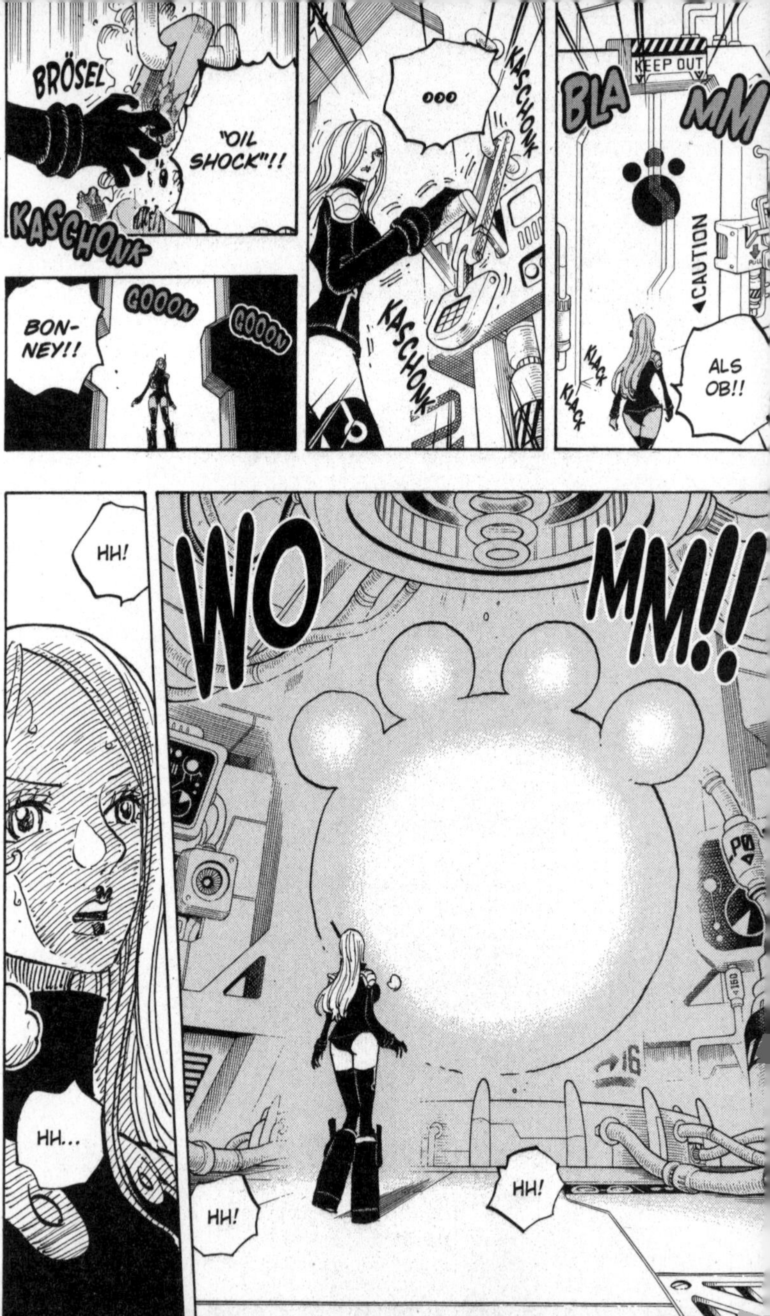
KEEP OUT
BLAMM
CAUTION
KLACK
KLACK
ALS OB!!
...
KASCHONK
KASCHONK
BRÖSEL
"OIL SHOCK"!!
KASCHONK
GOOON
GOOON
BONNEY!!
WOMM!!
HH!
HH!
HH!
HH...

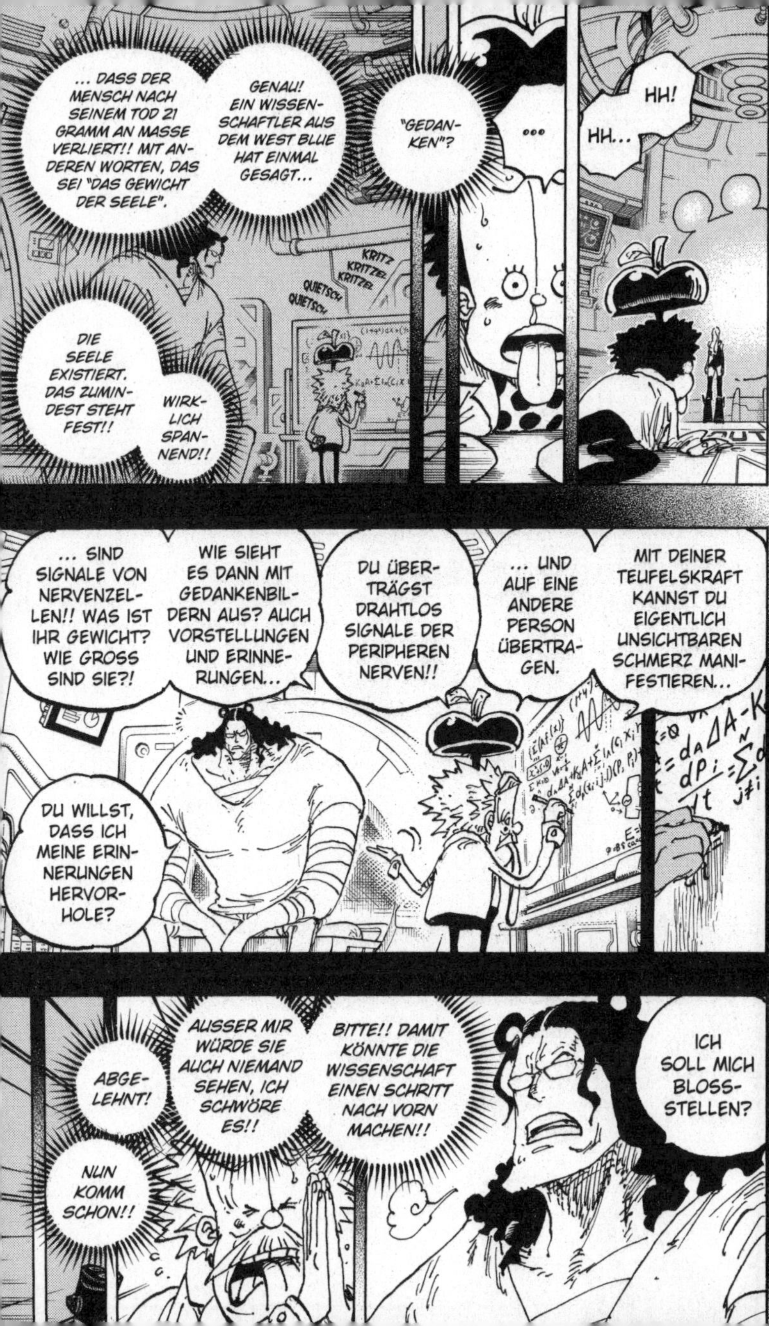
HH!
HH...
...
"GEDAN-KEN"?
GENAU! EIN WISSEN-SCHAFTLER AUS DEM WEST BLUE HAT EINMAL GESAGT...
... DASS DER MENSCH NACH SEINEM TOD 21 GRAMM AN MASSE VERLIERT!! MIT AN-DEREN WORTEN, DAS SEI "DAS GEWICHT DER SEELE".
KRITZ KRITZEL KRITZEL
QUIETSCH QUIETSCH
WIRK-LICH SPAN-NEND!!
DIE SEELE EXISTIERT. DAS ZUMIN-DEST STEHT FEST!!
MIT DEINER TEUFELSKRAFT KANNST DU EIGENTLICH UNSICHTBAREN SCHMERZ MANI-FESTIEREN...
... UND AUF EINE ANDERE PERSON ÜBERTRA-GEN.
DU ÜBER-TRÄGST DRAHTLOS SIGNALE DER PERIPHEREN NERVEN!!
WIE SIEHT ES DANN MIT GEDANKENBIL-DERN AUS? AUCH VORSTELLUNGEN UND ERINNE-RUNGEN...
... SIND SIGNALE VON NERVENZEL-LEN!! WAS IST IHR GEWICHT? WIE GROSS SIND SIE?!
DU WILLST, DASS ICH MEINE ERIN-NERUNGEN HERVOR-HOLE?
ICH SOLL MICH BLOSS-STELLEN?
BITTE!! DAMIT KÖNNTE DIE WISSENSCHAFT EINEN SCHRITT NACH VORN MACHEN!!
AUSSER MIR WÜRDE SIE AUCH NIEMAND SEHEN, ICH SCHWÖRE ES!!
ABGE-LEHNT!
NUN KOMM SCHON!!

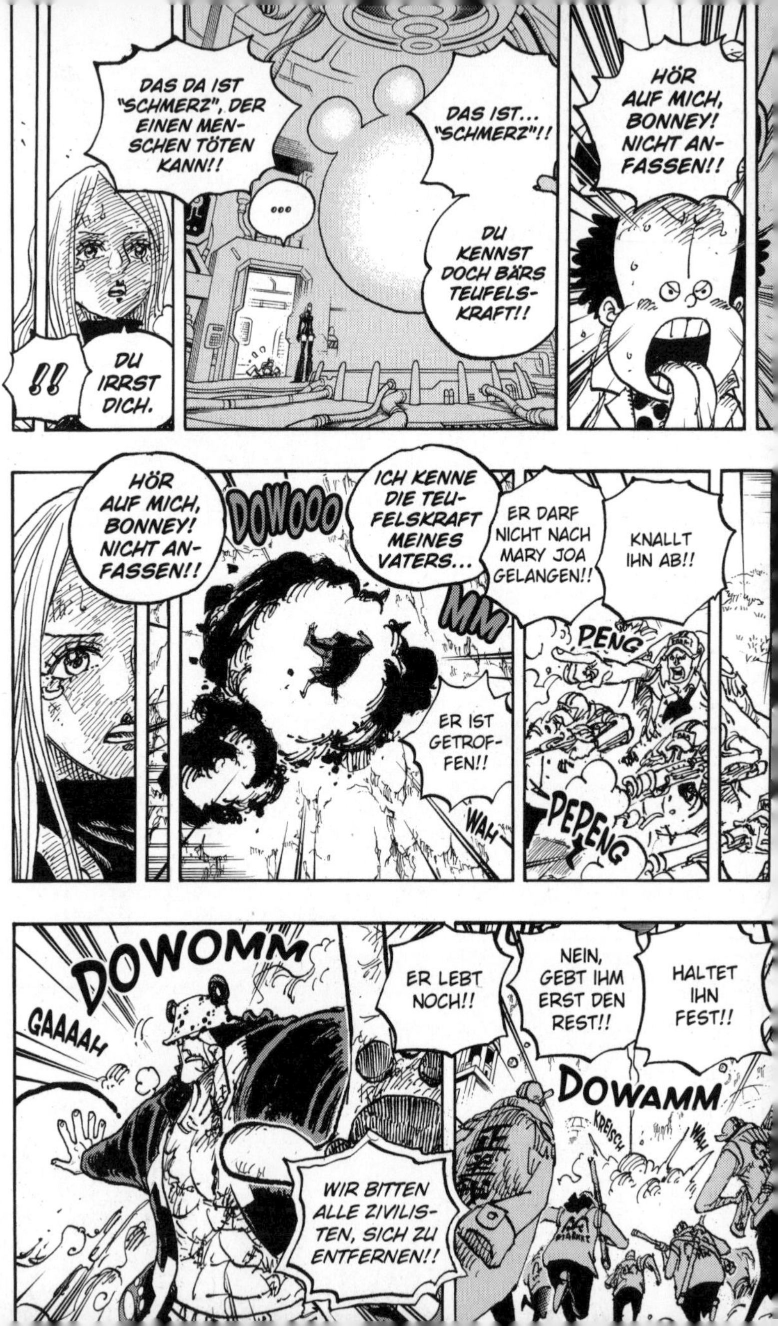
HÖR AUF MICH, BONNEY! NICHT ANFASSEN!!
DAS IST... "SCHMERZ"!!
DU KENNST DOCH BÄRS TEUFELSKRAFT!!
...
DAS DA IST "SCHMERZ", DER EINEN MENSCHEN TÖTEN KANN!!
DU IRRST DICH.
!!
KNALLT IHN AB!!
ER DARF NICHT NACH MARY JOA GELANGEN!!
PENG
PEPENG
ICH KENNE DIE TEUFELSKRAFT MEINES VATERS...
DOWOOOMM
ER IST GETROFFEN!!
WAH
HÖR AUF MICH, BONNEY! NICHT ANFASSEN!!
HALTET IHN FEST!!
NEIN, GEBT IHM ERST DEN REST!!
ER LEBT NOCH!!
DOWAMM
KREISCH
WAH
DOWOMM
GAAAAH
WIR BITTEN ALLE ZIVILISTEN, SICH ZU ENTFERNEN!!

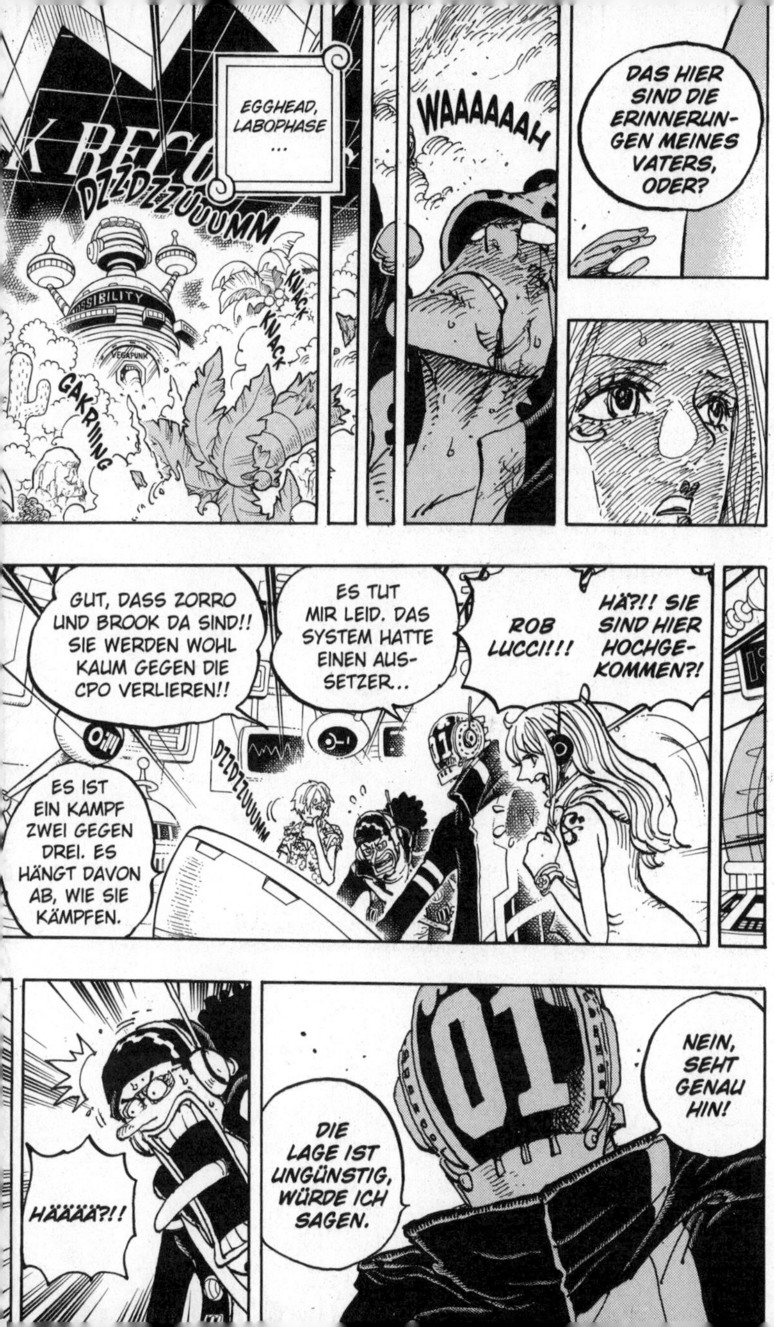
DAS HIER SIND DIE ERINNERUNGEN MEINES VATERS, ODER?
WAAAAAAH
EGGHEAD, LABOPHASE …
DZZDZZUUUMM
KNACK
KNACK
GAKRIIING
HÄ?!! SIE SIND HIER HOCHGEKOMMEN?!
ROB LUCCI!!!
ES TUT MIR LEID. DAS SYSTEM HATTE EINEN AUSSETZER…
GUT, DASS ZORRO UND BROOK DA SIND!! SIE WERDEN WOHL KAUM GEGEN DIE CPO VERLIEREN!!
DZZDZZUUUMM
ES IST EIN KAMPF ZWEI GEGEN DREI. ES HÄNGT DAVON AB, WIE SIE KÄMPFEN.
NEIN, SEHT GENAU HIN!
DIE LAGE IST UNGÜNSTIG, WÜRDE ICH SAGEN.
HÄÄÄÄ?!!

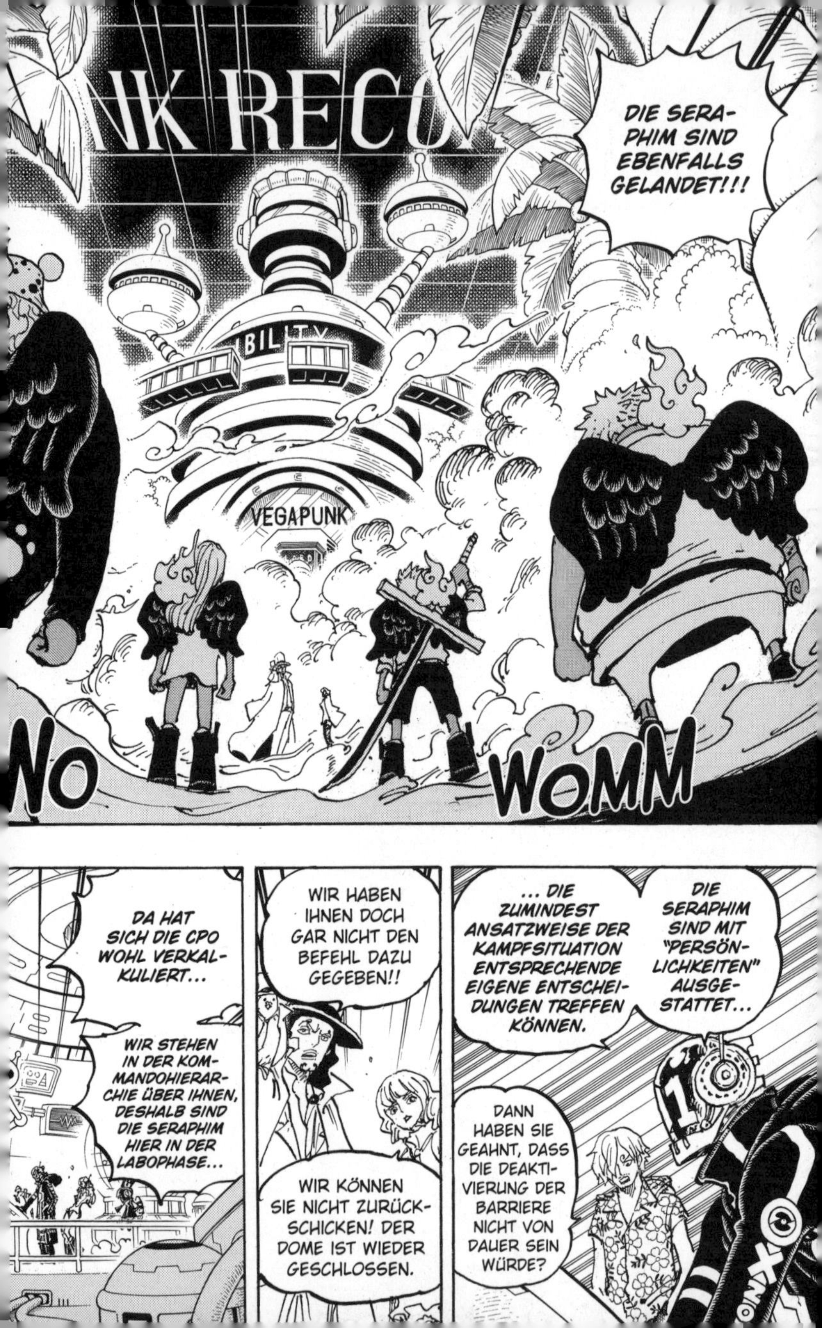
NK RECO
BIL TV
VEGAPUNK
DIE SERAPHIM SIND EBENFALLS GELANDET!!!
WOMM
NO
DIE SERAPHIM SIND MIT "PERSÖNLICHKEITEN" AUSGESTATTET...
... DIE ZUMINDEST ANSATZWEISE DER KAMPFSITUATION ENTSPRECHENDE EIGENE ENTSCHEIDUNGEN TREFFEN KÖNNEN.
DANN HABEN SIE GEAHNT, DASS DIE DEAKTIVIERUNG DER BARRIERE NICHT VON DAUER SEIN WÜRDE?
WIR HABEN IHNEN DOCH GAR NICHT DEN BEFEHL DAZU GEGEBEN!!
WIR KÖNNEN SIE NICHT ZURÜCKSCHICKEN! DER DOME IST WIEDER GESCHLOSSEN.
DA HAT SICH DIE CPO WOHL VERKALKULIERT...
WIR STEHEN IN DER KOMMANDOHIERARCHIE ÜBER IHNEN, DESHALB SIND DIE SERAPHIM HIER IN DER LABOPHASE...

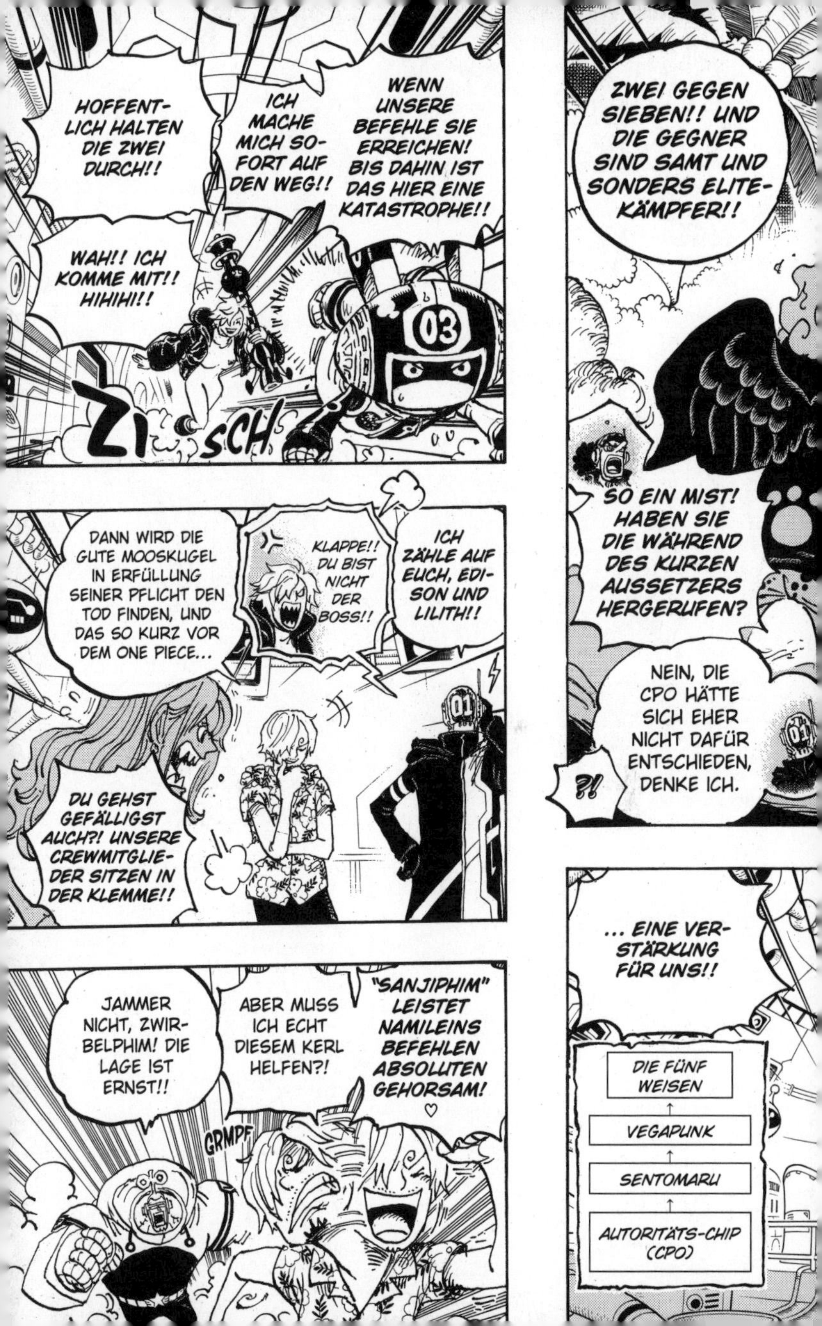
ZWEI GEGEN SIEBEN!! UND DIE GEGNER SIND SAMT UND SONDERS ELITE-KÄMPFER!!
SO EIN MIST! HABEN SIE DIE WÄHREND DES KURZEN AUSSETZERS HERGERUFEN?
NEIN, DIE CPO HÄTTE SICH EHER NICHT DAFÜR ENTSCHIEDEN, DENKE ICH.
?!
... EINE VERSTÄRKUNG FÜR UNS!!
DIE FÜNF WEISEN
VEGAPUNK
SENTOMARU
AUTORITÄTS-CHIP (CPO)
WENN UNSERE BEFEHLE SIE ERREICHEN! BIS DAHIN IST DAS HIER EINE KATASTROPHE!!
ICH MACHE MICH SOFORT AUF DEN WEG!!
HOFFENTLICH HALTEN DIE ZWEI DURCH!!
WAH!! ICH KOMME MIT!! HIHIHI!!
03
ZISCH
ICH ZÄHLE AUF EUCH, EDISON UND LILITH!!
KLAPPE!! DU BIST NICHT DER BOSS!!
DANN WIRD DIE GUTE MOOSKUGEL IN ERFÜLLUNG SEINER PFLICHT DEN TOD FINDEN, UND DAS SO KURZ VOR DEM ONE PIECE...
01
DU GEHST GEFÄLLIGST AUCH?! UNSERE CREWMITGLIEDER SITZEN IN DER KLEMME!!
"SANJIPHIM" LEISTET NAMILEINS BEFEHLEN ABSOLUTEN GEHORSAM! ♡
ABER MUSS ICH ECHT DIESEM KERL HELFEN?!
JAMMER NICHT, ZWIRBELPHIM! DIE LAGE IST ERNST!!
GRMPF

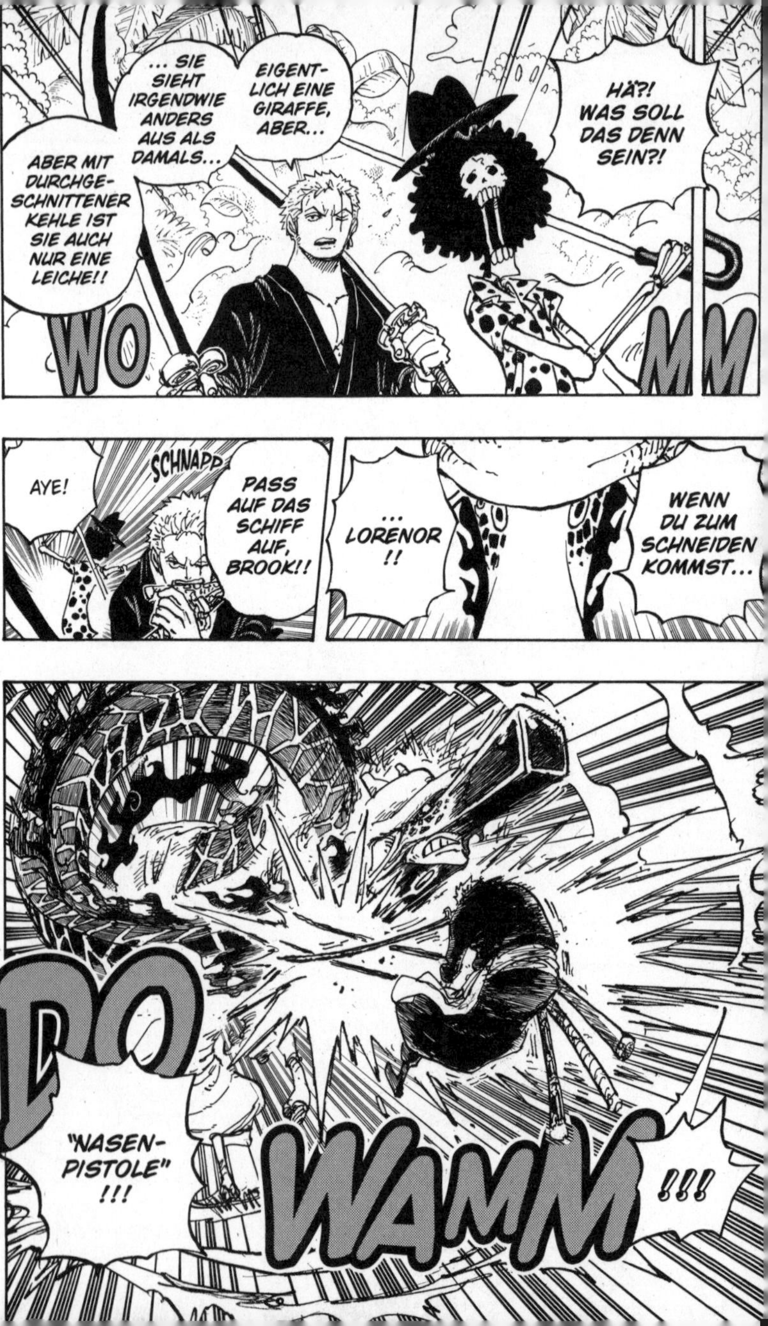
HÄ?! WAS SOLL DAS DENN SEIN?!
EIGENT-LICH EINE GIRAFFE, ABER...
... SIE SIEHT IRGENDWIE ANDERS AUS ALS DAMALS...
ABER MIT DURCHGE-SCHNITTENER KEHLE IST SIE AUCH NUR EINE LEICHE!!
WO MM
WENN DU ZUM SCHNEIDEN KOMMST...
... LORENOR !!
PASS AUF DAS SCHIFF AUF, BROOK!!
SCHNAPP
AYE!
"NASEN-PISTOLE" !!!
DO WAMM !!!

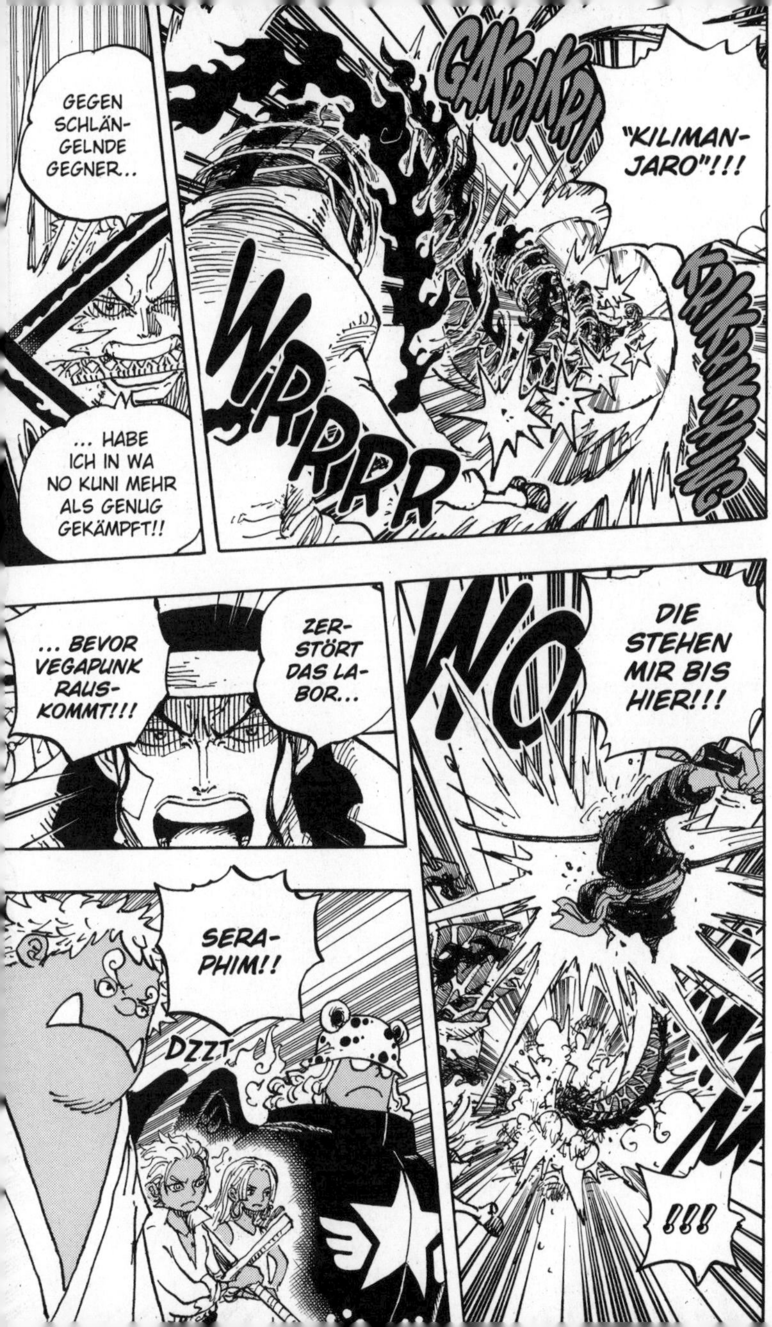
"KILIMAN-
JARO"!!!
GEGEN SCHLÄN-GELNDE GEGNER...
... HABE ICH IN WA NO KUNI MEHR ALS GENUG GEKÄMPFT!!
DIE STEHEN MIR BIS HIER!!!
ZER-STÖRT DAS LA-BOR...
... BEVOR VEGAPUNK RAUS-KOMMT!!!
SERA-PHIM!!
DZZT
!!!

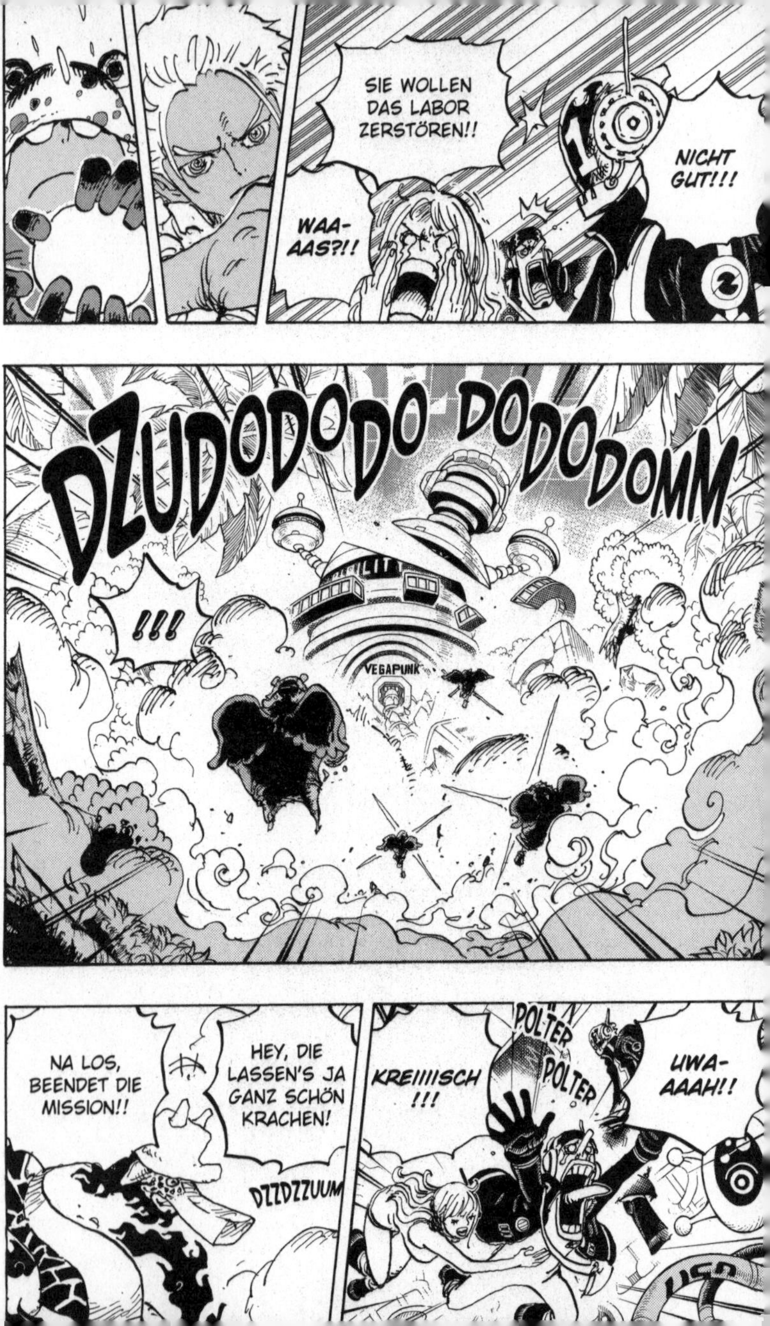

NICHT GUT!!!
SIE WOLLEN DAS LABOR ZERSTÖREN!!
WAA-AAS?!!
DZUDODODO DODODOMM
!!!
VEGAPUNK
UWA-AAAH!!
POLTER POLTER POLTER
KREIIIISCH!!!
HEY, DIE LASSEN'S JA GANZ SCHÖN KRACHEN!
NA LOS, BEENDET DIE MISSION!!
DZZDZZUUM

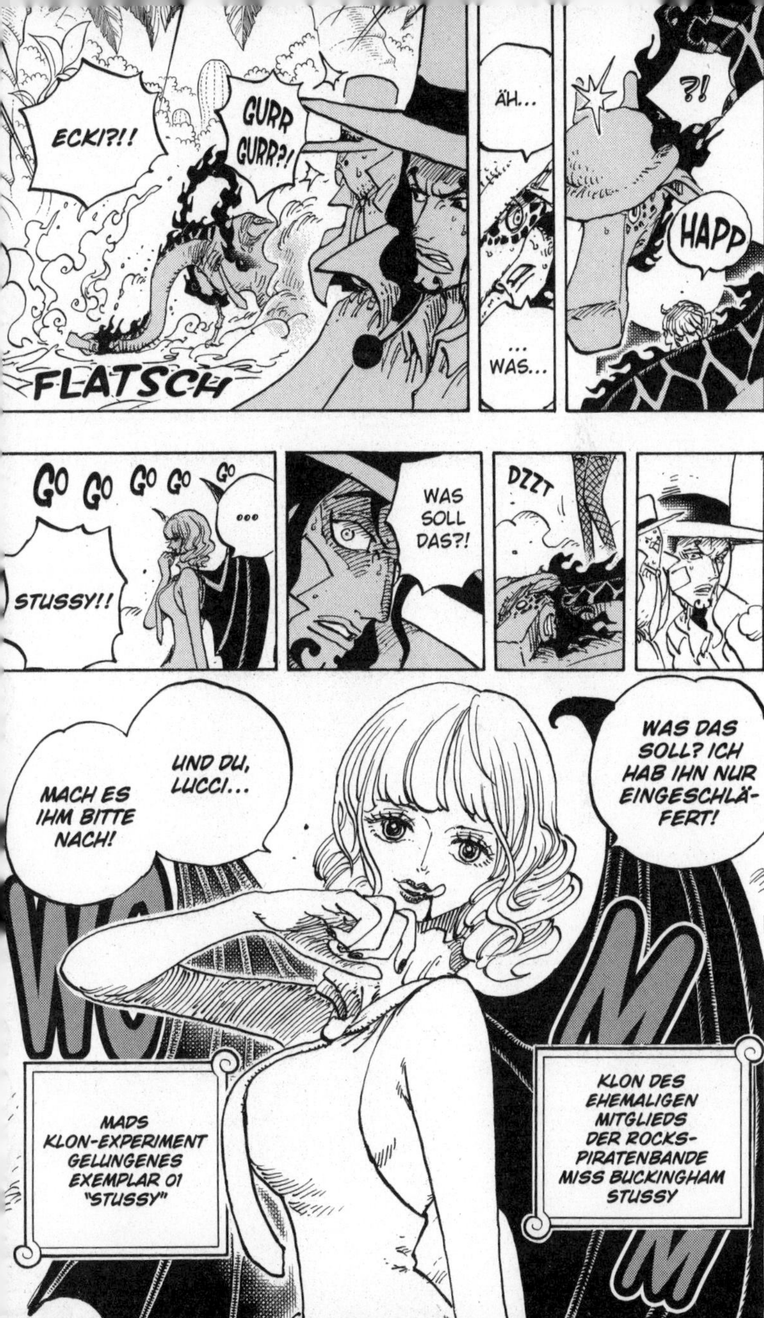
?!
HAPP
ÄH...
... WAS...
GURR GURR?!
ECKI?!!
FLATSCH
DZZT
WAS SOLL DAS?!
GO GO GO GO GO
...
STUSSY!!
WAS DAS SOLL? ICH HAB IHN NUR EINGESCHLÄFERT!
UND DU, LUCCI...
MACH ES IHM BITTE NACH!
KLON DES EHEMALIGEN MITGLIEDS DER ROCKS-PIRATENBANDE MISS BUCKINGHAM STUSSY
MADS KLON-EXPERIMENT GELUNGENES EXEMPLAR 01 "STUSSY"

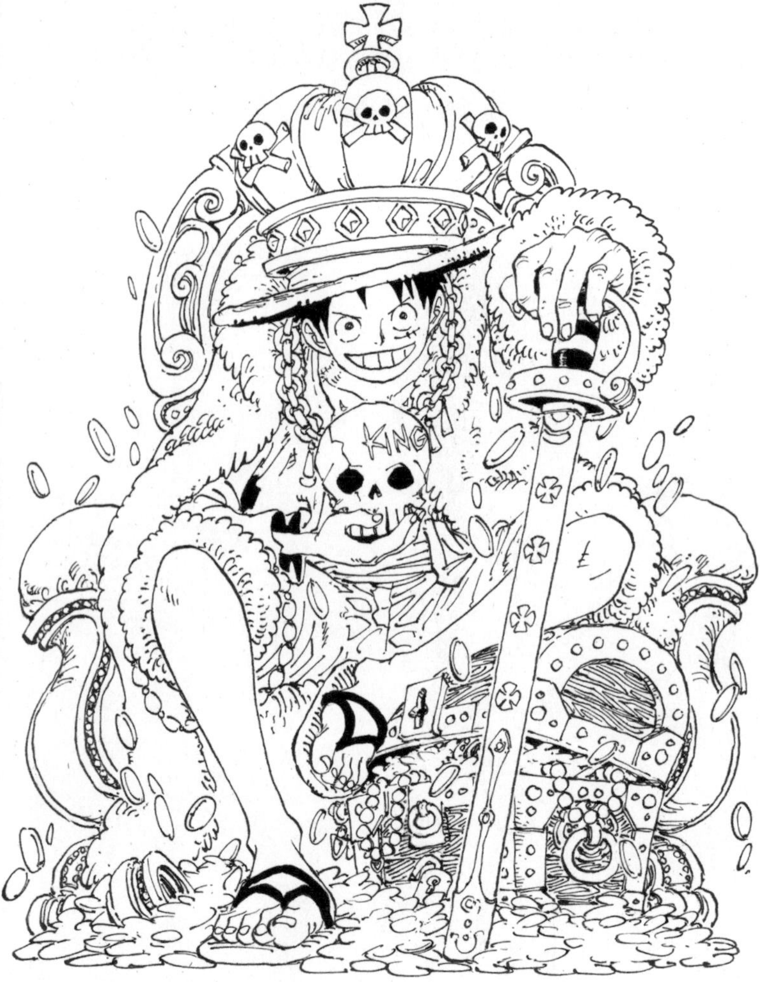
KING

1073. Kapitel:
Miss Buckingham Stussy

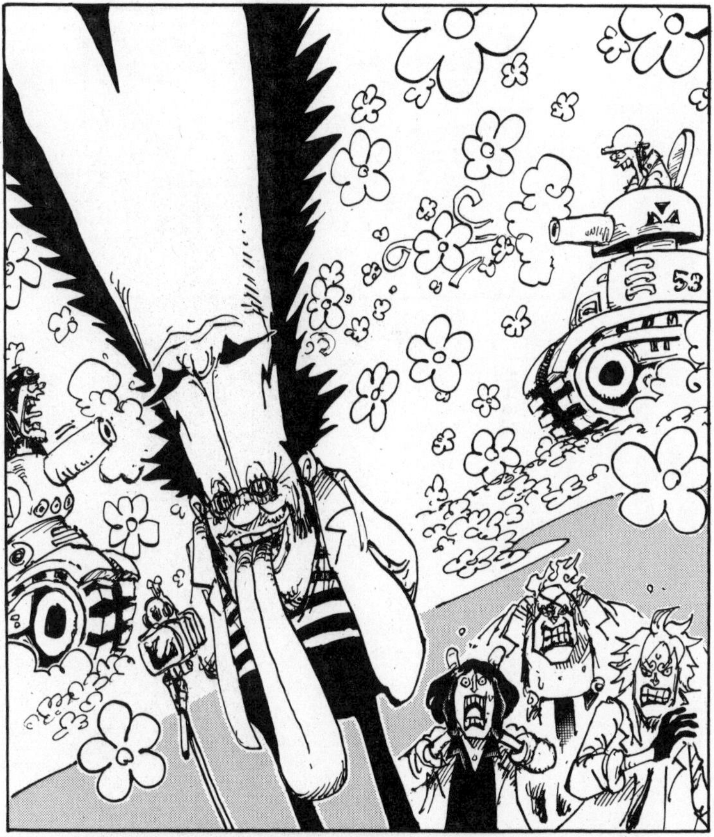

Dieser ausdruckslose Reisebericht der Germa 66, Teil 29
„Gewinn des Ibel-Friedenspreises für die Entwicklung der ‚GP Flower', einer Blume, die auf Schießpulver blüht"

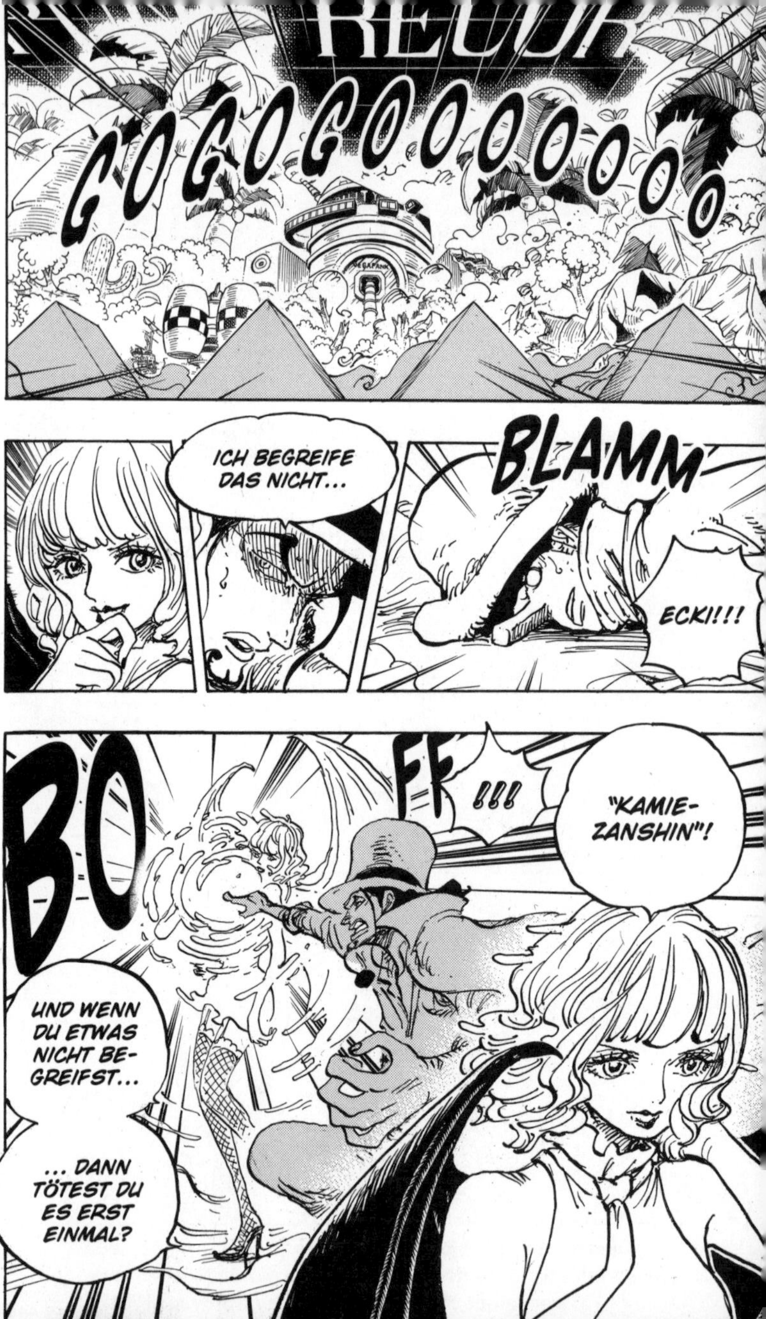
GOGOGOOOOOOO
BLAMM
ECKI!!!
ICH BEGREIFE DAS NICHT...
"KAMIE-ZANSHIN"!
!!!
BOFF
UND WENN DU ETWAS NICHT BEGREIFST...
... DANN TÖTEST DU ES ERST EINMAL?

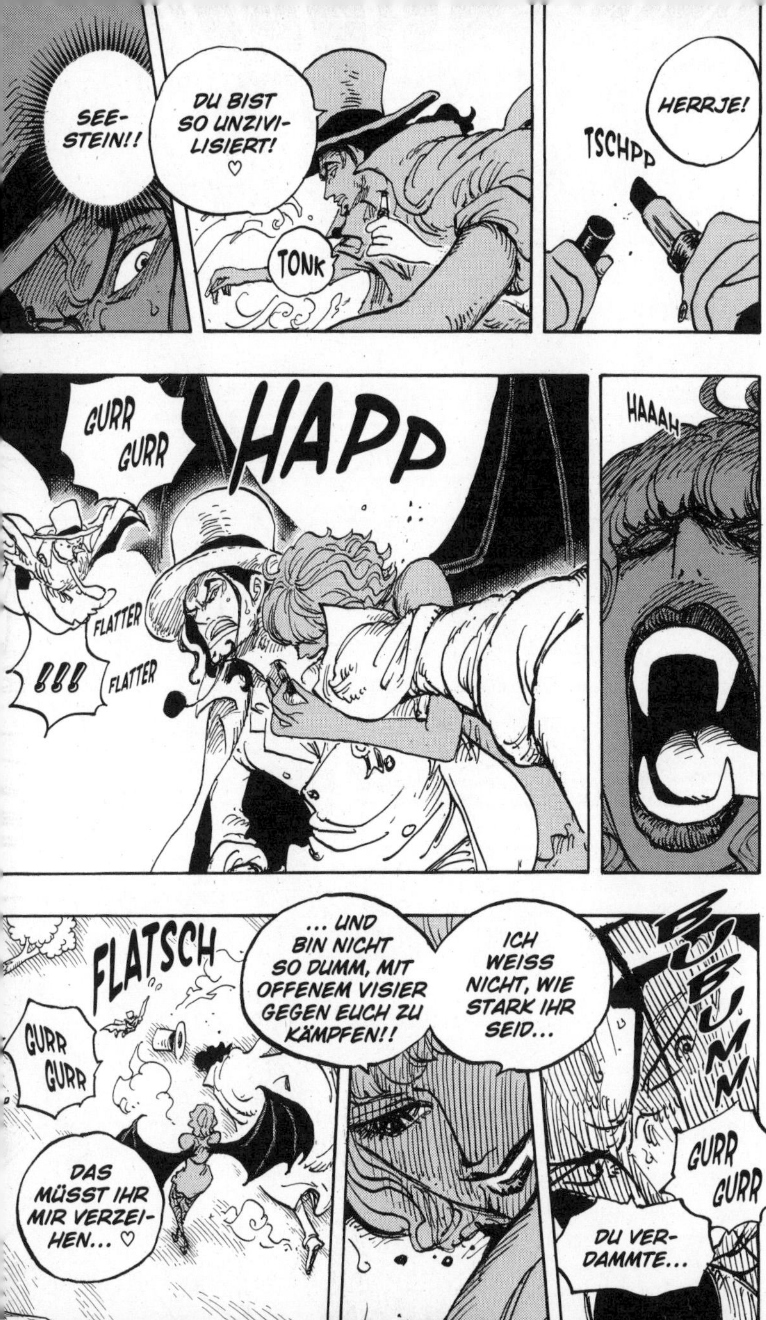
HERRJE!
TSCHPP
DU BIST SO UNZIVILISIERT! ♡
TONK
SEE-STEIN!!
HAAAH
HAPP
GURR GURR
FLATTER FLATTER
!!!
BUBUMM
GURR GURR
DU VERDAMMTE...
ICH WEISS NICHT, WIE STARK IHR SEID...
... UND BIN NICHT SO DUMM, MIT OFFENEM VISIER GEGEN EUCH ZU KÄMPFEN!!
FLATSCH
GURR GURR
DAS MÜSST IHR MIR VERZEIHEN... ♡

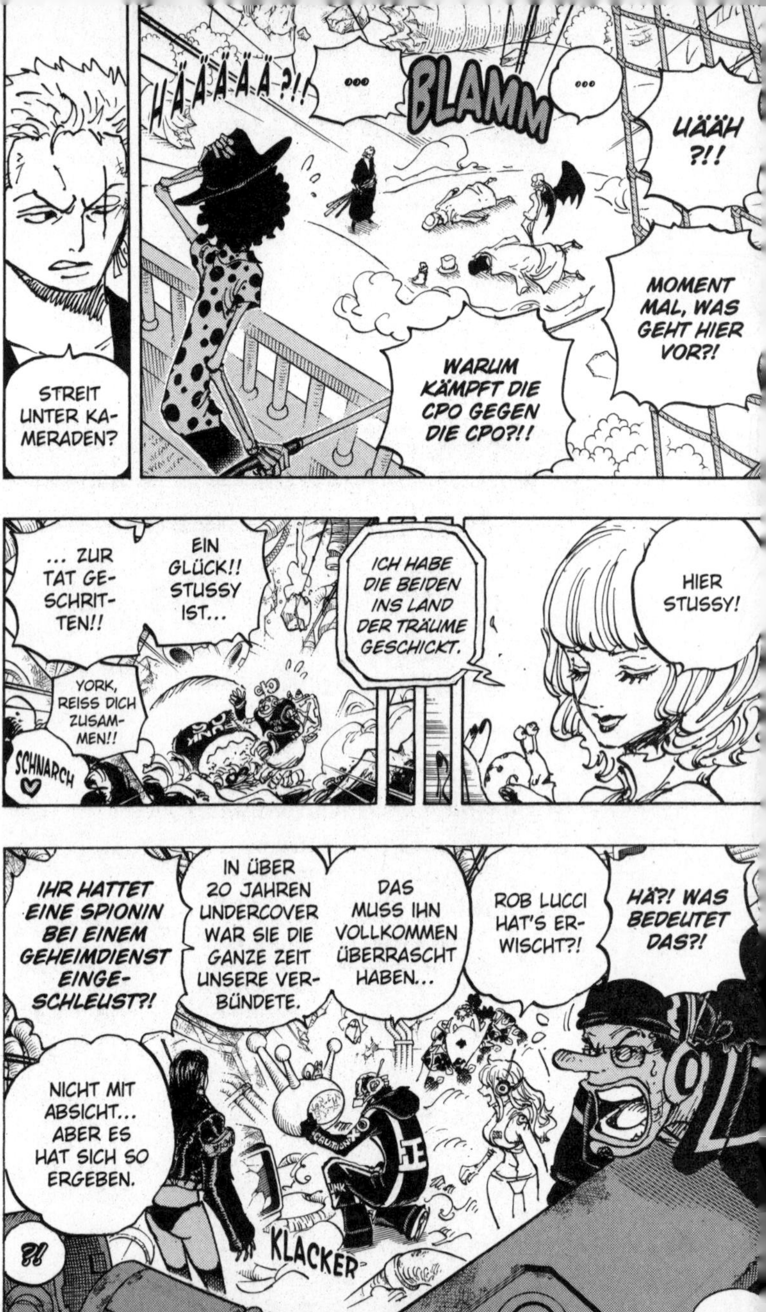
UÄÄH ?!!
...
BLAMM
...
HÄÄÄÄÄ ?!!
MOMENT MAL, WAS GEHT HIER VOR?!
WARUM KÄMPFT DIE CPO GEGEN DIE CPO?!!
STREIT UNTER KAMERADEN?
HIER STUSSY!
ICH HABE DIE BEIDEN INS LAND DER TRÄUME GESCHICKT.
EIN GLÜCK!! STUSSY IST...
... ZUR TAT GESCHRITTEN!!
YORK, REISS DICH ZUSAMMEN!!
SCHNARCH
HÄ?! WAS BEDEUTET DAS?!
ROB LUCCI HAT'S ERWISCHT?!
DAS MUSS IHN VOLLKOMMEN ÜBERRASCHT HABEN...
IN ÜBER 20 JAHREN UNDERCOVER WAR SIE DIE GANZE ZEIT UNSERE VERBÜNDETE.
IHR HATTET EINE SPIONIN BEI EINEM GEHEIMDIENST EINGESCHLEUST?!
NICHT MIT ABSICHT... ABER ES HAT SICH SO ERGEBEN.
?!
KLACKER

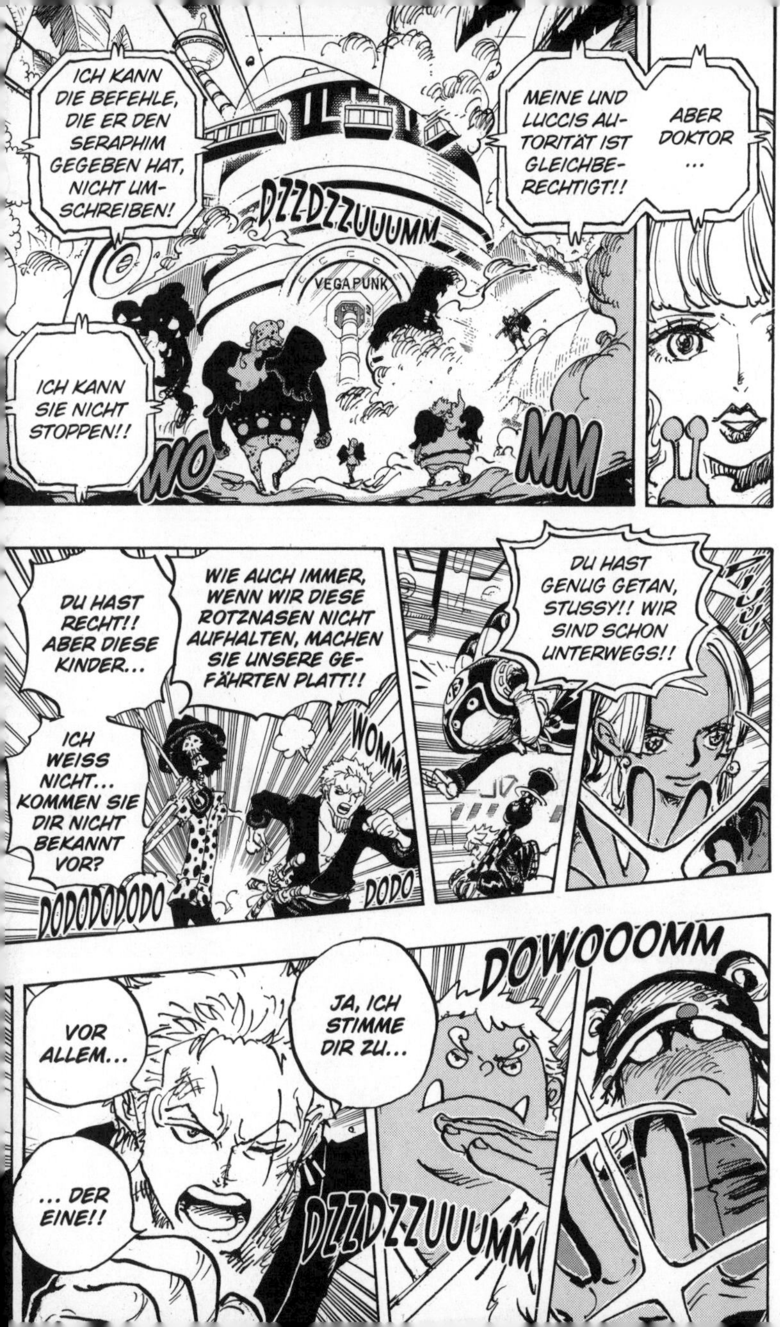
ABER DOKTOR …
MEINE UND LUCCIS AUTORITÄT IST GLEICHBERECHTIGT!!
ICH KANN DIE BEFEHLE, DIE ER DEN SERAPHIM GEGEBEN HAT, NICHT UMSCHREIBEN!
DZZDZZUUUMM
VEGAPUNK
ICH KANN SIE NICHT STOPPEN!!
MM
WO
DU HAST GENUG GETAN, STUSSY!! WIR SIND SCHON UNTERWEGS!!
WIE AUCH IMMER, WENN WIR DIESE ROTZNASEN NICHT AUFHALTEN, MACHEN SIE UNSERE GEFÄHRTEN PLATT!!
DU HAST RECHT!! ABER DIESE KINDER…
ICH WEISS NICHT… KOMMEN SIE DIR NICHT BEKANNT VOR?
WOMM
DODO
DODODODODO
DOWOOOMM
JA, ICH STIMME DIR ZU…
VOR ALLEM…
… DER EINE!!
DZZDZZUUUMM

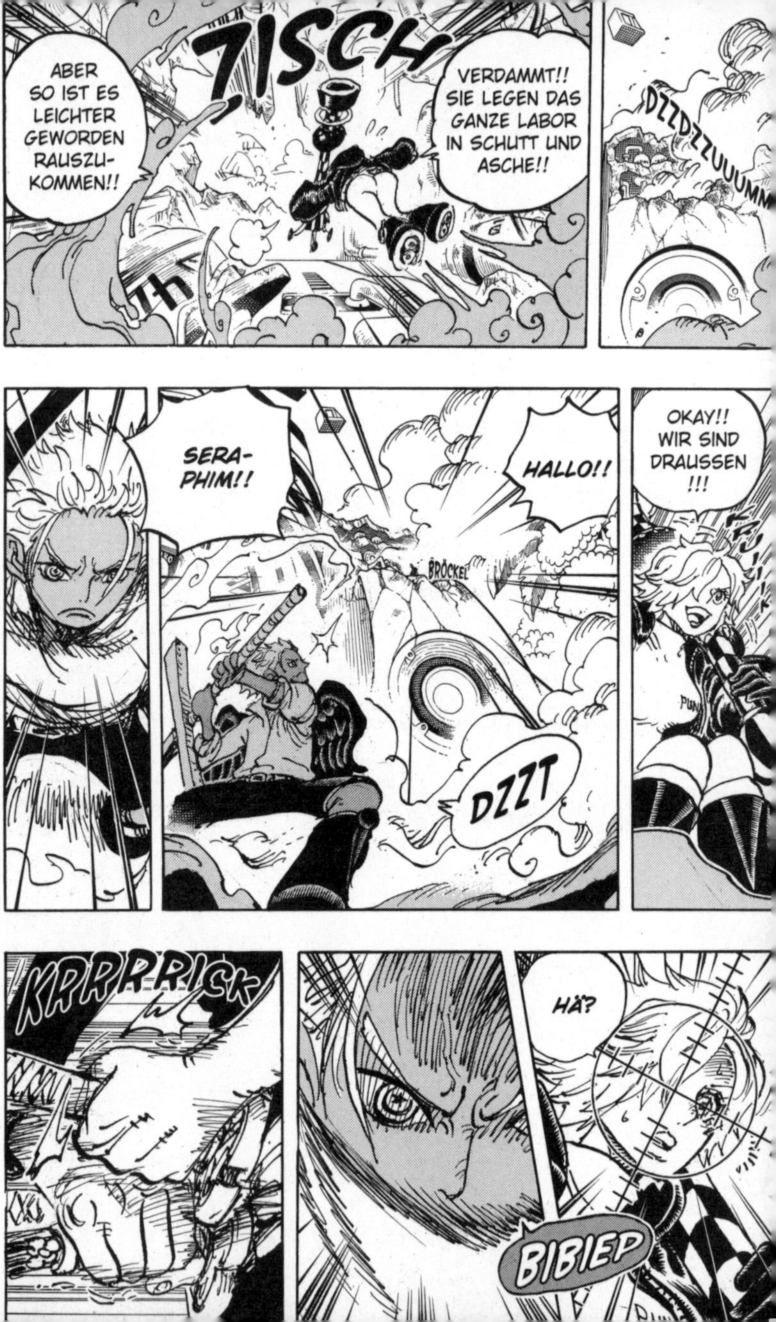
DZZDZZUUUMM
VERDAMMT!! SIE LEGEN DAS GANZE LABOR IN SCHUTT UND ASCHE!!
ZISCH
ABER SO IST ES LEICHTER GEWORDEN RAUSZUKOMMEN!!
OKAY!! WIR SIND DRAUSSEN !!!
HALLO!!
BRÖCKEL
SERAPHIM!!
DZZT
HÄ?
BIBIEP
KRRRRICK

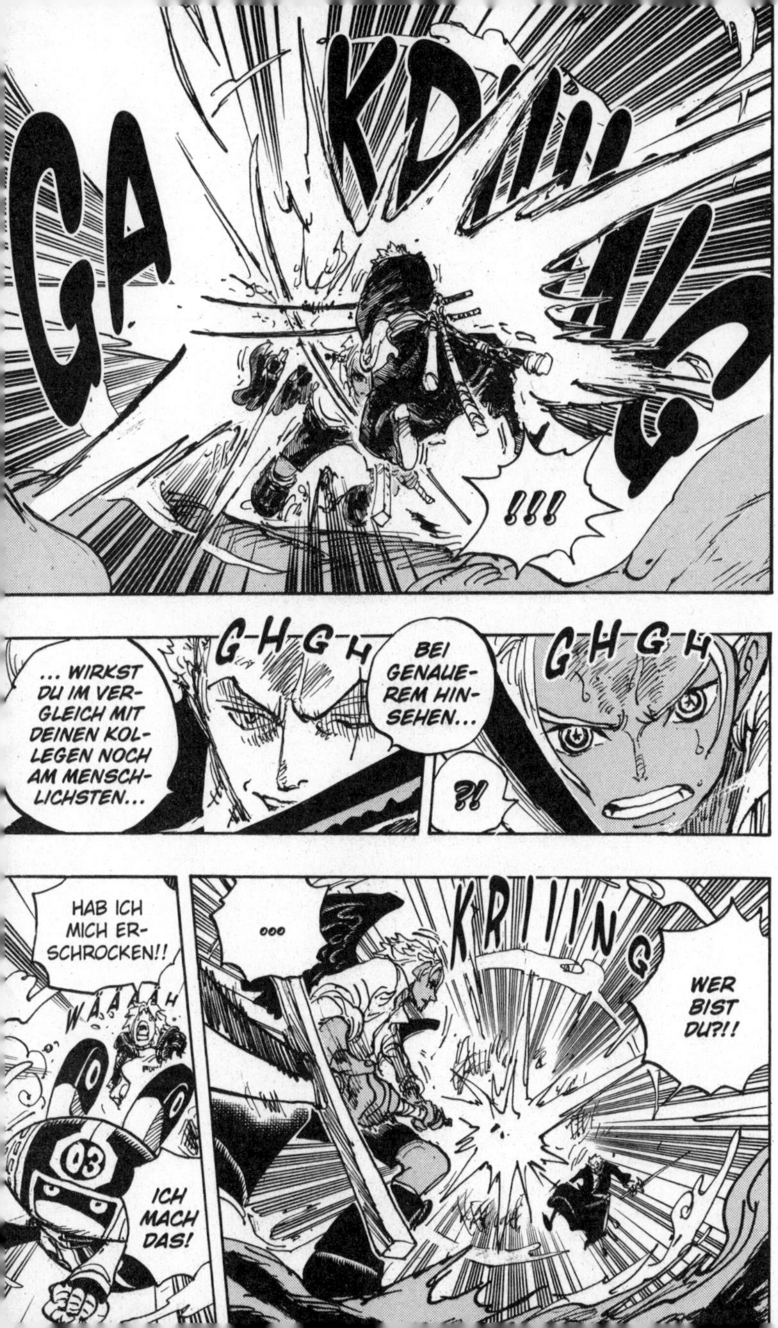
GA KDIIING
!!!
GHGH
?!
GHGH
BEI GENAUEREM HINSEHEN…
… WIRKST DU IM VERGLEICH MIT DEINEN KOLLEGEN NOCH AM MENSCHLICHSTEN…
KRIIING
WER BIST DU?!!
…
HAB ICH MICH ERSCHROCKEN!!
WÄÄÄÄH
ICH MACH DAS!

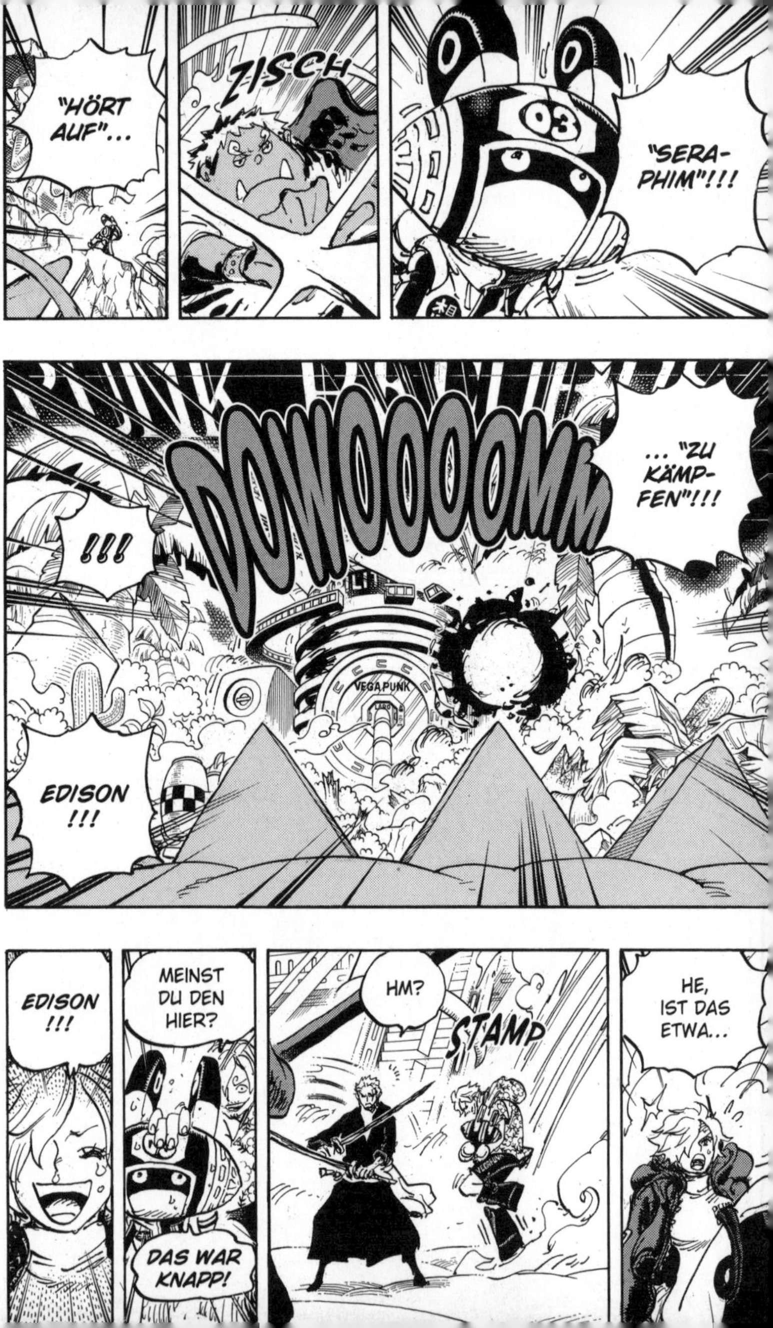
"SERA-PHIM"!!!
ZISCH
"HÖRT AUF"...
... "ZU KÄMPFEN"!!!
DOWOOOOMM
!!!
EDISON !!!
HE, IST DAS ETWA...
HM?
STAMP
MEINST DU DEN HIER?
DAS WAR KNAPP!
EDISON !!!

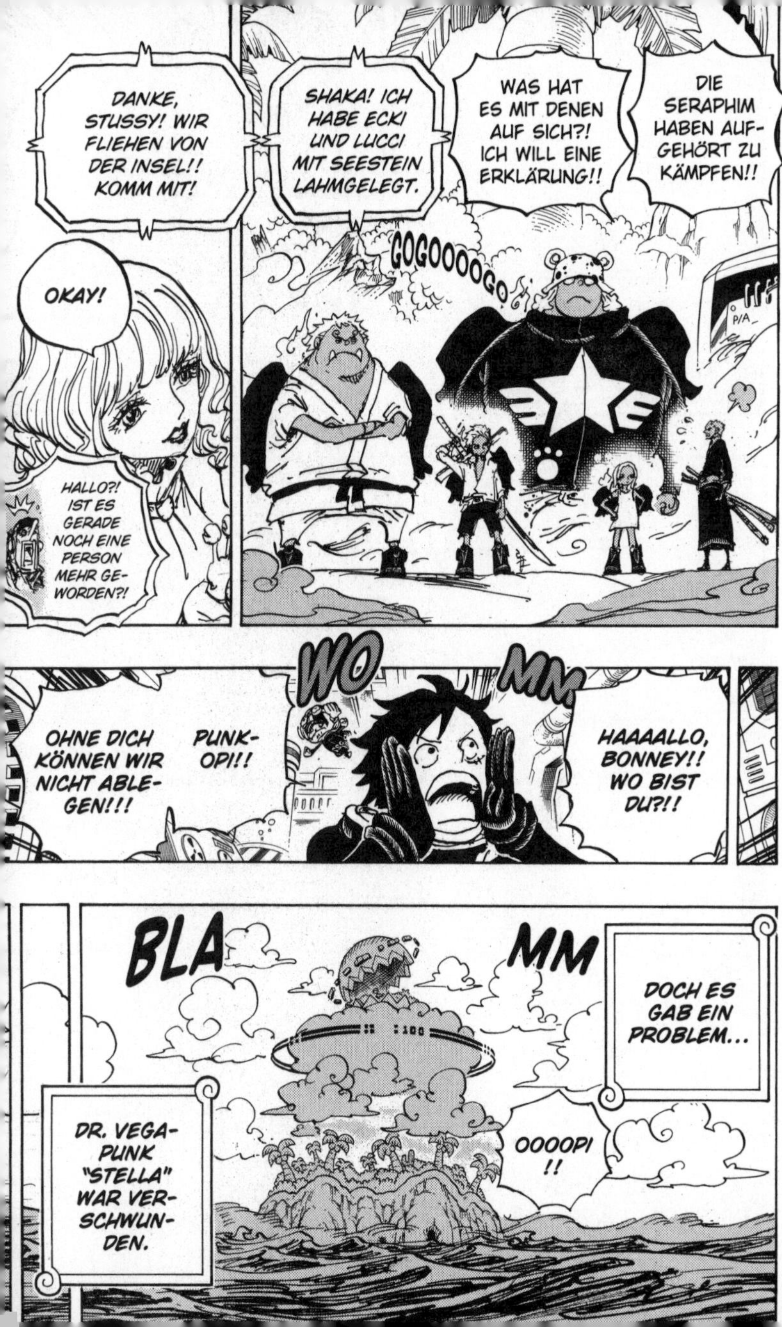
DIE SERAPHIM HABEN AUFGEHÖRT ZU KÄMPFEN!!
WAS HAT ES MIT DENEN AUF SICH?! ICH WILL EINE ERKLÄRUNG!!
SHAKA! ICH HABE ECKI UND LUCCI MIT SEESTEIN LAHMGELEGT.
GOGOOOOOGO
DANKE, STUSSY! WIR FLIEHEN VON DER INSEL!! KOMM MIT!
OKAY!
HALLO?! IST ES GERADE NOCH EINE PERSON MEHR GEWORDEN?!
WOMM
HAAAALLO, BONNEY!! WO BIST DU?!!
PUNK-OPI!!
OHNE DICH KÖNNEN WIR NICHT ABLEGEN!!!
BLAMM
DOCH ES GAB EIN PROBLEM...
OOOOPI!!
DR. VEGAPUNK "STELLA" WAR VERSCHWUNDEN.

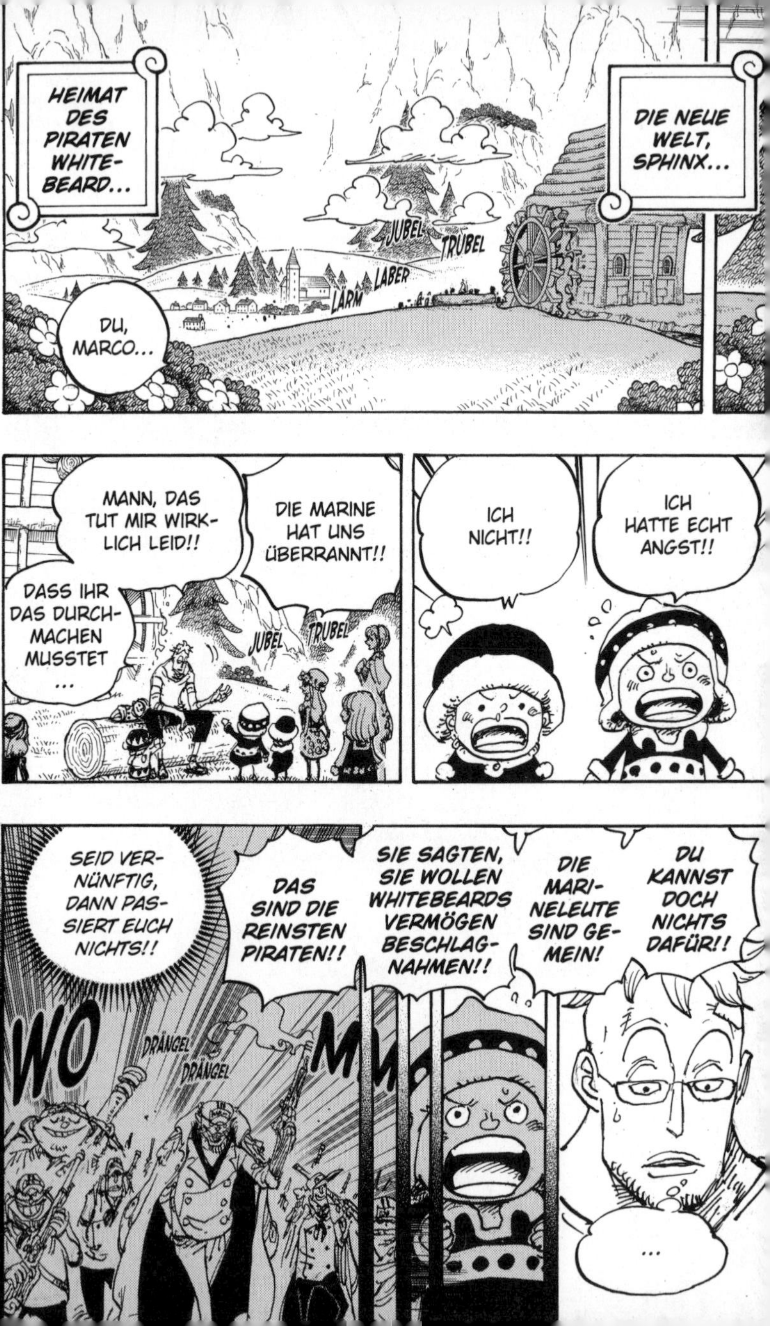
DIE NEUE WELT, SPHINX…
HEIMAT DES PIRATEN WHITE-BEARD…
JUBEL
TRUBEL
LABER
LÄRM
DU, MARCO…
ICH HATTE ECHT ANGST!!
ICH NICHT!!
DIE MARINE HAT UNS ÜBERRANNT!!
MANN, DAS TUT MIR WIRKLICH LEID!!
DASS IHR DAS DURCHMACHEN MUSSTET …
JUBEL
TRUBEL
DU KANNST DOCH NICHTS DAFÜR!!
DIE MARINELEUTE SIND GEMEIN!
SIE SAGTEN, SIE WOLLEN WHITEBEARDS VERMÖGEN BESCHLAGNAHMEN!!
DAS SIND DIE REINSTEN PIRATEN!!
SEID VERNÜNFTIG, DANN PASSIERT EUCH NICHTS!!
…
WO
DRÄNGEL
DRÄNGEL

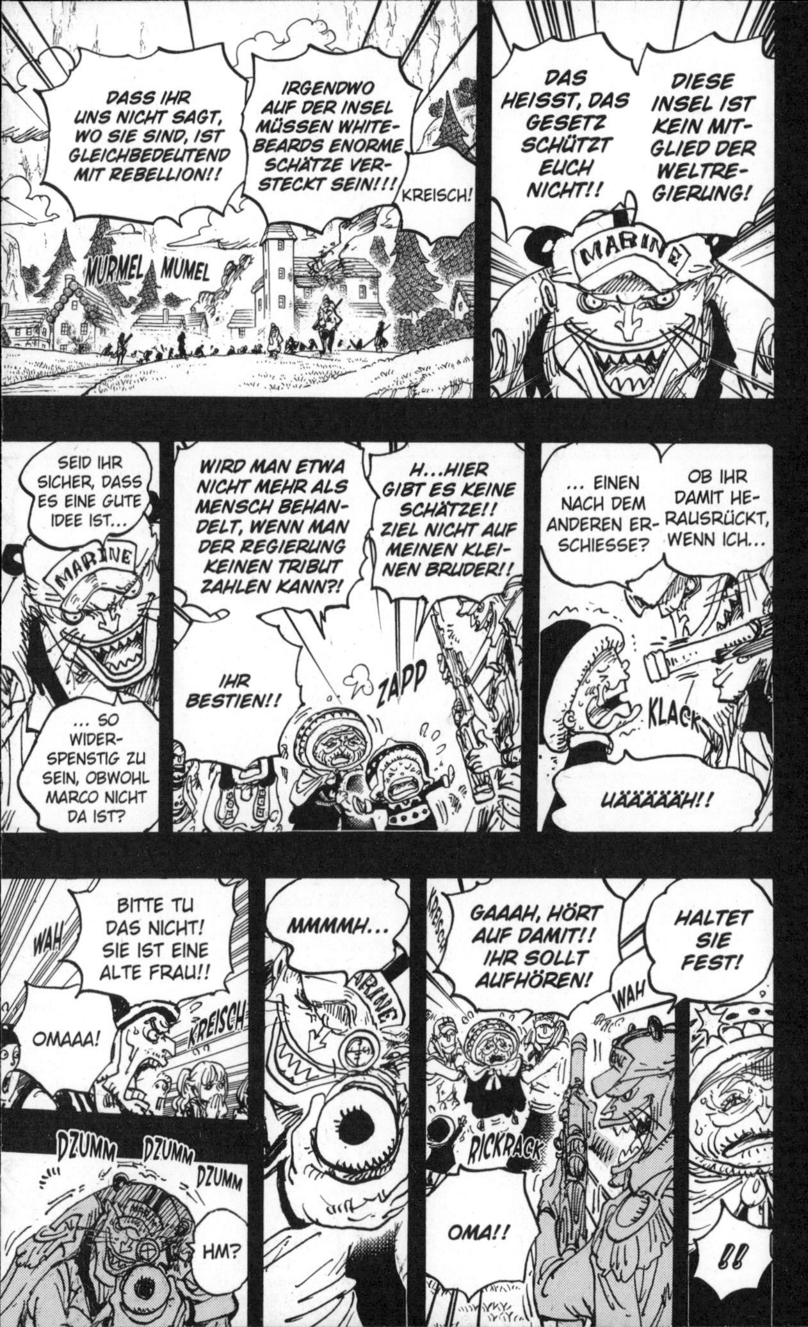
DIESE INSEL IST KEIN MITGLIED DER WELTREGIERUNG!
DAS HEISST, DAS GESETZ SCHÜTZT EUCH NICHT!!
MARINE
KREISCH!
IRGENDWO AUF DER INSEL MÜSSEN WHITEBEARDS ENORME SCHÄTZE VERSTECKT SEIN!!!
DASS IHR UNS NICHT SAGT, WO SIE SIND, IST GLEICHBEDEUTEND MIT REBELLION!!
MURMEL MUMEL
OB IHR DAMIT HERAUSRÜCKT, WENN ICH...
... EINEN NACH DEM ANDEREN ERSCHIESSE?
KLACK
UÄÄÄÄÄH!!
H...HIER GIBT ES KEINE SCHÄTZE!! ZIEL NICHT AUF MEINEN KLEINEN BRUDER!!
WIRD MAN ETWA NICHT MEHR ALS MENSCH BEHANDELT, WENN MAN DER REGIERUNG KEINEN TRIBUT ZAHLEN KANN?!
ZAPP
IHR BESTIEN!!
SEID IHR SICHER, DASS ES EINE GUTE IDEE IST...
MARINE
... SO WIDERSPENSTIG ZU SEIN, OBWOHL MARCO NICHT DA IST?
HALTET SIE FEST!
GAAAH, HÖRT AUF DAMIT!! IHR SOLLT AUFHÖREN!
WAH
KREISCH
RICKRACK
OMA!!
!!
MMMMH...
BITTE TU DAS NICHT! SIE IST EINE ALTE FRAU!!
WAH
KREISCH
OMAAA!
DZUMM DZUMM DZUMM
HM?

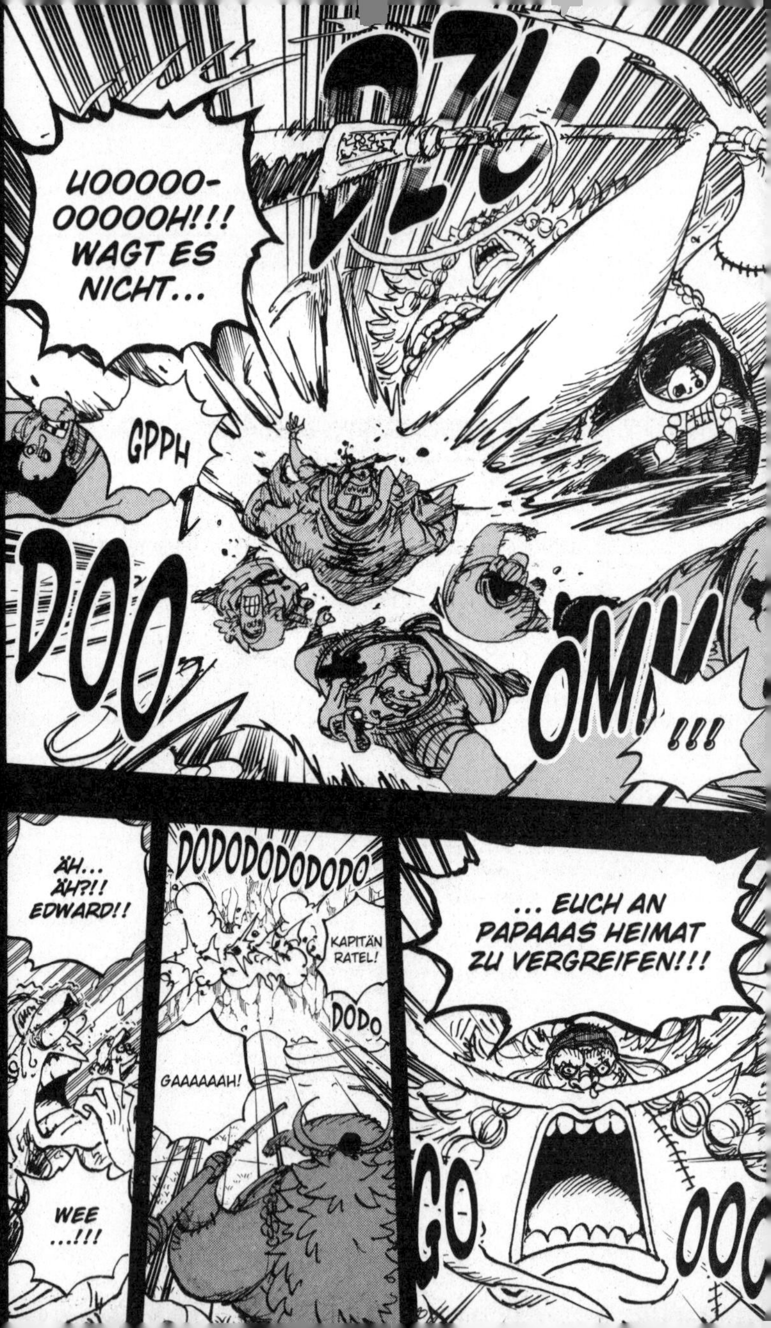
UOOOOO-OOOOOH!!! WAGT ES NICHT...
GPPH
DOO
OMM
!!!
... EUCH AN PAPAAAS HEIMAT ZU VERGREIFEN!!!
DODODODODODO
KAPITÄN RATEL!
DODO
GAAAAAAH!
ÄH... ÄH?!! EDWARD!!
WEE ...!!!

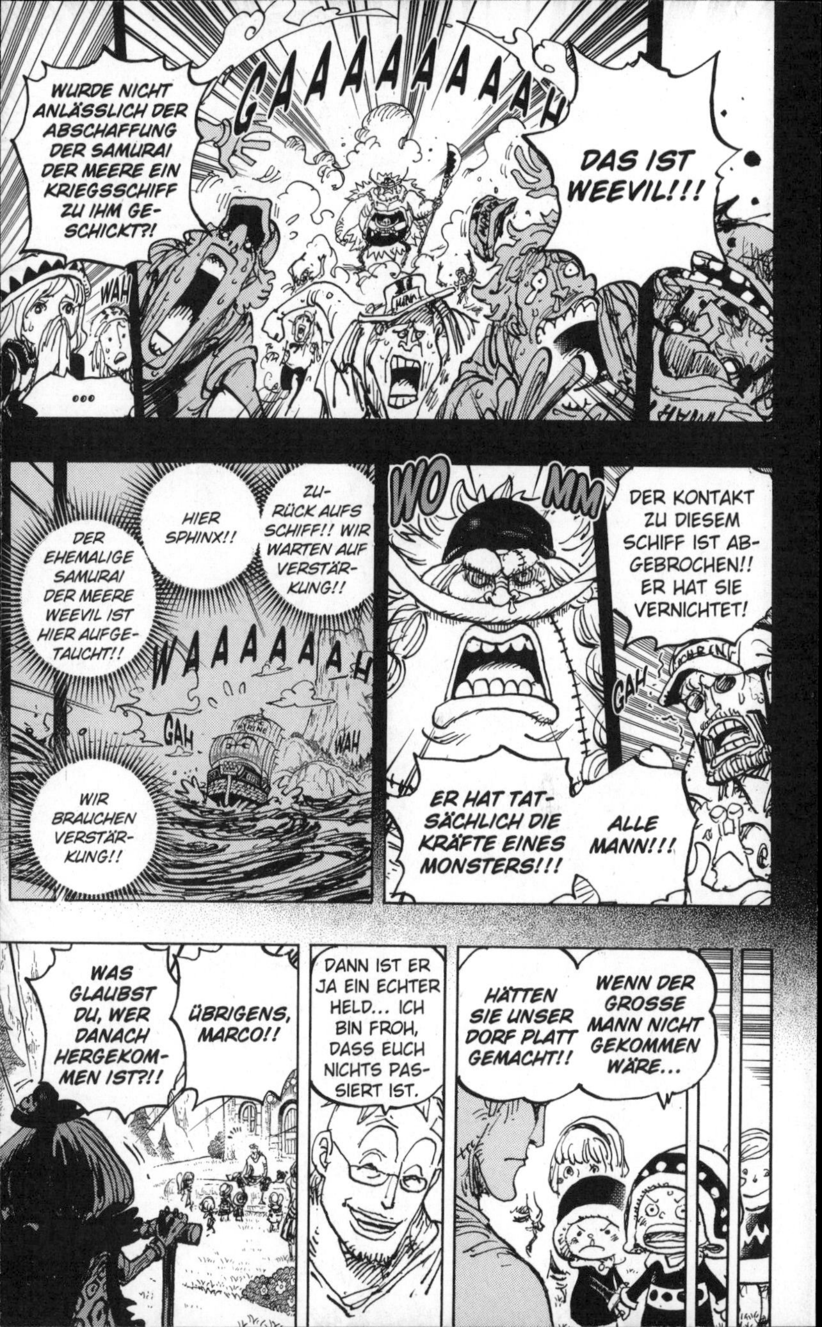
DAS IST WEEVIL!!!
GAAAAAAAAAH
WURDE NICHT ANLÄSSLICH DER ABSCHAFFUNG DER SAMURAI DER MEERE EIN KRIEGSSCHIFF ZU IHM GESCHICKT?!
WAH
...
WOMM
DER KONTAKT ZU DIESEM SCHIFF IST ABGEBROCHEN!! ER HAT SIE VERNICHTET!
GAH
ALLE MANN!!!
ER HAT TATSÄCHLICH DIE KRÄFTE EINES MONSTERS!!!
ZURÜCK AUFS SCHIFF!! WIR WARTEN AUF VERSTÄRKUNG!!
HIER SPHINX!!
DER EHEMALIGE SAMURAI DER MEERE WEEVIL IST HIER AUFGETAUCHT!!
WAAAAAAH
GAH
WAH
WIR BRAUCHEN VERSTÄRKUNG!!
WENN DER GROSSE MANN NICHT GEKOMMEN WÄRE...
HÄTTEN SIE UNSER DORF PLATT GEMACHT!!
DANN IST ER JA EIN ECHTER HELD... ICH BIN FROH, DASS EUCH NICHTS PASSIERT IST.
ÜBRIGENS, MARCO!!
WAS GLAUBST DU, WER DANACH HERGEKOMMEN IST?!!

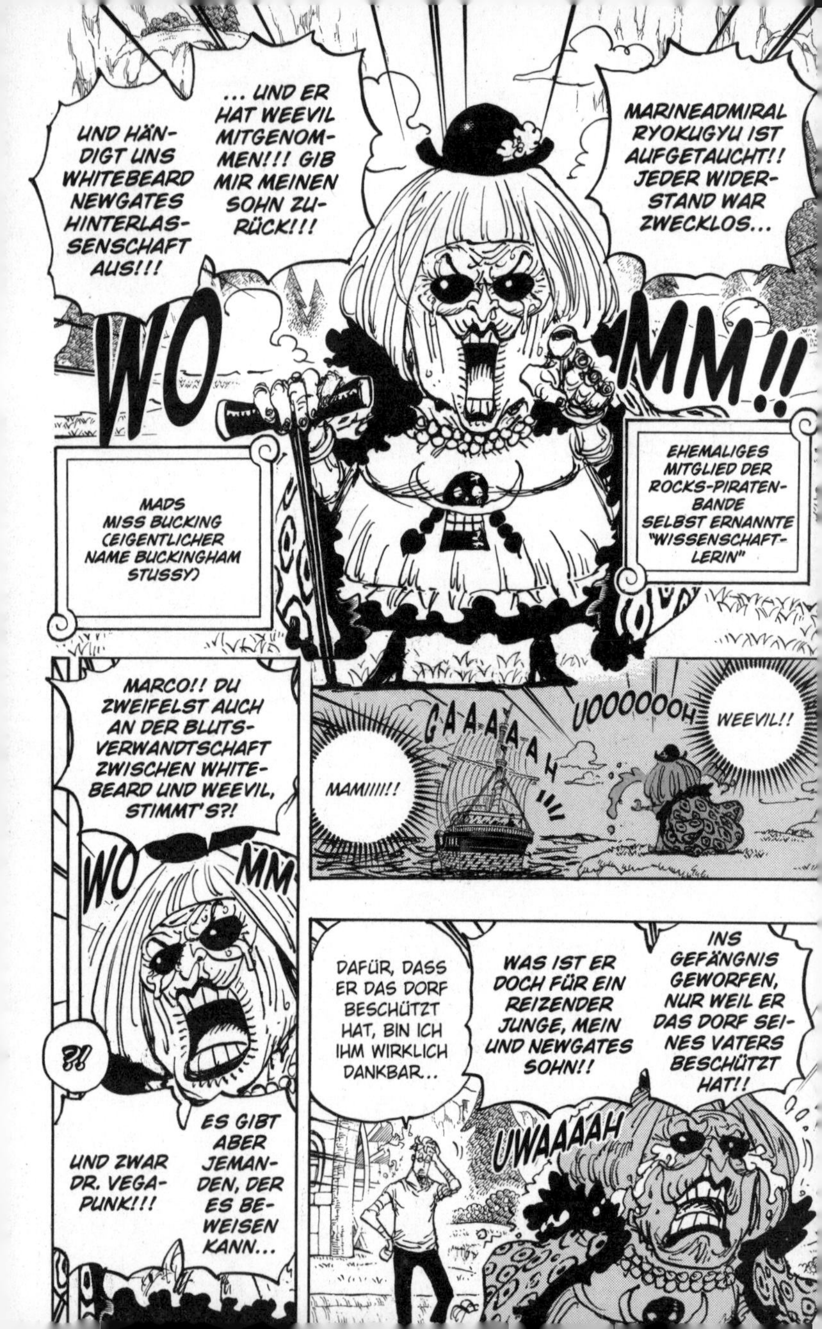

MARINEADMIRAL RYOKUGYU IST AUFGETAUCHT!! JEDER WIDERSTAND WAR ZWECKLOS...
... UND ER HAT WEEVIL MITGENOMMEN!!! GIB MIR MEINEN SOHN ZURÜCK!!!
UND HÄNDIGT UNS WHITEBEARD NEWGATES HINTERLASSENSCHAFT AUS!!!
WOMM!!
EHEMALIGES MITGLIED DER ROCKS-PIRATENBANDE SELBST ERNANNTE "WISSENSCHAFTLERIN"
MADS MISS BUCKING (EIGENTLICHER NAME BUCKINGHAM STUSSY)
WEEVIL!!
UOOOOOOH
GAAAAAAH
MAMI!!!!
MARCO!! DU ZWEIFELST AUCH AN DER BLUTSVERWANDTSCHAFT ZWISCHEN WHITEBEARD UND WEEVIL, STIMMT'S?!
WOMM
?!
INS GEFÄNGNIS GEWORFEN, NUR WEIL ER DAS DORF SEINES VATERS BESCHÜTZT HAT!!
WAS IST ER DOCH FÜR EIN REIZENDER JUNGE, MEIN UND NEWGATES SOHN!!
DAFÜR, DASS ER DAS DORF BESCHÜTZT HAT, BIN ICH IHM WIRKLICH DANKBAR...
UWAAAAH
ES GIBT ABER JEMANDEN, DER ES BEWEISEN KANN...
UND ZWAR DR. VEGAPUNK!!!

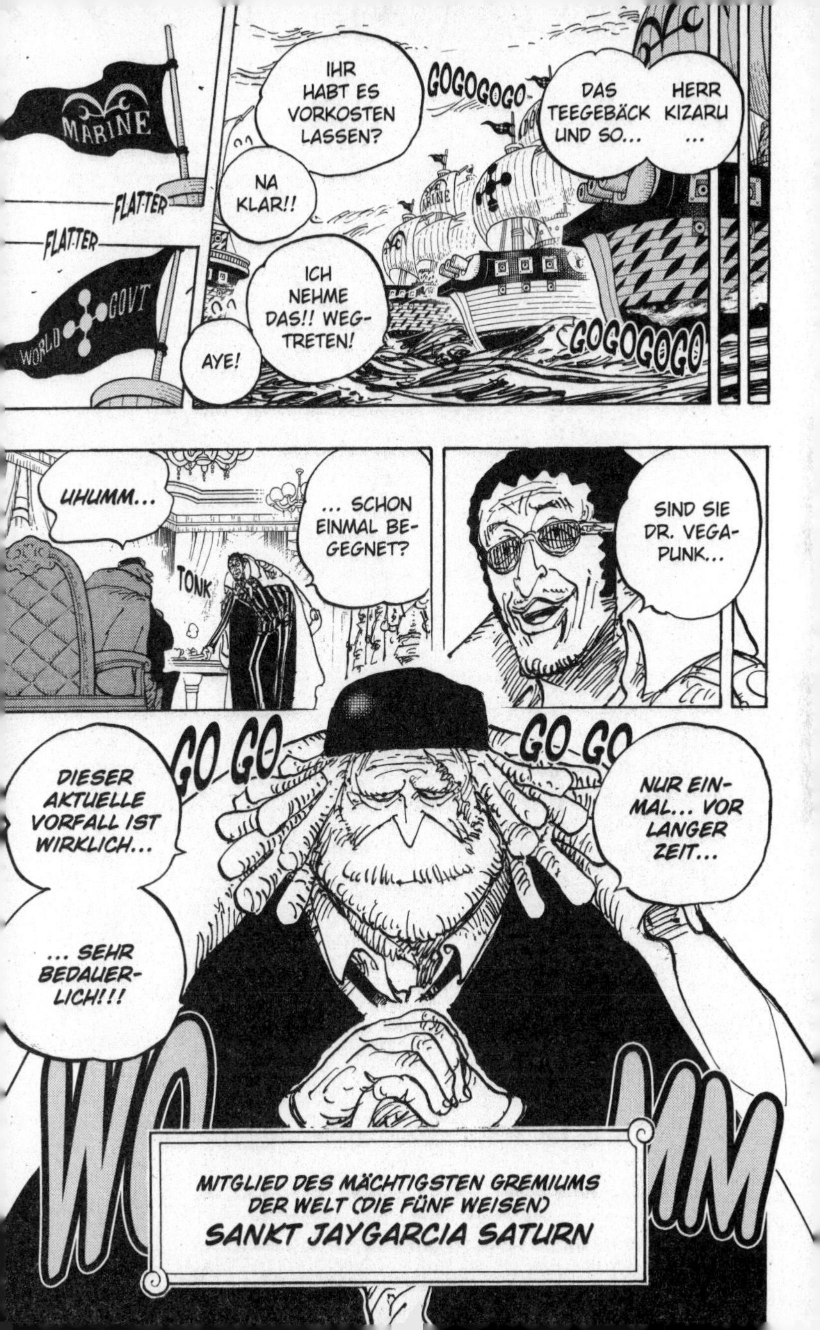

HERR KIZARU ...
DAS TEEGEBÄCK UND SO...
GOGOGOGO
IHR HABT ES VORKOSTEN LASSEN?
NA KLAR!!
ICH NEHME DAS!! WEG-TRETEN!
AYE!
GOGOGOGO
MARINE
FLATTER
FLATTER
WORLD GOVT
SIND SIE DR. VEGA-PUNK...
... SCHON EINMAL BE-GEGNET?
UHUMM...
TONK
NUR EIN-MAL... VOR LANGER ZEIT...
GO GO
GO GO
DIESER AKTUELLE VORFALL IST WIRKLICH...
... SEHR BEDAUER-LICH!!!
MITGLIED DES MÄCHTIGSTEN GREMIUMS DER WELT (DIE FÜNF WEISEN)
SANKT JAYGARCIA SATURN

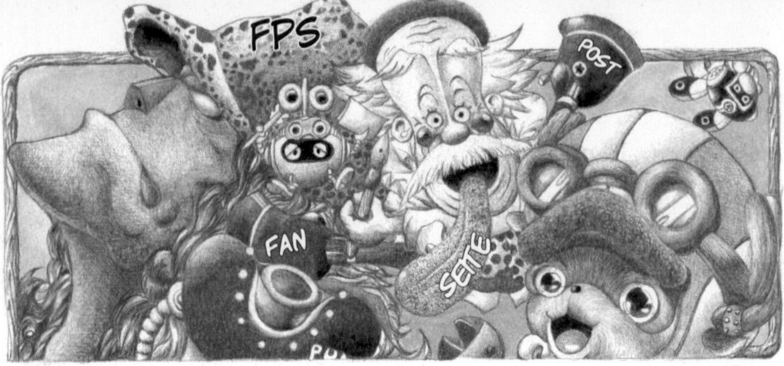

L: ODA-CHI! ODA-CHI! FRAGT DENN NIEMAND NACH BROOKS ZUKUNFT? DAS KANN ICH ALS AFRO-FAN NICHT ZULASSEN!! BITTE ZEIG UNS DAS POTENZIAL DES SKELETT-AFROS, ODA-CHI!

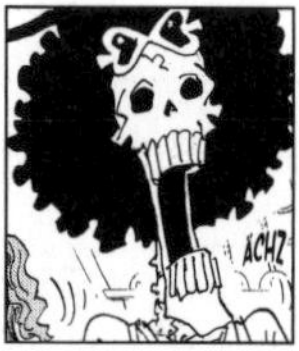

O: OKAY.

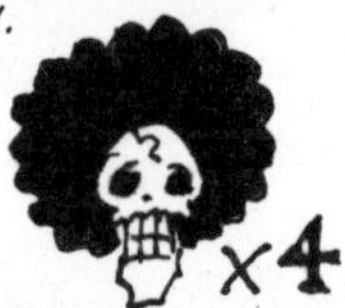

(NACH 20 JAHREN, NACH 40 JAHREN, 20 JAHRE UND 40 JAHRE, NACHDEM ETWAS SCHIEFGEGANGEN IST)

L: ICH WÜSSTE GERNE DEN NAMEN DER KATZE, DIE HINTER DR. VEGAPUNK HERRENNT, ALS ER SAGT: "ICH KANN JEDE HELFENDE HAND GEBRAUCHEN, UND WENN ES EINE KATZENPFOTE IST!!"
PSEUDONYM: AKANEKO

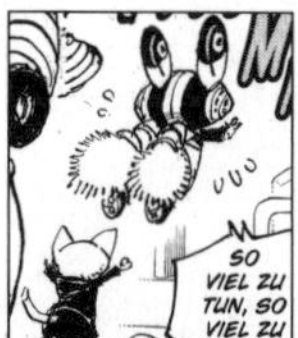

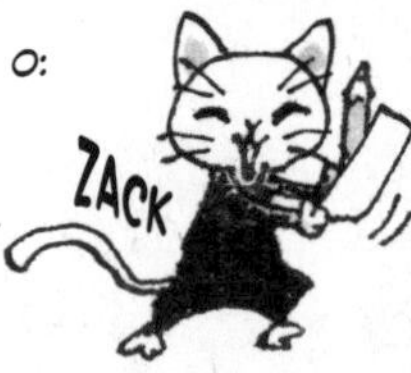

O: DU MEINST SEINE ASSISTENZKATZE JOSH? ER LIEBT ES, MENSCHEN ZU HELFEN. WENN JEMAND SICH NOTIZEN MACHEN WILL, HAT ER SOFORT ZETTEL UND STIFT PARAT, SODASS MANCHE ARGWÖHNEN, OB ER NICHT KENBUNSHOKU-HAKI BEHERRSCHT. WENN MAN EINE JUCKENDE STELLE AM RÜCKEN HAT, KRATZT ER EINEN UND VIELES MEHR.

L: IN KAPITEL 1069 GIBT ES IM DIALOG ZWISCHEN VEGAPUNK UND SENTOMARU DIE STELLE "*...DER DICH DAMALS, ALS DU HALB VERHUNGERT WARST, AUFGENOMMEN HAT...*". AUF WAS FÜR EINE EPISODE WIRD DA ANGESPIELT?!
PSEUDONYM: JUJO ICCHA

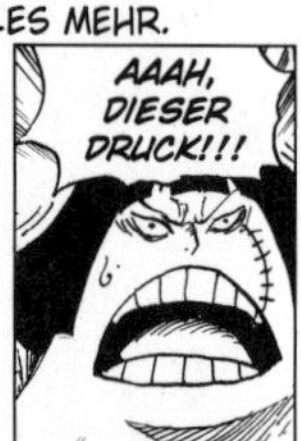

O: BEI DER MARINE GING DIE MELDUNG EIN, DASS DAS DORF AUF EINER GEWISSEN INSEL VON BÄREN VERWÜSTET WURDE.
VEGAPUNK BEGLEITETE DIE ABORDNUNG, DIE EIN ABWEHR-SYSTEM GEGEN DIE BÄREN EINRICHTEN SOLLTE. DIE MARINESOLDATEN STIESSEN DABEI AUF DEN JUNGEN SENTOMARU, DER DIE BÄREN MIT SUMO NIEDERRANG UND ÜBER SIE HERRSCHTE. ER WAR ALS KLEINER JUNGE VON DEN DORFBEWOHNERN AUSGESTOSSEN WORDEN, WEIL ER SO GEWALTTÄTIG WAR. SENTOMARU KONNTE NICHT INS DORF ZURÜCK UND WAR IMMERZU HUNGRIG. VEGAPUNK WAR FASZINIERT VON SEINER KRAFT UND STELLTE IHN ALS PERSÖNLICHEN LEIBWÄCHTER EIN. DAS IST DIE VERGANGENHEIT DER BEIDEN.

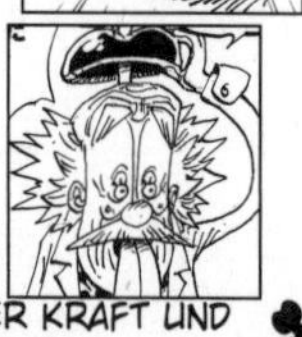

1074. Kapitel:
Mark III

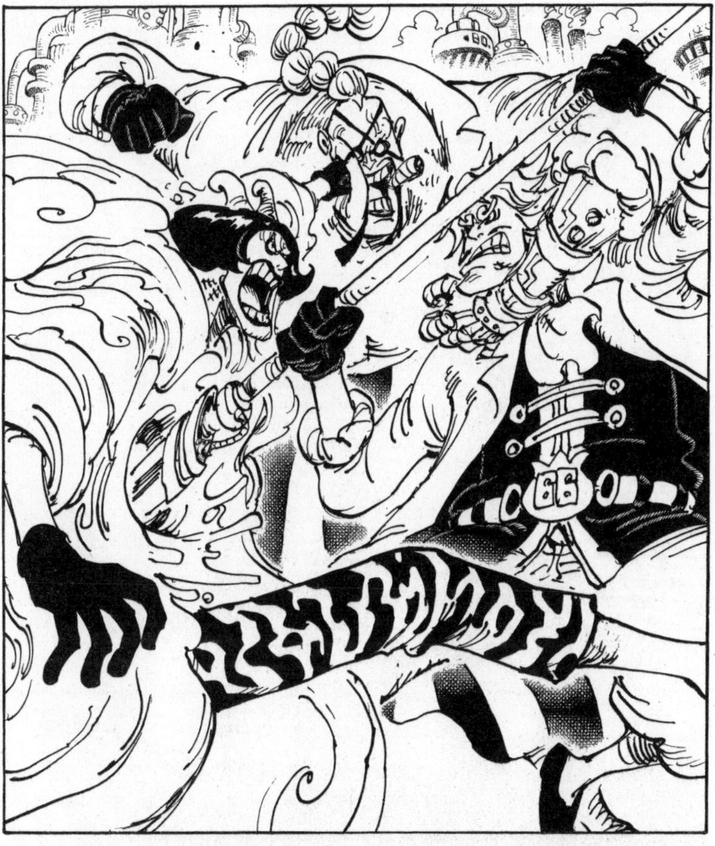

Dieser ausdruckslose Reisebericht der Germa 66, Teil 30
„Der ewige Kampf um die Nr. 2 – Die grimmigen drei"

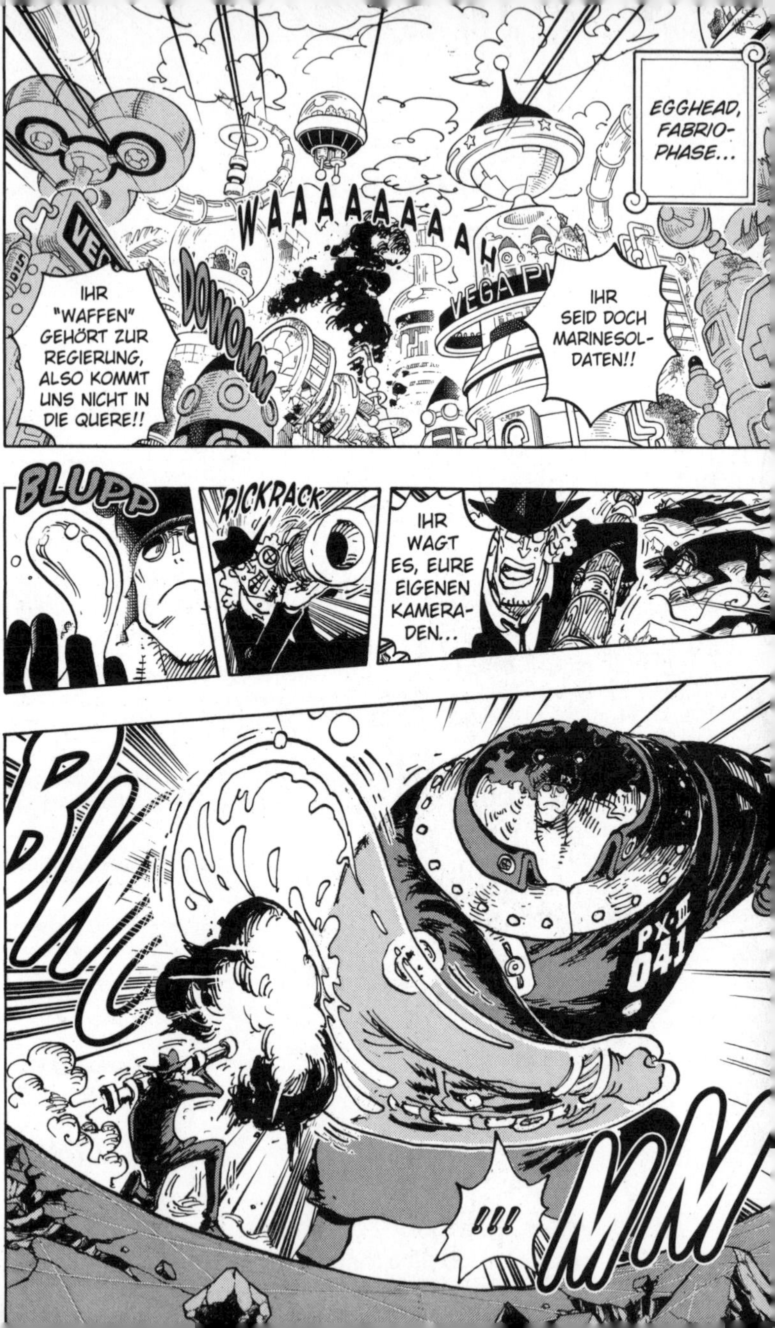
EGGHEAD, FABRIO-PHASE…
WAAAAAAAAAH
DOWOMM
IHR SEID DOCH MARINESOL-DATEN!!
IHR "WAFFEN" GEHÖRT ZUR REGIERUNG, ALSO KOMMT UNS NICHT IN DIE QUERE!!
IHR WAGT ES, EURE EIGENEN KAMERA-DEN…
RICKRACK
BLUPP
PX-Ⅲ 041
!!!

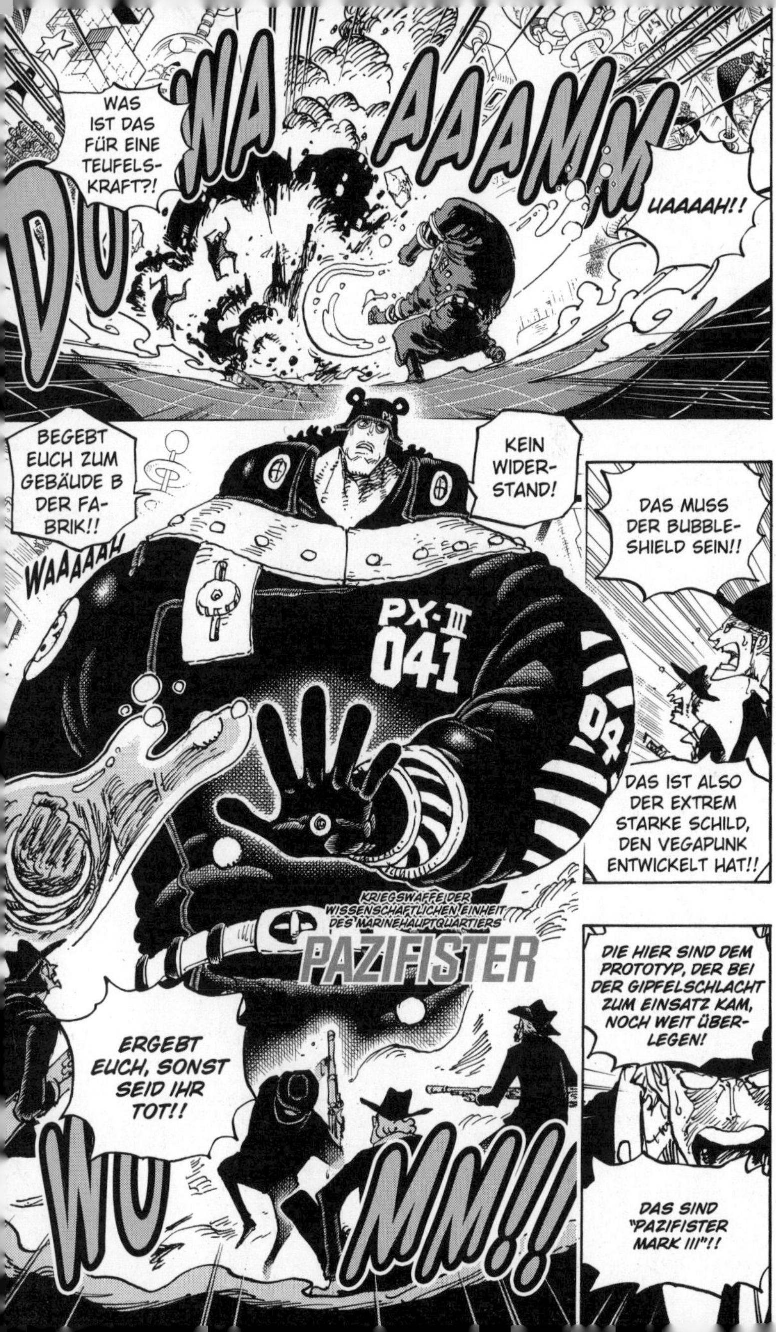
UAAAAH!!
WAS IST DAS FÜR EINE TEUFELS-KRAFT?!
DUWAAAAMM
KEIN WIDER-STAND!
BEGEBT EUCH ZUM GEBÄUDE B DER FA-BRIK!!
WAAAAAH
DAS MUSS DER BUBBLE-SHIELD SEIN!!
DAS IST ALSO DER EXTREM STARKE SCHILD, DEN VEGAPUNK ENTWICKELT HAT!!
PX-III 041
KRIEGSWAFFE DER WISSENSCHAFTLICHEN EINHEIT DES MARINEHAUPTQUARTIERS
PAZIFISTER
DIE HIER SIND DEM PROTOTYP, DER BEI DER GIPFELSCHLACHT ZUM EINSATZ KAM, NOCH WEIT ÜBER-LEGEN!
DAS SIND "PAZIFISTER MARK III"!!
ERGEBT EUCH, SONST SEID IHR TOT!!
WUMM!!

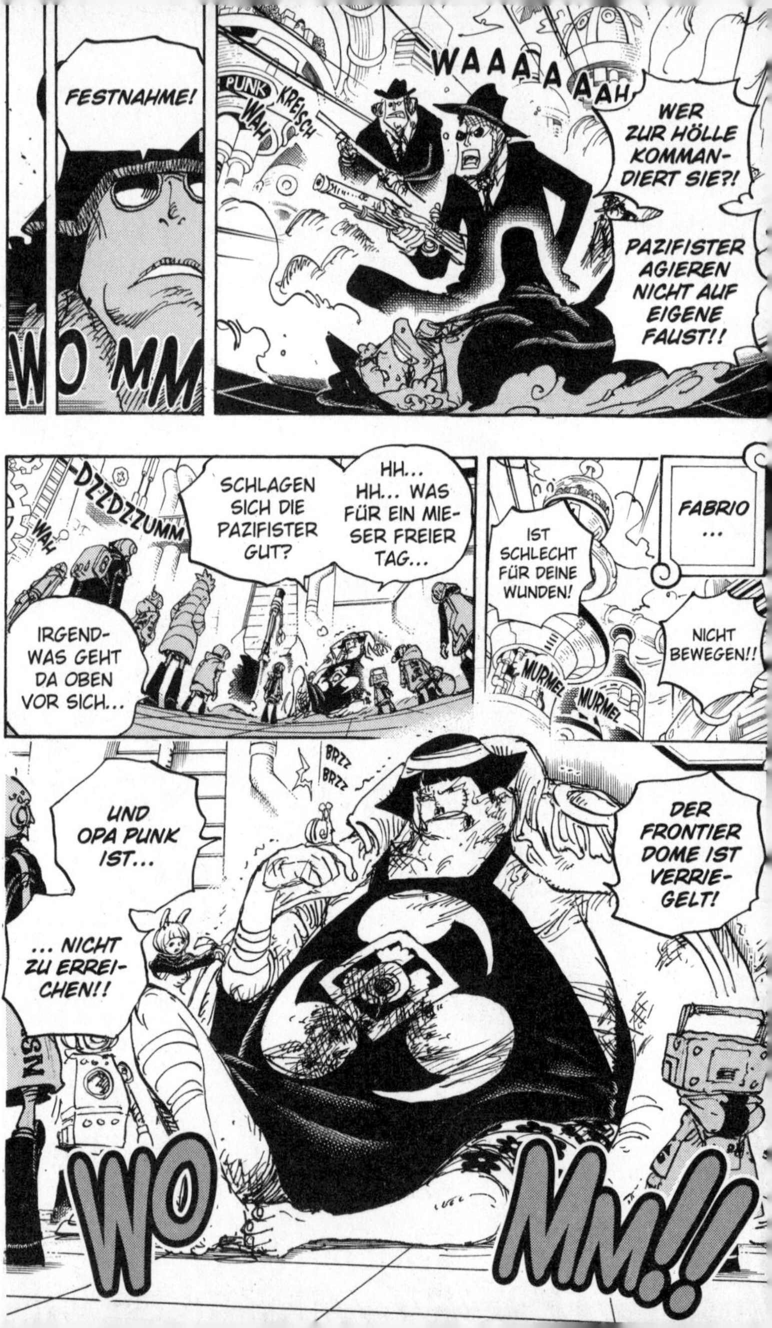
WAAAAAAH
WER ZUR HÖLLE KOMMANDIERT SIE?!
PAZIFISTER AGIEREN NICHT AUF EIGENE FAUST!!
PUNK
KREISCH
WAH
FESTNAHME!
WOMM
FABRIO ...
NICHT BEWEGEN!!
IST SCHLECHT FÜR DEINE WUNDEN!
MURMEL MURMEL
HH... HH... WAS FÜR EIN MIESER FREIER TAG...
SCHLAGEN SICH DIE PAZIFISTER GUT?
DZZZDZZUMM
WAH
IRGENDWAS GEHT DA OBEN VOR SICH...
BRZZ BRZZ
DER FRONTIER DOME IST VERRIEGELT!
UND OPA PUNK IST...
... NICHT ZU ERREICHEN!!
WOMM!!

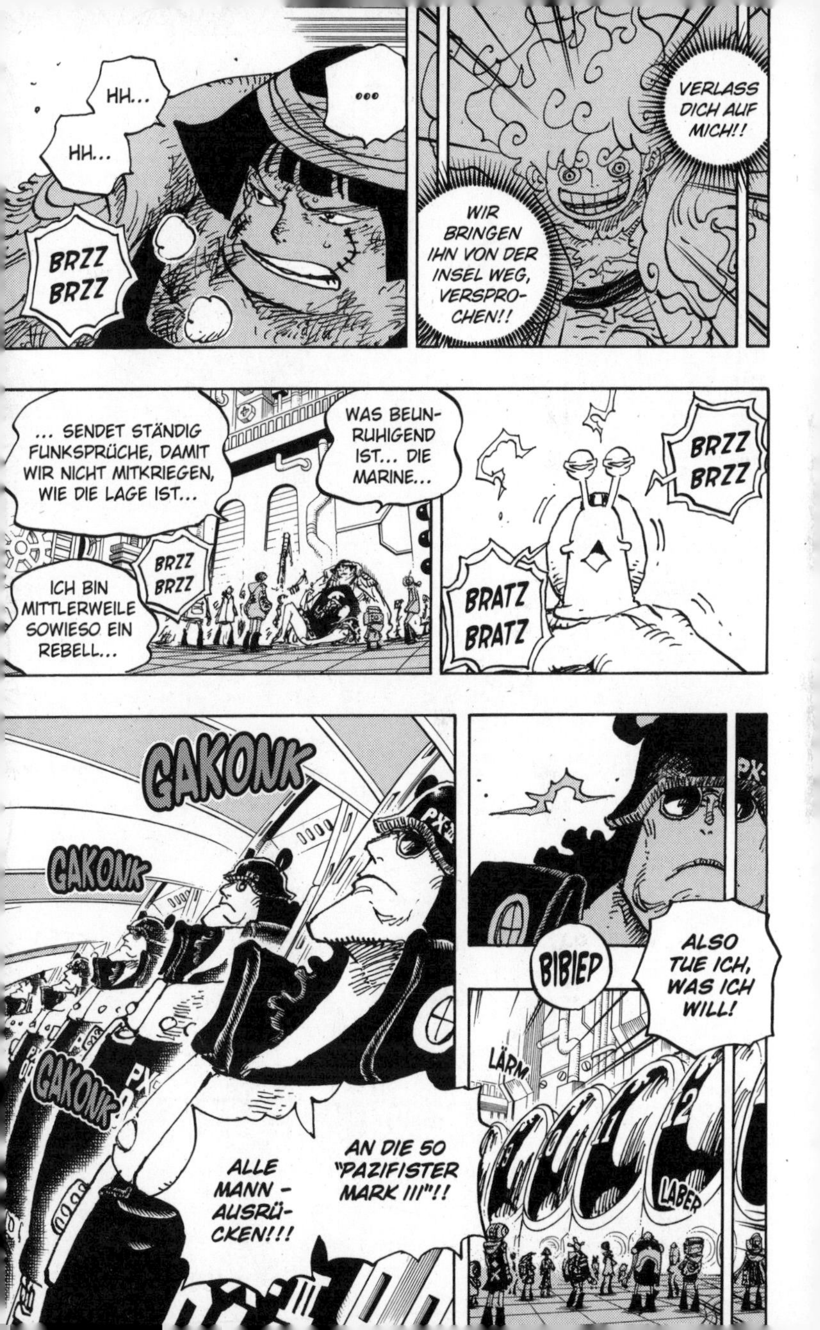

VERLASS DICH AUF MICH!!
WIR BRINGEN IHN VON DER INSEL WEG, VERSPROCHEN!!
...
HH...
HH...
BRZZ BRZZ
WAS BEUNRUHIGEND IST... DIE MARINE...
... SENDET STÄNDIG FUNKSPRÜCHE, DAMIT WIR NICHT MITKRIEGEN, WIE DIE LAGE IST...
ICH BIN MITTLERWEILE SOWIESO EIN REBELL...
BRZZ BRZZ
BRZZ BRZZ
BRATZ BRATZ
BIBIEP
ALSO TUE ICH, WAS ICH WILL!
LÄRM
LABER
GAKONK
GAKONK
GAKONK
AN DIE 50 "PAZIFISTER MARK III"!!
ALLE MANN AUSRÜCKEN!!!

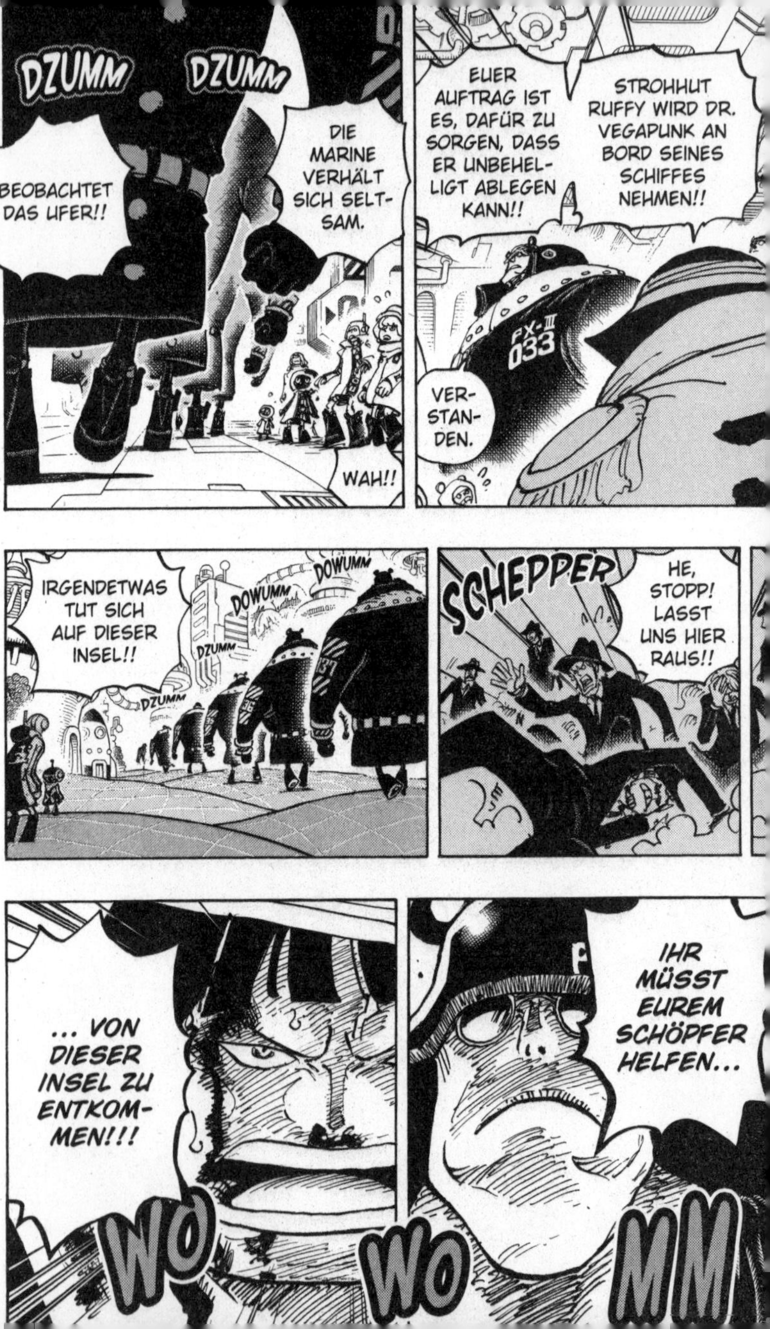

STROHHUT RUFFY WIRD DR. VEGAPUNK AN BORD SEINES SCHIFFES NEHMEN!!
EUER AUFTRAG IST ES, DAFÜR ZU SORGEN, DASS ER UNBEHEL-LIGT ABLEGEN KANN!!
VER-STAN-DEN.
DZUMM
DZUMM
DIE MARINE VERHÄLT SICH SELT-SAM.
BEOBACHTET DAS UFER!!
WAH!!
SCHEPPER
HE, STOPP! LASST UNS HIER RAUS!!
DOWUMM
DOWUMM
IRGENDETWAS TUT SICH AUF DIESER INSEL!!
DZUMM
DZUMM
IHR MÜSST EUREM SCHÖPFER HELFEN…
… VON DIESER INSEL ZU ENTKOM-MEN!!!
WO WO MM

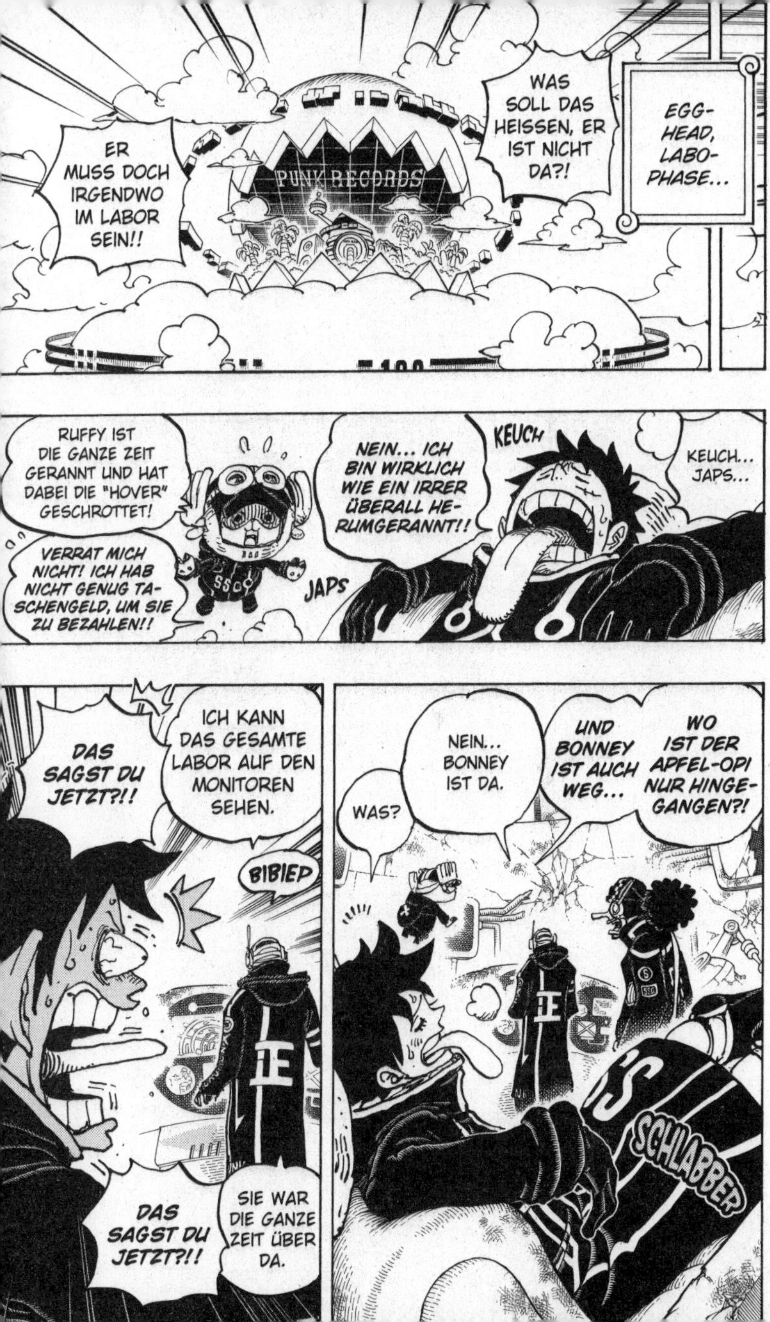
EGG-HEAD, LABO-PHASE...
WAS SOLL DAS HEISSEN, ER IST NICHT DA?!
ER MUSS DOCH IRGENDWO IM LABOR SEIN!!
PUNK RECORDS
KEUCH... JAPS...
KEUCH
NEIN... ICH BIN WIRKLICH WIE EIN IRRER ÜBERALL HERUMGERANNT!!
RUFFY IST DIE GANZE ZEIT GERANNT UND HAT DABEI DIE "HOVER" GESCHROTTET!
VERRAT MICH NICHT! ICH HAB NICHT GENUG TASCHENGELD, UM SIE ZU BEZAHLEN!!
JAPS
WO IST DER APFEL-OPI NUR HINGEGANGEN?!
UND BONNEY IST AUCH WEG...
NEIN... BONNEY IST DA.
WAS?
SCHLABBER
ICH KANN DAS GESAMTE LABOR AUF DEN MONITOREN SEHEN.
DAS SAGST DU JETZT?!!
BIBIEP
SIE WAR DIE GANZE ZEIT ÜBER DA.
DAS SAGST DU JETZT?!!

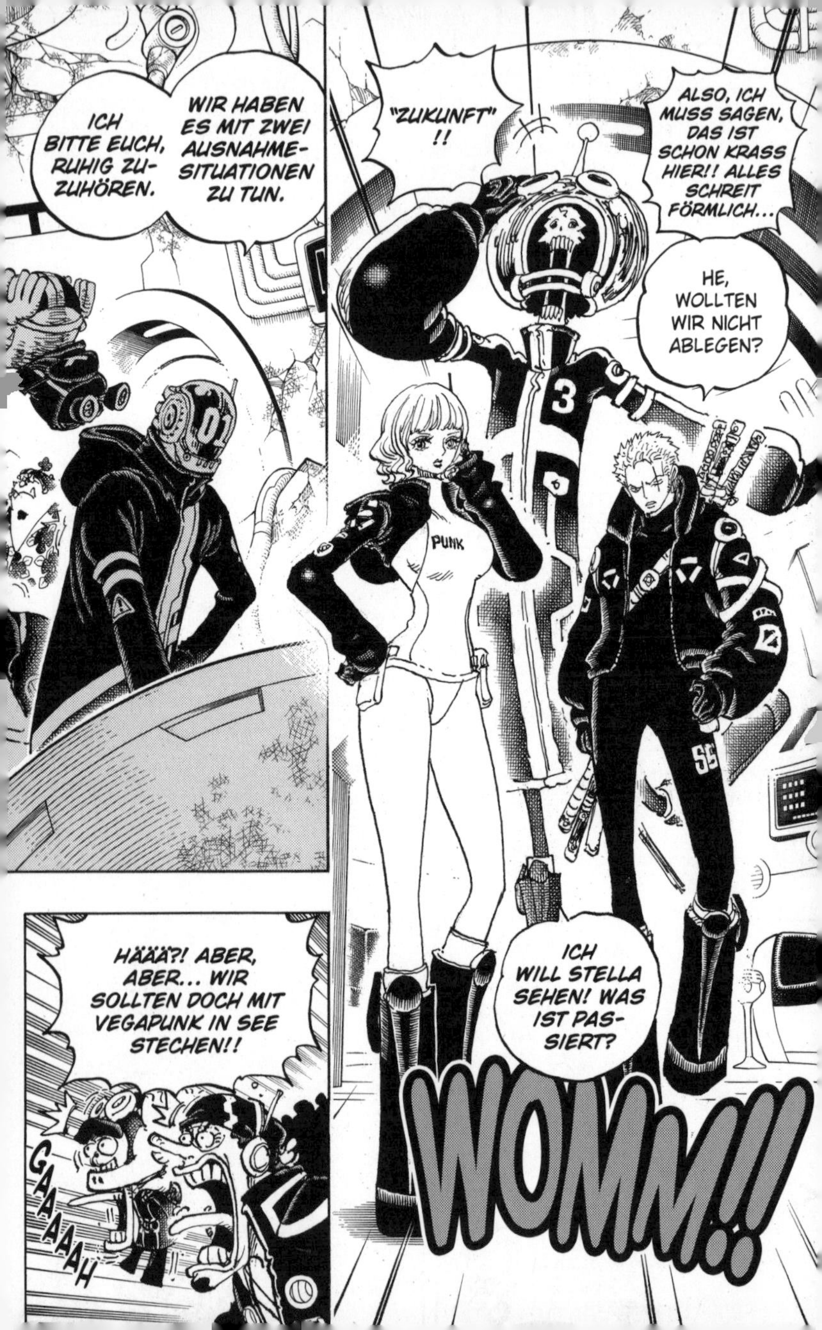
ALSO, ICH MUSS SAGEN, DAS IST SCHON KRASS HIER!! ALLES SCHREIT FÖRMLICH...
"ZUKUNFT" !!
HE, WOLLTEN WIR NICHT ABLEGEN?
PUNK
3
ICH WILL STELLA SEHEN! WAS IST PAS-SIERT?
WOMM!!
WIR HABEN ES MIT ZWEI AUSNAHME-SITUATIONEN ZU TUN.
ICH BITTE EUCH, RUHIG ZU-ZUHÖREN.
HÄÄÄ?! ABER, ABER... WIR SOLLTEN DOCH MIT VEGAPUNK IN SEE STECHEN!!
GAAAAAAH

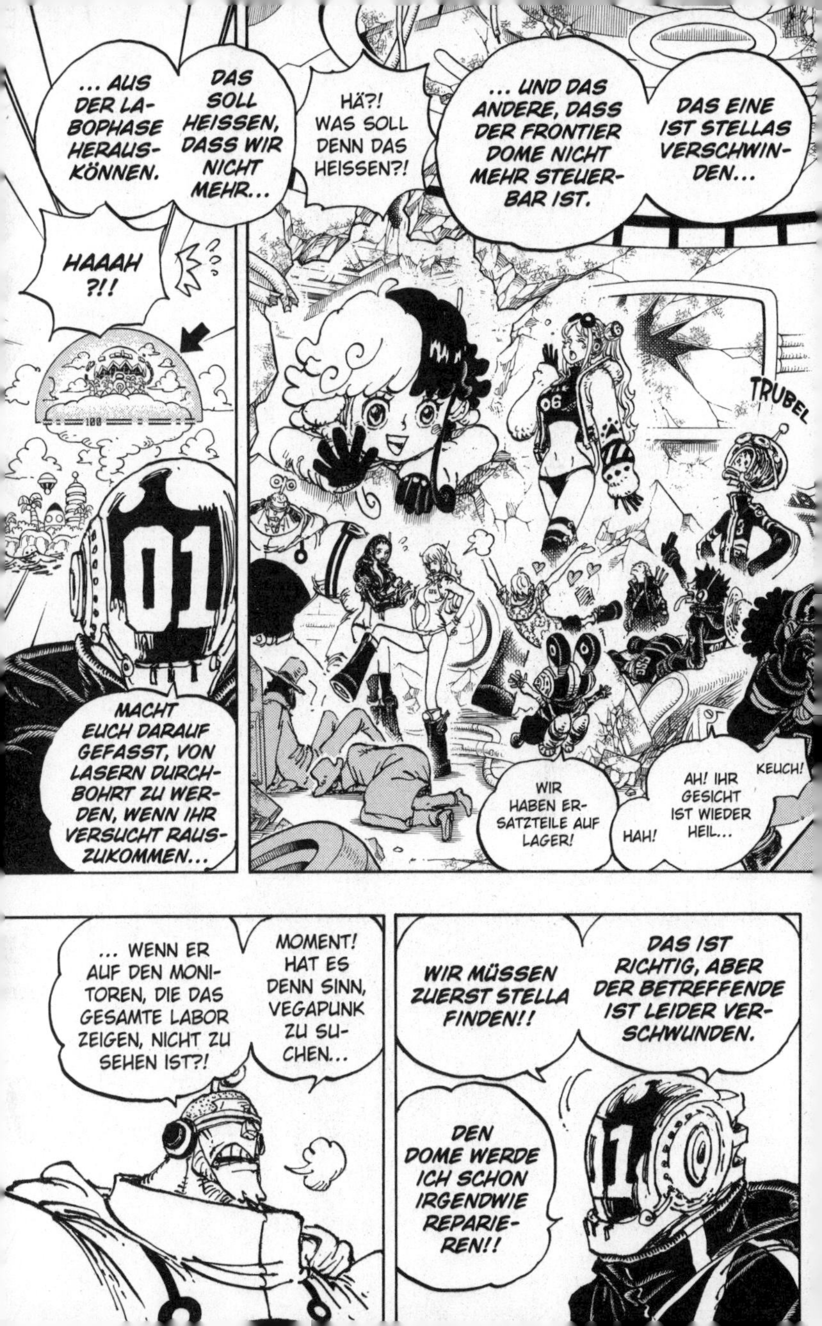
DAS EINE IST STELLAS VERSCHWINDEN...
... UND DAS ANDERE, DASS DER FRONTIER DOME NICHT MEHR STEUERBAR IST.
HÄ?! WAS SOLL DENN DAS HEISSEN?!
TRUBEL
KEUCH!
AH! IHR GESICHT IST WIEDER HEIL...
HAH!
WIR HABEN ERSATZTEILE AUF LAGER!
DAS SOLL HEISSEN, DASS WIR NICHT MEHR...
... AUS DER LABOPHASE HERAUSKÖNNEN.
HAAAH ?!!
MACHT EUCH DARAUF GEFASST, VON LASERN DURCHBOHRT ZU WERDEN, WENN IHR VERSUCHT RAUSZUKOMMEN...
DAS IST RICHTIG, ABER DER BETREFFENDE IST LEIDER VERSCHWUNDEN.
WIR MÜSSEN ZUERST STELLA FINDEN!!
DEN DOME WERDE ICH SCHON IRGENDWIE REPARIEREN!!
MOMENT! HAT ES DENN SINN, VEGAPUNK ZU SUCHEN...
... WENN ER AUF DEN MONITOREN, DIE DAS GESAMTE LABOR ZEIGEN, NICHT ZU SEHEN IST?!

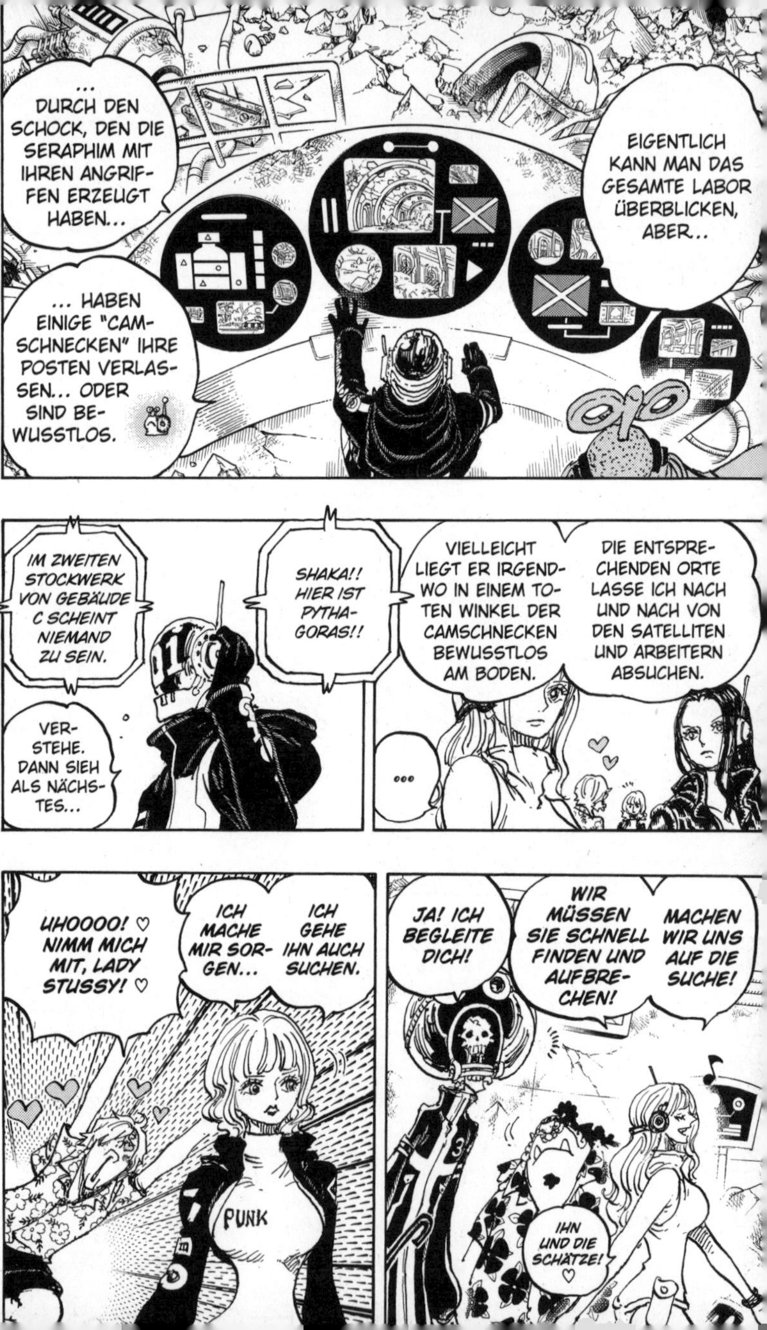
EIGENTLICH KANN MAN DAS GESAMTE LABOR ÜBERBLICKEN, ABER...
... DURCH DEN SCHOCK, DEN DIE SERAPHIM MIT IHREN ANGRIFFEN ERZEUGT HABEN...
... HABEN EINIGE "CAMSCHNECKEN" IHRE POSTEN VERLASSEN... ODER SIND BEWUSSTLOS.
DIE ENTSPRECHENDEN ORTE LASSE ICH NACH UND NACH VON DEN SATELLITEN UND ARBEITERN ABSUCHEN.
VIELLEICHT LIEGT ER IRGENDWO IN EINEM TOTEN WINKEL DER CAMSCHNECKEN BEWUSSTLOS AM BODEN.
...
SHAKA!! HIER IST PYTHAGORAS!!
IM ZWEITEN STOCKWERK VON GEBÄUDE C SCHEINT NIEMAND ZU SEIN.
VERSTEHE. DANN SIEH ALS NÄCHSTES...
MACHEN WIR UNS AUF DIE SUCHE!
WIR MÜSSEN SIE SCHNELL FINDEN UND AUFBRECHEN!
JA! ICH BEGLEITE DICH!
IHN UND DIE SCHÄTZE! ♡
ICH GEHE IHN AUCH SUCHEN.
ICH MACHE MIR SORGEN...
UHOOOO! ♡ NIMM MICH MIT, LADY STUSSY! ♡
PUNK

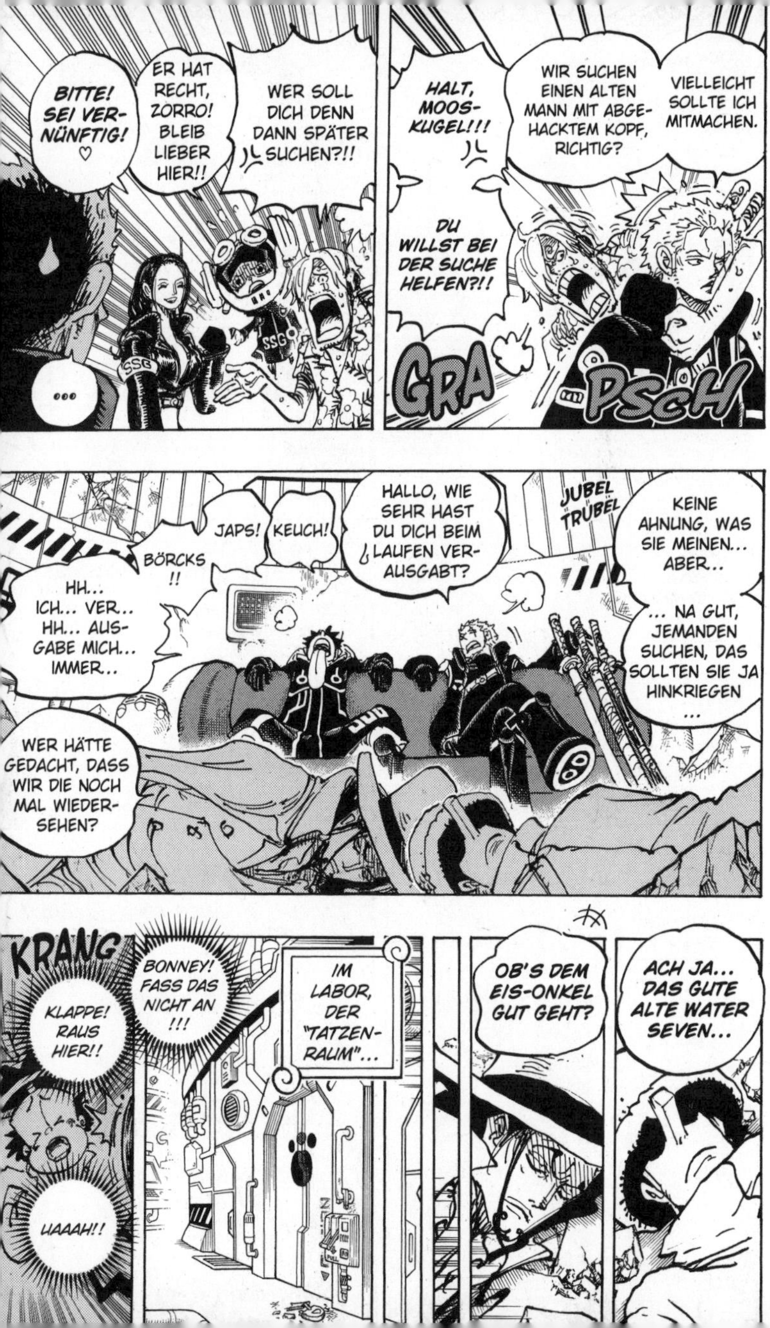
VIELLEICHT SOLLTE ICH MITMACHEN.
WIR SUCHEN EINEN ALTEN MANN MIT ABGEHACKTEM KOPF, RICHTIG?
HALT, MOOSKUGEL!!!
DU WILLST BEI DER SUCHE HELFEN?!!
GRAPSCH
WER SOLL DICH DENN DANN SPÄTER SUCHEN?!!
ER HAT RECHT, ZORRO! BLEIB LIEBER HIER!!
BITTE! SEI VERNÜNFTIG! ♡
...
KEINE AHNUNG, WAS SIE MEINEN... ABER...
... NA GUT, JEMANDEN SUCHEN, DAS SOLLTEN SIE JA HINKRIEGEN ...
JUBEL TRUBEL
HALLO, WIE SEHR HAST DU DICH BEIM LAUFEN VERAUSGABT?
KEUCH!
JAPS!
BÖRCKS!!
HH... ICH... VER... HH... AUSGABE MICH... IMMER...
WER HÄTTE GEDACHT, DASS WIR DIE NOCH MAL WIEDERSEHEN?
ACH JA... DAS GUTE ALTE WATER SEVEN...
OB'S DEM EIS-ONKEL GUT GEHT?
IM LABOR, DER "TATZENRAUM"...
BONNEY! FASS DAS NICHT AN!!!
KRANG
KLAPPE! RAUS HIER!!
UAAAH!!

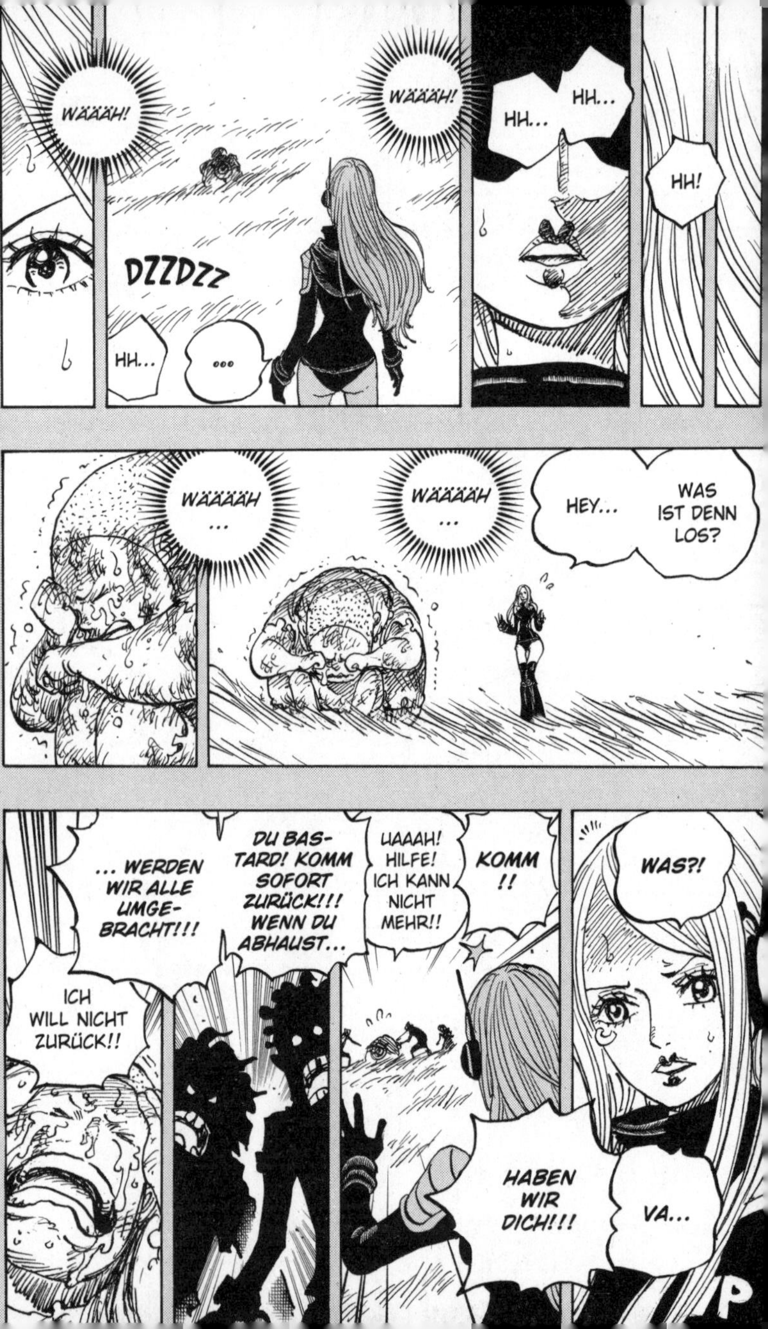
HH!
HH... HH...
WÄÄÄH!
HH...
...
DZZDZZ
WÄÄÄH!
HEY...
WAS IST DENN LOS?
WÄÄÄÄH ...
WÄÄÄÄH ...
WAS?!
VA...
HABEN WIR DICH!!!
KOMM !!
UAAAH! HILFE! ICH KANN NICHT MEHR!!
DU BASTARD! KOMM SOFORT ZURÜCK!!! WENN DU ABHAUST...
... WERDEN WIR ALLE UMGEBRACHT!!!
ICH WILL NICHT ZURÜCK!!

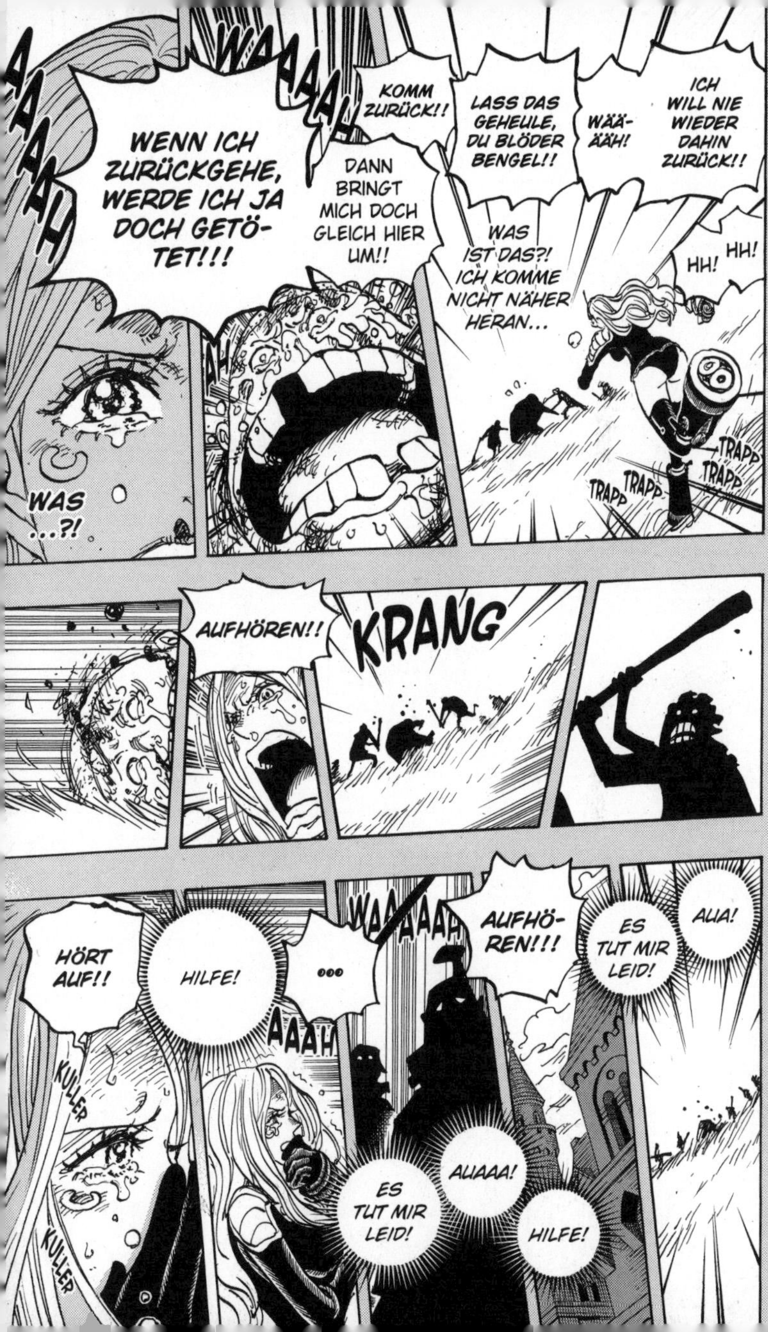
ICH WILL NIE WIEDER DAHIN ZURÜCK!!
WÄÄ-ÄÄH!
LASS DAS GEHEULE, DU BLÖDER BENGEL!!
KOMM ZURÜCK!!
HH! HH!
WAS IST DAS?! ICH KOMME NICHT NÄHER HERAN...
TRAPP TRAPP TRAPP TRAPP
DANN BRINGT MICH DOCH GLEICH HIER UM!!
WAAAAAH
WENN ICH ZURÜCKGEHE, WERDE ICH JA DOCH GETÖTET!!!
AAAAAH
WAS ...?!
KRANG
AUFHÖREN!!
AUA!
ES TUT MIR LEID!
AUFHÖREN!!!
AUAAA!
HILFE!
ES TUT MIR LEID!
WAAAAAAH
...
HILFE!
HÖRT AUF!!
KULLER
KULLER

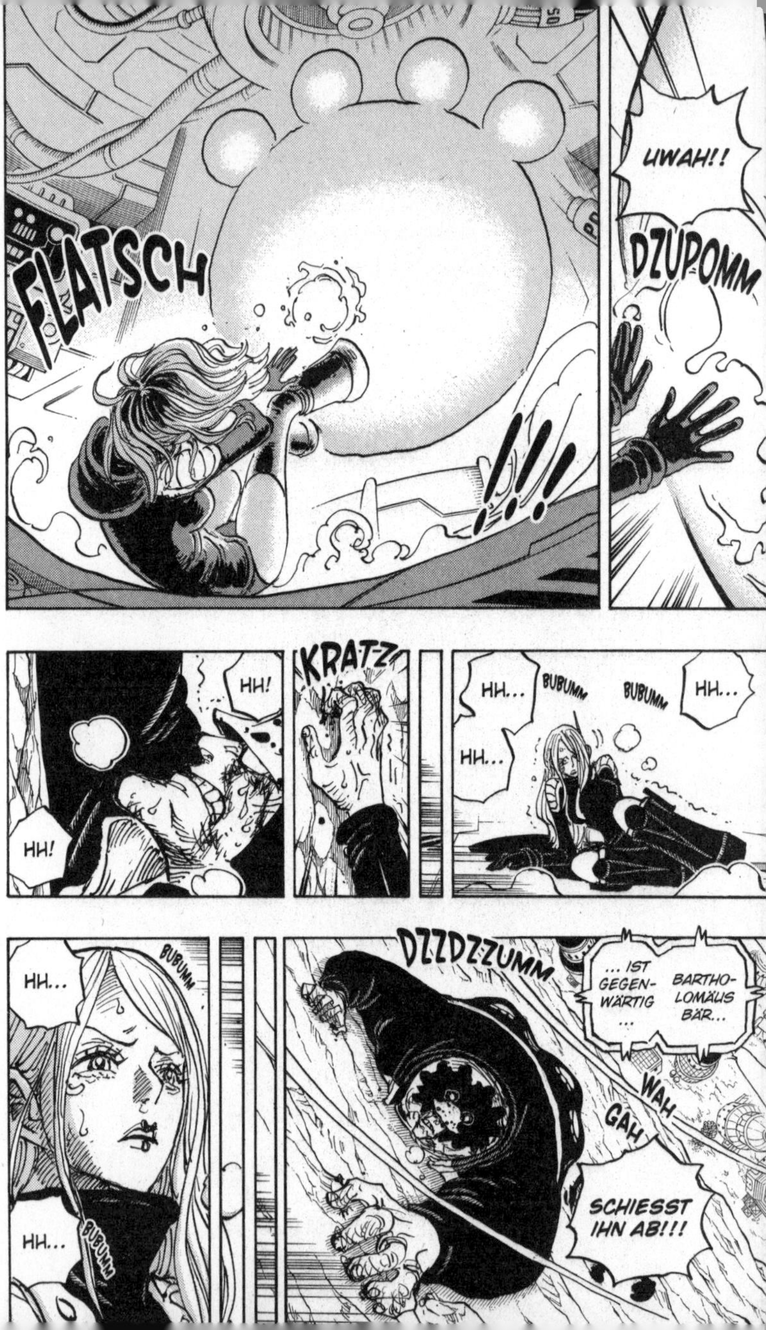
UWAH!!
DZUPOMM
FLATSCH
!!!
HH...
BUBUMM
BUBUMM
HH...
HH...
KRATZ
HH!
HH!
DZZDZZUMM
BARTHO-LOMÄUS BÄR...
... IST GEGEN-WÄRTIG ...
WAH
GAH
SCHIESST IHN AB!!!
HH...
BUBUMM
HH...
BUBUMM

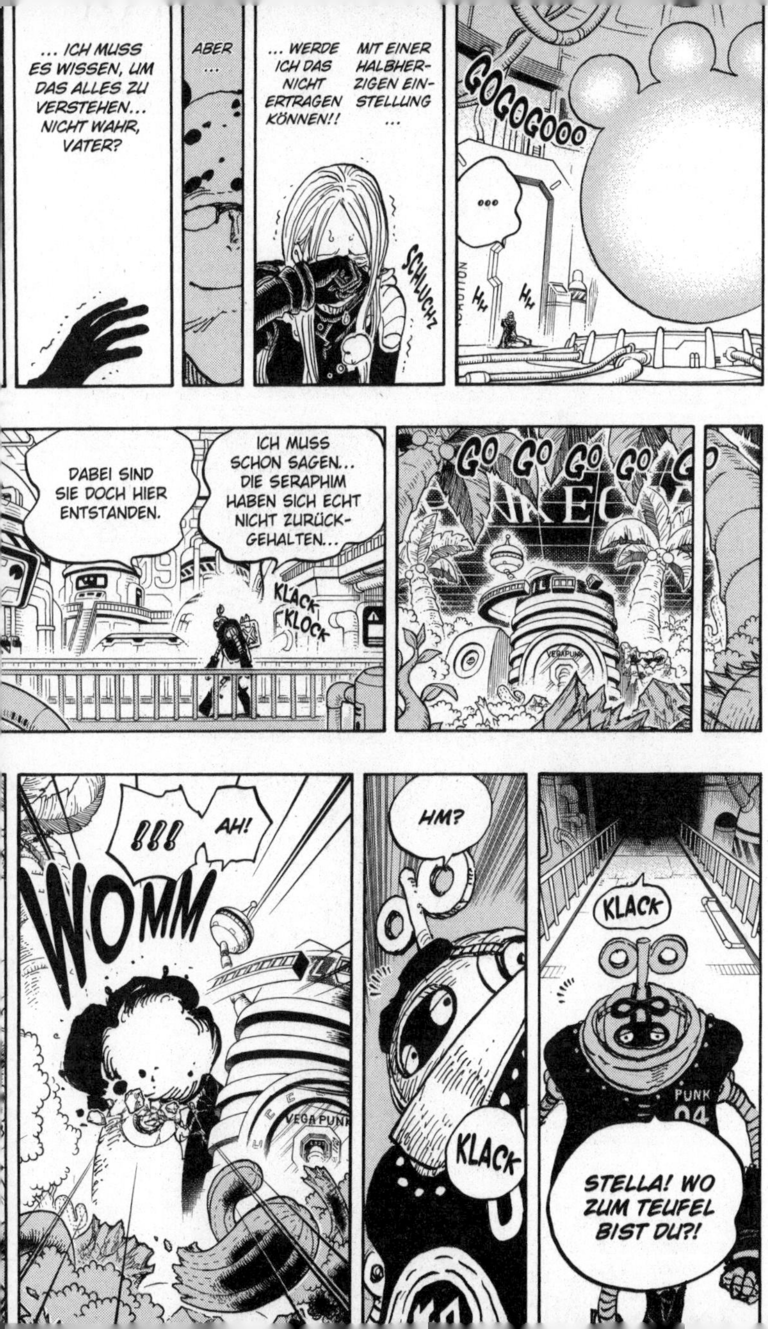
GOGOGOOO
...
MIT EINER HALBHERZIGEN EINSTELLUNG ...
... WERDE ICH DAS NICHT ERTRAGEN KÖNNEN!!
SCHLUCHZ
ABER ...
... ICH MUSS ES WISSEN, UM DAS ALLES ZU VERSTEHEN... NICHT WAHR, VATER?
GO GO GO GO GO
ICH MUSS SCHON SAGEN... DIE SERAPHIM HABEN SICH ECHT NICHT ZURÜCKGEHALTEN...
DABEI SIND SIE DOCH HIER ENTSTANDEN.
KLACK KLOCK
KLACK
STELLA! WO ZUM TEUFEL BIST DU?!
HM?
KLACK
AH!
!!!
WOMM

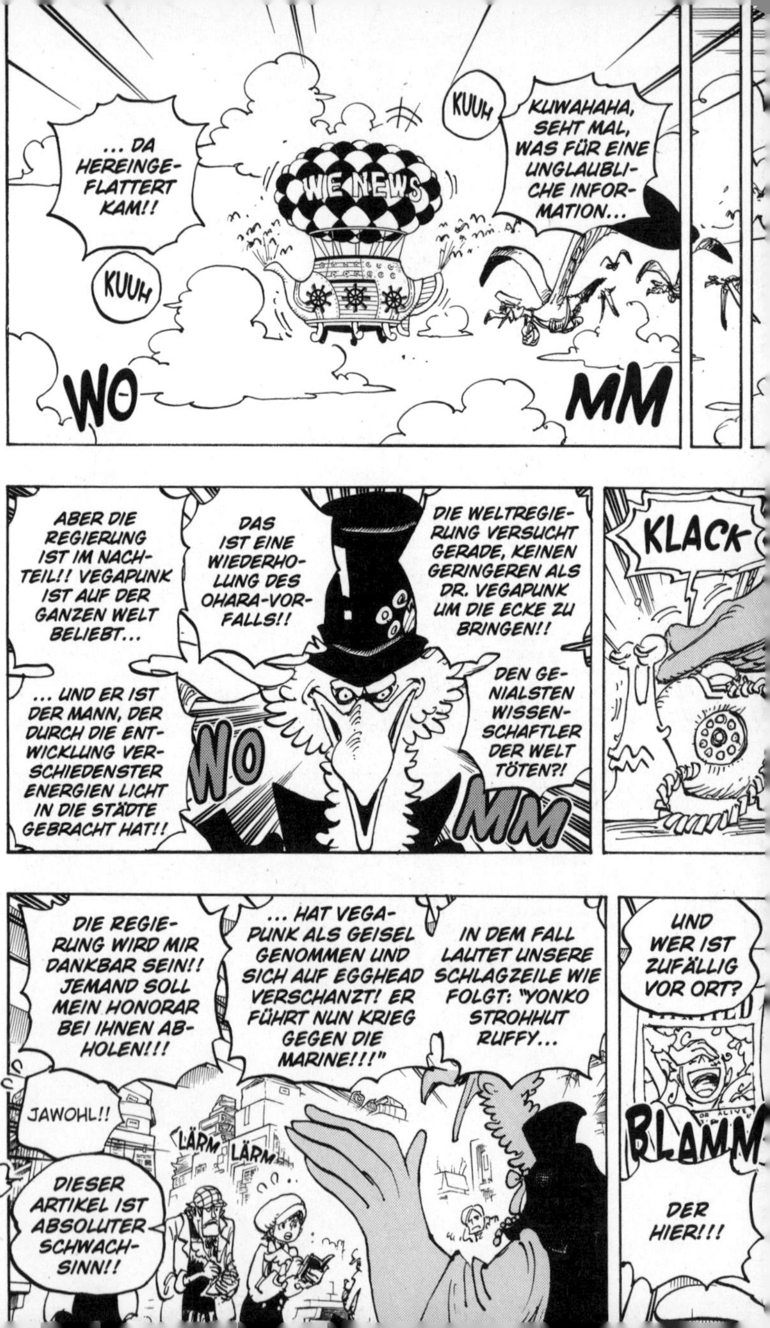
KUUH
KUWAHAHA, SEHT MAL, WAS FÜR EINE UNGLAUBLICHE INFORMATION...
... DA HEREINGEFLATTERT KAM!!
KUUH
WE NEWS
WO-
MM
KLACK
DIE WELTREGIERUNG VERSUCHT GERADE, KEINEN GERINGEREN ALS DR. VEGAPUNK UM DIE ECKE ZU BRINGEN!!
DEN GENIALSTEN WISSENSCHAFTLER DER WELT TÖTEN?!
DAS IST EINE WIEDERHOLUNG DES OHARA-VORFALLS!!
ABER DIE REGIERUNG IST IM NACHTEIL!! VEGAPUNK IST AUF DER GANZEN WELT BELIEBT...
... UND ER IST DER MANN, DER DURCH DIE ENTWICKLUNG VERSCHIEDENSTER ENERGIEN LICHT IN DIE STÄDTE GEBRACHT HAT!!
WO
MM
UND WER IST ZUFÄLLIG VOR ORT?
BLAMM
DER HIER!!!
IN DEM FALL LAUTET UNSERE SCHLAGZEILE WIE FOLGT: "YONKO STROHHUT RUFFY...
... HAT VEGAPUNK ALS GEISEL GENOMMEN UND SICH AUF EGGHEAD VERSCHANZT! ER FÜHRT NUN KRIEG GEGEN DIE MARINE!!!"
DIE REGIERUNG WIRD MIR DANKBAR SEIN!! JEMAND SOLL MEIN HONORAR BEI IHNEN ABHOLEN!!!
JAWOHL!!
LÄRM
LÄRM
DIESER ARTIKEL IST ABSOLUTER SCHWACHSINN!!

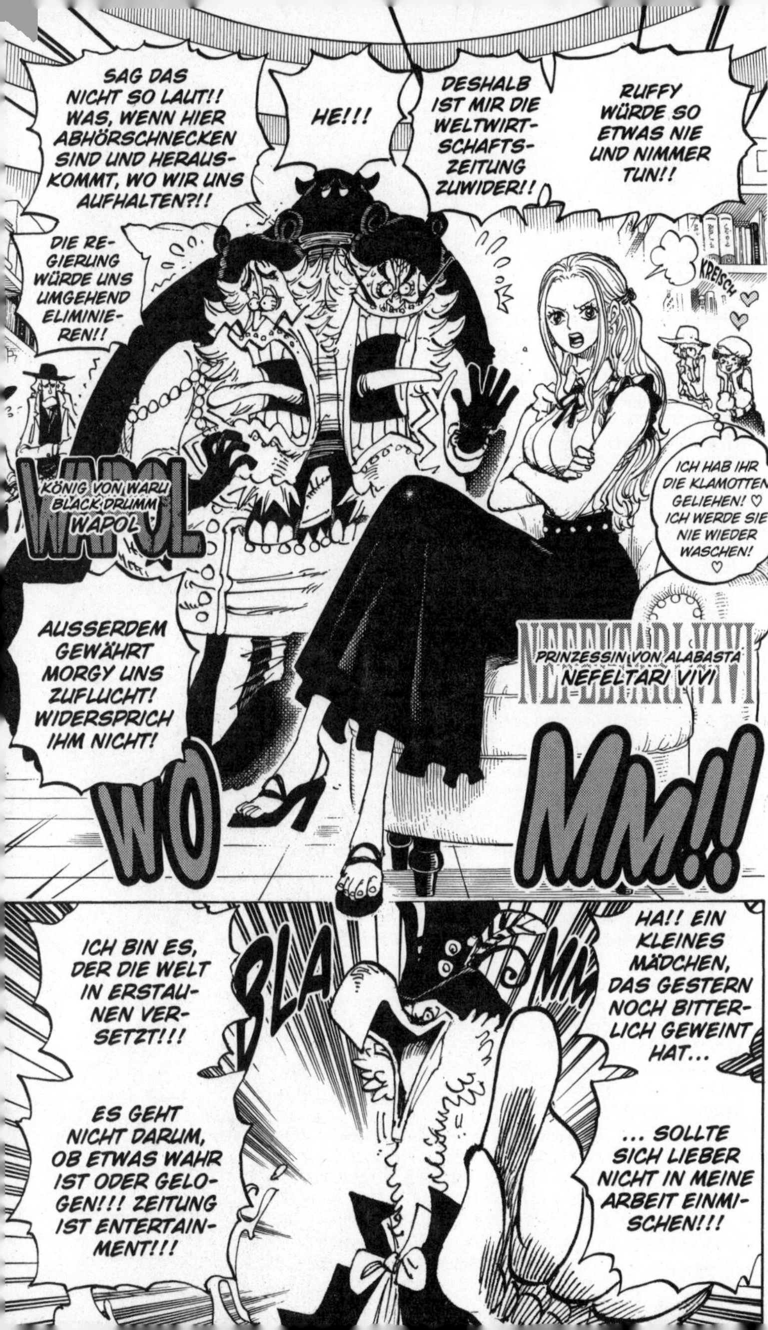
RUFFY WÜRDE SO ETWAS NIE UND NIMMER TUN!!
DESHALB IST MIR DIE WELTWIRTSCHAFTSZEITUNG ZUWIDER!!
HE!!!
SAG DAS NICHT SO LAUT!! WAS, WENN HIER ABHÖRSCHNECKEN SIND UND HERAUSKOMMT, WO WIR UNS AUFHALTEN?!!
DIE REGIERUNG WÜRDE UNS UMGEHEND ELIMINIEREN!!
KREISCH
ICH HAB IHR DIE KLAMOTTEN GELIEHEN! ♡ ICH WERDE SIE NIE WIEDER WASCHEN! ♡
WAPOL
KÖNIG VON WARU BLACK DRUMM WAPOL
NEFELTARI VIVI
PRINZESSIN VON ALABASTA NEFELTARI VIVI
AUSSERDEM GEWÄHRT MORGY UNS ZUFLUCHT! WIDERSPRICH IHM NICHT!
WOMM!!
HA!! EIN KLEINES MÄDCHEN, DAS GESTERN NOCH BITTERLICH GEWEINT HAT...
BLAMM
ICH BIN ES, DER DIE WELT IN ERSTAUNEN VERSETZT!!!
... SOLLTE SICH LIEBER NICHT IN MEINE ARBEIT EINMISCHEN!!!
ES GEHT NICHT DARUM, OB ETWAS WAHR IST ODER GELOGEN!!! ZEITUNG IST ENTERTAINMENT!!!

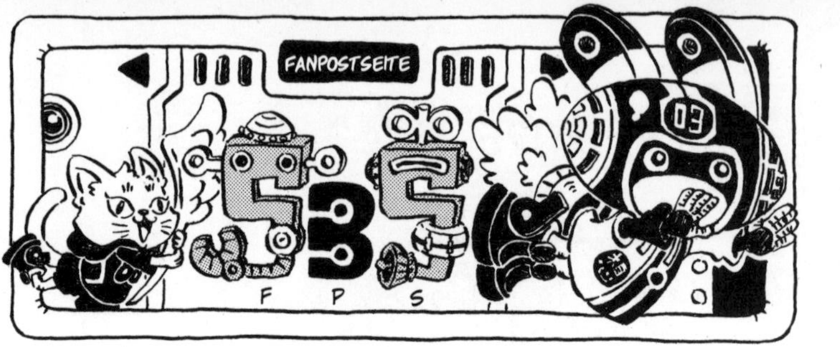

L: ICH HAB WAS RAUSGEFUNDEN. UND ZWAR ÜBER RYOKUGYU. IN KAPITEL 905 HAT ER JA GESAGT: "WEIL ES MIR ZU LÄSTIG IST, HABE ICH SCHON SEIT DREI JAHREN NICHTS MEHR GEGESSEN!" HEISST DAS WOMÖGLICH, DASS RYOKUGYU "FOTOSYNTHESE" BETREIBEN KANN, DA ER EIN WALD (EIN BAUM ODER EINE PFLANZE?) IST UND SICH DESHALB MIT NÄHRSTOFFEN VERSORGEN KANN, AUCH OHNE ZU ESSEN?!
PSEUDONYM: OTAKI

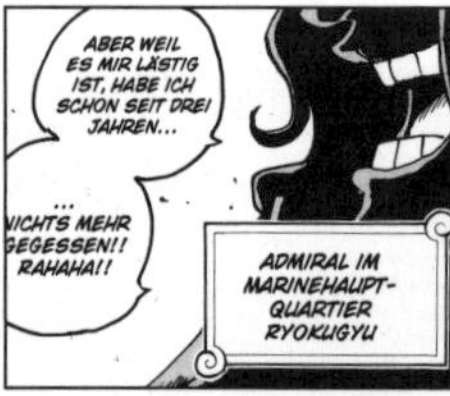

O: SO IST ES!

L: LIEGT DEM "DOPPELSELBSTMORD AM TODESFLUSS" AUF ARAMAKIS OBERKÖRPER YOSHIO HARADAS "SHINJUKU SHINJUU" (DOPPELSELBSTMORD IN SHINJUKU) ZUGRUNDE?
PSEUDONYM: MORI

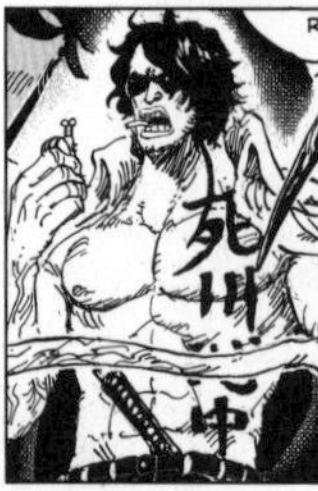

O: ES STIMMT, YOSHIO HARADA HAT DIESES LIED GESUNGEN, ABER ES GIBT AUCH EIN KLASSISCHES RAKUGO-STÜCK MIT DEM TITEL "DOPPELSELBSTMORD IN SHINAGAWA". MAN NENNT ES DOPPELSELBSTMORD, WENN MAN MIT EINER ANDEREN PERSON GEMEINSAM SELBSTMORD BEGEHT, UND BEI RYOKUGYU-ARAMAKI GIBT ES ANSCHEINEND IN DER VERGANGENHEIT IRGENDEINE TRAURIGE GESCHICHTE UM EINE FRAU, DIE DAZU FÜHRTE, DASS ER SICH DIESES TATTOO STECHEN LIESS.

L: WELCHE GERECHTIGKEIT VERTRITT RYOKUGYU?! ER SCHEINT STARKE ÜBERZEUGUNGEN ZU HABEN, DESHALB INTERESSIERT MICH DAS!
PSEUDONM: POLARIS

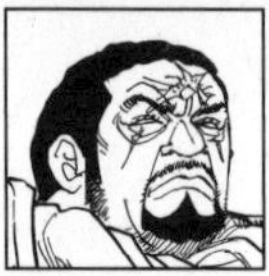

O: RYOKUGYU VERTRITT DIE "TODESBEREITE GERECHTIGKEIT". ES GAB AUCH EINE MENGE LEUTE, DIE FUJITORAS GERECHTIGKEIT WISSEN WOLLTEN, DESHALB SAGE ICH DAS AN DIESER STELLE AUCH GLEICH: ES IST DIE "MORALISCH KORREKTE GERECHTIGKEIT".

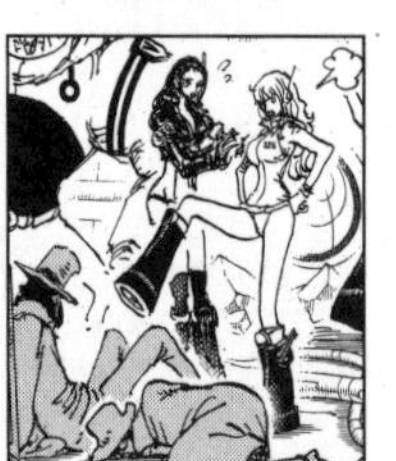

L: IN KAPITEL 1074 GIBT ES EINE SZENE, IN DER SICH NAMILEIN ÜBER ROB LUCCI AUFREGT UND ROBINCHEN SIE BESCHWICHTIGT. WAS REDEN DIE BEIDEN DA MITEINANDER?

O: GUT GESEHEN! LUCCI WAR DER STÄRKSTE GEGNER IN DER FÜR ROBIN SCHMERZHAFTEN "ENIES LOBBY"-EPISODE, DESHALB SAGT NAMI WÜTEND "FALLS ER WIEDER VORHAT, SICH AN DIR ZU VERGREIFEN, KRIEGT ER ES MIT MIR ZU TUN!!" ROBIN BESCHWICHTIGT SIE MIT DEN WORTEN "ER IST DOCH GERADE SCHACHMATT". ALSO, ES IST ZEIT!! WIR SEHEN UNS IM NÄCHSTEN BAND!!

1075. Kapitel: Labophase DEATH GAME

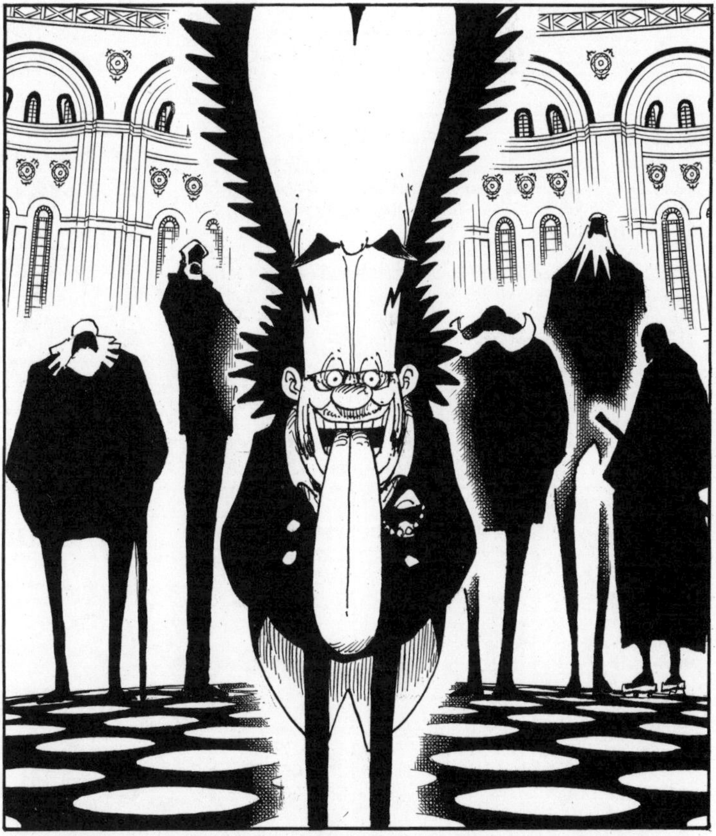

Dieser ausdruckslose Reisebericht der Germa 66, Teil 31
„Audienz bei den fünf Weisen als genialer Wissenschaftler"

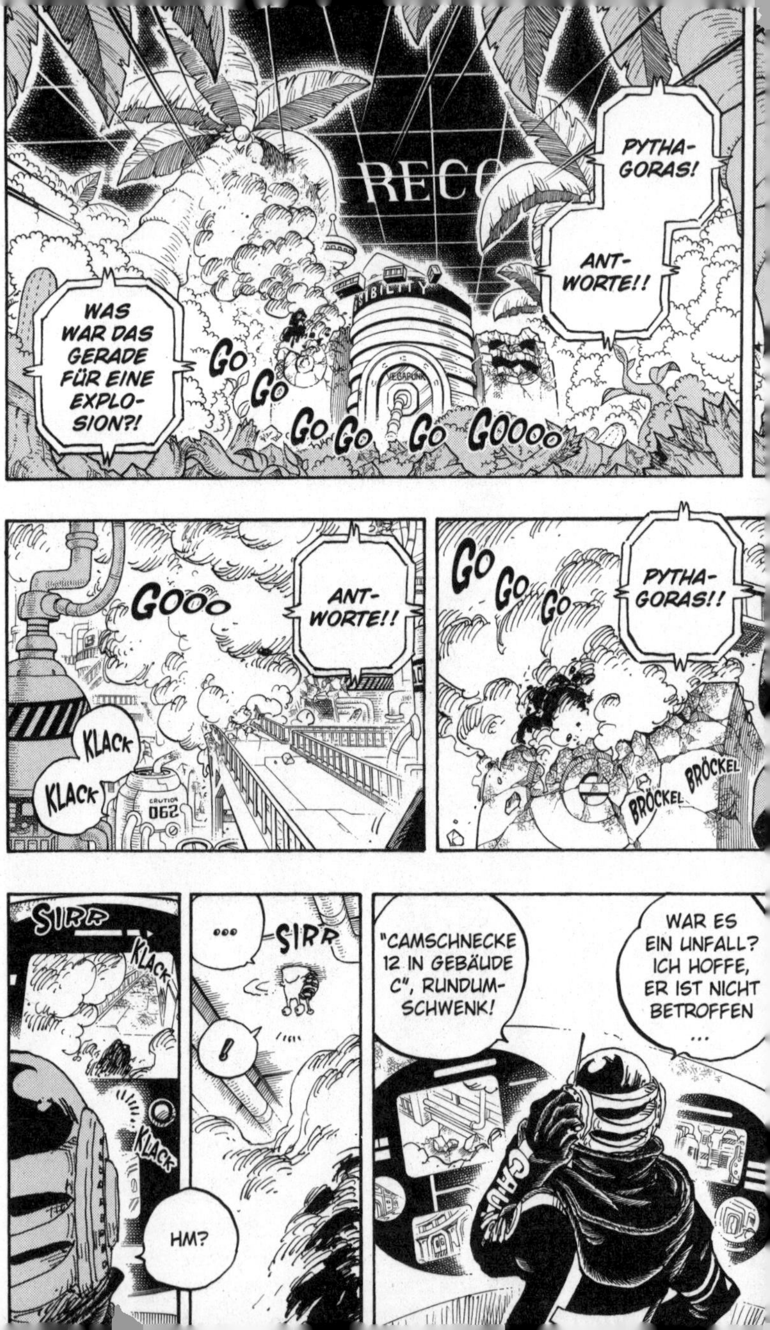
PYTHA-GORAS!
ANT-WORTE!!
WAS WAR DAS GERADE FÜR EINE EXPLO-SION?!
GO GO GO GO GO GOOOO
PYTHA-GORAS!!
GO GO GO
ANT-WORTE!!
GOOO
KLACK
KLACK
BRÖCKEL
BRÖCKEL
WAR ES EIN UNFALL? ICH HOFFE, ER IST NICHT BETROFFEN ...
"CAMSCHNECKE 12 IN GEBÄUDE C", RUNDUM-SCHWENK!
...
SIRR
!
SIRR
KLACK
KLACK
HM?

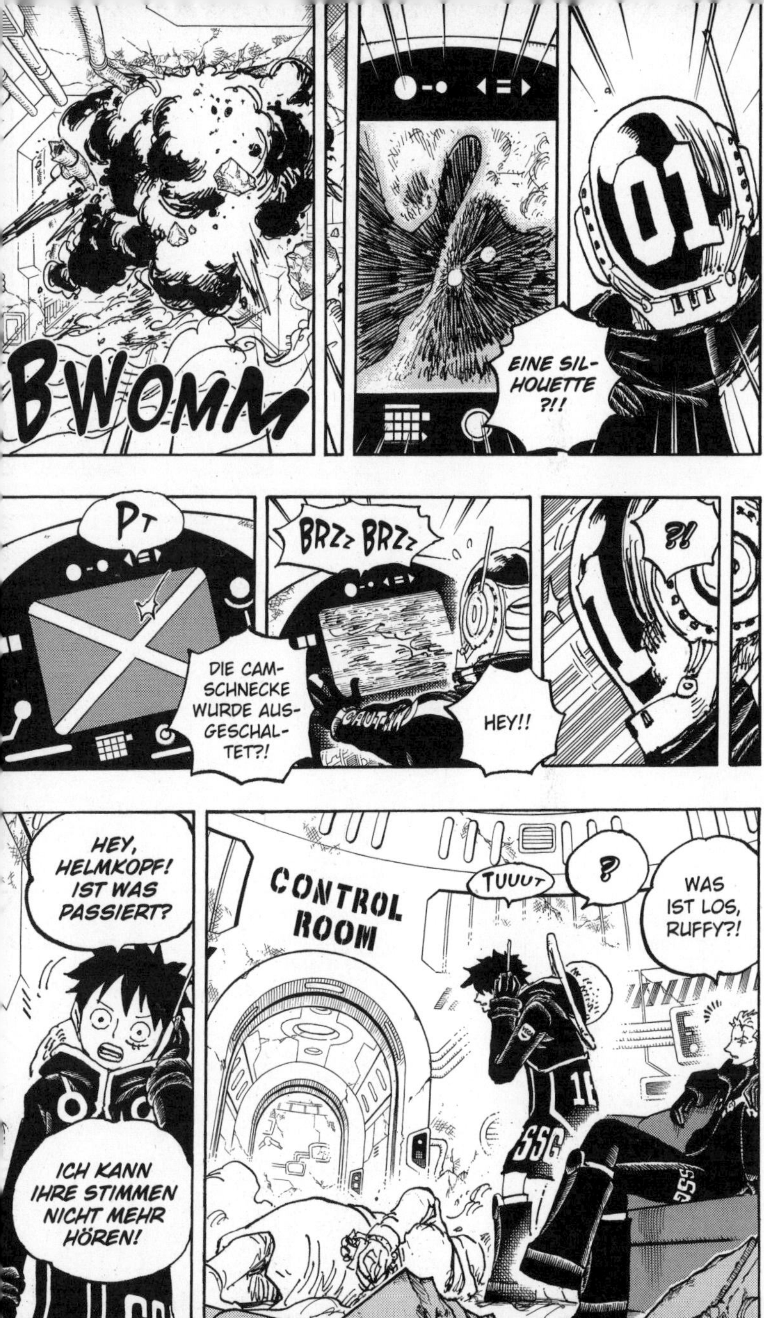
EINE SIL-
HOUETTE
?!!
BWOMM
?!
BRZz BRZz
HEY!!
Pt
DIE CAM-
SCHNECKE
WURDE AUS-
GESCHAL-
TET?!
?
WAS
IST LOS,
RUFFY?!
TUUUT
CONTROL
ROOM
HEY,
HELMKOPF!
IST WAS
PASSIERT?
ICH KANN
IHRE STIMMEN
NICHT MEHR
HÖREN!

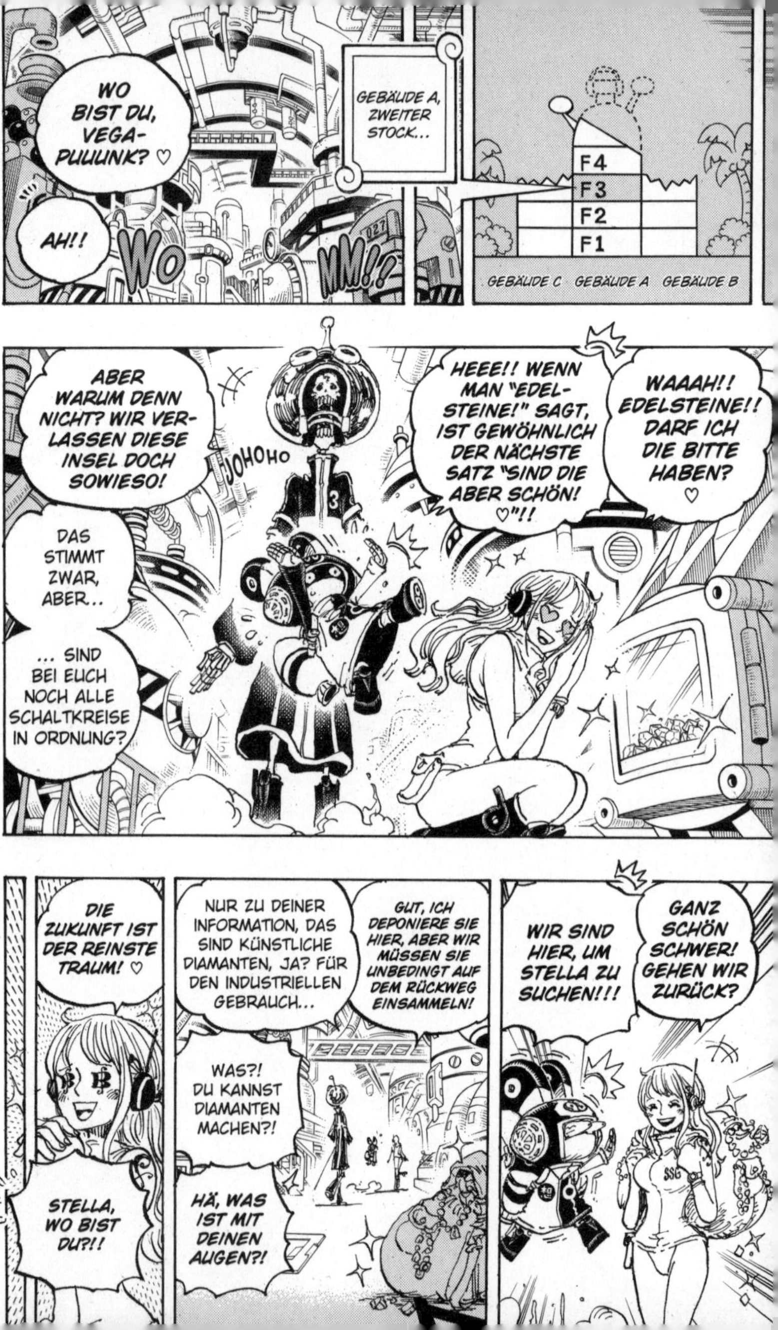
WO BIST DU, VEGA-PUUUNK? ♡
AH!!
WOMM!!
GEBÄUDE A, ZWEITER STOCK...
F4
F3
F2
F1
GEBÄUDE C GEBÄUDE A GEBÄUDE B
WAAAH!! EDELSTEINE!! DARF ICH DIE BITTE HABEN? ♡
HEEE!! WENN MAN "EDEL-STEINE!" SAGT, IST GEWÖHNLICH DER NÄCHSTE SATZ "SIND DIE ABER SCHÖN! ♡"!!
JOHOHO
ABER WARUM DENN NICHT? WIR VER-LASSEN DIESE INSEL DOCH SOWIESO!
DAS STIMMT ZWAR, ABER...
... SIND BEI EUCH NOCH ALLE SCHALTKREISE IN ORDNUNG?
GANZ SCHÖN SCHWER! GEHEN WIR ZURÜCK?
WIR SIND HIER, UM STELLA ZU SUCHEN!!!
GUT, ICH DEPONIERE SIE HIER, ABER WIR MÜSSEN SIE UNBEDINGT AUF DEM RÜCKWEG EINSAMMELN!
NUR ZU DEINER INFORMATION, DAS SIND KÜNSTLICHE DIAMANTEN, JA? FÜR DEN INDUSTRIELLEN GEBRAUCH...
WAS?! DU KANNST DIAMANTEN MACHEN?!
HÄ, WAS IST MIT DEINEN AUGEN?!
DIE ZUKUNFT IST DER REINSTE TRAUM! ♡
STELLA, WO BIST DU?!!

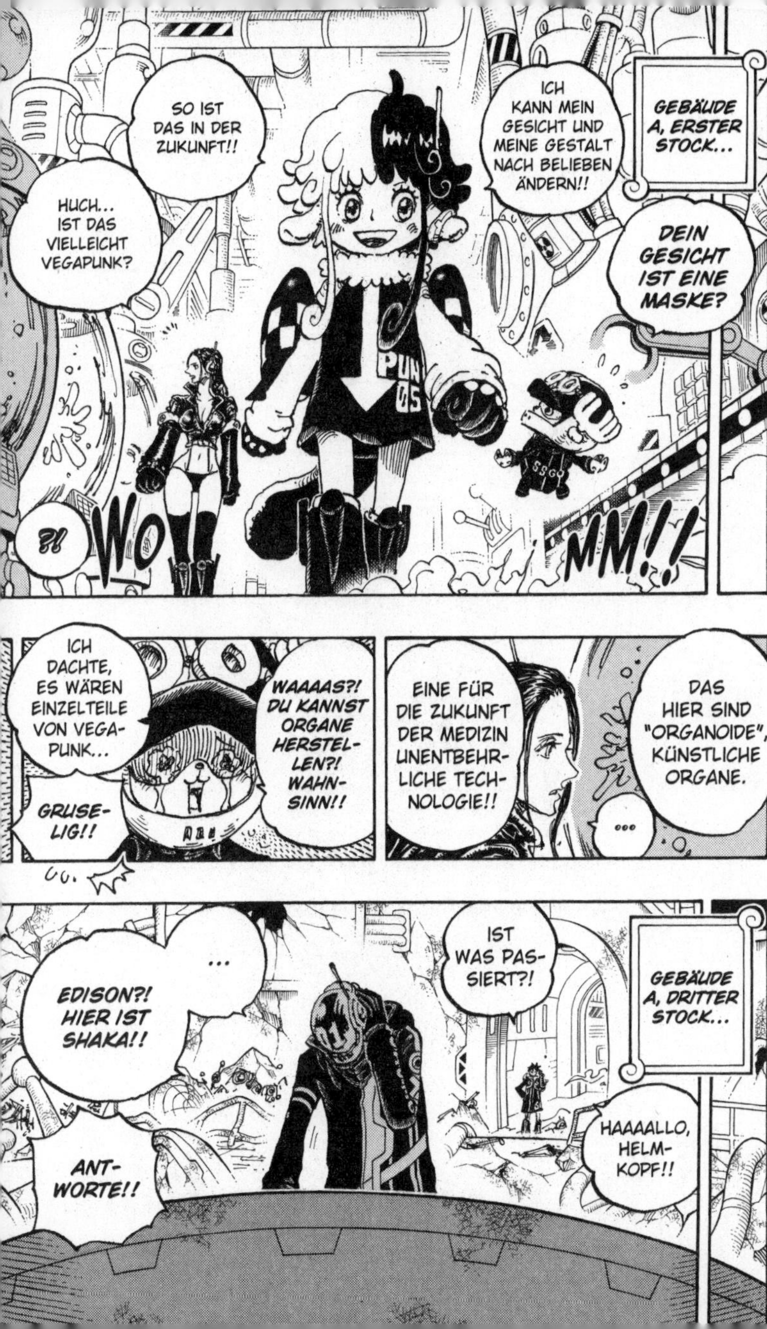
GEBÄUDE A, ERSTER STOCK…
ICH KANN MEIN GESICHT UND MEINE GESTALT NACH BELIEBEN ÄNDERN!!
DEIN GESICHT IST EINE MASKE?
SO IST DAS IN DER ZUKUNFT!!
HUCH… IST DAS VIELLEICHT VEGAPUNK?
?!
WOMM!!
DAS HIER SIND "ORGANOIDE", KÜNSTLICHE ORGANE.
…
EINE FÜR DIE ZUKUNFT DER MEDIZIN UNENTBEHR-LICHE TECH-NOLOGIE!!
WAAAAS?! DU KANNST ORGANE HERSTEL-LEN?! WAHN-SINN!!
ICH DACHTE, ES WÄREN EINZELTEILE VON VEGA-PUNK…
GRUSE-LIG!!
GEBÄUDE A, DRITTER STOCK…
HAAAALLO, HELM-KOPF!!
IST WAS PAS-SIERT?!
…
EDISON?! HIER IST SHAKA!!
ANT-WORTE!!

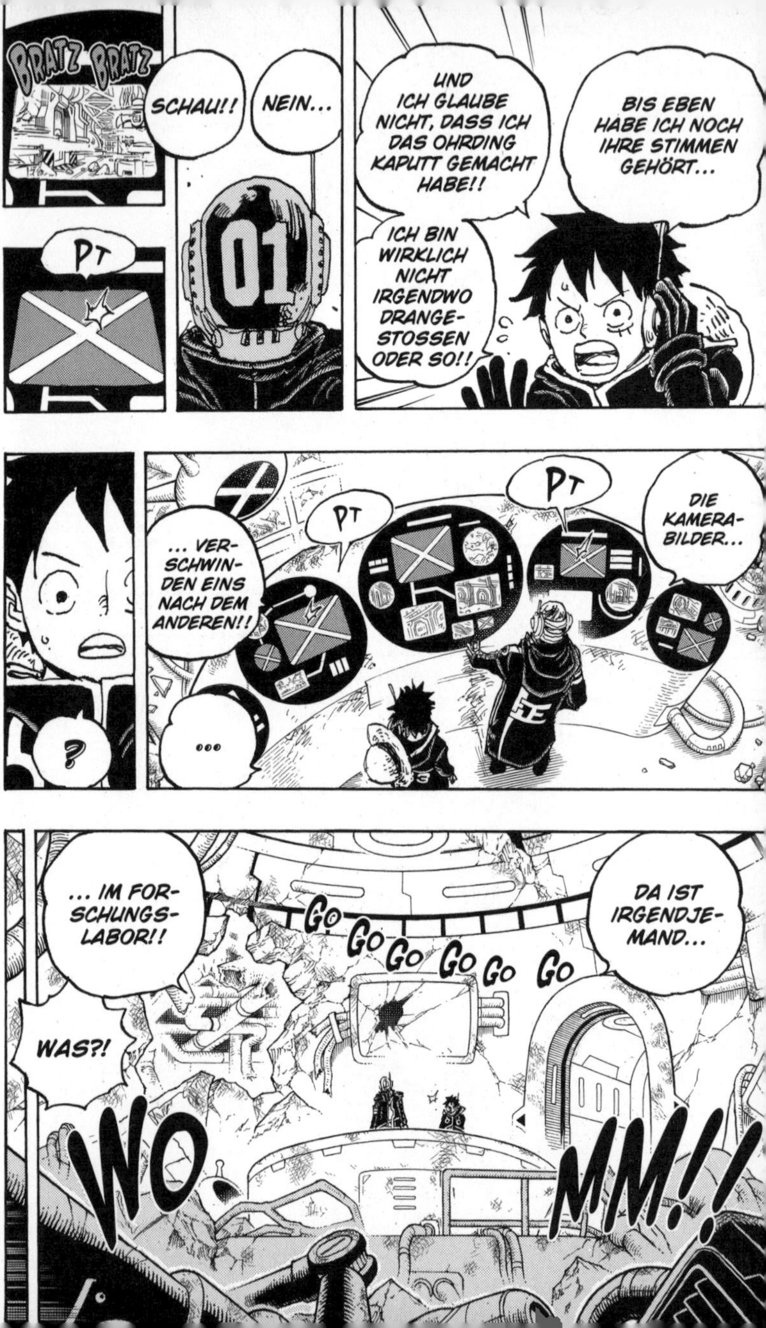
BIS EBEN HABE ICH NOCH IHRE STIMMEN GEHÖRT…
UND ICH GLAUBE NICHT, DASS ICH DAS OHRDING KAPUTT GEMACHT HABE!!
ICH BIN WIRKLICH NICHT IRGENDWO DRANGE-STOSSEN ODER SO!!
NEIN…
SCHAU!!
BRATZ BRATZ
PT
DIE KAMERA-BILDER…
PT
PT
… VER-SCHWIN-DEN EINS NACH DEM ANDEREN!!
…
?
DA IST IRGENDJE-MAND…
… IM FOR-SCHUNGS-LABOR!!
GO GO GO GO GO GO
WAS?!
WOMM!!

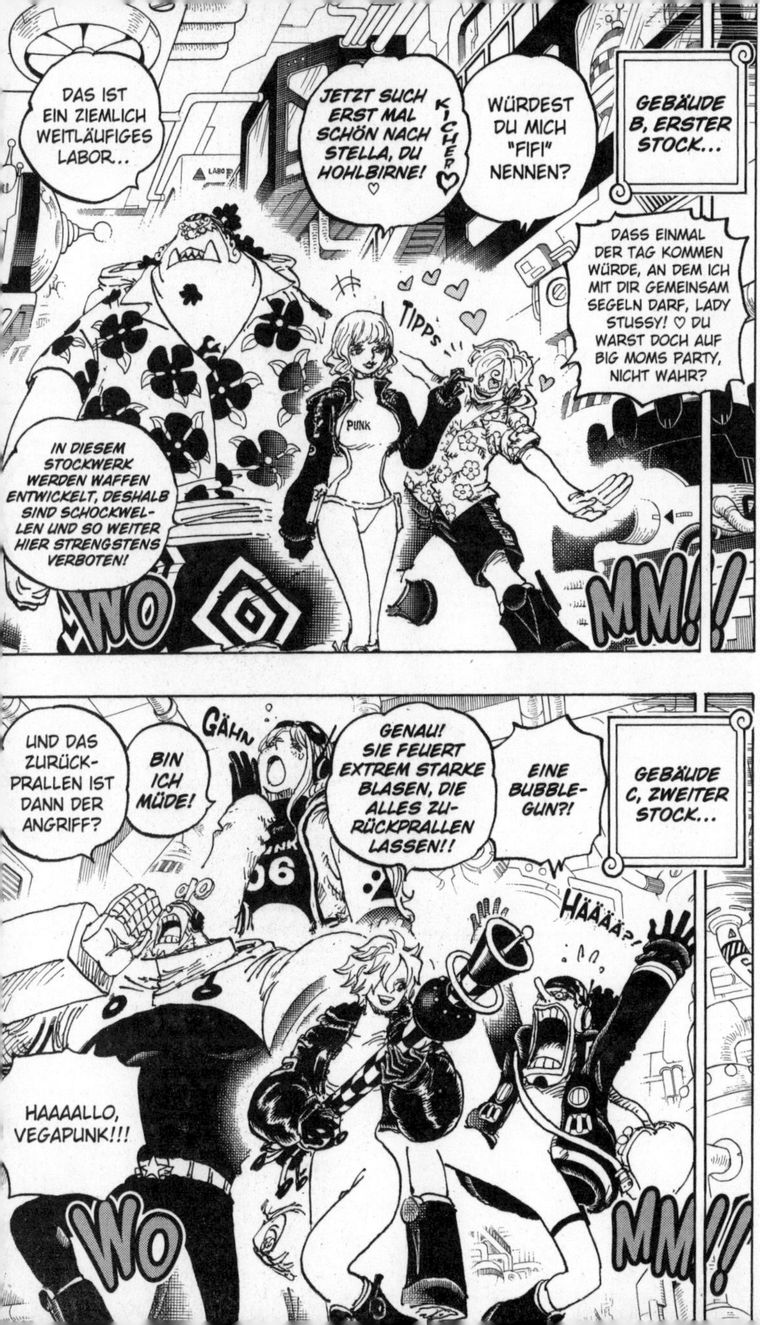
GEBÄUDE B, ERSTER STOCK...
WÜRDEST DU MICH "FIFI" NENNEN?
JETZT SUCH ERST MAL SCHÖN NACH STELLA, DU HOHLBIRNE! ♡
KICHER ♡
DAS IST EIN ZIEMLICH WEITLÄUFIGES LABOR...
DASS EINMAL DER TAG KOMMEN WÜRDE, AN DEM ICH MIT DIR GEMEINSAM SEGELN DARF, LADY STUSSY! ♡ DU WARST DOCH AUF BIG MOMS PARTY, NICHT WAHR?
TIPPS
IN DIESEM STOCKWERK WERDEN WAFFEN ENTWICKELT, DESHALB SIND SCHOCKWELLEN UND SO WEITER HIER STRENGSTENS VERBOTEN!
WOMM!!
GEBÄUDE C, ZWEITER STOCK...
EINE BUBBLE-GUN?!
GENAU! SIE FEUERT EXTREM STARKE BLASEN, DIE ALLES ZURÜCKPRALLEN LASSEN!!
GÄHN
BIN ICH MÜDE!
UND DAS ZURÜCKPRALLEN IST DANN DER ANGRIFF?
HÄÄÄÄ?!
HAAAALLO, VEGAPUNK!!!
WOMM!!

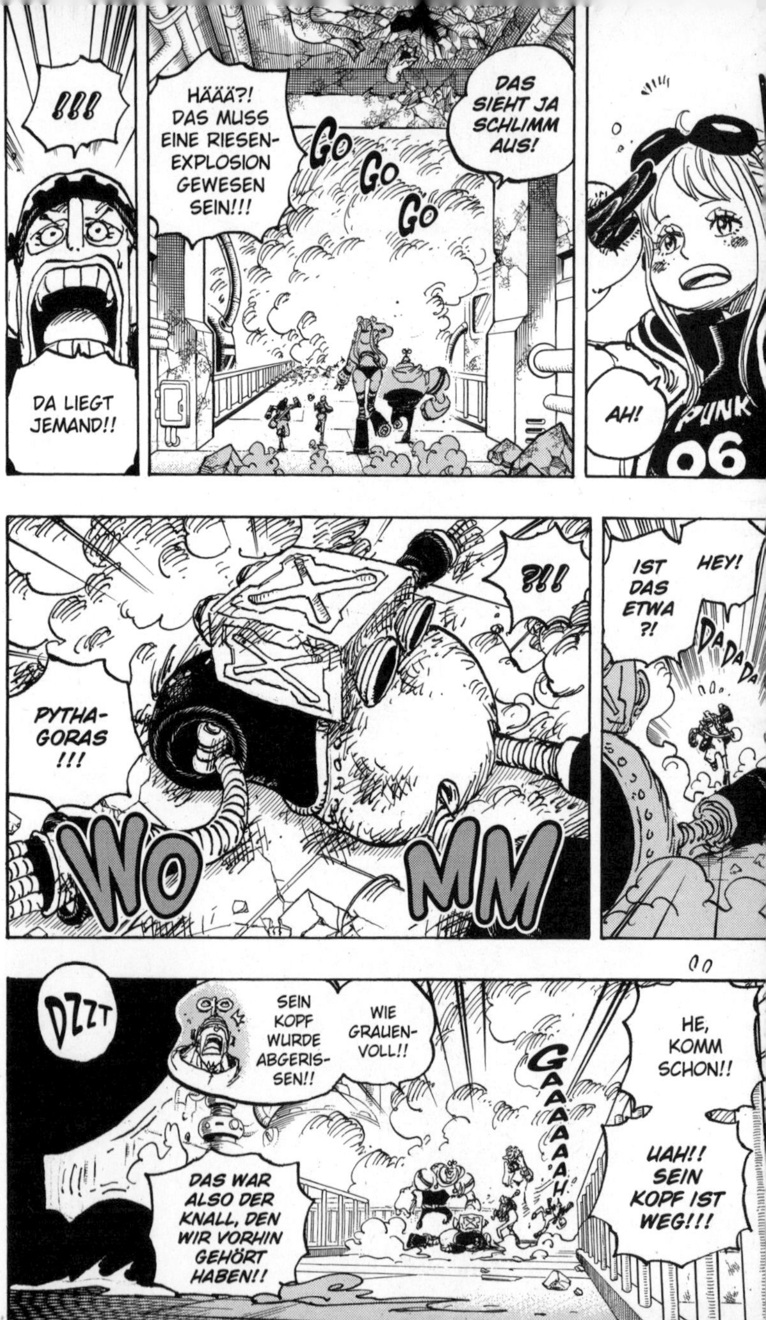
AH!
PUNK 06
DAS SIEHT JA SCHLIMM AUS!
HÄÄÄ?! DAS MUSS EINE RIESEN-EXPLOSION GEWESEN SEIN!!!
GO GO GO
!!!
DA LIEGT JEMAND!!
HEY!
IST DAS ETWA ?!
DADADADA
?!!
PYTHAGORAS !!!
WOMM
HE, KOMM SCHON!!
UAH!! SEIN KOPF IST WEG!!!
GAAAAAAH
WIE GRAUEN-VOLL!!
SEIN KOPF WURDE ABGERIS-SEN!!
DZZT
DAS WAR ALSO DER KNALL, DEN WIR VORHIN GEHÖRT HABEN!!

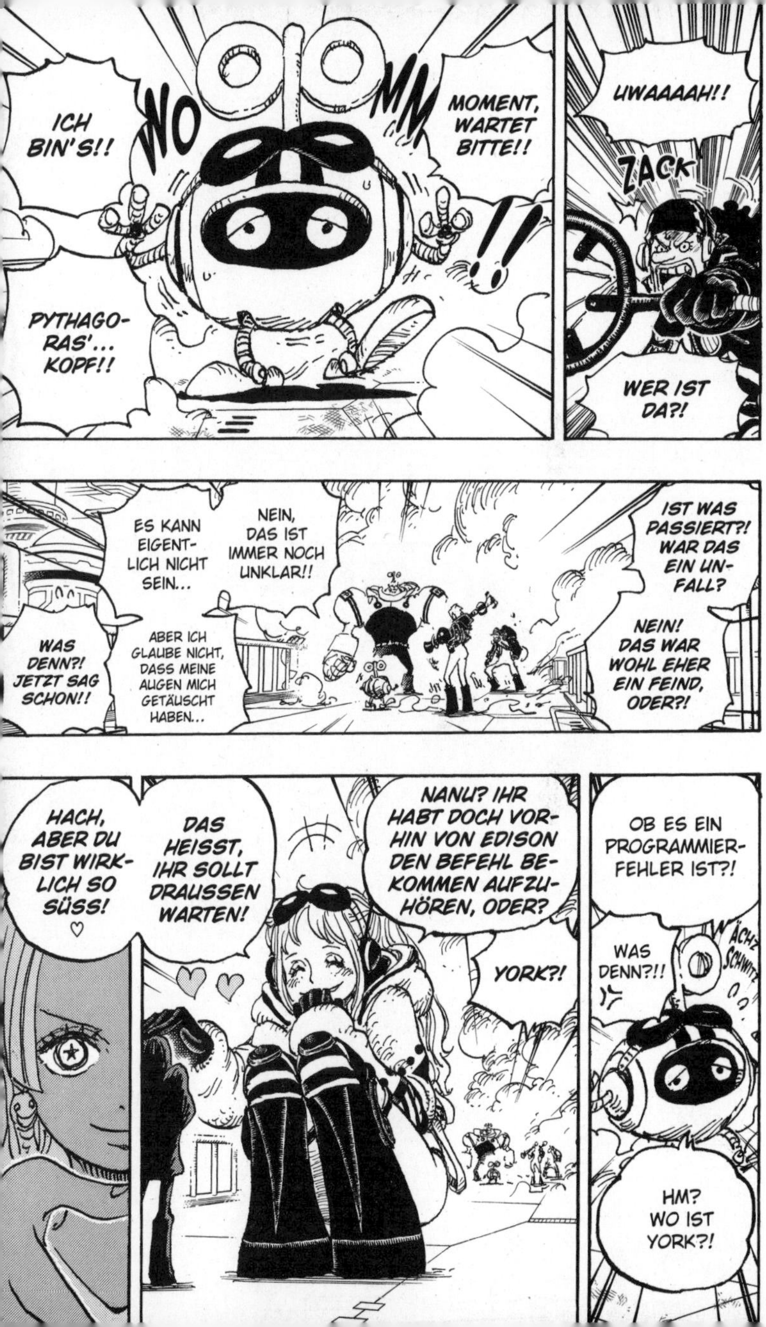
UWAAAAH!!
ZACK
WER IST DA?!
MOMENT, WARTET BITTE!!
WOOOMM
ICH BIN'S!!
PYTHAGO-RAS'... KOPF!!
IST WAS PASSIERT?! WAR DAS EIN UN-FALL?
NEIN! DAS WAR WOHL EHER EIN FEIND, ODER?!
NEIN, DAS IST IMMER NOCH UNKLAR!!
ES KANN EIGENT-LICH NICHT SEIN...
ABER ICH GLAUBE NICHT, DASS MEINE AUGEN MICH GETÄUSCHT HABEN...
WAS DENN?! JETZT SAG SCHON!!
OB ES EIN PROGRAMMIER-FEHLER IST?!
WAS DENN?!!
HM? WO IST YORK?!
NANU? IHR HABT DOCH VOR-HIN VON EDISON DEN BEFEHL BE-KOMMEN AUFZU-HÖREN, ODER?
YORK?!
DAS HEISST, IHR SOLLT DRAUSSEN WARTEN!
HACH, ABER DU BIST WIRK-LICH SO SÜSS! ♡

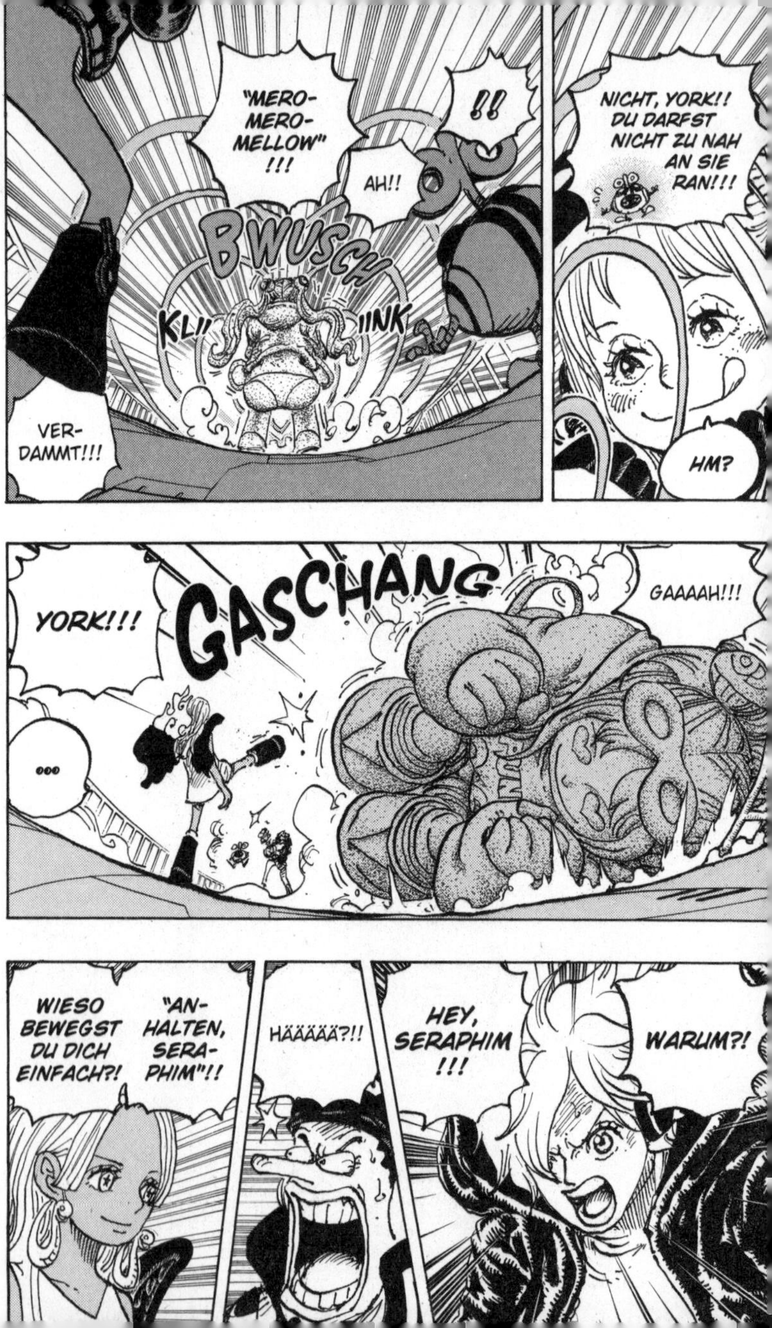
NICHT, YORK!! DU DARFST NICHT ZU NAH AN SIE RAN!!!
HM?
!!
"MERO-MERO-MELLOW" !!!
AH!!
BWUSCH
KLI IINK
VER-DAMMT!!!
GAAAAH!!!
GASCHANG
YORK!!!
...
WARUM?!
HEY, SERAPHIM !!!
HÄÄÄÄÄ?!!
"AN-HALTEN, SERA-PHIM"!!
WIESO BEWEGST DU DICH EINFACH?!

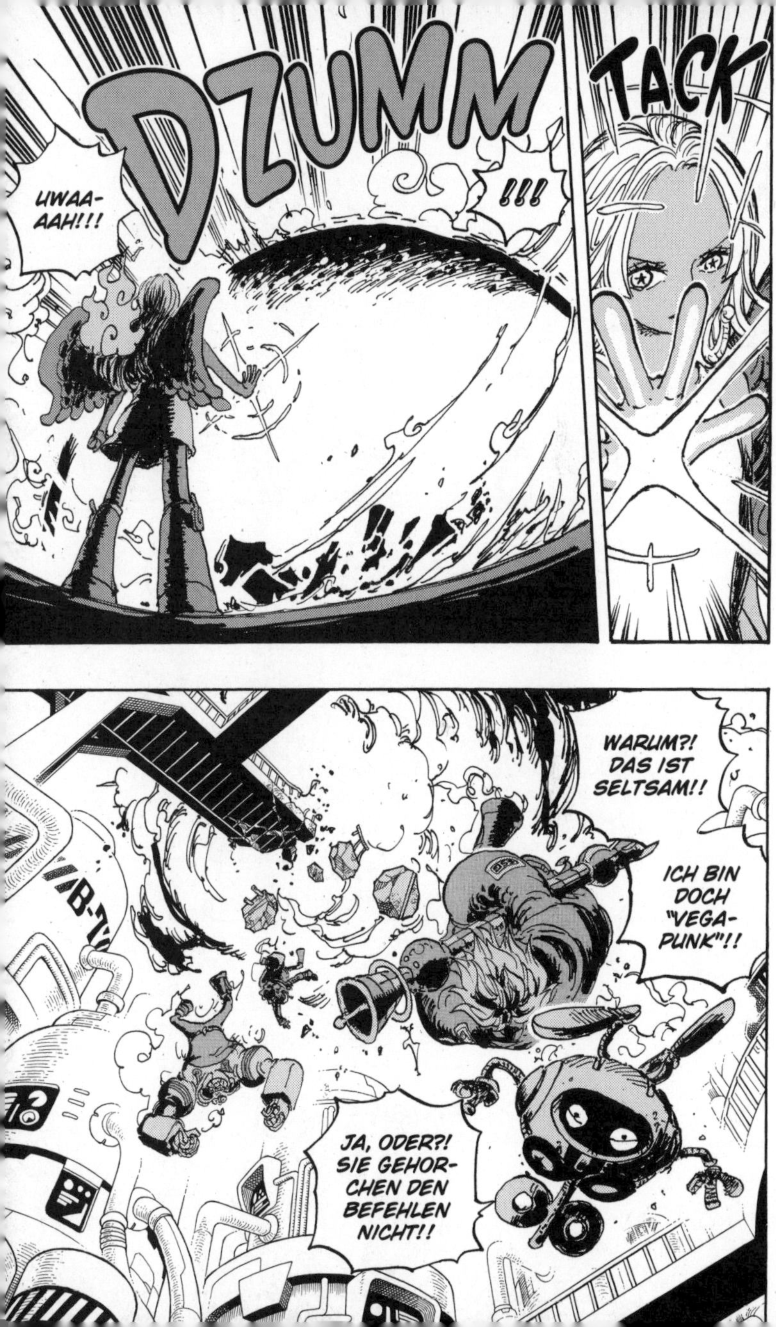
TACK
DZUMM
!!!
UWAA-AAH!!!
WARUM?! DAS IST SELTSAM!!
ICH BIN DOCH "VEGA-PUNK"!!
JA, ODER?! SIE GEHORCHEN DEN BEFEHLEN NICHT!!

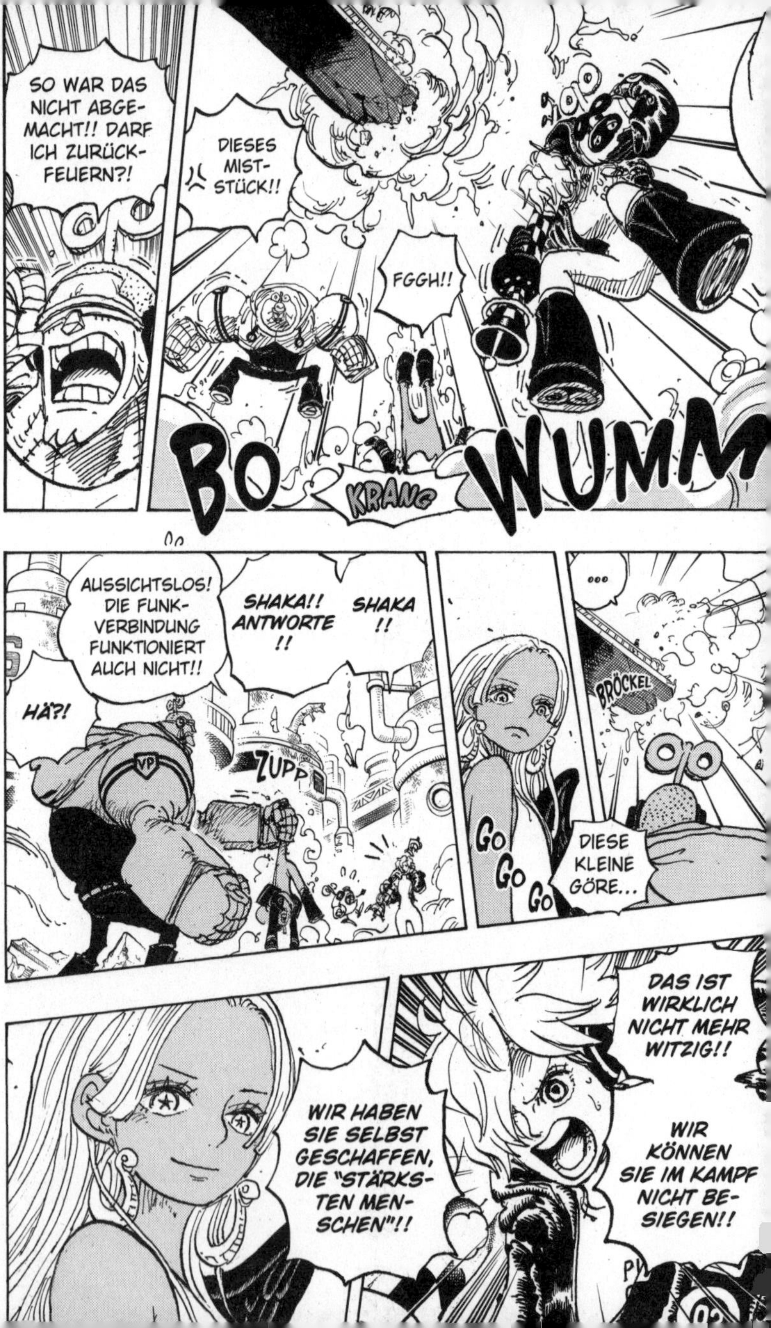
SO WAR DAS NICHT ABGEMACHT!! DARF ICH ZURÜCKFEUERN?!
DIESES MISTSTÜCK!!
FGGH!!
WUMM
KRANG
BO
...
BRÖCKEL
DIESE KLEINE GÖRE...
GO GO GO
SHAKA!!
SHAKA!! ANTWORTE!!
AUSSICHTSLOS! DIE FUNKVERBINDUNG FUNKTIONIERT AUCH NICHT!!
HÄ?!
ZUPP
DAS IST WIRKLICH NICHT MEHR WITZIG!!
WIR KÖNNEN SIE IM KAMPF NICHT BESIEGEN!!
WIR HABEN SIE SELBST GESCHAFFEN, DIE "STÄRKSTEN MENSCHEN"!!

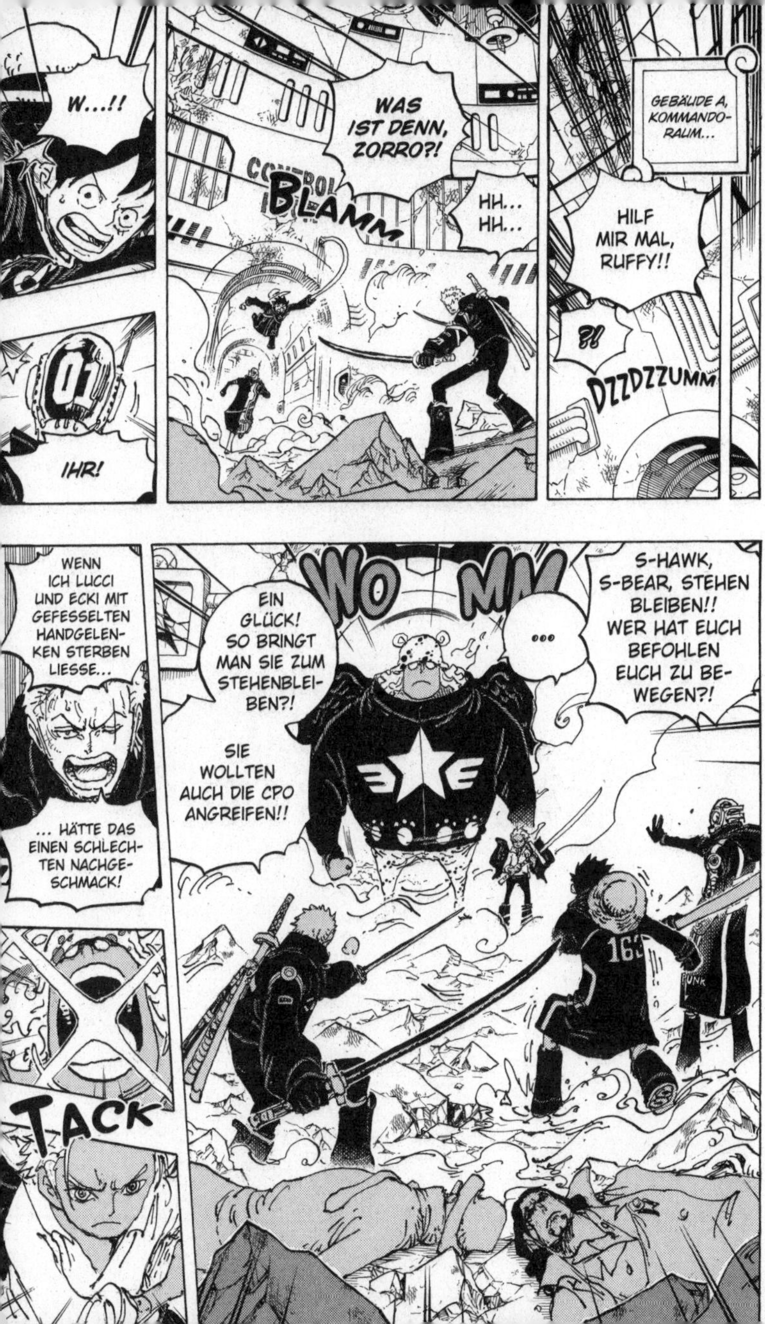

GEBÄUDE A, KOMMANDORAUM…
HILF MIR MAL, RUFFY!!
?!
DZZZDZZUMM
HH… HH…
WAS IST DENN, ZORRO?!
CONTROL
BLAMM
W…!!
IHR!
S-HAWK, S-BEAR, STEHEN BLEIBEN!! WER HAT EUCH BEFOHLEN EUCH ZU BEWEGEN?!
…
WO MM
EIN GLÜCK! SO BRINGT MAN SIE ZUM STEHENBLEIBEN?!
SIE WOLLTEN AUCH DIE CPO ANGREIFEN!!
WENN ICH LUCCI UND ECKI MIT GEFESSELTEN HANDGELENKEN STERBEN LIESSE…
… HÄTTE DAS EINEN SCHLECHTEN NACHGESCHMACK!
TACK

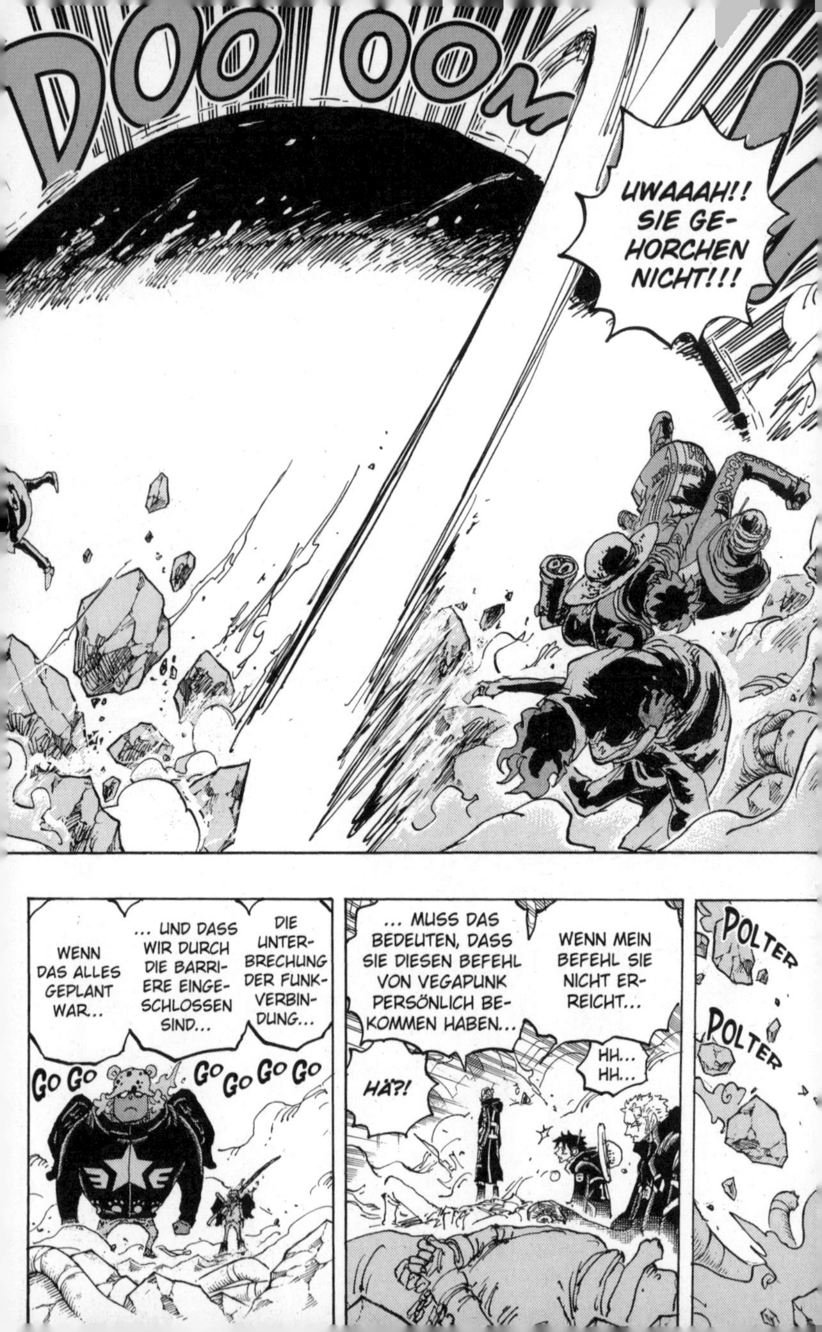
DOOOOM
UWAAAH!! SIE GE-HORCHEN NICHT!!!
WENN DAS ALLES GEPLANT WAR...
... UND DASS WIR DURCH DIE BARRI-ERE EINGE-SCHLOSSEN SIND...
DIE UNTER-BRECHUNG DER FUNK-VERBIN-DUNG...
GO GO GO GO GO GO
WENN MEIN BEFEHL SIE NICHT ER-REICHT...
... MUSS DAS BEDEUTEN, DASS SIE DIESEN BEFEHL VON VEGAPUNK PERSÖNLICH BE-KOMMEN HABEN...
HH... HH...
HÄ?!
POLTER
POLTER

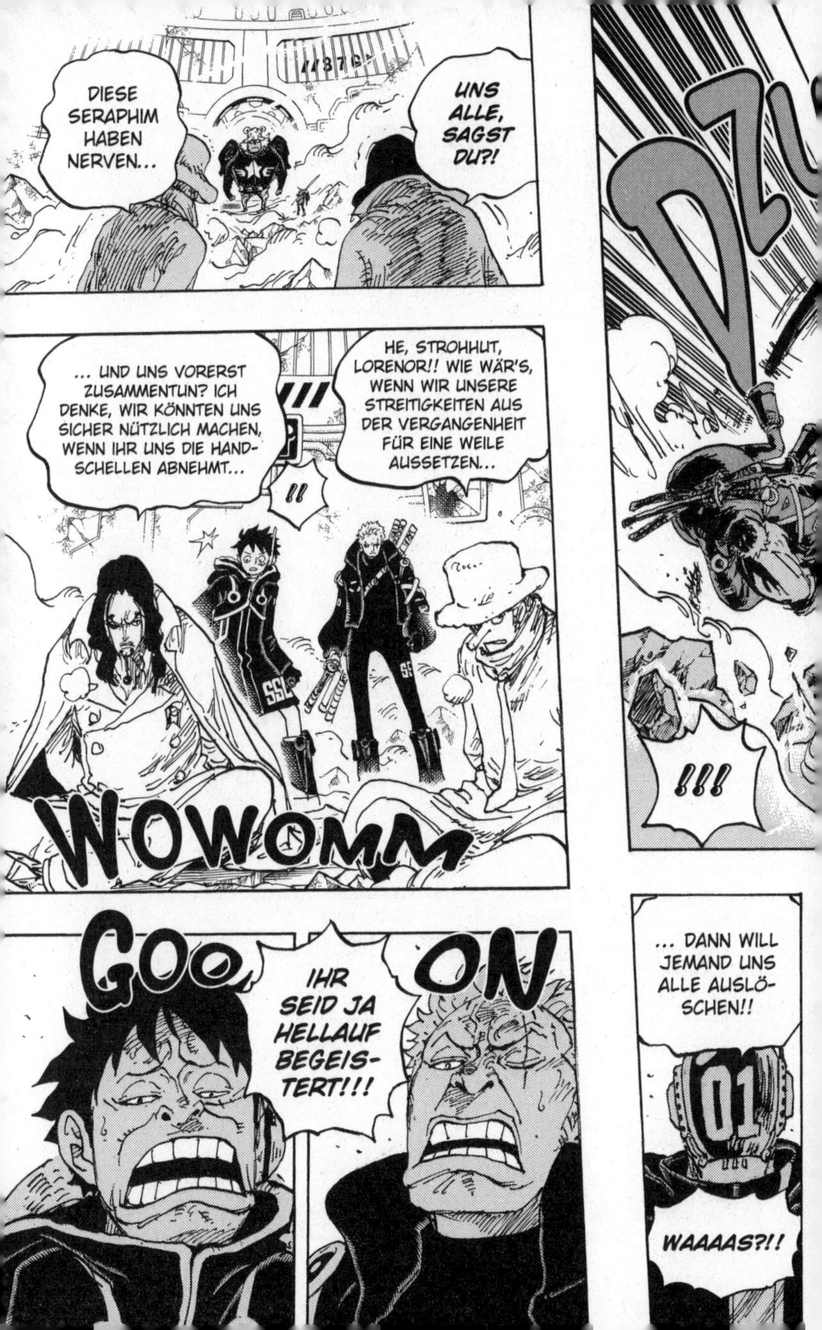
DZU
!!!
UNS ALLE, SAGST DU?!
DIESE SERAPHIM HABEN NERVEN...
HE, STROHHUT, LORENOR!! WIE WÄR'S, WENN WIR UNSERE STREITIGKEITEN AUS DER VERGANGENHEIT FÜR EINE WEILE AUSSETZEN...
... UND UNS VORERST ZUSAMMENTUN? ICH DENKE, WIR KÖNNTEN UNS SICHER NÜTZLICH MACHEN, WENN IHR UNS DIE HANDSCHELLEN ABNEHMT...
!!
WOWOMM
... DANN WILL JEMAND UNS ALLE AUSLÖSCHEN!!
WAAAAS?!!
GOO
ON
IHR SEID JA HELLAUF BEGEISTERT!!!

Kapitel 1076: Alte Freunde

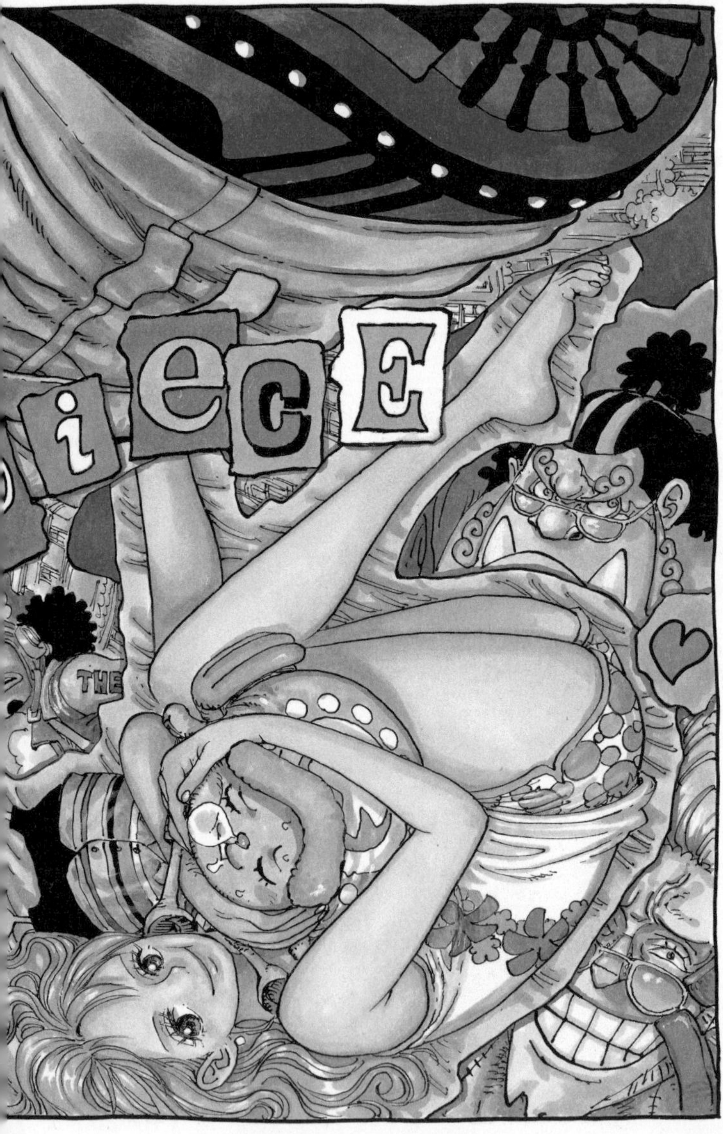

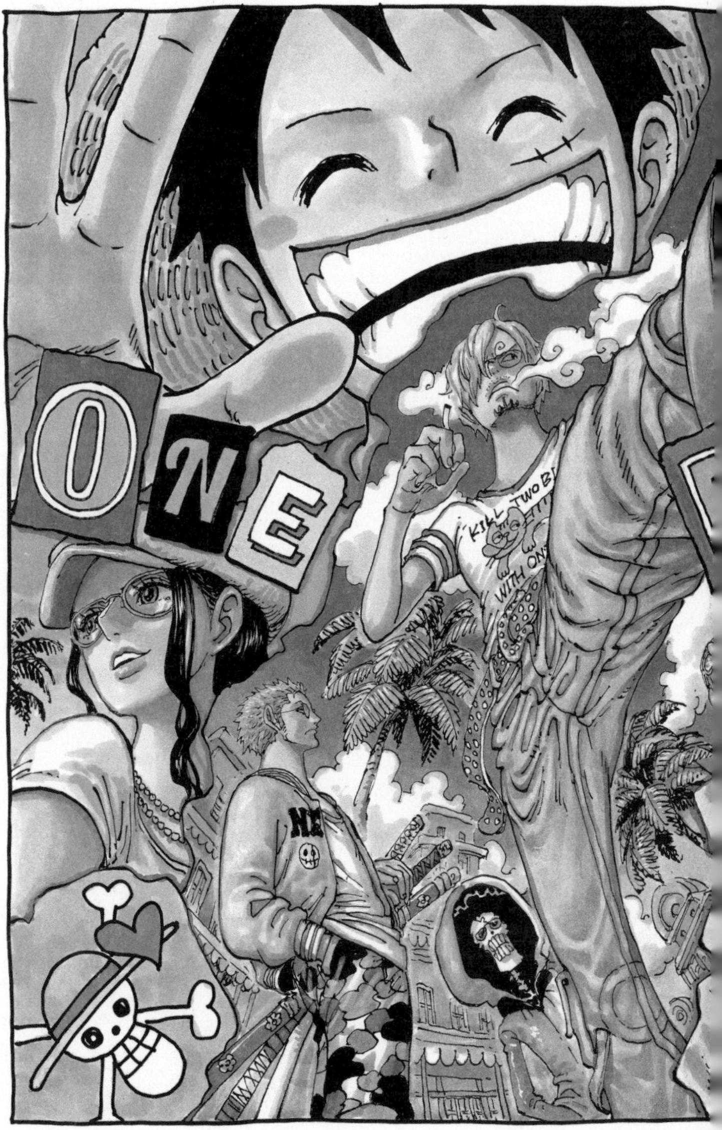
ONE

vol. 106
ONE PIECE

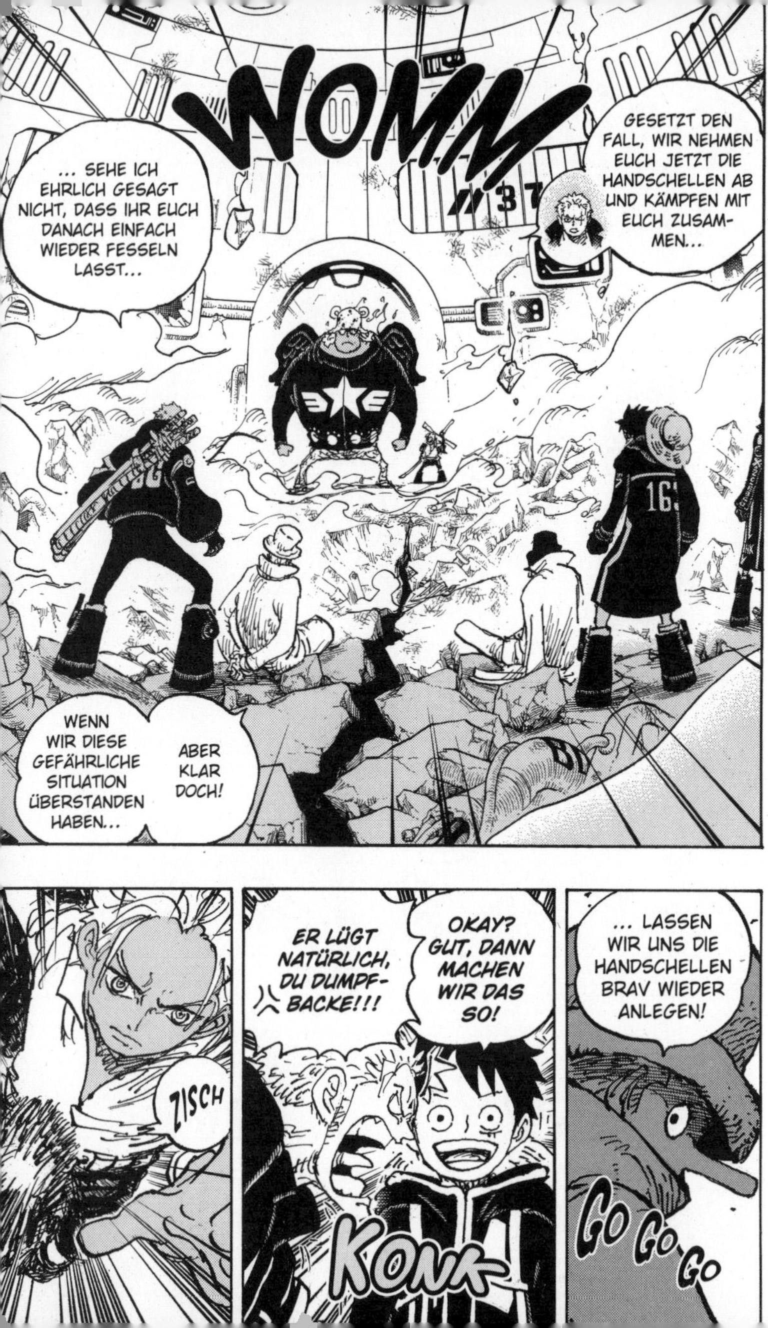
WOMM
GESETZT DEN FALL, WIR NEHMEN EUCH JETZT DIE HANDSCHELLEN AB UND KÄMPFEN MIT EUCH ZUSAMMEN…
… SEHE ICH EHRLICH GESAGT NICHT, DASS IHR EUCH DANACH EINFACH WIEDER FESSELN LASST…
ABER KLAR DOCH!
WENN WIR DIESE GEFÄHRLICHE SITUATION ÜBERSTANDEN HABEN…
… LASSEN WIR UNS DIE HANDSCHELLEN BRAV WIEDER ANLEGEN!
GO GO GO
OKAY? GUT, DANN MACHEN WIR DAS SO!
ER LÜGT NATÜRLICH, DU DUMPFBACKE!!!
KONK
ZISCH

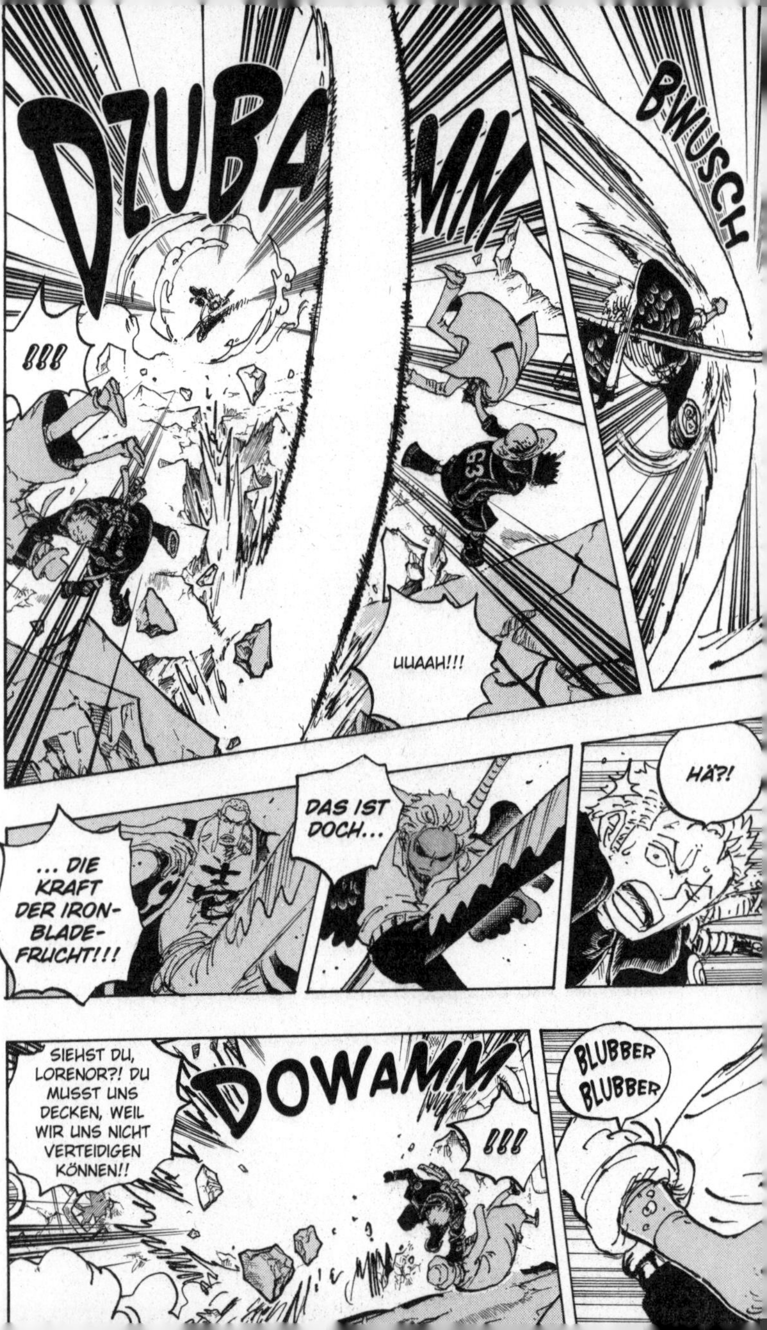
BWUSCH
DZUBAMM
UUAAH!!!
!!!
HÄ?!
DAS IST DOCH…
… DIE KRAFT DER IRON-BLADE-FRUCHT!!!
BLUBBER BLUBBER
DOWAMM
!!!
SIEHST DU, LORENOR?! DU MUSST UNS DECKEN, WEIL WIR UNS NICHT VERTEIDIGEN KÖNNEN!!

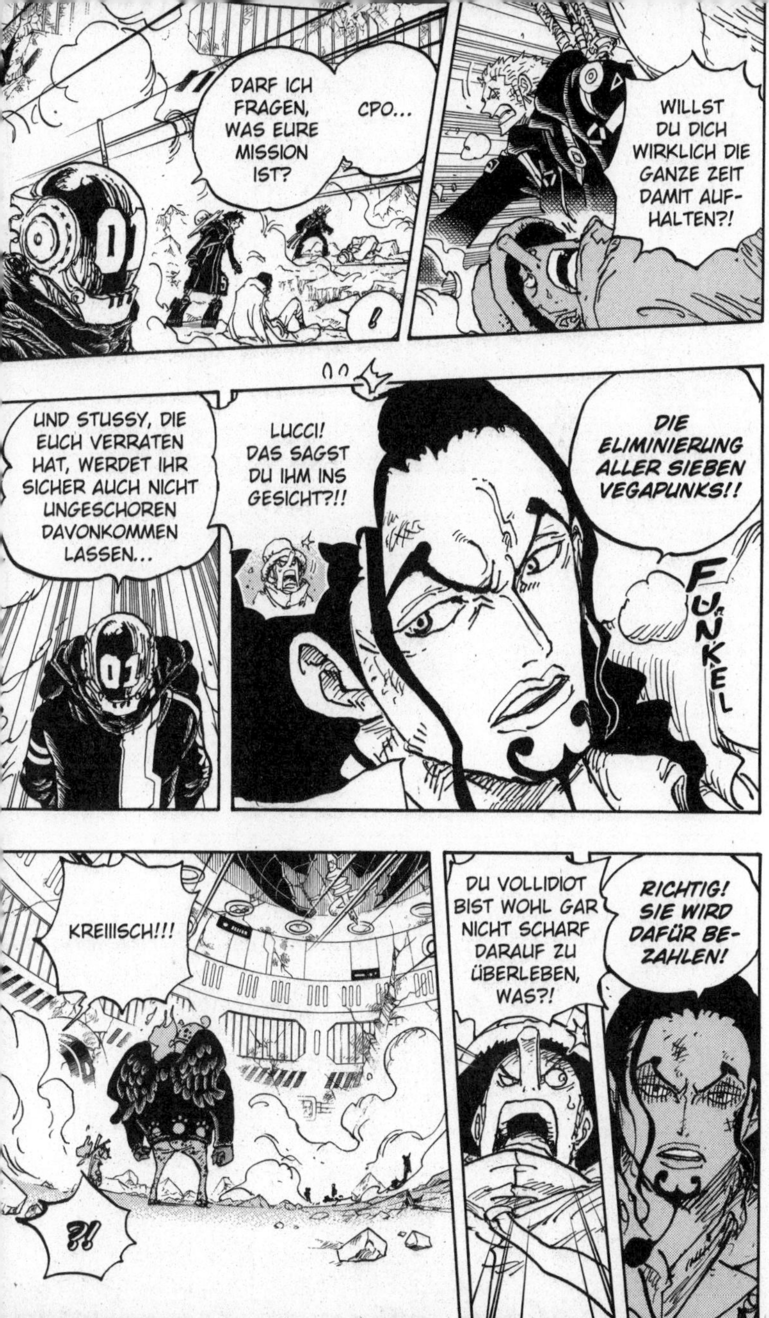

WILLST DU DICH WIRKLICH DIE GANZE ZEIT DAMIT AUFHALTEN?!
CPO...
DARF ICH FRAGEN, WAS EURE MISSION IST?
DIE ELIMINIERUNG ALLER SIEBEN VEGAPUNKS!!
FUNKEL
LUCCI! DAS SAGST DU IHM INS GESICHT?!!
UND STUSSY, DIE EUCH VERRATEN HAT, WERDET IHR SICHER AUCH NICHT UNGESCHOREN DAVONKOMMEN LASSEN...
RICHTIG! SIE WIRD DAFÜR BEZAHLEN!
DU VOLLIDIOT BIST WOHL GAR NICHT SCHARF DARAUF ZU ÜBERLEBEN, WAS?!
KREIIISCH!!!
?!

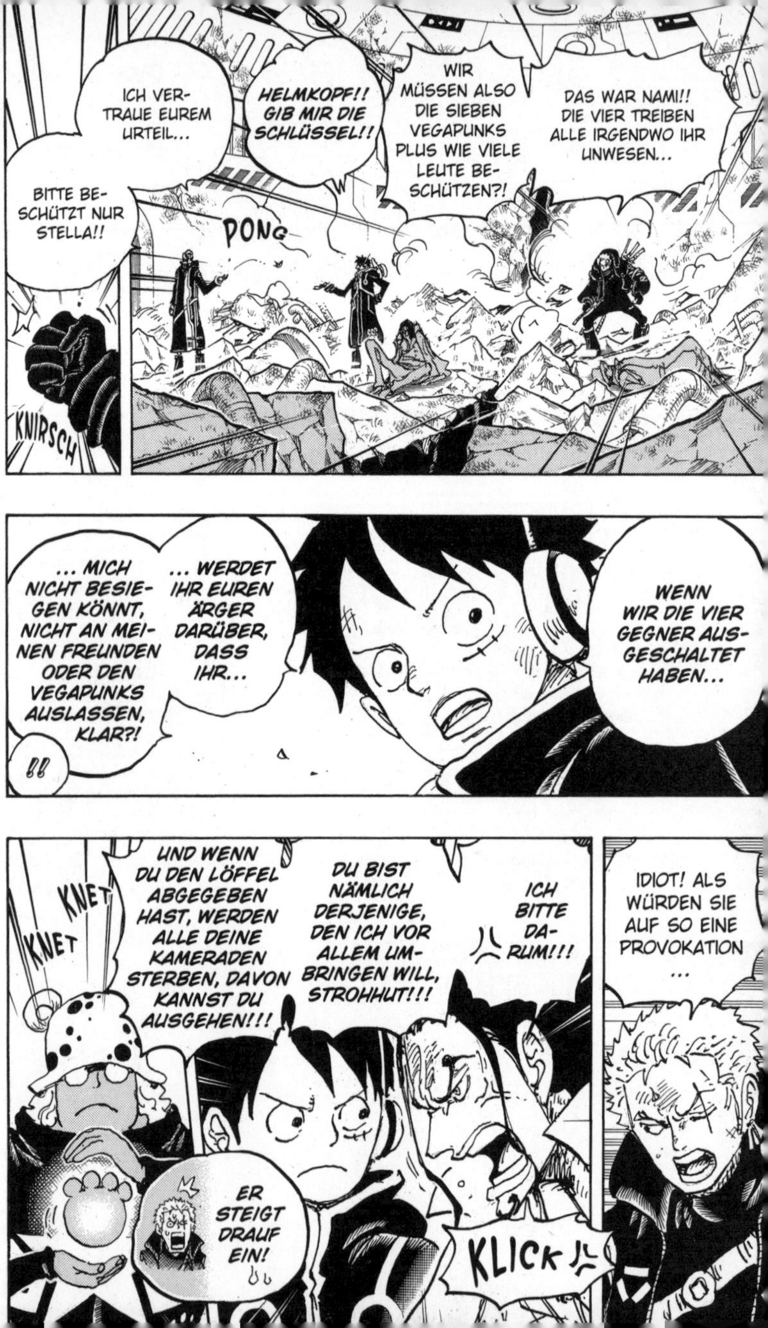
DAS WAR NAMI!! DIE VIER TREIBEN ALLE IRGENDWO IHR UNWESEN…
WIR MÜSSEN ALSO DIE SIEBEN VEGAPUNKS PLUS WIE VIELE LEUTE BESCHÜTZEN?!
HELMKOPF!! GIB MIR DIE SCHLÜSSEL!!
ICH VERTRAUE EUREM URTEIL…
BITTE BESCHÜTZT NUR STELLA!!
PONG
KNIRSCH
WENN WIR DIE VIER GEGNER AUSGESCHALTET HABEN…
… WERDET IHR EUREN ÄRGER DARÜBER, DASS IHR…
… MICH NICHT BESIEGEN KÖNNT, NICHT AN MEINEN FREUNDEN ODER DEN VEGAPUNKS AUSLASSEN, KLAR?!
!!
IDIOT! ALS WÜRDEN SIE AUF SO EINE PROVOKATION …
ICH BITTE DARUM!!!
DU BIST NÄMLICH DERJENIGE, DEN ICH VOR ALLEM UMBRINGEN WILL, STROHHUT!!!
UND WENN DU DEN LÖFFEL ABGEGEBEN HAST, WERDEN ALLE DEINE KAMERADEN STERBEN, DAVON KANNST DU AUSGEHEN!!!
KNET
KNET
KLICK
ER STEIGT DRAUF EIN!

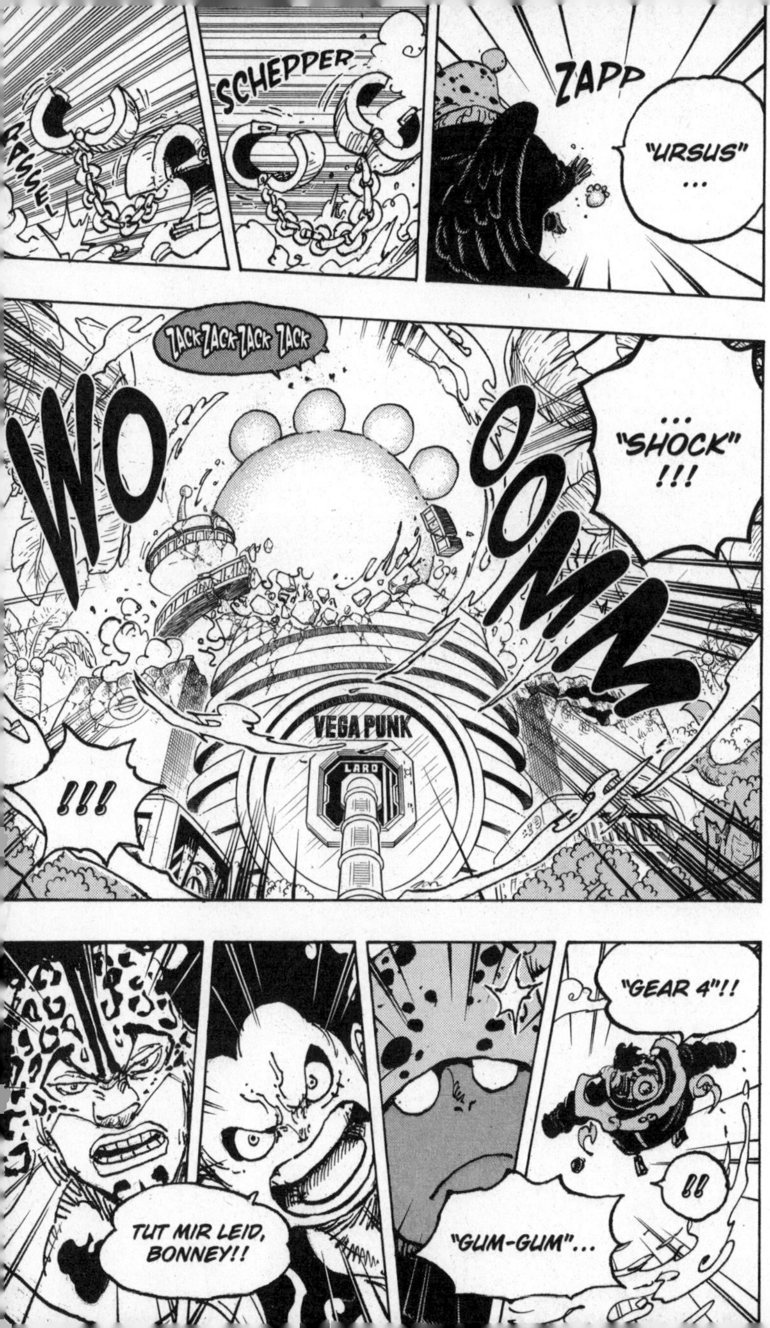
ZAPP
"URSUS" ...
SCHEPPER
RASSEL
... "SHOCK" !!!
WOOOMM
ZACK ZACK ZACK ZACK
VEGA PUNK
!!!
"GEAR 4"!!
!!
"GUM-GUM"...
TUT MIR LEID, BONNEY!!

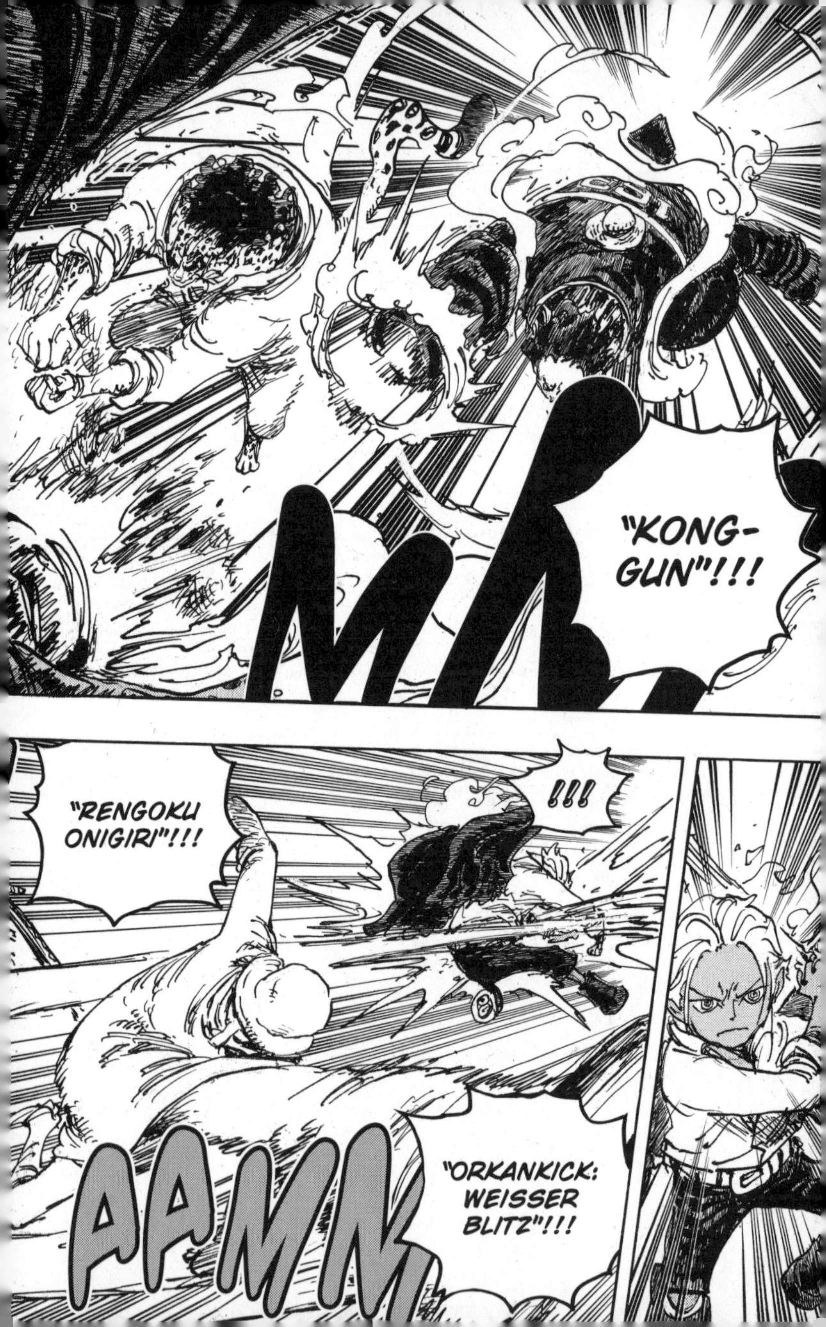
"KONG-GUN"!!!
!!!
"RENGOKU ONIGIRI"!!!
"ORKANKICK: WEISSER BLITZ"!!!

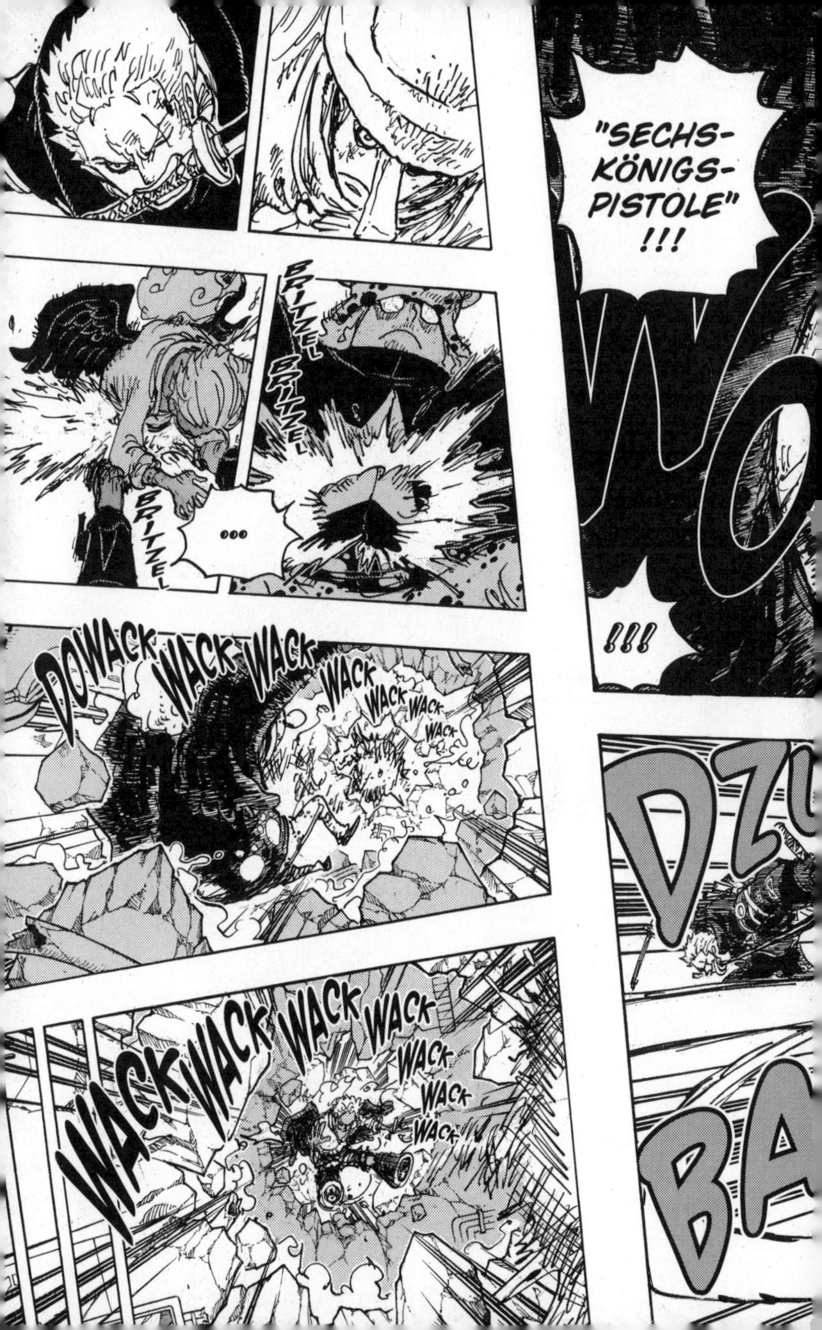

"SECHS-
KÖNIGS-
PISTOLE"
!!!
!!!
BRITZEL
BRITZEL
BRITZEL
BRITZEL
...
DOWACK WACK WACK
WACK WACK WACK WACK
WACK WACK WACK WACK WACK WACK WACK

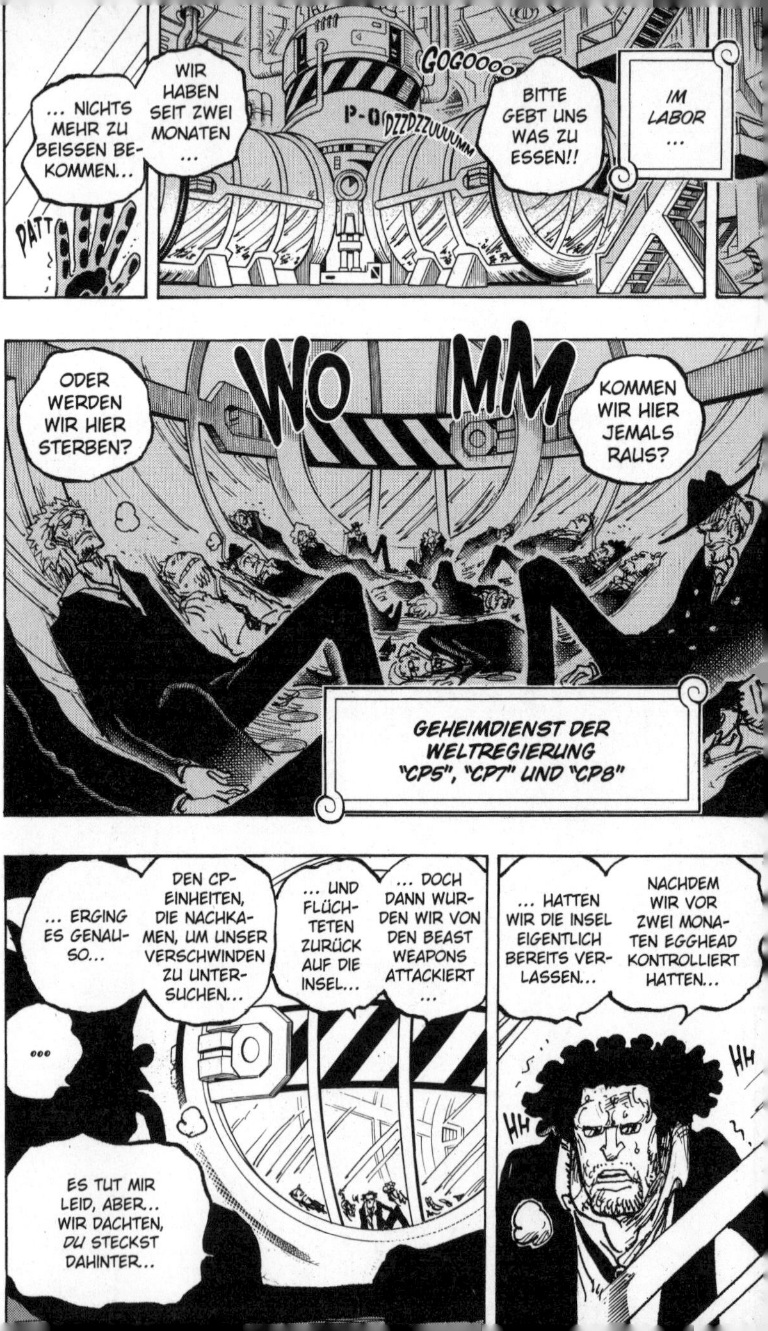
IM LABOR ...
BITTE GEBT UNS WAS ZU ESSEN!!
GOGOOOO
DZZDZZUUUUMM
WIR HABEN SEIT ZWEI MONATEN ...
... NICHTS MEHR ZU BEISSEN BE-KOMMEN...
PATT
KOMMEN WIR HIER JEMALS RAUS?
WOMM
ODER WERDEN WIR HIER STERBEN?
GEHEIMDIENST DER WELTREGIERUNG "CP5", "CP7" UND "CP8"
NACHDEM WIR VOR ZWEI MONA-TEN EGGHEAD KONTROLLIERT HATTEN...
... HATTEN WIR DIE INSEL EIGENTLICH BEREITS VER-LASSEN...
HH
HH
... DOCH DANN WUR-DEN WIR VON DEN BEAST WEAPONS ATTACKIERT ...
... UND FLÜCH-TETEN ZURÜCK AUF DIE INSEL...
DEN CP-EINHEITEN, DIE NACHKA-MEN, UM UNSER VERSCHWINDEN ZU UNTER-SUCHEN...
... ERGING ES GENAU-SO...
ES TUT MIR LEID, ABER... WIR DACHTEN, DU STECKST DAHINTER...

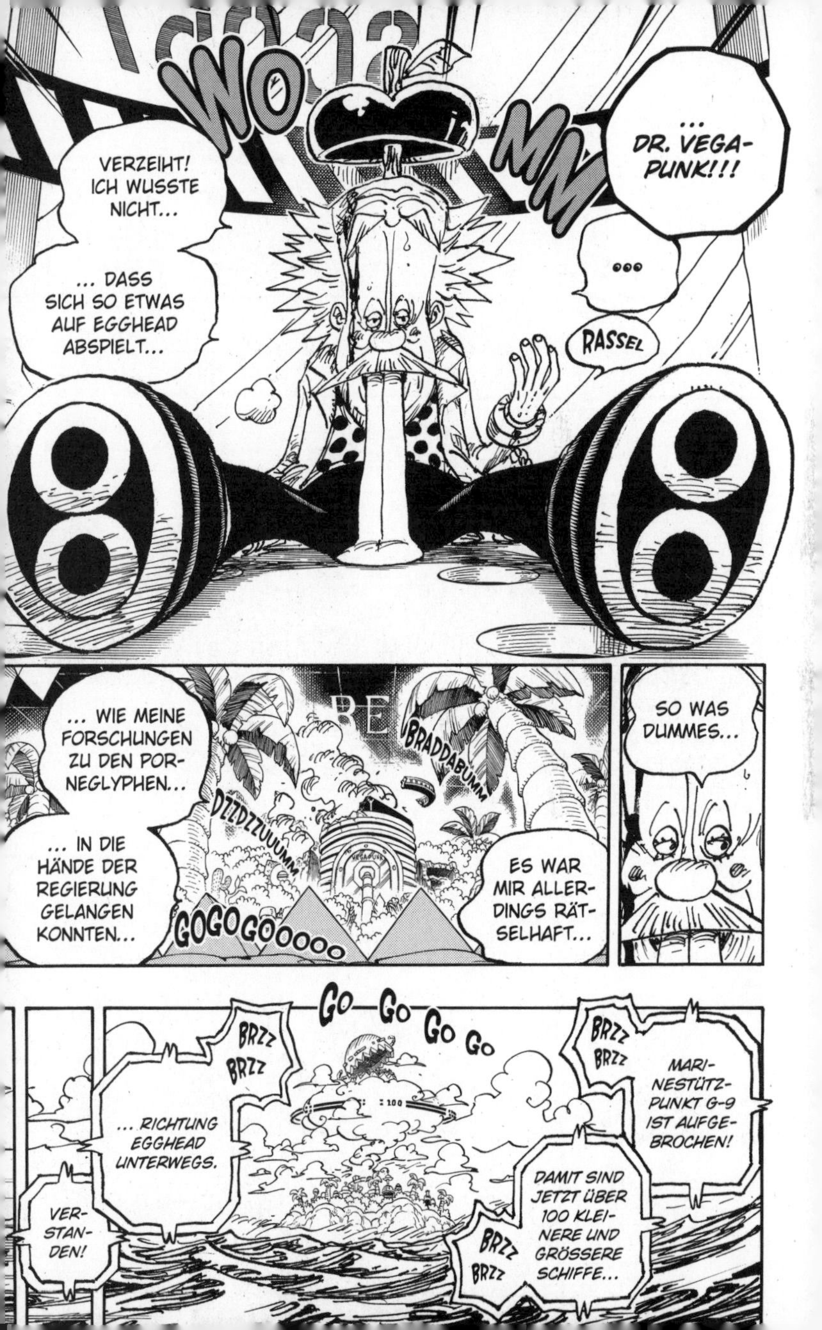
WOMM
... DR. VEGAPUNK!!!
...
RASSEL
VERZEIHT! ICH WUSSTE NICHT...
... DASS SICH SO ETWAS AUF EGGHEAD ABSPIELT...
SO WAS DUMMES...
ES WAR MIR ALLERDINGS RÄTSELHAFT...
BRADDABUMM
... WIE MEINE FORSCHUNGEN ZU DEN PORNEGLYPHEN...
DZZDZZUUUMM
... IN DIE HÄNDE DER REGIERUNG GELANGEN KONNTEN...
GOGOGOOOOO
GO GO GO GO
BRZZ BRZZ
MARINESTÜTZPUNKT G-9 IST AUFGEBROCHEN!
DAMIT SIND JETZT ÜBER 100 KLEINERE UND GRÖSSERE SCHIFFE...
BRZZ BRZZ
BRZZ BRZZ
... RICHTUNG EGGHEAD UNTERWEGS.
VERSTANDEN!

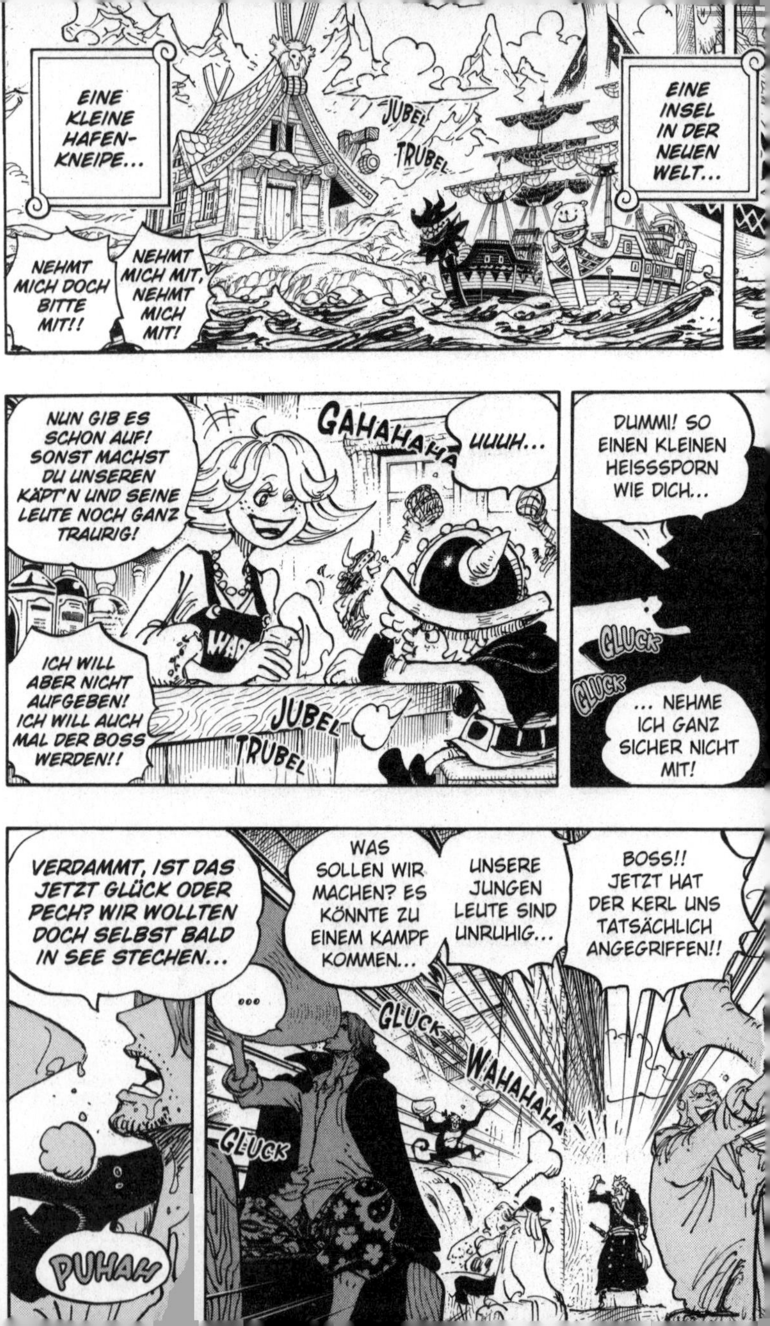
EINE INSEL IN DER NEUEN WELT...
EINE KLEINE HAFEN-KNEIPE...
JUBEL
TRUBEL
NEHMT MICH MIT, NEHMT MICH MIT!
NEHMT MICH DOCH BITTE MIT!!
DUMMI! SO EINEN KLEINEN HEISSSPORN WIE DICH...
GLUCK
GLUCK
... NEHME ICH GANZ SICHER NICHT MIT!
UUUH...
GAHAHAHA
NUN GIB ES SCHON AUF! SONST MACHST DU UNSEREN KÄPT'N UND SEINE LEUTE NOCH GANZ TRAURIG!
ICH WILL ABER NICHT AUFGEBEN! ICH WILL AUCH MAL DER BOSS WERDEN!!
JUBEL
TRUBEL
BOSS!! JETZT HAT DER KERL UNS TATSÄCHLICH ANGEGRIFFEN!!
UNSERE JUNGEN LEUTE SIND UNRUHIG...
WAS SOLLEN WIR MACHEN? ES KÖNNTE ZU EINEM KAMPF KOMMEN...
VERDAMMT, IST DAS JETZT GLÜCK ODER PECH? WIR WOLLTEN DOCH SELBST BALD IN SEE STECHEN...
...
GLUCK
WAHAHAHA
GLUCK
PUHAH

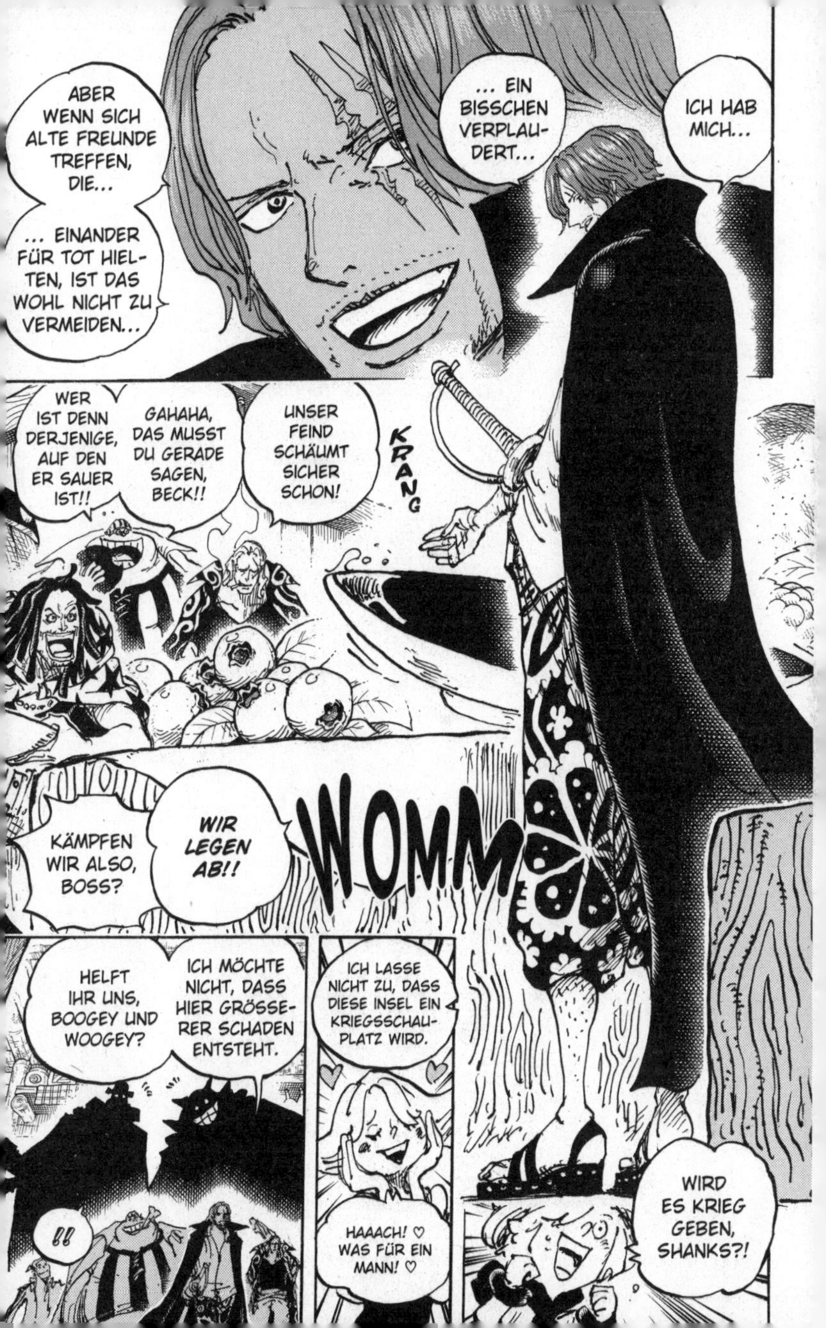

ICH HAB MICH…
… EIN BISSCHEN VERPLAUDERT…
ABER WENN SICH ALTE FREUNDE TREFFEN, DIE…
… EINANDER FÜR TOT HIELTEN, IST DAS WOHL NICHT ZU VERMEIDEN…
KRANG
UNSER FEIND SCHÄUMT SICHER SCHON!
GAHAHA, DAS MUSST DU GERADE SAGEN, BECK!!
WER IST DENN DERJENIGE, AUF DEN ER SAUER IST!!
WOMM
WIR LEGEN AB!!
KÄMPFEN WIR ALSO, BOSS?
WIRD ES KRIEG GEBEN, SHANKS?!
ICH LASSE NICHT ZU, DASS DIESE INSEL EIN KRIEGSSCHAUPLATZ WIRD.
HAAACH! ♡ WAS FÜR EIN MANN! ♡
ICH MÖCHTE NICHT, DASS HIER GRÖSSERER SCHADEN ENTSTEHT.
HELFT IHR UNS, BOOGEY UND WOOGEY?
!!

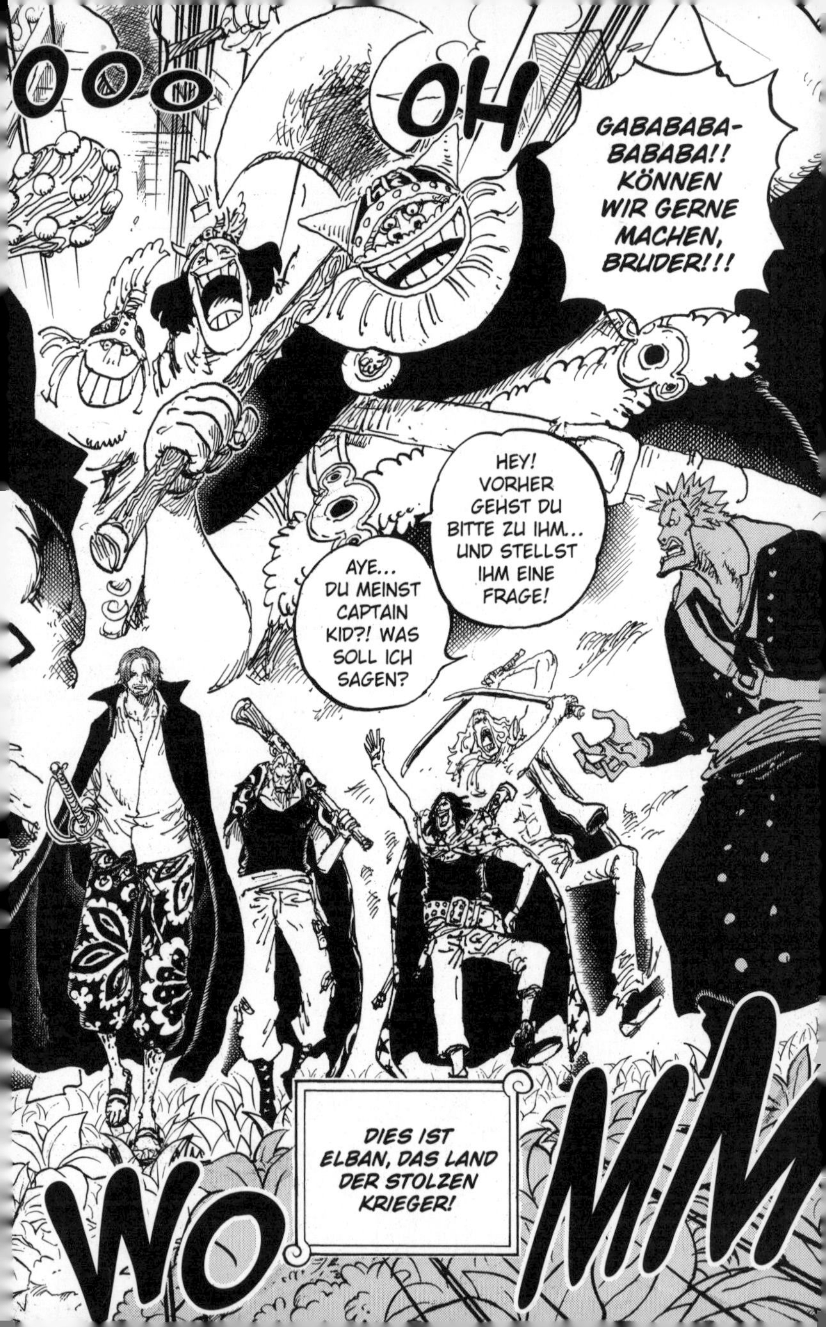
GABABABA-
BABABA!! KÖNNEN WIR GERNE MACHEN, BRUDER!!!
OH
OOO
HEY! VORHER GEHST DU BITTE ZU IHM... UND STELLST IHM EINE FRAGE!
AYE... DU MEINST CAPTAIN KID?! WAS SOLL ICH SAGEN?
DIES IST ELBAN, DAS LAND DER STOLZEN KRIEGER!
WO
MM

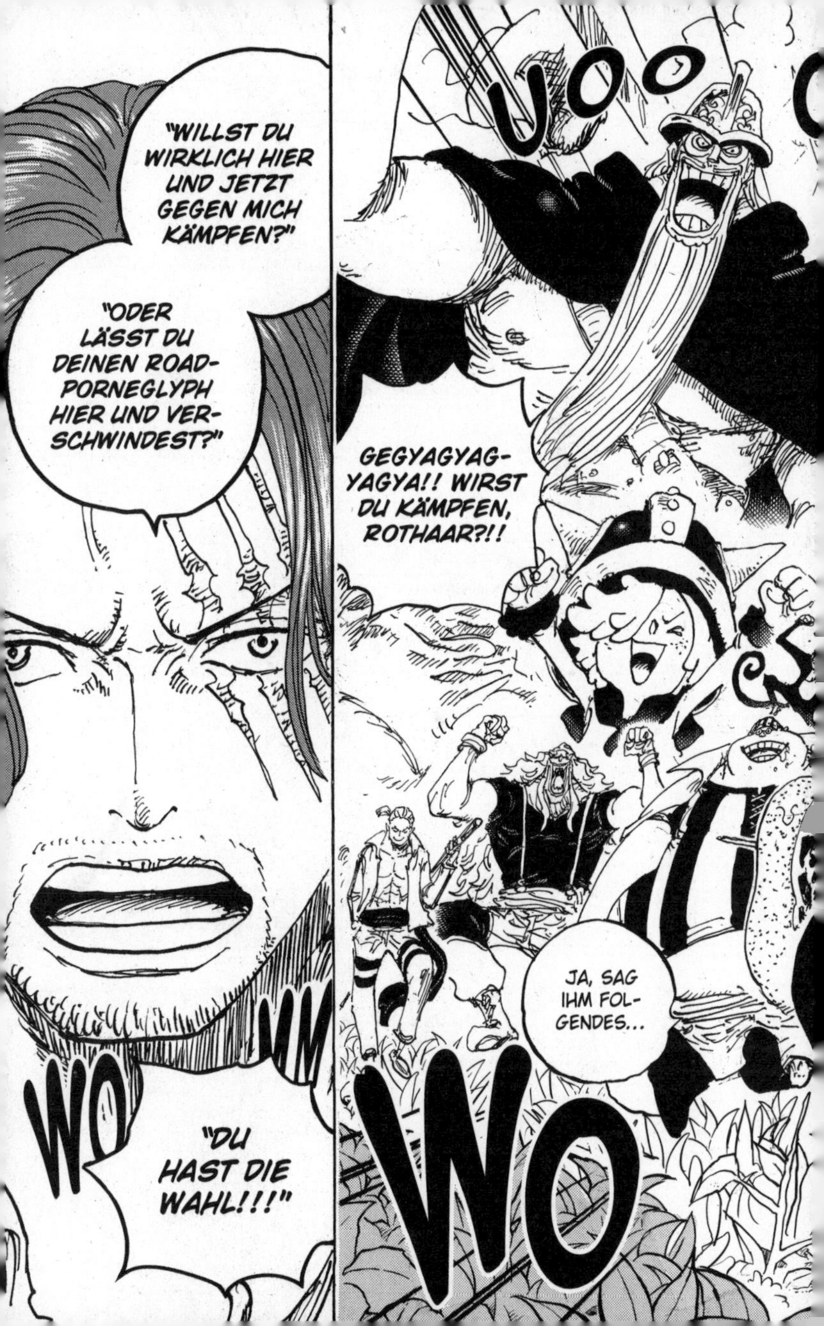
UOO
GEGYAGYAG-YAGYA!! WIRST DU KÄMPFEN, ROTHAAR?!!
JA, SAG IHM FOL-GENDES...
WO
"WILLST DU WIRKLICH HIER UND JETZT GEGEN MICH KÄMPFEN?"
"ODER LÄSST DU DEINEN ROAD-PORNEGLYPH HIER UND VER-SCHWINDEST?"
WO
"DU HAST DIE WAHL!!!"

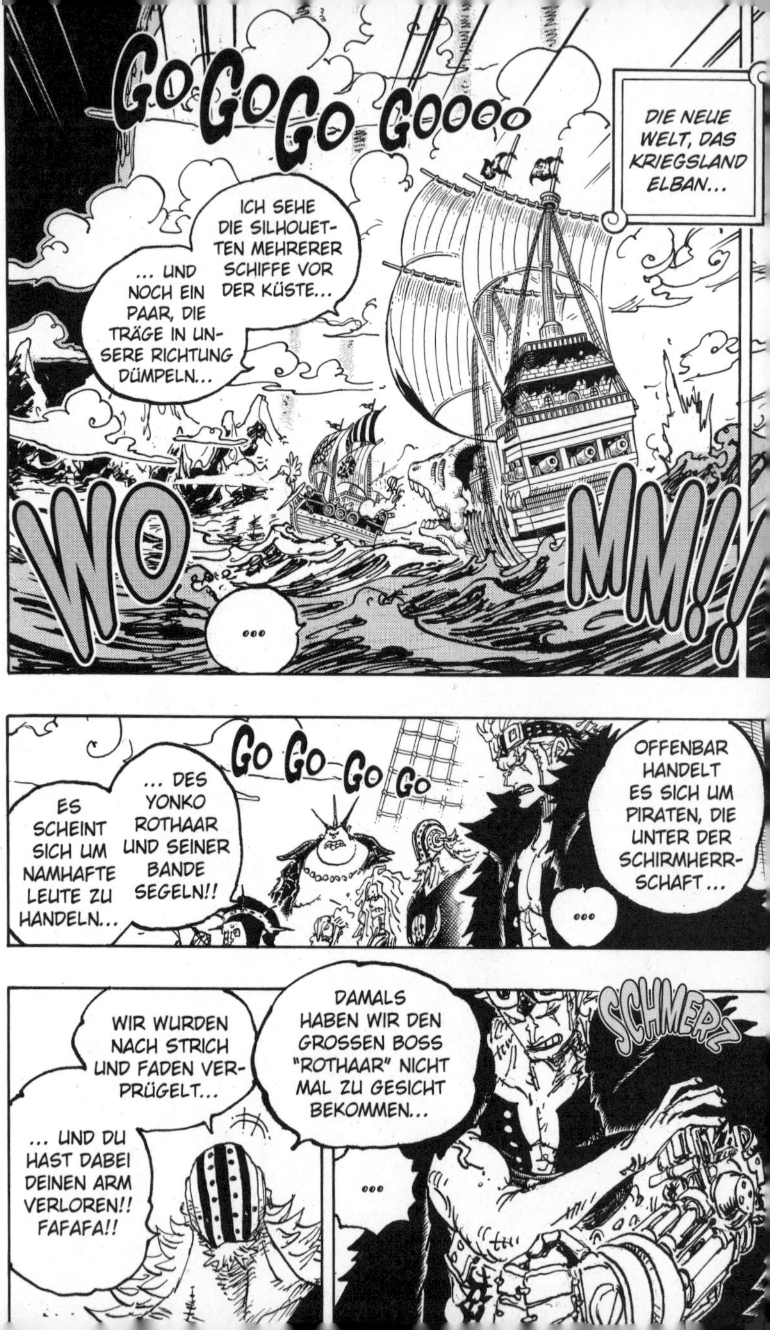
DIE NEUE WELT, DAS KRIEGSLAND ELBAN…
GOGOGOGO GOOOO
ICH SEHE DIE SILHOUETTEN MEHRERER SCHIFFE VOR DER KÜSTE…
… UND NOCH EIN PAAR, DIE TRÄGE IN UNSERE RICHTUNG DÜMPELN…
WOMM!!
•••
OFFENBAR HANDELT ES SICH UM PIRATEN, DIE UNTER DER SCHIRMHERRSCHAFT…
GO GO GO GO
… DES YONKO ROTHAAR UND SEINER BANDE SEGELN!!
ES SCHEINT SICH UM NAMHAFTE LEUTE ZU HANDELN…
•••
SCHMERZ
DAMALS HABEN WIR DEN GROSSEN BOSS "ROTHAAR" NICHT MAL ZU GESICHT BEKOMMEN…
WIR WURDEN NACH STRICH UND FADEN VERPRÜGELT…
… UND DU HAST DABEI DEINEN ARM VERLOREN!! FAFAFA!!
•••

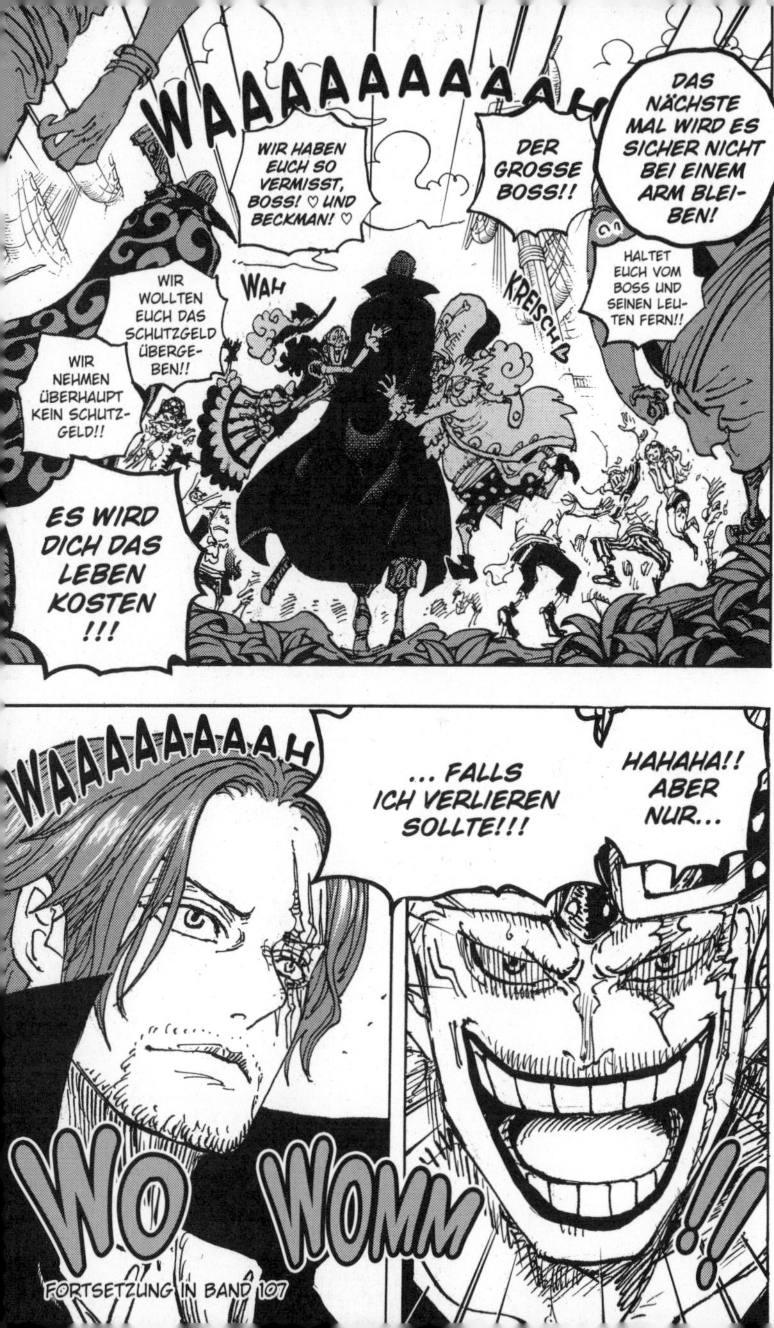
DAS NÄCHSTE MAL WIRD ES SICHER NICHT BEI EINEM ARM BLEIBEN!
WAAAAAAAAAAH
DER GROSSE BOSS!!
WIR HABEN EUCH SO VERMISST, BOSS! ♡ UND BECKMAN! ♡
HALTET EUCH VOM BOSS UND SEINEN LEUTEN FERN!!
KREISCH♡
WAH
WIR WOLLTEN EUCH DAS SCHUTZGELD ÜBERGEBEN!!
WIR NEHMEN ÜBERHAUPT KEIN SCHUTZGELD!!
ES WIRD DICH DAS LEBEN KOSTEN!!!
HAHAHA!! ABER NUR...
... FALLS ICH VERLIEREN SOLLTE!!!
WAAAAAAAAAH
WOMM!!
WO
FORTSETZUNG IN BAND 107

Lysops Piratengalerie

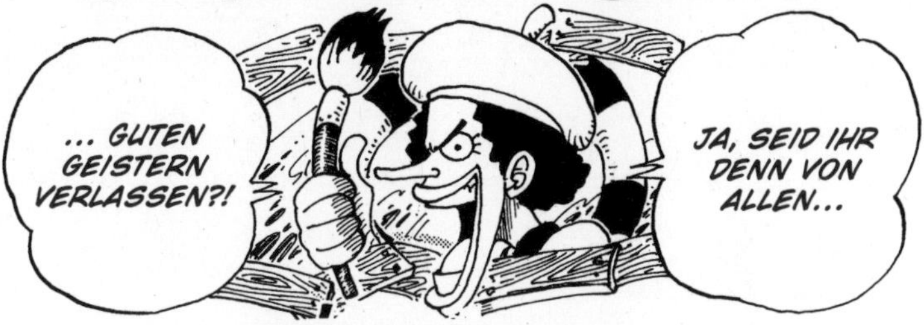

Also, alle Mann an die Stifte! Dann findet Ihr vielleicht Euer Bild bald in einem »One Piece«-Manga wieder! Schickt Eure Zeichnungen an:

CARLSEN MANGA
Lysops Piratengalerie
Postfach 50 03 80
22703 Hamburg

Bitte denkt dran, dass wir die Bilder nur dann zurückschicken können, wenn Ihr Rückporto beilegt und Euren Namen und Eure vollständige Adresse auf die Rückseite des Bildes schreibt.

Eure »One Piece«-Redaktion

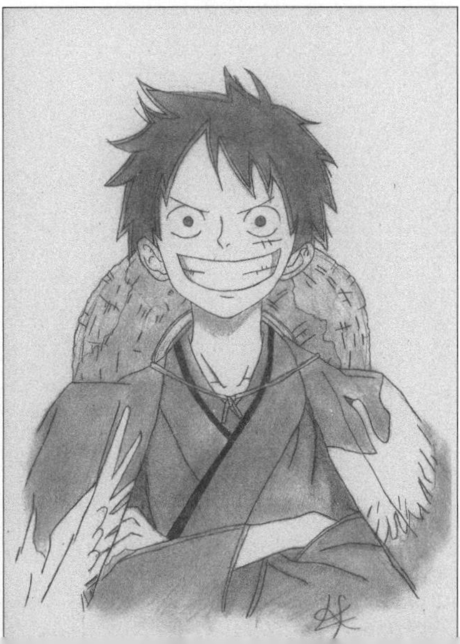

Lea, Schwieberdingen

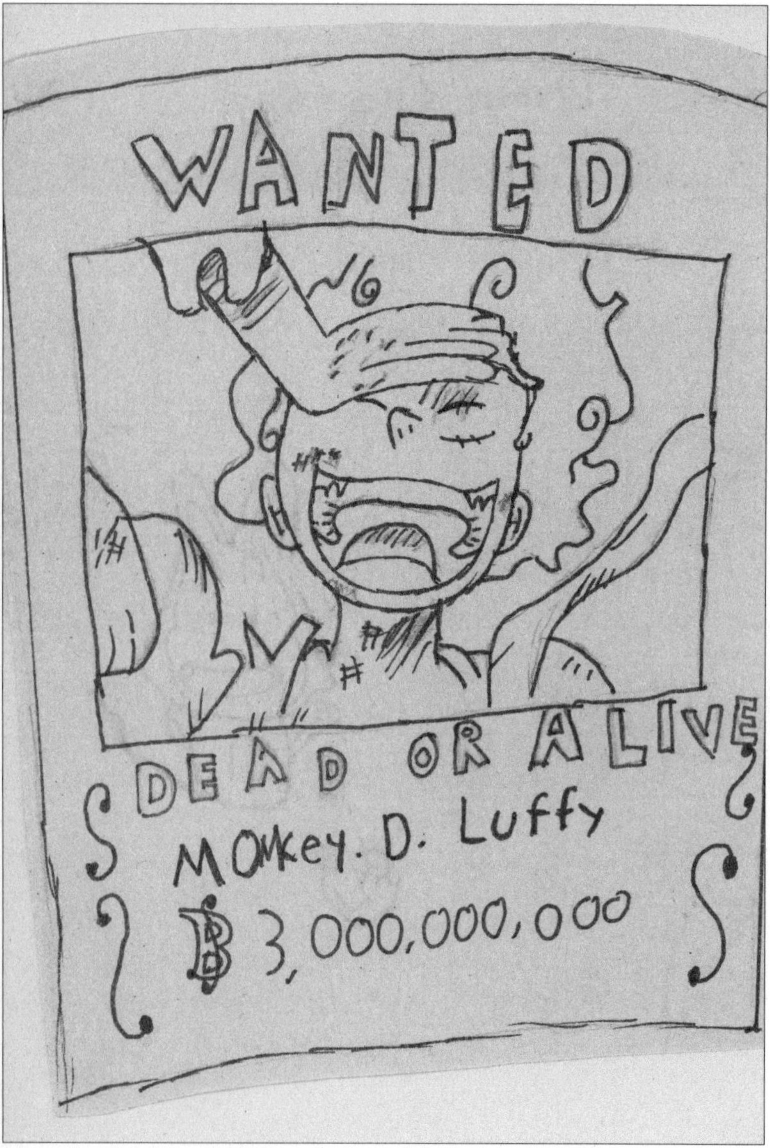

David, Westhofen

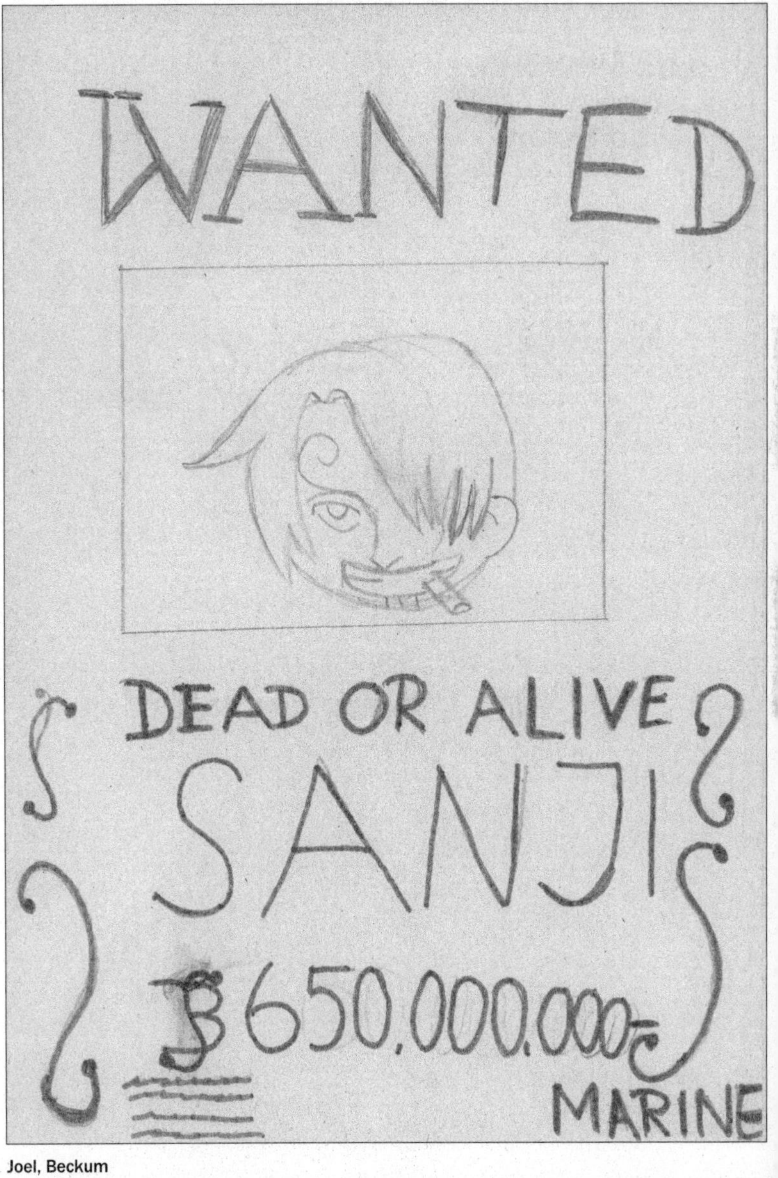

Joel, Beckum

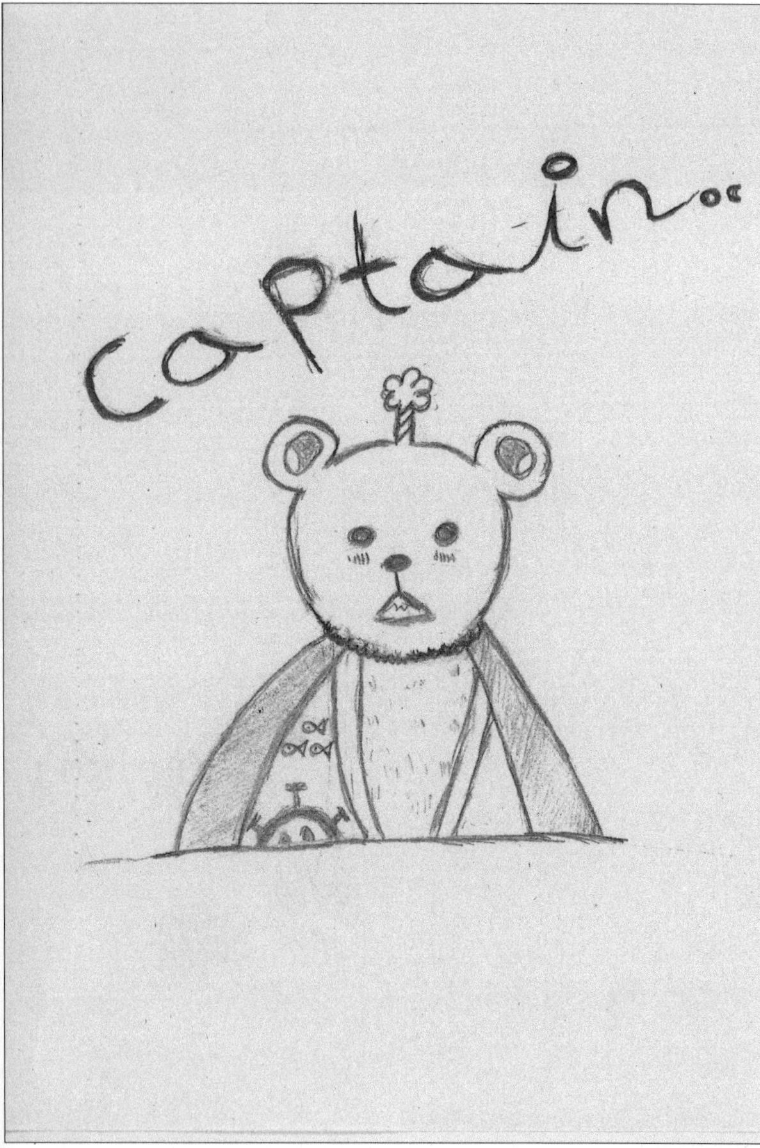

Faty, Stuttgart

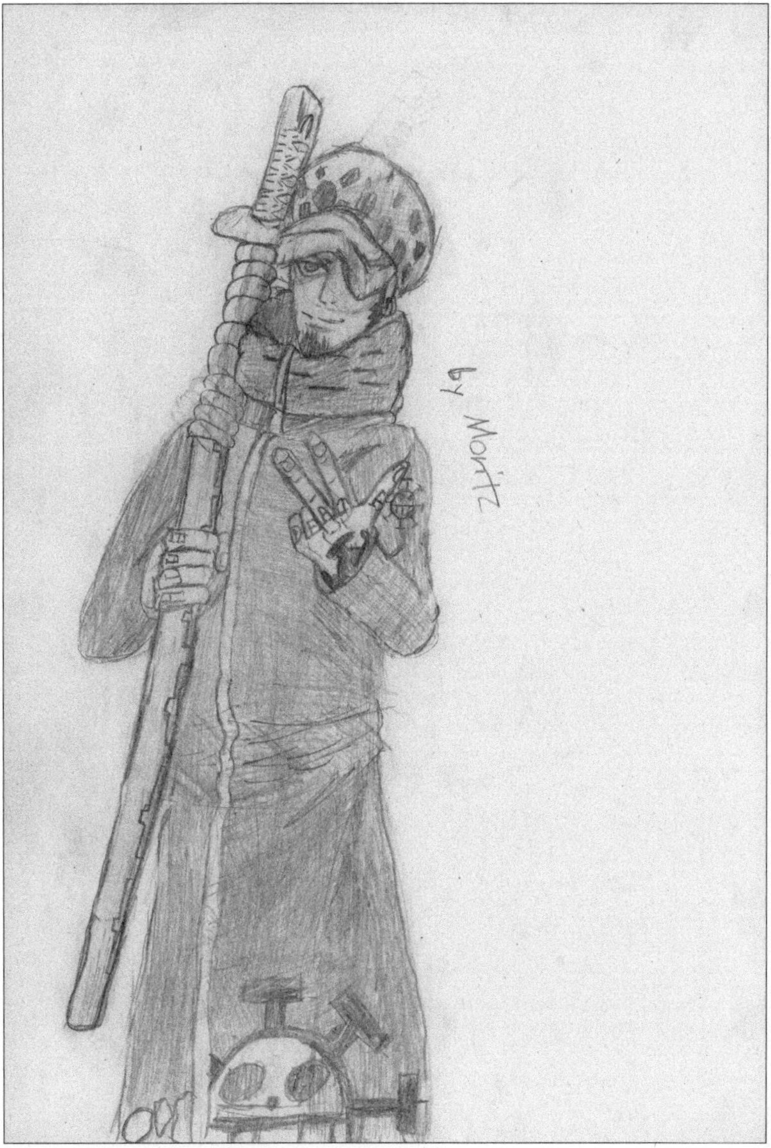

Moritz, Thalwil

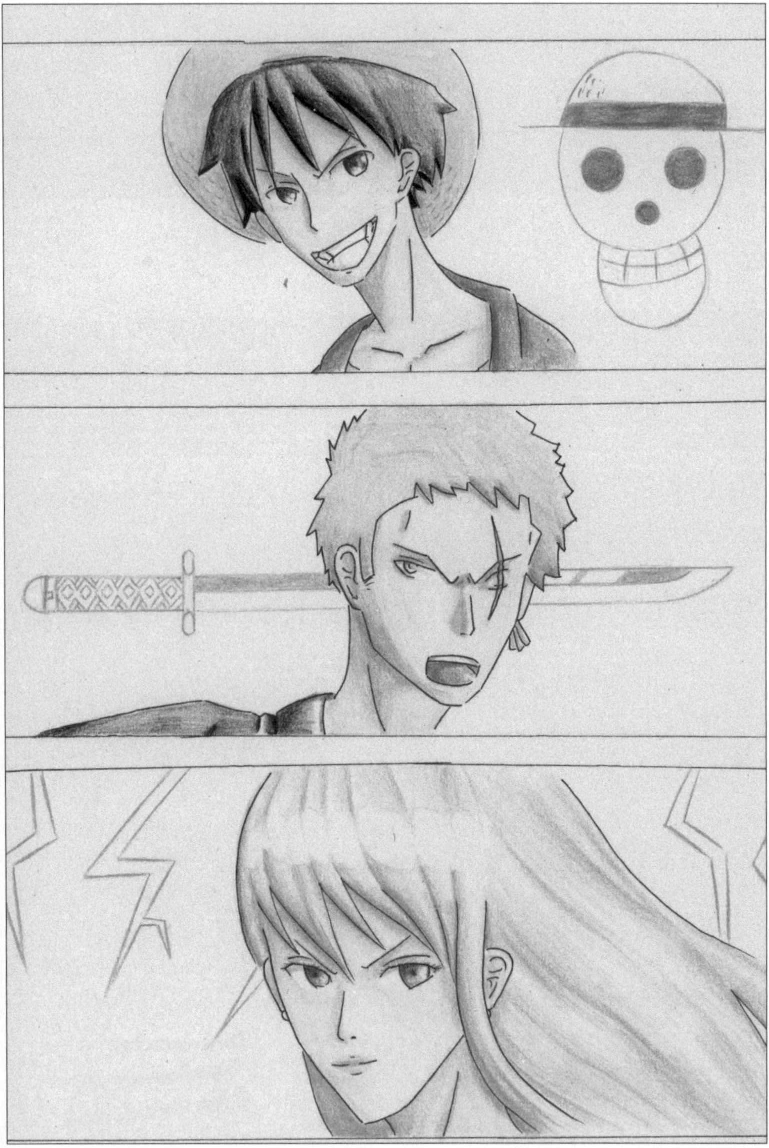

Dana, Friedrichsdorf

Jakob, Magdeburg

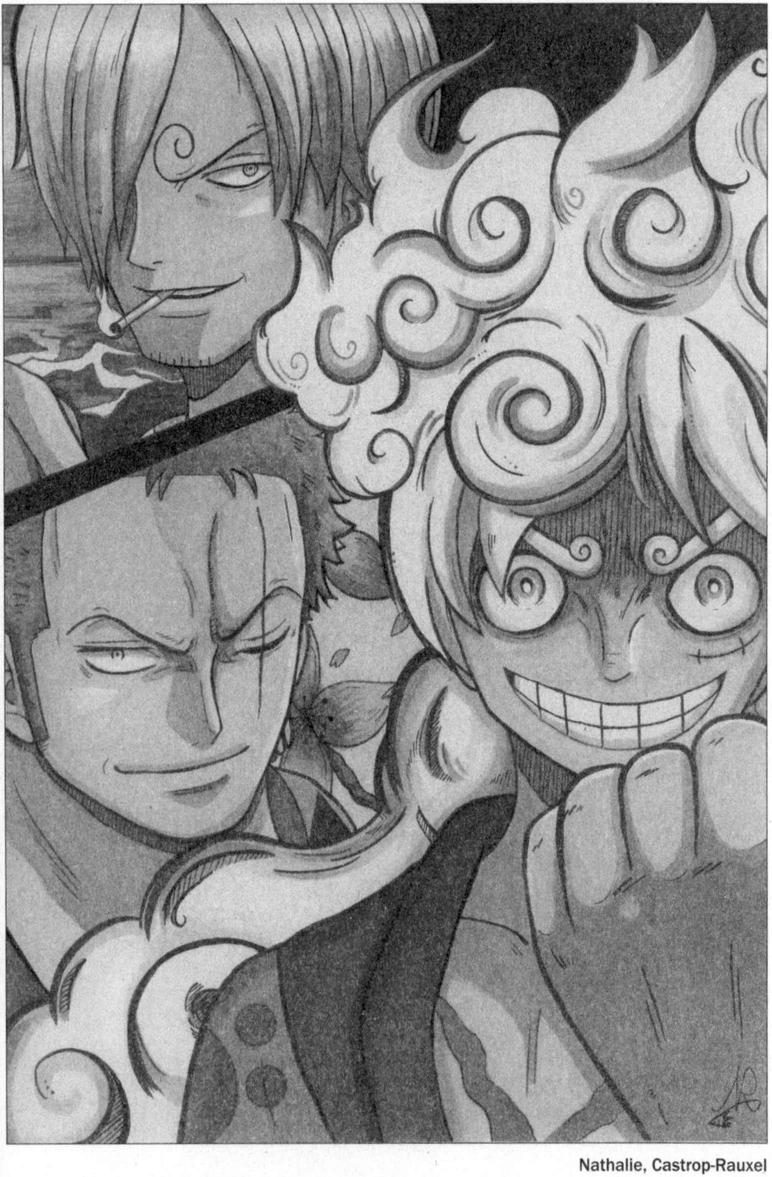

Nathalie, Castrop-Rauxel

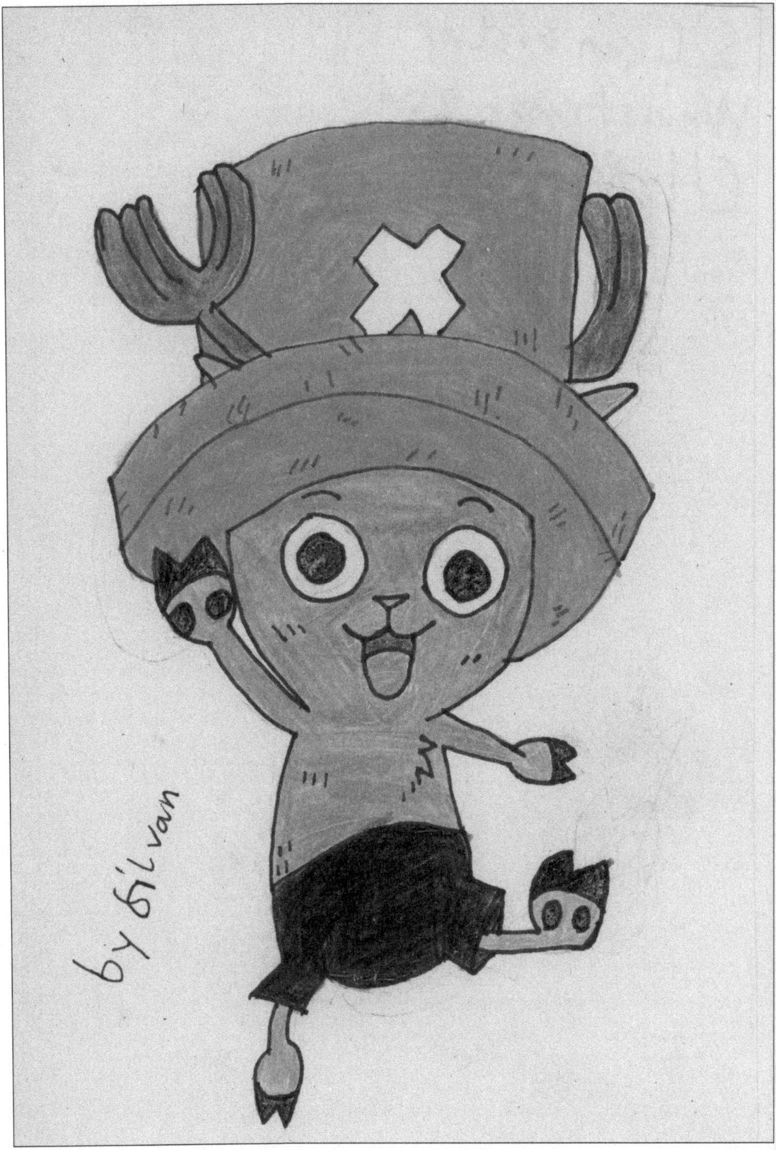

Silvan, Thalwil

HALT!

Dieser Comic beginnt nicht auf dieser Seite. ONE PIECE ist ein japanischer Comic. Da in Japan von »hinten« nach »vorne« gelesen wird und von rechts nach links, müsst ihr auch diesen Comic auf der anderen Seite aufschlagen und von »hinten« nach »vorne« blättern.

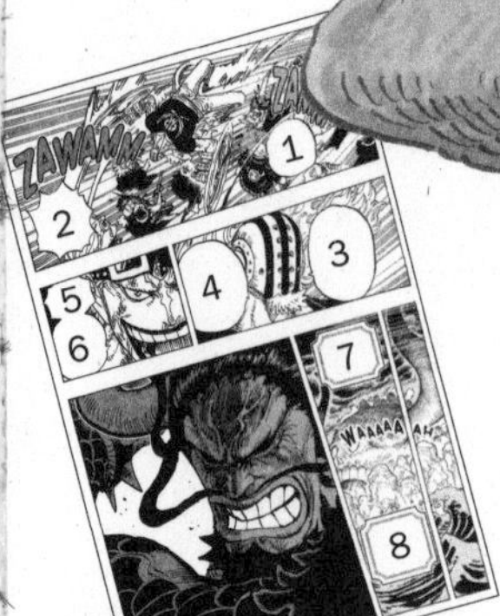

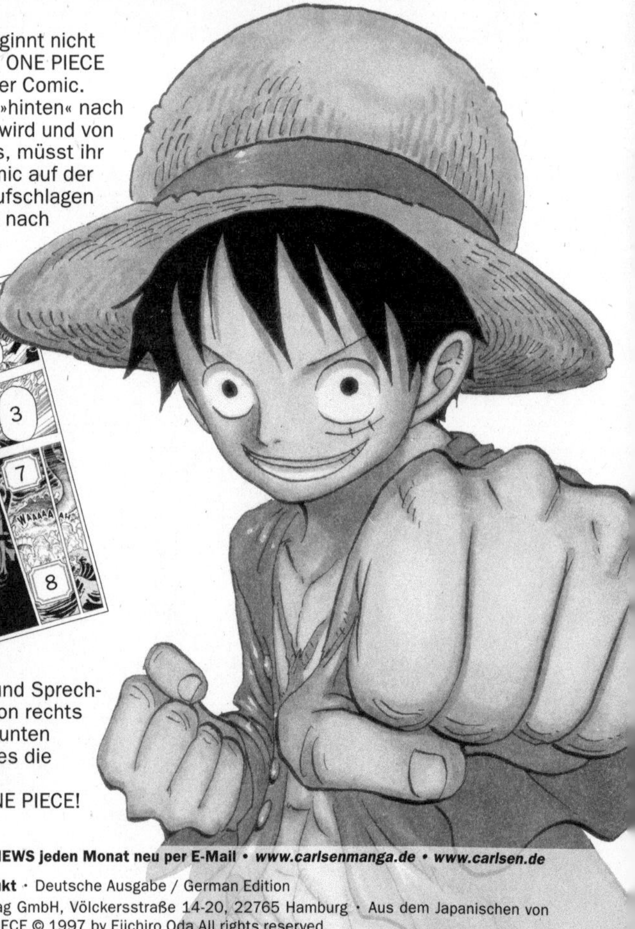

Auch die Bilder und Sprechblasen werden von rechts oben nach links unten gelesen, so wie es die Grafik hier zeigt.
Viel Spaß mit ONE PIECE!

Klimaneutrales Produkt · Deutsche Ausgabe / German Edition

First published in Japan in 1997 by SHUEISHA Inc., Tokyo German translation rights in Germany, Austria, Luxembourg and German-speaking Switzerland arranged by SHUEISHA Inc. through VME PLB SAS, France. · Redaktion: Lisa Gocke
Textbearbeitung: Steffen Haubner · Lettering: Datagrafix
Herstellung: Tobias Hametner · Alle deutschen Rechte vorbehalten
Wir behalten uns die Nutzung unserer Inhalte für Text und Data Mining im Sinne von § 44b UrhG ausdrücklich vor. · ISBN 978-3-551-74969-7

MIX
Papier | Fördert gute Waldnutzung
FSC® C083411